»Geht doch« handelt von Umschlägen, Über- und Unterüberschriften, biobibliographischen Angaben, Recruitmentvideos, Preisausschreiben, geplatzten Interviews und Briefmarken.

Rembert Hüser (* 1961) ist Medienwissenschaftler an der Goethe-Universität Frankfurt am Main. *Ekkehard Knörer* (* 1971) ist Kritiker und Mitherausgeber der Zeitschriften Merkur und Cargo. *Hanna Engelmeier* (* 1983) arbeitet am Kulturwissenschaftlichen Institut Essen (KWI).

REMBERT HÜSER

GEHT DOCH

Herausgegeben von
Hanna Engelmeier und
Ekkehard Knörer

Verbrecher Verlag

Erste Auflage
Verbrecher Verlag Berlin 2021
www.verbrecherei.de

Satz: Christian Walter
Druck: CPI Clausen & Bosse, Leck

ISBN 978-3-95732-382-8

Printed in Germany

Der Verlag dankt Fabrice Rüping
und Florin Schwald.

INHALTSVERZEICHNIS

HEISSE UMSCHLÄGE

Als hätte noch ein programmatisches Geschenk für die neue Generation gefehlt, knöpft Suhrkamp sich 1968 die Umschlagseiten vor. Das wilde Denken trifft auf deutsche Theorie. Groß geschrieben. Die Sachlage ändert sich damit schlagartig. Für den Außenseiter aus Frankreich von 1962, der das Basteln salonfähig machen will, wird klar Schiff gemacht.

Französisch ins Deutsche ist erst einmal ein Groß-Reinemachen. Das Unkraut auf dem Titelblatt wird herausgerissen und durch einen Stein mit Kreis in der Mitte mit Kreisen drumrum ersetzt. Auf die Stirn wird ein Knopf genäht. Zeichnung wird Gegenstand. Bunt zweifarbig.

Das Tier hinten drauf, das man auf Anhieb nicht sieht, das sich schon böse in Stellung gebracht hatte, seine Zähne fletscht, wird fortgejagt. Die Beziehung von Pflanze zu Tier, von *Viola tricolor* zu *Gulo luscus*, hat sich damit erledigt. Der steinerne Ersatz-Knopf geht fortan ins Leere. Aus einer Relation ist ein rätselhaftes Objekt (*Churinga aranda*) geworden, von dem man eigentlich kein Bild machen darf. Das Denken ist eine Scheibe. Glückssache. Damit ist erstmal der Deckel drauf.

Ist es für den Verlag nicht klar, wo das Buch anfängt? Weiß er nicht wirklich, wo es aufhört? Und ist es ihm auch nur ansatzweise klar, was sich zwischen zwei Deckeln abspielt? Woher die ganze Spannung kommt? »›Mit Absicht greife ich den Terminus wild auf‹, sagt er [Lévi-Strauss] zum Titel seines letzten Buchs. ›Er ist emotional und kritisch aufgeladen, und ich meine, dass man die Probleme nicht entschärfen sollte.‹«[1] Da kann man auch noch so oft den Knopf vorne drauf drücken, der im Original im Vorderseite-Rückseite-Doppel auf der Seite gegenüber von den Tier-Karikaturen steht, eine Verbindung stellt sich auf diese Weise nicht her. Zumindest nicht auf Anhieb und gut Glück: »das interesse für das Tupi hat die wissenschaft in Brasilien alle andern sprachen höchst stiefmütterlich behandeln lassen V. D. STEINEN *naturvölker* 157«[2], steuert das Grimmsche Wörterbuch mit einem von Lévi-Strauss' Gewährsmännern für Einfälle bei.[3] Im Rahmen der innereuropäischen

1 Claude Lévi-Strauss im Gespräch mit Gilles Lapouge, 2. Juni 1962, zit. in: Loyer, Emmanuelle: *Lévi-Strauss. Eine Biographie*. Berlin 2017, S. 604.

2 »stiefmütterlich«, in: *Deutsches Wörterbuch* von Jacob Grimm und Wilhelm Grimm, Leipzig 1854–1971, Bd. 18: Stehung – Stizig, Leipzig 1941, Sp. 2809–2812: hier: 2812. Wörterbuchnetz, Trier 2011, http://woerterbuchnetz.de/cgi-bin/WBNetz/wbgui_py?sigle=DWB&mode=Vernetzung&lemid=GS46795#XGS46795 [letzter Zugriff: 15.8.2020].

Übersetzung wird das Wilde Denken aber erstmal von Europa nach Australien geschickt.

Nun lässt sich der Buchumschlag aus dem Nachbarland, der bereits eine steile Karriere hinter sich hat und hier nun nachholend als neues Stichwort in die öffentliche Diskussion geworfen wird, nicht 1:1 ins Deutsche holen. Die zugrunde liegende Differenz kann nicht einfach unter den Tisch gekehrt werden.[4] Die Konnotationen drehten durch. Sich ein klein wenig mit Pflanzen auszukennen, schadet in diesem Fall ganz sicher nicht. Zum Beispiel überhaupt erstmal zu wissen, dass dieses zarte Pappdeckel-Zweitversions-Pflänzchen unserer Vorgärten, das auch ganz ohne uns irgendwo da draußen in der Wildnis fröhlich vor sich hin wächst und wuchert, im Französischen

3 »In diesem Sinne erläutert Karl von den Steinen [...] in seiner umfangreichen Monographie *Unter den Naturvölkern Zentral-Brasiliens* von 1894, die von ihm beobachteten Ureinwohner [...] seien mit einem ›Einfall‹ besonders zufrieden, ›wenn er trotz der Schwierigkeiten des Materials gelingt‹« (Bies, Michael, »1962. Claude Lévi-Strauss und das wilde Basteln«, in: Zanetti, Sandro (Hg.): *Improvisation und Invention: Momente, Modelle, Medien*, Berlin 2014, S. 205–15, hier: 210).

4 »›Die Logik mythischen Denkens erschien uns ebenso anspruchsvoll wie die, auf der das positive Denken beruht, und im Grunde kaum anders. Denn der Unterschied liegt weniger in der Qualität der intellektuellen Operationen als in der Natur der Dinge, auf die sich diese Operationen richteten‹ (Lévi-Strauss, [*Struktur der Mythen*] 1971, S. 253 f.). Bis heute ist dieser Kontrast berühmt, doch dürfte der *Weg*, den Lévi-Strauss zur Veranschaulichung dieses Gegensatzes wählte, inzwischen dem Vergessen anheimgefallen sein. Warum Lévi-Strauss das wilde Stiefmütterchen zur Ikone des wilden Denkens erhoben hat, konnte hingegen nicht vergessen werden: Man wusste es schon damals nicht – jedenfalls nicht im deutschen und englischen Sprachraum. Denn zwar wurde der Text vergleichsweise rasch in beide Sprachen übersetzt, doch in den entscheidenden Ausgaben verschwand das Titelblatt der *Pensée Sauvage*. Da sich Lévi-Strauss außerdem im Text über die Motivierung des Buchumschlages ausschweigt, konnten sich einem Leser, der sich auf Übersetzungen verließ, keine Fragen in dieser Richtung aufdrängen. Und so verschwand mit dem Bild nicht nur der Gedanke, sondern auch ein Stück Natur aus dem Reich ethnologischer Reflexion« (Kauppert, Michael/Funke, Dorett, *Zwischen Bild und Begriff. Wildes Denken nach Lévi-Strauss*, in: dies. (Hg.): *Wirkungen des wilden Denkens. Zur strukturalen Anthropologie von Claude Lévi-Strauss*, Frankfurt 2008, S. 8–33, hier: 12 f.).

Wildes Denken (Pensée Sauvage) und im Deutschen *Wildes Stiefmütterchen* heißt.[5] Wollen wir etwa damit sagen, dass der In-Begriff zu 1968, der uns gerade noch gefehlt hat, das 50er-Jahre-Stiefmütterchen ist? Das wäre schon eine formidable Kalte-Blumen-Dusche für die Aktion. Wer würde ernsthaft unter der Stiefmütterchen-Trikolore auf die Barrikaden gehen? Und das womöglich auch noch bis ans Ende vom Sturm? »Und unter dem Vorspann des getreuen Nero, behütet von der alten Dienerin, hielt die fröhliche Zukunft des Hauses ihren Einzug in den Garten der Vergangenheit.«[6] Wildes Stiefmütterchen? Tja, warum eigentlich nicht? Aber dazu müsste man erst einmal eingestehen, dass Denken noch nie eine reine Familienangelegenheit war.

Wie übersetzt man ein Bild in eine andere Sprache?[7] Ein liebevoll-

5 »[D]ie besondere Poetik dieses gelehrten Werks, das [...] mit dem großartigen Wortspiel des Titels [*La pensée sauvage*] beginnt, einer harten Nuss für alle Übersetzungen: der zarte Saum der *Viola tricolor* (*pensée des champs*, wildes Stiefmütterchen) zieht reichen Nutzen aus der französischen Homonymie mit dem Terminus, der die Operation des Denkens definiert, und bildet einen brillanten Buchumschlag, Einladung, sich der Stimmung und dem botanisierenden Universum des Autors zu überlassen« (Loyer, *Lévi-Strauss*, S. 633).

6 Storm, Theodor, *Viola Tricolor*, in: ders.: Gesammelte Werke. Hg. v. Gottfried Honnefelder. Bd. 3: *Pole Poppenspäler und andere Novellen*, Frankfurt am Main 1983, S. 45–74, hier: 74.

7 »Festzuhalten ist, dass vor jedem aus dem Französischen ins Deutsche übertragenen Wort weder die vorläufige Ablehnung noch die letztendliche Aufnahme auf gründlicher Auseinandersetzung mit den Texten basiert. [...] Der vom Verlag ab den 1960er-Jahren forcierte Aufbau eines wissenschaftlichen Programms erzeugt einen Bücherbedarf, dessen Vorbedingung – die Auswahl – anders nicht zu leisten ist. Gelesen werden vor allem Gutachten und Rezensionen, aber auch Stimmungen und Trends, beobachtet werden Verkaufszahlen und Vertragsbedingungen. [...] Im Verlag spricht man über zukünftige Bücher. Das betrifft noch zu schreibende Werke ebenso wie Lizenz-Titel. [...] [F]ür letztere [erlangt] besondere Bedeutung, was [...] mit dem Literaturwissenschaftler Gérard Genette die Lektüre und (Re-)Produktion von Paratexten genannt werden kann: Briefe, Kataloge, Rezensionen, Umschläge, Gespräche, Werbung, aufgeschnappte Unterhaltungen« (Paul, Morten, *Theorieübersetzungen. Die frühen Bücher Jacques Derridas im Suhrkamp Verlag*, in: *IASL*, 43 (2018), H. 1, S. 203–206).

liebloses Bild, das das zentrale Argument anpeilt und uns auf die Reise schickt. Und sie im Kern bereits enthält. Wie hier gedacht wird, liegt offen zutage. (Für Französisch-Muttersprachler auf einen Blick.) Und ist zu kompliziert, um mal eben schnell von außen dekretiert werden zu können. Das Lesen dieses Umschlags schickt uns in gleich mehrere Bücher. Wobei sofort schon klar war, dass eins nicht reichen würde. Ein Buchumschlag ist eine Investition in Lektüre.[8] Beim Buch geht es im Kern erstmal um seinen Umschlag. Wer glaubt, schon weiter zu sein, hätte viel zu früh aufgegeben. Was ein Umschlag zuallererst herausfordert, sind unsere Praxen. Erste Setzungen, die Folgen haben. Hat man zum Beispiel diese Wildes-Denken-Hülle hier halbwegs begriffen, die schräge Kraft, die von ihr ausgeht, auch nur ein Stück weit einsickern lassen, ist man schon ganz anders unterwegs.

Derrida's Margins, eine Webseite des Digital Humanities Centers der Princeton University, möchte am großen Beispiel individuelle Lektüre in ihrer Materialität studierbar machen und fotografiert deshalb wie wild. Das Exemplar von *La Pensée Sauvage* aus Jacques Derridas Privatbibliothek wird auf einer eigenen Seite in drei Teilen und insgesamt 61 Fotos präsentiert: 14 Überblickfotos des Buches von allen Seiten, 33 Fotos von Seiten mit Anmerkungen, 14 von Einfügungen. Die Hälfte der Muster-Erstkontakt-Fotos eines Buches, wie es geschrieben steht, sind Umschlagfotos: Front cover, inside front cover, inside back cover, back cover, spine view, spine bottom edge

8 Hatte man sich den Buchumschlag Ende der Sechziger einmal grundsätzlich klar gemacht, war dann auch das Geld dafür da. Den Umschlag zu Rolf Dieter Brinkmanns *Die Piloten* von 1968 erinnert »der Verleger als ›den teuersten Schutzumschlag per dato in der Verlagsgeschichte‹« (Stanitzek, Georg, *Buch: Medium und Form – in paratextheoretischer Perspektive*, in: Rautenberg, Ursula (Hg.) *Buchwissenschaft in Deutschland. Ein Handbuch. Bd. 1: Theorie und Forschung*, Berlin, New York 2010, S. 157–193, hier: S. 180.)

view, top edge spine view.[9] Das ist toll,[10] hat aber auch durchaus etwas Sakrales. Von Gabenbereitung mit präzise gestaffelten Paramenten. Das Buch im Umschlag liegt auf einer trapezförmigen Präsentierhilfe aus Stoff, dem Velum der Church of Derrida, das es sistiert, um es den Gläubigen von allen Seiten vorzeigen zu können, und ist doch nicht mehr als siebzehn Zitate im Buch von Welt (der *Grammatologie*) im Hintergrund, das alle Regale enthält.

Auf die Idee, das Buch aufgeschlagen auf den Bauch zu legen, kommt die Seite nicht. Dann könnte man nämlich sehen, wie Vorder- und Rückseite miteinander zusammenhängen. Dass von links nach rechts plötzlich etwas ganz anderes meint. Neue Vorzeichen aktiviert. Aber das tut man nicht in einer Umgebung der Ein-Seiten-Schritte, die im Namen von Derrida liest. (Was, liest man Derrida, nicht nur bei ihm nicht geht.) Aber auch anderswo lässt die bloße Fixierung aufs Titelblatt beim Buchumschlag zentrale Aspekte der Bezugnahme außer Acht.[11]

9 Derrida's Library: https://derridas-margins.princeton.edu/library/levi-strauss-la-pensee-sauvage-1962/gallery/ [letzter Zugriff 15.8. 2020].

10 »[I]n den gegenwärtigen digitalen Transformationsprozessen [wird] das anspruchsvolle räumliche Arrangement buchförmiger Textualität häufig ignoriert [...]. Auch wenn das Umblättern gelegentlich digital imitiert wird: Die dritte Dimension des Buches wird nicht digitalisiert, weil auf die digitale Abbildung des Buchrückens und Buchschnitts meist vollständig verzichtet wird – womit das Buchobjekt buchstäblich verflacht« (Spoerhase, Carlos, *Linie, Fläche, Raum. Die drei Dimensionen des Buches in der Diskussion der Gegenwart und der Moderne*, Göttingen 2016, S. 51 ff.).

11 Selbst in den neunzehn Seiten zum Umschlag von *La Pensée Sauvage* im *Zwischen Bild und Begriff*-Aufsatz gibt es nur eine »Ikone des wilden Denkens« (12, 23). Die zweite, das wilde Tier, wird hinter einem mageren Spiegelstrichgitter versteckt gehalten: »In der Person Redoutés fallen ästhetischer Sinn und botanische Klassifikationslehre zusammen, eine Koinzidenz, die die Botanik – und die Zoologie [Fußnote: Die Rückseite der französischen Originalausgabe des Wilden Denkens ziert der Kanadische Vielfraß (Golo luscus).] – des 19. Jahrhunderts von allen Wissenschaften dem wilden Denken am nächsten erscheinen lässt« (Kauppert/Funke, *Zwischen Bild und Begriff*, S. 23). Aber wie man es auch dreht und wendet, unter dem Strich in der Ecke, man kommt nicht dran vorbei. Der Rückumschlag ist halt auch mit einem Bild frankiert.

Anders als beim Deckel des Schweigens über das Wilde Stiefdenken, wird das Mitglied der Familie der Wiesel, wie der Vielfress-Zähnezeiger in unseren Breiten heißt, im Kapitel über die Logik der totemistischen Transformationen sehr genau in seinem Agieren beschrieben. Und es wird schnell klar, wie es zu dieser Ehre der Kehrseite der Pflanze gekommen ist. So ein Teufelskerlchen hätte man immer gern auf seiner Seite.

Für vergleichende Wissenschaftler steht das Vielfraß in der Rekonstruktion von Lévi-Strauss in der Tradition des abgebrochenen goldenen Astes der Aeneis, der einem hilft, aus der Unterwelt wieder herauszukommen, hat man sich einmal dorthin begeben. Für die Hidata ist das Vielfraß ein charakterlich verschriener Lehrer, der die Menschen lehrt, wie man Adler fangen kann. Sich selbst lässt es nicht fangen. »Wenn man die Informationen über alle diese Stämme sammelt, kommt man zu derselben Erklärung, die unabhängig davon ein zeitgenössischer Geograph von einem Trapper erhielt: ›Der Vielfraß ist das einzige Mitglied der Familie der Wiesel, das nicht in der Falle gefangen werden kann. Es macht ihm Spaß, den Jägern nicht nur die Beute, sondern auch die Fallen zu stehlen‹«[12]. Das ist schon ein starkes Stück! Den König der Lüfte auf den Boden zu holen, den »maximalen Abstand« vom Höchsten zum Niedrigsten, Himmel zur Erde, die Souveränität beider Enden also, wach zu halten und zugleich nicht zu wahren, hin und her zu schalten, Köder und Jäger zugleich sein zu können, ist hohe Kunst und ein Höllenspaß. Was fängt das Vielfraß mit geklauten Vielfraßfallen an? Es lacht sich schlapp! Vielleicht stellt es auch seine Bücher rein. Gegen diese Form aller Tricks, einer wendigen Aufmerksamkeit, die die Stellung wechselt, im Versteck in der Erde liegt und zugleich weiß, wie man fliegt und worauf man steht, und sich wie zum Beweis diebisch freuen kann, wenn es den Adler bei den Füßen und die Falle in die Tasche packt, ist kein Kraut gewachsen. Vielleicht ist das ja auch gar keine Drohgebärde auf dem *La Pensée Sauvage*-Cover, sondern ein Lach-Schnappschuss. Eine andere Sieh-dich-vor-Gebärde. Dein Regal hole ich mir auch noch.

Schaut man auf das Design des Umschlags, wäre es aber zu einfach zu sagen, hier werden zwei Bilder aus Fauna und Flora auf monochromem Passepartout gereiht, beinah schon eingeklebt, und in einer vermeintlichen Hierarchie der Wertigkeiten angeordnet, bei dem das sogleich Nicht-Sichtbare unter den Tisch fallen kann. Diese Bilder, die in den 60er Jahren nicht nur die Kunst der botanischen Illustration abrufen[13], sondern zugleich auch die Populärkultur der

12 Lévi-Strauss, Claude, *Das wilde Denken.* Frankfurt am Main 1973, S. 64f.

13 »Nichtsdestotrotz kann die Viola tricolor [...] nicht auf eine technische Zeichnung reduziert werden, im Gegenteil, sie ist ein [ästhetisches] Miniaturmodell [...]. Redouté leistet mithin das, was Lévi-Strauss an Clouets Porträt veranschaulicht: ›daß der

Sammelbildchen, man könnte das Vielfraß auch von den Chlorodont-Sammelbildern der 30er Jahre nehmen – Ausgabe 1, Serie 9, Bild Nummer 6 etwas pummeliger mit aufgerissenen Augen[14] –, sind montiert. Und da ist zentral, dass Seite und Bild nicht mehr deckungsgleich sind. Schwanz und Hinterbein wischen über den Rücken. *Pin the tail* on a Vielfraß. Das Vielfraß ist ein Wesen der dritten Dimension. Es agiert beim Buch übereck. Durch die Blume. Wie das Vielfraß sich aus der Affäre zieht, wird also vor allem in der Serie und der Verkettung zentral.

Das Eben-Mal-Eine-Botschaft-Reinreichen unseres Lehrers aus dem Tierreich verunklart die einfache Aufsicht im Archiv. Auf dem Rücken befindet sich ein unvollständiges Bild, das das Buch gegen die normale Bewegung nach hinten zieht. Einfach durchgehen kann man so einen Rücken nicht. Da gibt es bereits eine Bewegung gegen die Leserichtung, von der wir nur zwei erste Glieder haben. Der Fingerzeig oder genauer gesagt die Schwanzreichung des Vielfraßes, das keine Manieren hat und uns bevorzugt eins auswischt, ist das Bindeglied, das zuvor getrennte Bereiche der Klassifikation zusammendenkt. Eine andere Praxis erforderlich macht.

Wie bringt man so etwas jetzt ins Deutsche? Und das in einem Verlag, den Bilder nur stressen? Für den Übersetzung zunächst einmal Roden und Kahlschlag auf Nummer sicher meint: »Dieses und sieben weitere Bilder, die dem Original beigefügt sind, fehlen in der

… Maler mit dem Pinsel einen Gegenstand schafft, der nicht als Gegenstand existiert und den er dennoch auf seiner Leinwand zu schaffen versteht: eine genau ausgewogene Synthese zwischen einem oder mehreren natürlichen und sozialen Ereignissen‹« (Kauppert/Funke, *Zwischen Bild und Begriff*, S. 23).

14 Vielfraß. — Rückseite: »Diese schönen Bilder [i. e. Dieses schöne Vielfraß-Bild hier] erhalten Sie, wenn Sie Chlorodont-Zahnpasta, Mundwasser, Crème Leodor und Leosira Rasierkrem benutzen«.

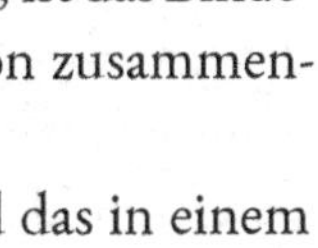

deutschen Ausgabe.«[15] Nicht einmal aus Ohnmacht, aus Gleichgültigkeit oder ohne zu wissen warum, hört man schon beinahe Lévi-Strauss klagen, kann Suhrkamp dem Buchumschlag mit seinen zoologischen und botanischen Motiven ein Sonderrecht einräumen, den Status eines »Naturschutzparks [...] mit all den Vorteilen und Nachteilen, die sich mit einem so künstlichen Gebilde verbinden«[16]. Auf diesem Boden darf nichts unkontrolliert wachsen. Mit solch einer Einstellung, die eine andere Logik nicht zu prozessieren vermag, ist dieser Verlag nicht der richtige für *Das Wilde Denken*. Er ist mit diesem Band strukturell überfordert.

Und dennoch erwischt er etwas mit seinem deutsch-französischen Austauschprogramm. Da ist zum einen die markierte Zeitdifferenz zwischen Originalausgabe und deutscher Übersetzung in der Entscheidung für einen Umschlag auf der Grenze zu schwarzweiß. Der abgebildete Tschuringa, wie der Knopf aus Zentralaustralien mit amtlichem Namen heißt, wird zur Hälfte aus seinem Versteck im Band gezogen und damit zum Zitat. Die obere Ansicht des Objekts erhält den Status einer Vorderseite eines Buchs, die Kehrseite wird ausgespart. Starrt man auf dieses Objekt, ist man bereits auf direktem Wege in die Vergangenheit und schließt sie mit der Gegenwart kurz. In der Welt der bunten Umschlagbilder ist die Fotografie des Tschuringa, die auf kittfarbenem Hintergrund schwarzweiß geblieben ist (die Farbe des Steins bleibt in der Welt der Typographie), ein Flashback.[17] Ein Bullauge in das Vorauslie-

15 Kauppert/Funke, *Zwischen Bild und Begriff*, S. 16. Die stw-Taschenbuchausgabe berücksichtigt nur Zeichnungen. Die Fotos sind allesamt herausgeflogen. Dass es sich bei diesem Buch damit um eine gekürzte Ausgabe handelt, sollte eigentlich auf der Titelseite kenntlich gemacht werden.

16 Lévi-Strauss, *Das wilde Denken*, S. 253.

17 »The temporal reference of a filmic segment is defined by a complex combination of visual and auditory indications, which can include: voice-over narration, filmic punctuations such as dissolves, changes in image qualities such as color to black and

gende. Für Suhrkamp ist der Tschuringa überzeugend, weil er an Goethe erinnert. Hier ist das Wilde Denken am nächsten dran am deutschen Leser und Insel-Verlagsprogramm, das Suhrkamp fünf Jahre zuvor übernommen hatte. »Und nichts in unserer Zivilisation erinnert mehr an die Pilgerfahrten, die die australischen Eingeweihten in regelmäßigen Abständen zu den heiligen Stätten unternehmen, als unsere Besichtigungen des Geburtshauses von Goethe [...]. Wie bei den Tschuringas ist das Wesentliche nicht, daß das Bett von van Gogh erwiesenermaßen das ist, in dem er geschlafen hat: alles, was der Besucher erwartet, ist, daß man es ihm zeigen kann.«[18] Der Tschuringa auf dem ins Deutsche übersetzten Buchumschlag ist ein Platzhalter. Seine Verwendung sagt erst einmal nicht mehr, als dass in diesem Umschlag einmal Lévi-Strauss gesteckt hat. Damit verbürgt es, in Termini der Tourismustheorie, allererst ein »marker involvement«[19], die weitere, sinnvolle, aktuelle Beschäftigung mit demjenigen, der sich hier aus dem Staub gemacht hat. Der Tschuringa ist damit nichts Neues wie die beiden seltsamen Bilder auf dem Cover der Franzosen, sondern der Versuch, gegen das Luftige, das einen zwingt, Verbindungen herzustellen, das Festhalten von etwas zu setzen, das drinnen gleich schon noch erklärt werden wird. Da kann der Umschlagkäfig mit dem Tier und das Umschlagbeet mit der Pflanze ruhig leer sein. (Was die Rückseite des Buchumschlags ja dann auch ist.) Die Lebewesen mit dem eigenen Kopf sind ausquartiert. »An unusual degree of

... white, changes in elements of mise-en-scene such as costumes indicating an earlier time period or make-up differences that indicate younger periods in a character's life, and changes in non-diegetic music« (Turim, Maureen, *Flashbacks in Film: Memory & History*. New York / London 1989, S. 15 f.).

18 Lévi-Strauss, *Das wilde Denken*, S. 281.

19 MacCannell, Dean, *The Tourist. A New Theory of the Leisure Class*. New York 1989, S. 111 ff.

contentment with sight markers was exhibited by a young couple I observed at the Washington, D. C. zoo in midwinter when many of the birds had been removed from their outdoor cages for protection from the low temperatures. The couple proceeded methodically from empty cage to empty cage, reading and discussing the illustrative markers on each. Even where there *is* something to see; a tourist may elect to get his thrills from the marker instead of the sight.«[20]

Der Tschuringa regelt unser Verhältnis zu einem Vorfahren. Er hilft, so zu tun, als ob er noch immer da sei. Und zeigt in seinem Design-Import nach Deutschland zugleich ein Bewusstsein dafür, dass »Lévi-Strauss« ganz so einfach nicht mehr zu haben ist. »Die Gedenk- und Bestattungsriten postulieren, dass der Übergang zwischen Vergangenheit und Gegenwart in beiden Richtungen möglich ist; sie erbringen nicht den Beweis dafür.«[21] Seit dem Erscheinen des Buches hatte sich viel getan. »Lévi-Strauss [ist] Anfang der 1960er Jahre und nach einer langen Durststrecke also ein ›Held seiner Zeit‹ geworden. Ungeachtet der Schwierigkeit seiner Schriften, ist die studentische Jugend von seinem Denkstil ebenso fasziniert wie von seinen Verheißungen. [...] Die Besorgnis, der ›anthropologische Zweifel‹, von dem Lévi-Strauss in seiner Inauguralvorlesung sprach, heben die Disziplin in den Rang derjenigen, die es verdienen, dass man ihnen ein Leben widmet.«[22] Jetzt ist einer der zentralen Texte dieses neuen Denkstils, dem sich Leben widmen lassen, aus dem Nachbarland unterwegs nach Deutschland. Wie man ihn nicht übersetzen sollte, hatte Suhrkamp von dem Desaster der englischen Übersetzung und deren Titelgrafik an der Grenze zur Selbstaufgabe

20 MacCannell, *The Tourist*, S. 115.
21 Lévi-Strauss, *Das wilde Denken*, S. 274.
22 Loyer, *Lévi-Strauss*, S. 658f.

lernen können.[23] Sich in dieser Situation für den Tschuringa als Coverbild der deutschen Version zu entscheiden, ist nicht frei von Ironie. Als Lektürevorgabe für den Kanoniker wird Goethe auf Lévi-Strauss selbst zurückgebogen. »Bekanntlich sind die Tschuringas Gegenstände aus Stein oder Holz, ungefähr oval, mit spitzen oder abgerundeten Enden, in die oft symbolische Zeichen graviert sind. [...] Wie auch immer sie aussehen mögen, jeder Tschuringa repräsentiert den physischen Körper eines bestimmten Ahnen und wird Generation um Generation dem Lebenden, von dem man glaubt, er sei der wiederverkörperte Ahn, feierlich zugeteilt. Die Tschuringa werden in natürlichen Verstecken, fern von den häufig begangenen Wegen, aufgestapelt und verborgen. Man holt sie in regelmäßigen Abständen heraus, um sie zu besichtigen und mit ihnen zu hantieren, und bei jeder dieser Gelegenheiten poliert man sie, fettet sie ein und bemalt sie, nicht ohne Gebete und Beschwörungsformeln an sie zu richten.«[24] Jetzt haben wir in Deutschland also einen eingefetteten, polierten Lévi-Strauss-Tschuringa-Umschlag. Richtig wildes Denken kann vor den Denkern selbst unmöglich halt machen.

Die Entscheidung für das Objekt auf dem deutschen Schutzumschlag, der keinen Schutz gewährt, ist am Ende doch um einiges

23 2021 wird diese Ausgabe in den USA revidiert: »The 1966 British edition gave the book the title The Savage Mind (La pensée sauvage), keeping the French title as a sort of ghost. [...] The French word pensée has a second sense: it is the name of a flower, the Viola tricolor— the flower is called a ›thought,‹ and in the language of flowers it means that someone is thinking of you. [...] Scientific thinking is comparable to a domesticated flower [...]. Lévi-Strauss hit the reader with this identification, making it inescapable, by putting an 1827 copperplate of a wild pansy on the cover of the book— something that has been maintained in the French editions but was dropped in every translation into another language. We have restored it here as a frontispiece« (Leavitt, John: »Translator's Introduction«, in: Lévi-Strauss, Claude: *Wild Thought*. Übers. v. Mehlman, Jeffrey und Leavitt, John, Chicago and London, 2021, S. xi–xviii: hier: S. xv–xvii).

24 Lévi-Strauss, *Das wilde Denken*, S. 275.

reflektierter, als ich anfangs gesehen hatte. (Vielleicht ließen sich ja grundsätzlich in Büchern die Originaltitelblätter im Impressum mitdokumentieren. Dann wäre die Spannung der Übersetzung sogleich mit im Spiel.[25])

Welche Auswirkungen hat dieser 1968 dramatisch neueröffnete Schauplatz auf die Umgangsweisen mit dem wissenschaftlichen Buch? Für das neue Denken war ein Umschlag wie immer offenbar nicht vorstellbar. Für Lévi-Strauss hatte die Arbeit an genau dieser Stelle vielmehr eine besondere Dringlichkeit, von der sich bis heute lernen lässt. Aber lassen sich die hier einmal gemachten Erfahrungen verallgemeinern? Lässt sich an die verrückte Komplexität dieser Vorgabe, dieses Ausnahmeumschlags, der sicher eines der ersten Exponate eines Umschlagmuseums wäre, anderswo überhaupt anschließen? Immerhin sind wir einmal mit aller Vielfraß-Macht daran erinnert worden, dass wir unserer Sache niemals sicher sein können. Dass Bücher anfangen, noch bevor wir sie geöffnet haben. Und dass es bei einem Buchumschlag nie um etwas rein Äußeres, Vor- oder Nachgelagertes geht, sondern darum, wann und wie genau unser Beobachten und Denken anfängt und auf welchem Niveau wir in es einsteigen wollen. Daran lässt sich arbeiten. Vorbeimogeln kann man sich an dieser Schwelle nicht. Man ist auch nicht per se besser beraten, wissenschaftlicher, wenn man die Finger ganz von den Bildern lässt und von vorneherein ausschließlich auf typographische Lösungen setzt. Die Probleme, die man sich einhandelt, werden

25 Wobei sich das Problem mit jedem Umschlag aufs Neue stellt. »Hat sich im Zusammenhang mit Paratextforschung [...] die Frage nach der leichteren oder schwierigeren ›Ablösbarkeit‹ von Rahmen (Derrida, *Die Wahrheit in der Malerei*, S. 80–82) als sehr fruchtbarer Analysehintergrund erwiesen, so ist sie im Zusammenhang dieses Beispiels [dem Buchumschlag von Brinkmanns *Die Piloten*] ganz im Wortsinn relevant: Bibliotheken pflegen keinen besonders freundlichen Umgang mit dieser Form Paratext« (Stanitzek, *Medium und Form – in paratexttheoretischer Perspektive*, S. 177).

nicht groß andere sein. Typographie heißt ja nicht: kein Bild, frei von Schnickschnack, konzentrierter, argumentativer, neutraler, näher an der Sache dran. Was sich gut an jenem Umschlag eines anderen kanonischen Titels der Wissenschaftsgeschichte jener Jahre studieren lässt, der schon bei seinem Erscheinen zurückgenommen werden musste und zugleich stehen bleiben konnte.

Am 29. Januar 2019 schrillten in der Graphic-Arts-Abteilung in den Special Collections der Firestone Library der Princeton University alle Alarmglocken. Ein einfacher Blick in die Datenbank hatte gezeigt, dass mehrere Kopien eines zentralen Buchs aus dem Bestand rot ausgeflaggt, also als verloren oder vermisst gemeldet worden waren. Venturi, Scott-Brown und Izenours Architekturklassiker *Learning from Las Vegas* von 1972 war nicht an seinem Standort. Die Postmoderne war weg. »Imagine the unhappiness and confusion today«[26]. Erst recht, wo doch in Spezialsammlungskreisen bekannt ist, dass jede womöglich noch erhältliche Originalkopie von diesem Buch, das, von MITs Muriel Cooper designt, fast immer auf allen Listen der wichtigsten Bücher des 20sten Jahrhunderts zu finden sei, vor allem eines sein wird: »It is prized accordingly«. Das Ausmaß des Schadens war schnell aufgeklärt. »A deep breath and some minutes later it was confirmed that our library holds 13 copies, only two of which are missing. An embarassment of riches rather than the opposite.«[27] Wie um ihre Stärke zu beweisen, fügt die Sammlung ihrem Bericht ein Foto des Buches an, das zeigt, dass es sich dabei nicht bloß um einen Band über Architektur handelt, sondern

26 »The book that ›induces a splendid rage‹«, in: *Graphics Arts Collection: Rare Books and Special Collections, Firestone Library, Princeton University.* https://graphicarts.princeton.edu/2019/01/29/the-book-that-induces-a-splendid-rage/ [Letzter Zugriff 15.8.2020].

27 Ebd. oder, genauer noch, im Dicke-Hose-Sound: »two were missing and/or lost from the rarest large format, first edition and one of the semi-rare smaller second edition, more than most collections have in total« (ebd.).

dass dieser Band in die Architektur der Universitätsbücherei selbst eine neue Architektur einziehen lässt. Ein neues Raumverständnis. Dieses Buch mit seinem formidablen Umschlag legt man nicht einfach auf den Tisch. Es tritt sichtbar anders auf. Der Ausreißer der Sammlung steht hochkant aufgeschlagen senkrecht auf dem Tisch und baut einen gänzlich neuen, nach hinten hin offenen Raum, der den Lesesaal in seinen Diagonalen ergreift und zugleich verdeckt. Verschwunden auf diesem Gesucht-Gefunden-Foto der BibliothekarInnen ist die Bibliothek. Sie ist einverleibt. Das Uni-Table Book, das sich vor uns aufbaut, ist massiv. Kein Kartenhaus, eher eine echte Kante. Eine Ecke Schrift, betont dreidimensional. Liest man es, sieht die *Collegiate Gothic Architecture* der Firestone Library, in der man sitzt, plötzlich merklich anders aus.

BANG! Das übergroße, fast schon einschüchternde Format von 27½ × 36½ Zentimeter, das man wahrscheinlich auch im Vorbeifahren mit dem Wagen gut sehen könnte, fordert die Bücher auf ihren gewohnten Plätzen heraus und setzt mit seiner Gestaltung einen Standard, der keineswegs neu ist, aber nach langer Zeit wieder Teil der Überlegung wird. Dieses Buch hier liest man nicht nur, man betritt mit ihm den Raum der Schrift. Tritt selbst in die Schrift ein. Dazu hat der Umschlag das Buch für uns erst einmal auf links gezogen. Das Inhaltsverzeichnis wird an die frische Luft gesetzt. Übergroß. Und produziert Sans-Serif-Univers-Keywords in Reihen und Zeilen. Greifen wir auf das Buch zu, sind wir bereits am lesen. Was wir sehen, vor uns haben, ist, was wir kriegen. Nur wie das Ganze heißt, wissen wir noch nicht. Nach dem Titel müssen wir erst noch suchen. Er befindet sich mitten im Text, zum Glück ist die Type rot. Autoren und Verlag dagegen sind vorne und hinten nicht zu finden. Ihre Namen liegen auf dem Rücken. Sie werden später beim Einsortieren ins Regal hilfreich sein. Die AutorInnen sind entsetzt: »The author's critique of Cooper's design is summed up by their query on the title page of their annotated copy of the book: circling the title on the upper left of the page and connecting it by a wobbly line to a drawn rectangle enclosing a written version of the title, placed axially at the center of the page, Scott Brown commented: ›Could this page be revised because its composition is like a duck?‹ Cooper, however, claimed she had given them what they asked for: ›What they wanted most was a Duck, not a Decorated Shed. I gave them a Duck.‹«[28] Das zentrale Oppositionspaar des Buches, die Differenz zwischen konventionellen Gebäuden, an denen Symbole angebracht werden, dekorierten Schuppen, und denen, die selbst buchstäblich, schon Symbol sind, den Enten, benannt nach dem *The Big Duck*-Gebäude auf Long Island in Gestalt einer Ente für den Enten- und Enteneier-Verkauf, was die Opposition zwischen Moderne und Postmoderne auf dem Punkt bringen soll, wird bereits in seinem Design verhandelt. Der Lackmus- also Umschlagtest lässt erkennen, ob man die Unterscheidung verstanden hat oder verstehen wird oder sich nicht darüber im Klaren ist, was man, nicht zuletzt durch das Cover, bereits weiß. Das dann alles wieder zu überdenken und den einfachen Binarismus zu dekonstruieren hilft.

28 Vinegar, Aron, *I am a monument. On Learning from Las Vegas*, Cambridge 2008, S. 117.

Mit etwas zeitlichem Abstand nimmt sich die große Umschlagschlacht der siebziger Jahre aus wie das Aufeinandertreffen von King Kong und Godzilla. Drei (in diesem Fall) aus der Liga der stärksten ArchitektInnen und eine aus der der stärksten DesignerInnen der Zeit prallen aufeinander, kämpfen um Post- und Moderne und werfen alle argumentativen Felsbrocken, die sie parat haben, der anderen Partei an den Kopf. Die drei AutorInnen des Buches erreichen dabei etwas, das es zuvor bei wissenschaftlichen Büchern noch nie gegeben hatte: noch bei den Verhandlungen der ersten Ausgabe ihres Buches wird vereinbart, dass die zweite Ausgabe ein radikal anderes Design haben wird.[29] Diese Version erscheint 1977. Der Unterschied zwischen beiden Ausgaben könnte kaum brutaler sein. Es ist ein Massaker. Nicht nur hat die neue Ausgabe jetzt die Ausmaße eines konventionellen Paperbacks, 15,3 × 22,9 cm, »[o]ther changes include the following: the deletion of part III of the book on the architectural work of the firm Venturi and Rauch since 1966; the addition of a bibliography; the shifting of the studio notes from the margins parallel to the body of the text in Part I, to a separate section following it; the reduction of the number of images by two-thirds, from 452 to 151 in the revised edition, including the omission of all 182 color photographs in favor of halftones and line drawings; the grouping of all the images in signatures, separate from the body of the text, rather than integrated, as they had been in the first edition; a change in fonts from sans serif Univers to serif Baskerville, with the formerly

29 »Rather than compromising Cooper's design in mid-process, an agreement was reached between Venturi and Scott Brown and the MIT Press whereby the publication of the first edition could proceed with Cooper's design fundamentally intact, but with Venturi and Scott Brown promised much more influence over the design of the second edition. Although it took until 1975 for the revised edition to begin to move forward, such a book was imagined even while the first edition was advancing toward production« (ebd., S. 117).

extreme leading – the genenerous spacing between lines of text, particularly in Parts I and II – reduced to more standard spacing, and the text block justified rather than ragged right; the use of only one column of text in Parts I and II in the revised edition, instead of the progression in the first edition from single-column text in Part I to double-column text in Part II and triple-column text in Part III; the shifting of the small, asymmetric titles in the first edition, from their location on the upper left registers of the front matter and chapter pages to an axial position mid-page in the title and chapter pages of the revised edition; and the removal of the two-page ›Note on Authorship and Attribution‹ «[30]. Das sind zwei unterschiedliche Bücher.

2017 erscheint eine dritte Ausgabe bei MIT Press, ein Faksimile der Erstausgabe, mit einem neuen Vorwort von Denise Scott Brown: »The Tyranny of the Template: The Graphic Design of the First Edition of Learning from Las Vegas«: »Early Modern graphics are back. TV's sassiest talking heads and edgiest ads are supported today by gutsy 1930s sans serif fonts, stark words, and bold Bauhaus colors. In this context, MIT's decision to reproduce the ›legendary‹ first edition of *Learning from Las Vegas* has met with a near universal ›Cool!‹ So when we call the book's design ›one irony too far‹ people ask, ›What's their beef?‹ Let me explain.«[31]

Bei allem Hin und Her seit nunmehr 40 Jahren geht es nicht einfach nur um das letzte Wort, die Herstellung eines erschwinglichen Textbooks für Studierende oder die Eliminierung von »Bauhaus«-

30 Ebd., S. 112 f.

31 Scott Brown, Denise, *The Tyranny of the Template: The Graphic Design of the First Edition of Learning from Las Vegas*, in: Venturi, Robert / Scott Brown, Denise / Izenour, Steven (Hg.): *Learning From Las Vegas*, Facsimile Edition, Cambridge 2017, o. S.

oder »Swiss«-Design. Schaut man genauer hin, liegen allen Streitigkeiten Diskussionen der Text-Bild-Verhältnisse innerhalb eines extrem heterogenen Materials zugrunde, deren Logik bereits in die ikonische Qualität des Buchstabens eingeschrieben ist.[32] Die auffällige Schrift auf einem Umschlag funktioniert immer auch als Bild und kann in ihren jeweiligen Bedeutungen ohne Ende variiert werden. Man muss das nur beobachten können. Und dafür muss man auch ein Auge für Platzierungen, Größen, Typen, modulare Organisationen und zugrundeliegende Rasterfelder haben. Mit der Auffassung, dass Schrift automatisch kein Bild sei, kommt man auch beim Buch nicht sehr weit.

Bei einem Aspekt des Buchumschlags hatte Muriel Cooper[33] – »I was a modernist, but I was an uneasy Swiss, if you know what I mean«[34] – es aber vielleicht tatsächlich ein wenig übertrieben. In einem ersten Entwurf war für dessen Material Luftpolsterfolie mit fluoreszierenden Noppen vorgesehen, »in homage to Las Vegas Glitz«[35], wohingegen die postmodernen Autoren ihre Angriffe auf die Lehrtraditionen der Architektur lieber aus einem traditionell edlen akademischen Leinenumschlag heraus geführt

32 In Deutschland charakterisiert Siegfried Unseld 1976 das Fleckhaussche »Gesetz« für das Farbspektrum der *edition suhrkamp* auch als einen »Versuch, ein deutlich erkennbares ›Umschlag-Schrift-Bild‹ hervorzubringen« (Windgätter, Christof, *Vom »Blattwerk der Signifikanz« oder: Auf dem Weg zu einer Epistemologie der Buchgestaltung*, in: ders. (Hg.), *Wissen im Druck. Zur Epistemologie der modernen Buchgestaltung*, Wiesbaden 2010, S. 14).

33 »Under her guidance, the Press developed a strong but flexible house style and introduced ambitious design into academic publishing. It is not an exaggeration to say that Cooper put her stamp on almost every book published at the MIT Press, not only through her more than 500 designs but, more literally, through her design in 1963 of the MIT Press logo« (Vinegar, *I am a monument*, S. 130).

34 Muriel Cooper, ebd., S. 136.

35 Muriel Cooper, ebd., S. 120. »Well, they hated it! I loved it.«

hätten.[36] Was blieb, als kleine Kröte, die gerade noch runterging, war ein semitransparenter Pergamin-Umschlag, der die Oberfläche des Buches doppelt. Unter den Buchstaben liegen andere Buchstaben in einer anderen Schriftart. Das Buch wird geröntgt. Sichtbar im Pergamin wird sein Skelett. Auffällig ist, dass der Platz, der bei Büchern für gewöhnlich für ein Bild vorne drauf reserviert ist, ebenfalls vorhanden, aber leer gelassen ist. Ein mögliches Titelbild ist betont ausgespart. Ein freies Feld. (Auch wenn man von irgendetwas dahinter einen blassen Schimmer bekommt.) Ein Fenster zurück ins Design. Nicht wirklich sauber rechts und links eingerahmt von einem rechts auffallend leicht überlappenden Kommentar zum Buch in verschwindend kleiner Schriftgröße – da muss man schon richtig nah rangehen –, liegt diffus ein Bild, oder könnte ein Bild liegen. Ein Diabetrachter mit unscharf Las Vegas.[37] Für etwas, das (so gut wie) abwesend ist, ist ein eigener Rahmen vorgesehen; Nichtvorhandenes wird gleichwohl realisiert. Das ist Aufwand. Und zugleich ein Kommentar zum Design-Verfahren selbst und die Aufforderung zum Blättern. Der Sache auf der Oberfläche mal nachzugehen.

36 »The cover as designed is absolutely unacceptable: leaving out questions of good or bad design, it is inappropriate. It is against the philosophy of the book; it is a duck—›heroic and original‹—almost fruity in its appearance. This is a serious study with a serious text and deserves a dignified conventional image. The shock must come from the contents inside the book« (Venturi und Scott Brown in einem Brief vom Februar 1972 an Michael Connelly, den Editorial Director der MIT Press, in: ebd. S. 121).

37 »Muriel, distressed by our ›scholarly‹ cover, concealed it in a glassine, Helvetica-bedecked dust jacket. Yet she did not dare hide our inset picture of a desert billboard cum triumphal archway, from which a near-naked female calls ›Tan Hawaiian with Tanya.‹ So she broke her text where the axially placed Tanya was, to leave her visible under the jacket. We hated the glassine fig leaf, its spindly font and H&O [Late Modern urban projects] aspirations, but the semi-avoidance of Tanya made it even worse. (Nevertheless, the jacket, where it survives, adds to the selling price of the book.)« (Scott Brown, *The Tyranny of the Template*, o.S.).

Rollt man die Geschichte auf, und das ist das zweite Foto, das die BibliothekarInnen der Princeton University zur Vorstellung des Buches posten, hat man fast wie ein Kompromiss mit der Vorstellung der AutorInnen und einem Foto, das doch gepasst hätte, den zweiten Titel des Buches. Hinter dem semitransparenten Umschlag verbirgt sich ein einfacher Kasten, ein Rechteck mit einem Bild-im-Bild-Billboard-Bild neben dem in die Wüste gebauten Bürgersteig für zukünftige Planung, an dem man auf dem Weg zum Strip vorbeisaust. Ein dekorierter Schuppen? Das Zusammenspiel von Typographie und Bild im einmal aufgerollten Design ist hier entscheidender, wofür zuallererst der Umgang mit dem Grid von Bedeutung ist. »In the first edition of Learning from Las Vegas, Cooper used a basic five-column vertical grid [...] Each of the three parts of the book follows a slightly different organization based on this grid. [...] Owing to the great number, variety, size, and relative importance of the images to the book, the images do not strictly adhere to the underlying grid, nor of course do the book's two-page spreads and broadside images. [...] [T]he Bauhaus layouts give a real sense of the implicit movement of the images as they range across and beyond the ›confines‹ of the grid and the page, in a literal demonstration of the relationship between the ergon and parergon, the a priori and the a posteriori, the conceptual and the empirical.«[38] Genau das wird auf dem Cover im Wechselspiel mit der Typographie bereits durchgespielt.

Mit den beiden Büchern, die Denken und Lernen im Titel haben, hat man 1972 den ganzen Baukasten der Eventualitäten des wissenschaftlichen Buchumschlags zusammen. Und es ist klar, wie wissenschaftliche Buchumschläge danach eigentlich nicht mehr aussehen sollten.

38 Vinegar, *I am a monument*, S. 134.

Die neuen Möglichkeiten des Umschlagumdenkens müssen aber allererst als Chance begriffen und ausprobiert werden. Gespür für den Buchumschlagparatext und sein Unterscheidungsvermögen entwickeln sich stets nur Fall für Fall. Die wirklich geniale Idee von Willi Fleckhaus bei Suhrkamp war 1963 so vielleicht weniger der Regenbogen als Kundenbindung als der abnehmbare Buchumschlag für das Paperback, die knallige, sich Band für Band leicht verschiebende Farbe über dem gesetzten Dauergrau der Theorie. Die edition der frühen Jahre hatte damit einen, nie diskutierten, doppelten Schrift-Hebel[39], der dann aber leider ab Band 355 dem bloßen Schema Platz machen musste, das zu diesem Zeitpunkt, sechs Jahre nach seiner Einführung, eigentlich schon ausgezählt war und jetzt, schon beinahe als nostalgisches Nachbild, in die Bände eingebrannt wurde.[40]

39 »Die Buntheit von Fleckhaus' Entwürfen stieß unter einigen Mitarbeitern des Suhrkamp Verlages, die wie Walter Boehlich in hochgestalterischen Fragen konservativ eingestellt waren, auf Widerwillen. Fleckhaus reagierte darauf mit einer Kompromisslösung. So erhielten die ersten Bände der *edition suhrkamp* einen bunten Umschlag, der abnehmbar war und darunter eine graue Broschur zum Vorschein brachte, die im Regal kein sonderliches Aufsehen erregte«. (Amslinger, Tobias, *Verlagsautorschaft. Enzensberger und Suhrkamp*, Göttingen 2018, S. 268).

40 Windgätter, *Vom »Blattwerk der Signifikanz«*, S. 14. Das Jahr 2015 wird dann das Jahr des Umschlags als Ausverkauf, als wie zum Beweis die Umschläge um Nichts als neue Produktlinie in die Läden kommen: 144 Seiten *edition suhrkamp* gelb *Notizen* machen den Auftakt und sollen mit beigegebenem Klassikerzitat entfernt an Adorno erinnern. 160 Seiten *Auf der Suche nach der verlorenen Zeit* folgen mit Zitat 2016, hihi. Für die leicht gehobene Brieftasche wird die gebundene, leere *Bibliothek Suhrkamp* mit Lesezeichen für »eigene erlesene Themen« angeboten oder die *Insel-Bücherei Jahrestage*, wofür ein Uwe Johnson-Zitat geradestehen muss, *Notizen*, mit *Ordnung der Dinge*-Farbton plus Foucault-Zitat-Verstärker, wir sind schon 2017, *Chronik der laufenden Ereignisse*, *Korrektur*, *Mythen des Alltags*, alle mit Zitat, 2018; es hört gar nicht mehr auf; 2019: *Die Lust am Text*, dieses Jahr, das Letzte bislang: *Tage des Lesens*, auch leer und ganz und gar unlustig. Die recycelten Titel des Literatur- oder Wissenschaftsprogramms fürs Altpapier haben sich in Klemmi-Geschenkartikelchen gewandelt, mit denen wer immer mag Notiz von der aktuellen Situation nehmen kann.

In der Bundesrepublik kommt einer der nächsten Einsätze für eine Anhebung des wissenschaftlichen Buchumschlag-Niveaus von außen und von unerwarteter Seite. Das hat niemand sogleich begriffen. 1976, frohe Weihnachten!, geht die Pharmaindustrie auf ihre Vertreter zu, wickelt ihnen kurzerhand eine Artemis-Klassikerausgabe als Jahresgabe ein und legt sie zu den Schächtelchen und Pröbchen in den Kofferraum. Das soll für das nächste Jahr bei Laune halten. Buchbindung als Vertreterbindung. Das Ohr zum Kunden kriegt etwas zu lesen ab. »Die gute Aufführung ist die Mutter der Frölichkeit« steht im letzten Drittel des Zitats außen drauf, ja, das passt, § 91 auf S. 257, wir wissen uns zu benehmen, das Buch wird also vom Ende her gelesen, da haben wir unsere Lektion gelernt und wissen dann auch, ob alle durchkommen, und da ist mit Latein auch noch Musik mit drin.

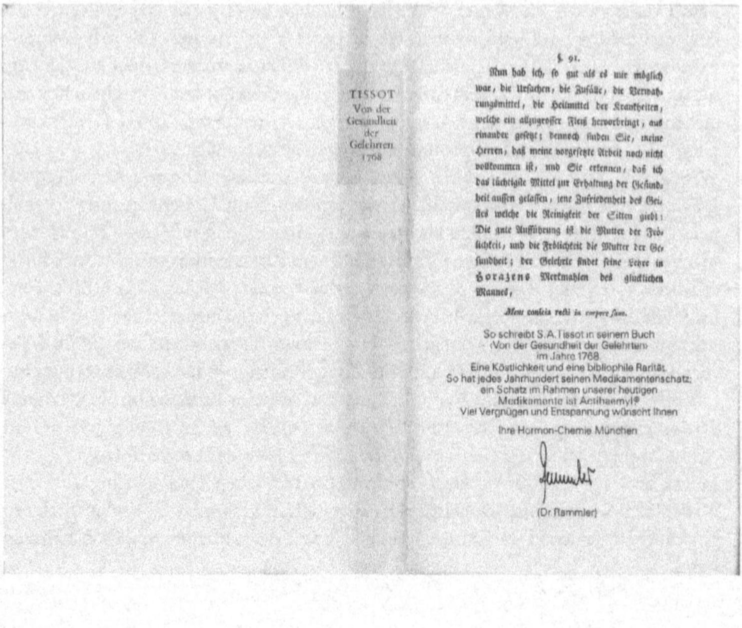

Passend für Helfer der Mediziner, kommt die Ausgabe im Schuber – der Umschlag, den Sie hier sehen, wird also noch zusätzlich geschützt; vor den ersten Seiten zieht man sich gleich zwei Paar Handschuhe an – und wird mit den Original-Stockflecken, so wie es sich für den Gesundheitsbereich gehört, faksimiliert gedruckt. Dass dic Öffentlichkeitsarbeit des Konzerns soviel Augenmerk auf den Erhalt ihres Umschlages gelegt hat, spricht für sie und ist ein Segen für uns.

Verblüffend ist nur zunächst einmal, wie wenig Orientierung der Umschlag bietet. Was das Ganze überhaupt sein soll, gut, ein Buch, aber wer der Autor und was der Titel ist, ist auf den ersten Blick, ganz wie bei *Learning from Las Vegas* auch, nicht zu erkennen und bleibt am Ende als Angabe auf der schmalen Umschlagseite auf den Strich im Schuber im Regal beschränkt, der vom Buch dann noch übrig ist. Nimmt man das Buch in die Hand, ist der fast schon draufgekritzelt draufgedruckte Postkartengruß-Verweis vorne drauf im mittig gesetzten Vers von Dr. Rammler, dem Vertreter der Hormon-Chemie, dass S. A. Tissot der Autor des abgebildeten Zitates ist, erstmal nicht mehr als eine bibliographische Angabe und heißt noch nicht automatisch, dass sich genau der auch hinter dem Umschlag verbirgt. Dieser Umschlag kommt aus heiterem Himmel, wie auch mitten aus einer Praxis, die schon lange zugange ist.

Dieser Neuumschlag von Tissots *Von der Gesundheit der Gelehrten*, eines Titels von vor zweihundert Jahren, hält erstaunlich unverdrossen an seiner Werbefunktion fest, obwohl das Buch, das er einpackt, für diese Neuauflage aus dem Verkehr gezogen ist. Die Sorge, dass das Buch auch in die richtigen Hände gerät, gibt es hier nicht. Das tut es ohnehin. Dieses Buch muss gar nicht verkauft werden. Hätte ich z. B. richtig Glück gehabt, hätte ich den richtigen Beruf und wäre nicht Vertreter für andere Sachen, hätte ich auch gar nicht dafür bezahlen müssen. Die Klientel, für die es gedruckt wird, für die die Ausgabe abgezwackt wird, steht zuvor schon fest. Nach dieser Ausgabe fragt niemand, man kann sie im Handel nicht bestellen, man kriegt sie geschenkt. In die Hand gedrückt. Zur gleichen Zeit wird die seitengleiche, faksimilierte Ausgabe mit einem anderen Umschlag im Buchhandel vertrieben. Aber das sind schon beinahe Spitzfindigkeiten.

Das Buch der Diätetik von früher ist als Vademecum für heute gedacht. Es ist etwas Ausgefallenes, das hilfreich sein soll, auch wenn es uns zunächst nur fröhlich stimmt. Ist also Teil des Medikamentenschatzes und soll mit uns in die Hotels reisen. Vielleicht sollten wir es daher gleich in die Kulturtasche packen.

Die Funktion des Reprints als geschenkte Rarität und Moment von Distinktion gegen den Ruf des Billigen beim Vertreter mit seinen Täschchen und improvisierten mobilen Lagern und Unterkünften, das zugleich die Möglichkeit verlegenen Kicherns (Kultur hier?) beinhaltet, ist es in diesem Fall, für eine Erste Wahl zu werben, die schließt, was noch offen ist. Eine Crème zur Wundheilung, dem funktionalen Äquivalent des Buchumschlages. Geworben wird hier auf sehr dezente Weise für etwas, das sich äußerlich auftragen lässt.

Nun ist auf diesem Umschlag reichlich Platz für Schrift vorgesehen. Man hat sich sichtlich viel Mühe gegeben, hier Variation zu erzeugen. Da gibt es verschiedene Schrifttypen, faksimilierte Druckbuchstaben, faksimilierte Handschrift, verschiedene Schriftstile: Fettdruck, kursiv, gesperrt. Die Variation von Schrift hat ihren Grund im spezifischen Charakter der Illustration wie sie im Lehrbuche steht. »Da sich viele Menschen vom Bild eher als von der Schrift ansprechen lassen, haben Illustrationen auf dem Umschlag einen besonderen Stellenwert. Dabei muss die Illustration den Buchinhalt insgesamt veranschaulichen, nicht nur eine Textstelle, wie dies eine konkrete Illustration im Buch selbst tut. Das Bild auf dem Umschlag sollte also entweder metaphorisch für das Ganze stehen oder zumindest einen typischen Ausschnitt aus dem Inhalt festhalten. Fachbücher, Kunstbücher, wissenschaftliche und populärwissenschaftliche Werke bevorzugen Umschläge mit Bildern, Photographien oder technisch-wissenschaftlichen Darstellungen.«[41] Unser 20.-Jahrhundert-Industrie-Umschlag für die wissenschaftliche Arbeit aus dem 18. Jahrhundert widerspricht dieser Feststellung oder kompliziert sie zumindest. Erwartbar wäre wahrscheinlich eher eine Illustration gewesen, in der die Hand eines weißen Mannes im weißen Kittel die Verschlusskappe so einer Tube weißen Wunder-Wundheilmittels abdreht. Das eher mit intellektuellem Snobismus als populär vermittelndem Gustus auftretende Buch wirbt stattdessen mit dem Beispiel einer konkreten Textstelle als Illustration, mit Schrift als Bild, das für das Ganze steht. Schlägt vor, das Kleingedruckte zu lesen. Tut also genau das, was es eigentlich um jeden Preis zu vermeiden galt. Was sich nicht gehört. Es kommt unverzüglich zur Sache. Und rät zur Lektüre. Ein Großteil der wissenschaftlichen Bücher kann das nicht. Ob nun mit Schrift oder einem Bild. Tun wir also gar nicht erst so, als ob dieses Buch aus dem Hause Hormon-Chemie nichts mit uns zu tun hätte. Nichts kapiert hätte. Wir sind schon die, die hier gemeint sind. Die wahrhaft Verklemmten. Ideale Kunden. In dieser Umschlagsillustration trifft Wissenschaft auf Literatur. Und das um einiges reflektierter als für gewöhnlich.

Was steht eigentlich drin in dem 1976 neu mit Stockflecken gedruckten und verteilten Text von 1768 mit dem crèmefarbenen Umschlag, der nur ein Jahr nach seinem Erscheinen den zusätzlichen Untertitel »und anderer Leute, die bei ihren Geschäften wenige

41 Hier, zuletzt: Mazel, Otto, *Einbandkunde*, Wiesbaden 1997, S. 327.

Bewegung machen«, erhielt? Frische Luft scheint zu Zeiten des Beginns der Bildungsrevolution, in der »[d]er Begriff des Menschen [...] den des Gelehrten [überlagert]«[42], das Gebot der Stunde zu sein. »Die eingeschlossene Luft, welche Leute, die nur mit ihren Büchern leben, unaufhörlich einathmen, ist eine fünfte Ursache, auf die man gewöhnlich nicht genug Achtung hat, die sehr viel zur Vermehrung ihrer Beschwerden beyträgt«, steht klipp und klar in § 32 in *Von der Gesundheit der Gelehrten*. »Die Luft seines Gemaches nicht alle Tage erneuern, ist so viel, als in dem Unflath des vorigen Abends leben; und wer sind die Gelehrten, die ihn alle Tage erneuern?«[43] Das Leben in der Bücherluft, die nicht wechselt, wenn der Raum der Lektüre, die mit dem Umschlag Bewegung gerade fordert, geschlossen bleibt, wird immer auch gedanklich unbeweglich im Mist von gestern und vorgestern stecken bleiben. Es dreht sich im Kreis: Die schlechten Seiten der Gelehrten werden die schlechten (Umschlag-)Seiten der Gelehrten. Ließen sich zur Abwechslung zumindest die Deckel auf den Büchern nicht wenigstens mal ein Stück weit anheben und in Augenschein nehmen? Die Bücher lüften?

42 Bosse, Heinrich, in: *Die Erfindung der Bildung. Nacim Ghanbari im Gespräch mit Heinrich Bosse*, in: Ghanbari, Nacim (Hg.), *Bildungsrevolution 1770–1830*, Heidelberg 2012, S. 3.

43 Tissot, S[amuel] A[uguste] D[avid], *Von der Gesundheit der Gelehrten*, Zürich 1768, S. 94f.

1977 reißt Klaus Theweleit das Fenster weit auf. Und lüftet die Zimmer der WissenschaftlerInnen gründlich durch. Was es auf dem Buchcover von *Männerphantasien* zu sehen gibt, ist, entgegen der Konvention, kein Autorenfoto, bloß nicht, keine behauptete Individualität, sondern ein Blick aus dem Fenster. Das ist das Bild, das er beim Schreiben vor Augen hat.

Blick aus dem Fenster beim Schreiben, Freiburg, 1974 - 1977

Mit Nostalgie, ach ja, hoch ging es noch her zu Studienzeiten in Freiburg, der Schwarzwald, all die alten Giebel, hat das nichts zu tun. Hier sitzt niemand verträumt am Fenster und trifft den Ritter Gluck. Das Buch widmet sich der Vorgeschichte des Nationalsozialismus. Das Bild ist ein Einschnitt, ein offener Bruch mit Konventionen wissenschaftlicher Bücher. Teil einer offensiven Bildpolitik, die die Geister der deutschen Geschichte zu lokalisieren und zu bannen sucht.

Mit diesem Buch, sagt das Foto, das kein privates Foto ist, – »das Foto auf der letzten Umschlagseite hat Yolanda Feindura Lampe gemacht« – wird vor der Tür gekehrt. Wacht endlich mal auf! Die Giebel von Freiburg, die man in den Blick nimmt, haben eine vergleichbare Funktion wie der Blick auf einzelne Hausfassaden in Manfred Vosz' knapp zwanzigminütigem *Stadtführer für Bonn und Umgebung* von 1969, dessen Kamera Klingelmännchen spielt. Ich variiere mal für jede andere Stadt: In diesem Haus wohnt SS-Oberscharführer xy, der von dann bis dann Teil der Wachmannschaft in Treblinka war und jetzt an der Uni unterrichtet. Dies hier ist das Bonner/Freiburger Münster. In Haus Nr. 15 wohnt SS-Rottenführer Dr. yz, von der Apotheke soundso, der dann und dann in Riga aktiv war. Usw. usf. D. h. ganz so wie auf Postkarten aus dem Urlaub könnte man Kuli-Kreuzchen über einzelnen Giebeln anbringen. Und nicht nur eins, sondern gleich ganz viele. Seid ihr alle da? Noch da? Schluss mit lustig! Es geht hier nicht um ein Outing, sondern um unser Eingemachtes. Das wird besonders dann deutlich, wenn man sich nicht allein die Coverillustration anschaut, sondern die komplette Rückseite des Buches.

Blick aus dem Fenster beim Schreiben, Freiburg, 1974 - 1977

Analyse der Freikorps-Literatur. Romane der 'ersten Soldaten des Dritten Reiches'
Sieben Ehen. Die Kämpfer und ihre Frauen / Entwirklichung / Nicht anfassen! / Visionen / Was die Soldaten lieben / Die Frau als Aggressor / Flintenweiber. Die kastrierende Frau / Schwestern und Krankenschwestern / Mütter / Die Kameradenschwester / Attacken gegen Frauen / Lustmord

Bürgerliche Geschichte: die Entstehung des Panzers gegen die Frau
Fluten / Lava / Kochen / Straße des Blutes / Sehr frühe Geschichte: die Menschin aus dem Wasser / Die Entwicklung des europäischen Ich / Die Geometrisierung der Leiber / 'Weiße Frau' und Naturbeherrschung / Sexualisierung der bürgerlichen Frau im 17. und 18. Jhd. / Die Vagina als Meer der Meere / Vom Wasser zum Blut / Die künstliche Aufrechterhaltung des Mangels in der Beziehung der Geschlechter / Der Körper der Frauen als Objekt der 'Neuen Sittlichkeit' / Frauenopfer / Inzestgebot / Sumpf Schlamm Schleim Breie: der Körper als Schmutz / Faschistisches Ritual

Geschichte und Sittengeschichte sind eins.
Eine literaturwissenschaftlich-historisch-psychoanalytische Untersuchung. Materialien zu einer nicht-faschistischen Politik.

Die Bildlegende »Blick aus dem Fenster beim Schreiben, Freiburg 1974–1977« wird nämlich nicht einfach stehengelassen, sondern weiter im Einzelnen ausgeführt, ausbuchstabiert. Zur Überschrift eines Arbeitsprogramms. Unter den Dächern von Freiburg verfolgen wir »Bürgerliche Geschichte: die Entstehung des Panzers gegen die Frau«, »Sumpf Schlamm Schleim Breie: der Körper als Schmutz« und vieles andere mehr zwischen Schrägstrichen, /, die die linke, aufsteigende Linie der Dächer aufnehmen. Die Linie, die das Dach aufmacht. Diese Dächer der deutschen Städte beherbergen »Die Kämpfer und ihre Frauen und das Faschistische Ritual«, das ganze Programm. Auch in Murnaus *Nosferatu* ist der Raum der Arbeit unterhalb des Fensters und neben ihm, in dem die Frau in Weiß sich opfern muss, explizit Teil des Bildes und läuft im hors champs weiter mit, während der Vampir auf dem Boden verdampft.

Theweleits *Männerphantasien* ist, wir erinnern uns, eine akademische Qualifikationsarbeit an der Philosophischen Fakultät der Albert-Ludwigs-Universität zu Freiburg im Breisgau, eine Inaugural-Dissertation aus dem Jahre 1977, »die den Titel trägt Freikorpsliteratur: Vom deutschen Nachkrieg 1918–1923. Die Beziehungen zum eigenen Körper, dem Körper der Frauen und der Masse, dem Körper des Heeres und der Erde in der Sprache soldatischer Männer und ihre Funktion in der Genese des deutschen Faschismus. [...] 774 Seiten, Anhang und Apparat nicht gerechnet«[44]. Die Arbeit ist, auch international, ein Klassiker, ein Bestseller und bedeutete zugleich das Ende der akademischen Karriere von Klaus Theweleit. Er soll schon noch sehen, was er davon hat. In einem umfangreichen Dossier Klaus Theweleits in Uwe Nettelbecks *Die Republik* Nr. 18–26, vom 30. April 1978 mit dem Titel »Alles muß man so machen, daß jeder, der es sieht, ausrufen kann, das kann ich auch. Alles muß man so machen, daß jeder, der es sieht, ausrufen kann, das nicht & Notizen (II)« lässt sich in den Gutachten der Professoren, Rezensionen, Leserbriefen zu *Männerphantasien* noch einmal studieren, dass Theweleit für die emphatischen Identifikationen und die emphatischen Ablehnungen seines Projekts gleichermaßen nichts kann. Der Wert der Arbeit ist unbestritten. Was Theweleit seine Unikarriere kostet, ist sein Schreibverfahren, genauer gesagt, sein Umgang mit Zitaten, Zitatbergen, und mit *reichlich* Bildern im Text. Beides gehört zusammen.

44 Augstein, Rudolf, *Frauen fließen – Männer schießen. Klaus Theweleits Phantasien. Rudolf Augstein über Theweleits Phantasien*, in: *Der Spiegel (1977)*, H. 52, S. 132., https://magazin.spiegel.de/EpubDelivery/spiegel/pdf/40680546 [letzter Zugriff, 15.8. 2020].

»Mehr als 80 Photos und Bildserien sind in den Text eingearbeitet.«[45] Also sogar noch einige Bilder mehr als die bloße Zahl besagt. Dass ein Bild nicht erlaubt, auch nur einen einzigen Gedanken zu fassen, ist gängige Ideologie zu dieser Zeit. (Kein Wunder, wenn man die Köpfe der Autorenfotos im Kopf hat.)

»In der Tat ließ die Suhrkamp-Kultur einen Zug ins Monumentale erkennen. Das Standbein der neuen Reihe bildeten große Werkausgaben; zwei Jahre vor Adorno waren gerade erst zwanzig Bände Hegel erschienen. Ozeanische Textfluten. Und zwischen tausend Zeilen kaum ein Bild. Aus dem Rückblick unserer ikonophilen Gegenwart fällt besonders die Textlastigkeit des Verlagsprogramms ins Auge. Der Kanon, den Siegfried Unseld für die alte Bundesrepublik verbindlich machte, war eine Bleiwüste. ›Allein die Schrift!‹ lautete das Credo seiner Witwe und Nachfolgerin bis heute. Der Imperialismus der Schrift wird dort umso augenfälliger, wo sich Suhrkamp dazu herabließ, Bilder abzudrucken. Die Reproduktionen von Velázquez' *Las Meninas* in Foucaults *Ordnung der Dinge* zum Beispiel ist so miserabel, dass man Mutwillen unterstellen muss. Ein Gutteil von dem, was die fünfzehn eng bedruckten Seiten der Einleitung erörtern, lässt sich bestenfalls erahnen. Einen Höfling der spanischen Infantin haben die Grauschleier komplett verschluckt. Suhrkamps Ikonoklasmus war dem Glauben an die Macht der Theorie geschuldet; das Ergebnis wirkt aus heutiger Sicht so nüchtern wie eine protestantische Kirche. Was bleibt, ist der Eindruck intellektueller Strenge, die ans Frugale grenzt. In der grauen Literatur aus der Blütezeit des Neomarxismus erreichte diese Haltung ihren Höhepunkt.

45 Theweleit, Klaus. *Alles muß man so machen, daß jeder, der es sieht, ausrufen kann, das kann ich auch. Alles muß man so machen, daß jeder, des es sieht, ausrufen kann, das nicht & Notizen (II)*, in: Nettelbeck, Uwe (Hg.), *Die Republik*, Nummer 18–26, 30. April 1978, S. 461–603, hier: S. 493.

Im Schrifttum von '68 firmierten Bilder als Medien des schönen Scheins. Irgendwo auf der Strecke zwischen damals und heute muss sich ein Paradigmenwechsel ereignet haben.«[46]

Bei Roter Stern ist die Arbeit mit Bildern, mit denen Suhrkamp nicht zurechtkommt, Teil der Theorie und Programm. Als 1978 der zweite Band von *Männerphantasien* erscheint, ist im wieder nicht vorhandenen Autorenfoto der Blick umgekehrt. Das Fenster bleibt schön offen; was wir jetzt sehen, ist der Blick von außen nach innen an die gegenüberliegende Wand.

Blick auf die Wand gegenüber.

46 Felsch, Philipp, *Der lange Sommer der Theorie. Geschichte einer Revolte. 1960–1990*, München 2015, S. 161.

Was wir vor uns haben, ist ein Teil der Datenbank, die Theweleit im Rücken seiner Arbeit hat. Auf die Topographie antwortet das Archiv. Die Verknüpfung und Montage der Fotos ersetzt die Dachlandschaft der vielen Giebel und Schornsteine. Drinnen, draußen, ein stetes hin und her. Wie bei Band 1 verschlagwortet der Ausschnitt der Gliederung darunter, was man sieht. Masse und Körper.

Blick auf die Wand gegenüber.

Die Masse und ihre Gegenbildungen. Herkunft und Sinn zentraler faschistischer Begriffe.
Die Masse als Verkörperung des eigenen Unbewußten / Lustseuche / Innen: das Fremde als 'Urmensch' / Frauen vorneweg… / Ohnmacht und Entfleischung. Zerfall in der Masse / Masse und Kultur – der 'hochstehende Einzelne' / Kultur und Heer / Im Felde unbesiegt / Mann und Rasse / Die 'Nation' / Das Volk / Das Ganze / Die Rede / Augen

20. Jhd: Männerkörper und faschistischer Terror. Die Explosion des Panzers.
Sexualität und Drill / Der Umbau des Leibes in der Kadettenanstalt / Ganzheitsmaschine Truppe / 'Stahlgestalt' / Ohnmachten / Die Absorption des sexuellen Verlangens / 'Preußischer Sozialismus' / Kampf und Körper / Geschwindigkeit und Explosion / Soldatischer Körper, technische Maschine und faschistische Ästhetik / Das Ich des soldatischen Mannes / Fragmentpanzer / Das Ich des Nicht-zuende-Geborenen und die Erhaltungsmechanismen / Ich-Zerfall und Arbeit / Weißer Terror als Selbsterhaltung / Drei Wahrnehmungsidentitäten in der Vereinigung mit dem 'undifferenzierten Triebobjekt' / Schwarz Weiß Rot / Prügel / Prügelritual und Schauen / 'Homosexualität' und Weißer Terror.

Erst wo der Körper nicht mehr verheimlicht wird, kann es offenes politisches Leben geben, weil es erst da eine reale Basis hat.

»Ich hatte ziemlich genaue Vorstellungen, wie das Buch Männerphantasien aussehen sollte, von der Typografie bis zur Bildmontage bis zum Umschlag; [...] Dann kam ich mit meinem Packen von 450 Bildern. Nein, kein abgetrennter Teil mit Illustrationen, wie in historischen Büchern üblich, sondern in den Text montierte Bilder. Na gut, probieren wir's. Sybilla Flügge und Michel Leiner standen bereit. Ich übersiedelte für Tage, später manchmal für Wochen, in den Verlag. Die Arbeit meist nachts, wenn die übrigen Geschäfte ruhten. Mit Michel Leiner am Lichttisch. Links neben ihm die Fahnen mit dem Text, rechts neben mir der Stapel mit den Kopien der Bilder; in der Mitte das Formblatt mit dem Satzspiegel, von unten durchleuchtet, und Michel Leiner mit Lineal, Schere und der Tube mit dem ablösbaren Papierkleber. Die Menge der pro Seite abzuschneidenden Zeilen bemaß sich nach der Bildgröße. Dann prüfen: Ist das richtige Stichwort auch auf der Seite? Wenn nicht: entweder Text ändern, oder Bild verschieben; oder: Geht auch ein anderes Bild hier? (.) Auf diese Weise kann man nur arbeiten, wenn jemand da ist, der den eigenen Blick weitgehend teilt; der nicht den Lektor spielt und sagt: ach lassen wir das, ist doch gut genug so. Der nicht sagt: wir haben keine Zeit mehr; es muss in die Druckerei.«[47]

Mit den beiden offenen Fenstern hatten wir bislang nur die Kehrseite des Buchumschlags von *Männerphantasien* betrachtet. Tissots Mal-Richtig-Durchpusten wird beherzigt. Umdenken ist an der Zeit. Theorie und Bild sind nicht unbedingt mehr ein Widerspruch. Dafür gehen andere Sachen nicht, »nämlich, z. B., auf keinen Fall: Grün. Alle Bücher des Verlags bis dahin waren in Grün gekleidet,

47 Theweleit, Klaus, *Die großen Verlage hätten mich ausgelacht. Der Kurt-Wolff-Preis geht diesmal an den Stroemfeld-Verlag. Eine Laudatio von Klaus Theweleit.* https://www.kurt-wolff-stiftung.de/wp-content/uploads/2014/03/Leipzig_Laudatio.pdf [letzter Zugriff 16.7.2021].

gedacht als Signalfarbe des Roten Stern in den Buchhändlerregalen (wie zuvor das knallige Gelb von Schröders März-Büchern). Dies Grün, das ja bis heute von den Einbänden der Hölderlin-Ausgabe herableuchtet, fand ich – als Dauerfarbe – nicht das Gelbe vom Ei. Es gab erbitterte Diskussionen. Für mich waren Theoriebücher damals weiß; suhrkamp-weiß; ich setzte Weiß durch. Suhrkamp-Imitat sollte es allerdings nicht sein. Farbige Umschlagbilder also. Ich hatte eine schwarz-weiße Postkartenfotografie für den ersten Band. Michel Leiner vergrößerte sie und übermalte das Foto: die Lok in Schwarz, das Meer in Pink, den Himmel in Grün.«

Das Foto auf dem Umschlag von Bd. 1 der *Männerphantasien* ist ein Foto, das nachkoloriert zur Grafik wird, beide Elemente enthält. Es ist betont nicht dokumentarisch, sondern bearbeitet. In seiner halluzinatorischen Qualität steht es in deutlichem Gegensatz zum Foto auf der Rückseite. Diese Arbeit, hallo!, beschäftigt sich mit der Analyse von Phantasien. Der erste Einblick ist zudem noch beinahe verschwindend klein, eher eine Briefmarke auf einem Umschlag für die Sendung.

Die Geschichte der ursprünglich einmal schwarz-weißen Postkarte, die links und rechts abgeschnitten ist, eröffnet die Untersuchung. Der erste Satz des Buches handelt von dem, was man nicht sieht: »Über den Hindenburgdamm, der auf dem Umschlagbild nicht zu sehen ist, fahren die Züge von der Insel Sylt zum schleswig-holsteinischen Festland, und umgekehrt. Das Postkartenfoto vom Zug auf dem Damm bei Hochwasser habe ich beim Ansehen von Fotoalben meiner Mutter gefunden«[48]. Ich habe es auf eBay gefunden. Schwarzweiß, gut in Schuss, die Wellen schlagen nicht ganz so hoch.

48 Theweleit, Klaus: *Männerphantasien*. Bd. 1: *Frauen, Fluten, Körper, Geschichte*, Frankfurt am Main 1977, S. 7.

Das Ziehen der Mutter-Karte in der Lektüre auf dem weißen Theorie-Grund des Titelblatts, die den Auftakt von *Männerphantasien* bildet, nimmt die Bahn als Infrastruktur und Kollektivsymbol, den Damm und die Elemente, und lässt sie psychoanalytisch durch die Konstellationen rauschen. Von den Freikorps-Träumen hin zur deutschen Familie, wo für Adorno der Faschismus gerade eben auch entsteht, und zurück. Was über das Meer kommt, hängt ganz allein von uns ab, so wundersam es auch aussehen mag und so sehr es auf den Botschaften auch schon vorgedruckt ist. Das können wir kurz psychedelisch und quadratisch neuformatiert wie eine Schallplatte schnell klar machen. Die Aneignung der Postkarte auf dem Umschlag ist sowohl Textzitat wie Bild wie Lektüre. Kompaktkommunikation vom Feinsten. Mit den beiden offenen Fenstern im Rücken hat Theweleit buchstäblich auf Durchzug gestellt. Und lässt über den Tisch die Beobachtung von den Objekten und Texten zum Archiv und wieder zurück pendeln. Für zukünftige wissenschaftliche Bücher liegt die Latte der Beobachtung des Beobachters ab sofort hoch. Aber in einem ersten Schritt müssen die Autoren erst einmal begreifen, worum es geht in ihren Büchern und wann ihre Texte genau anfangen. Selbst wenn sie gar nicht unbedingt gefragt sind.

Hat man jedoch zur ersten Navigation die Karte einmal gesehen, lässt sie einen nicht wieder los.

2002 stehen wir in den USA plötzlich wieder auf dem Damm. Der wissenschaftliche Buchumschlag ist zitierfähig geworden. Umschläge beobachten nicht nur Umschläge, sondern gestehen dies auch offen ein. Für die zweite Auflage von *Landscape and Power* im selben University [of Chicago] Press muss das Titelblatt neu gestaltet werden. Das Feld hatte sich grundlegend verschoben. »If I were given the chance to retitle *Landscape and Power* today, some years after its first appearance, I would call it Space, Place and Landscape. [...] If one wanted to continue to insist on power as the key to the significance of landscape, one would have to acknowledge that it is a relatively weak power compared to that of armies, police forces, governments and corporations«[49]. Um die Neuausrichtung anzuzeigen und um auf ein neues Niveau der Darstellung zu kommen, muss der Forschungsansatz neu visualisiert werden. Es steckt einfach nicht mehr dasselbe Produkt im Umschlag. Und schließlich sollte Landscape schon in der ersten Ausgabe eine Tätigkeit anzeigen.[50] Zusätzlich zu einigen neuen Beiträgern holt sich das neue Cover Hilfe von dem Original eines Klassikers von Übersee. Der war 15 Jahre zuvor zwar in der University of Minnesota Press in englischer Übersetzung erschienen, allerdings ohne auch nur annähernd so komplexen Buchumschlag. Der Originalumschlag aus Deutschland blieb dennoch präsent. Dass wissenschaftliche Debatten nicht zuletzt auch auf dem Umschlag ausgetragen werden, ist nur schwer von der Hand zu weisen. Noch 26 Jahre später und dazu noch transatlantisch hilft eine Postkarte aus einer Kiste von 1976, der Diskussion auf den neuesten Stand zu kommen. »I can think of no better example of a dialectical image than the postcard that serves as frontispiece, here reproduced, to the English edition of Klaus Theweleit's book, Male Fantasies. He found this card in his mother's photo album.«[51] Der neue Umschlag ist eine Hommage. Er sucht sein Heil in einem Klassiker-Zitat. Wandert abgekürzt mit einem Bild, das entpsychedelisiert wird, Cover to Cover in eine neue Konstellation. Die Aneignung der selbst bereits angeeigneten Postkarte lässt die Lokomotive von Theweleits Mutter über den Hindenburgdamm in die USA fahren. Wo ist wo und wer legt das fest, wird zu einer bestimmenden Frage.

49 Mitchell, W.J.T., *Preface to the Second Edition of Landscape and Power: Space, Place and Landscape*, in: Ders. (Hg.), *Landscape and Power*, Chicago ²2002, S. vii).

50 »The aim of this book is to change ›landscape‹ from a noun to a verb« (Mitchell, W.J.T., *Introduction*, in: Ders. (Hg.), *Landscape and Power*, Chicago 1996, S. 1).

51 Taussig, Michael, *The Beach (A Fantasy)*, in: Mitchell, *Landscape and Power*, ²2002, S. 317–348, hier: S. 327.

Zum 40sten des wahrscheinlich erfolgreichsten Buches der bundesdeutschen Geisteswissenschaften erscheinen 2019 Theweleits *Männerphantasien* in einer Jubiläumsausgabe. Auf seinem rot eingetönten Cover liegen jetzt vier Bilder wie Trümpfe im Zoom übereinander: Marlene Dietrich aus der Vogue-Fotostrecke 1973, das rechte Panel von Roy Lichtensteins Comic Strip-Flieger-WHAAM! von 1963, ein Freikorpssoldatenfoto aus dem Ersten Weltkrieg mit M17 Totenkopf-Stahlhelm und die rechte Figur von Josef Thoraks Skulptur Kameradschaft von 1937. Das sind jetzt also die Vier von der Männerphantasien-Tankstelle. Die Datenbank ist handzahm übersichtlich zusammengeschnurrt. (Da haben die beiden Igel vor dem Autoreifen auf der Reichsautobahn aus dem Verlagsprospekt schon mehr Power. Igelstärken.) Ihre alten Cover haben die Bände in ihrem Marsch durch die Verlage über die Jahre abgestreift.

Dabei war es auf dem Gebiet des Buchumschlags, bezeichnenderweise vor allem in den USA, zunächst noch ganz vielversprechend mit unterschiedlichen Formen von Design weitergegangen, die ohne viel Umschweife in die Arbeit einstiegen. Und zeigen konnten, wie in verschiedenen Fächern zu ihrer jeweiligen Zeit komplexe Leseverhältnisse ausgesehen haben. Los geht es mit der schweren Geburt. Die Achtziger. Wir sind nicht mehr allein.

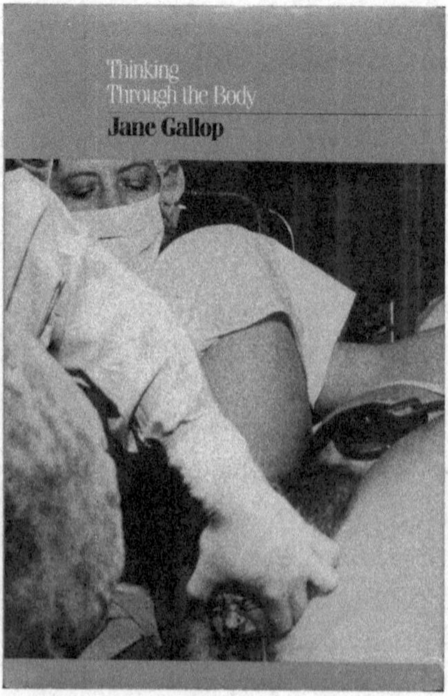

Spätestens jetzt, 1988, dürfte es ein für alle Mal klar sein, dass AutorInnenfotos auch spürbar anders aussehen können. Mit dem Buchumschlag sind wir mit einer Produktionsmaschine konfrontiert, die aus ganz unterschiedlichen Teilen besteht. Was wozu gehört, welche Funktion haben mag, ist nicht unmittelbar ersichtlich. Wir haben die Körper, die Institutionen, die Techniken, die Gewalt, den Schmerz. Und einen Zugriff vom außen auf ein fremdes, eigenes Objekt. Der Körper, der einen Kopf absondert, hat selbst keinen Kopf. Der ist irgendwo abgetrennt in the blue, der Zone, in der irgendwo weiter links auch ein Autorinnenname steht. Wir haben also eine Vervielfältigung von Operationen und etwas, was von einer Autorin in einer genau vorgeschriebenen Zone übrigbleibt. Einen

Teil und Rest eines Autorinnenporträts. Ganz privat, ganz öffentlich. (Dick Blau hat fotografiert, Jane Gallop bringt gerade Max zur Welt.) Der Mundschutz der Krankenschwester, der wie aus der Richard-Prince-Schule der Blickachsen die kontrollierenden Augen oben hin zum ausgepressten Zitronengesichtchen unten am Buchrand verstärkt, betont das Prozessuale, das noch Unklare und Arbeit. »[T]hat uncanny little head is surrounded by body for but a brief pause in an irrepressible progress. Things will soon be sorted out into their proper categories: mother, baby, doctor, nurse. At this point in history, thinking that truly passes through the body only occurs in brief intervals, soon to be reabsorbed by the powerful narratives of mind over matter. Like the photograph, I want to catch and hold on to those moments when something else occurs.«[52] Unterwegs mit der Vorgabe, einen Moment im Labor der eigenen Betriebssozialization festzuhalten und zu theoretisieren, wird im Durchlauf durch eine Sammlung eigener Arbeiten, die bis hin zurück zum Graduate Studium datieren, Durchdenken selbst zunächst einmal als Zitat durchdacht. Der Titel setzt das Kursive in der Mitte eines Satzes von Adrienne Rich aus *Of Woman Born. Motherhood as Experience and Institution* um: »I am really asking whether woman cannot begin, at last, to *think through the body*, to connect what has been so cruelly disorganized.«[53]

Wissenschaftliche Buchumschläge sind in diesem Buch ganz selbstverständlich zentrale Referenzpunkte für die eigene akademische Formation. Welchen Einfluss die Buchcover von *Writing and Sexual Difference* mit der namenlosen, briefschreibenden Frau auf der Vorder- und dem buchschreibenden Erasmus auf der Rückseite hatten, wie sich der Vermeer auf dem Cover von Terry Eagletons

52 Gallop, Jane, *Thinking Through the Body*, New York 1988, S. 8f.
53 Ebd., S. 1.

Literary Theory lesen lässt und was es auf Cixous', Gagnons und Leclercs *La venue à l'écriture* mit der Lücke auf sich hat, die die wegretuschierte Magd neben Vermeers Briefeschreiberin lässt, wird im Buch entlang am Bild weiter analysiert.

Und 2011 dann nochmal aus der Perspektive der Queer Studies wiederaufgegriffen.

Das aus dem Titel herausfallende Scheitern in Judith (mittlerweile: Jack) Halberstams *Queer Failure,* die missglückte Geburt, präsentiert sich als eigene Kunst und Relektüre (auch von Gallops *Thinking Through Bodies*) und schockt im Zusammenspiel von Typographie und Torso, das den Blick herantreten lässt. Riskiert wird im

Zoom auf das Finkenbaby ohne Flügel, ohne Beine, das man auf den ersten Blick für einen übriggebliebenen, noch nicht richtig abgenagten Wing aus einer *Domino's*-Trommel halten könnte, der Verlust von Seascape and Queerscape.

Das Miniaturobjekt in Judie Bambers Los Angeles Body Culture-Gemälde *I'll Give You Something to Cry About (Dead Baby Finch)* von 1990, die verunglückte Geburt, das Ende von Baby, ist selbst Gegenstand der Untersuchung. »The deployment of scale, here and in the seascapes, makes relevance relational and contingent but also turns the still life into something queer, into a limit, a repudiation of duration, longevity, versatility. Bamber captures the thing in its moment of decline or expiration, documenting not just death but the death of an illusion. The painting's title [...] marries melancholia (the death of the bird) to extreme realism (other things are more important), and it drains out the potential sentiment of the painting, conjured by the subject matter and the small scale, replacing it with precise depiction.«[54] Für das Buchcover bedeutet das Streichen des Raums zugunsten der Form des Objekts eine weitere Zurückweisung der modernen, unbedruckten, weißen Seite als Schlüsselelement des Swiss Style Designs. Nichts zum Weinen.

Schon 1995 war das Autorenfoto, im schwarzen Rahmen, weil es partout nicht zur Ruhe kommen wollte, wir haben es einfach viel zu lange aushalten müssen, ironisch geworden. Autor, Gegenstand und Leser bilden eine unheimliche, inzestuöse Schleife, die zugleich ein guter Witz ist. Ein viel beschworenes, zu lang gehegtes Verhältnis zu Theorie, eine Emphase, die nicht weiterführt und nicht aus sich

54 Halberstam, Judith, *The Queer Art of Failure*, Durham 2011, S. 118.

herauskommt, nur Horrorzweitversionen, Abklatsch und Tautologien produziert, wird auf den Arm genommen. »Derrida« ist in der Bestandsaufnahme der Geisteswissenschaft der aktuell größte Name der Zeit. Er wird erst in zehn Jahren sterben und kann auch nichts dafür, wie er gelesen wird. Dem Umschlag, dessen Überlegung sich seiner Lektüre verdankt, selbst dekonstruiert, geht es mit der Fotografie »Father and Son« von Alfred Gescheidt auch nicht primär um die Dekonstruktion, sondern um ein viel grundlegenderes Phänomen: den Ventriloquismus. Inzest des Betriebs. Die unheimlichen Doubles durchgepauster, wissenschaftlicher Lektüren in anderer Verpackung. Wie sehen unsere Sehnsüchte, akademischen Träume, Filiationen und Bezugnahmen aus? Wie gehen wir mit Autorität um? Welche albernen und monströsen Familien stecken in unserem Kopf? Wie winken wir mit »Theorie«? Wie versuchen wir uns selbst zu beeindrucken? Das hat immer auch etwas Lachhaftes und etwas Trauriges, das ist zeitlich auch gar nicht so eindeutig ›nach‹ etwas, kann durchaus auch auf Zukunft abzielen und hat ganz sicher auch etwas Unheimliches, wo wir es hier mit einem Foto zu tun haben, das sich zuallererst selbst zitiert und damit im Kreis dreht. Ein Foto im Foto, eine Montage. Nun ist Bauchrednerei kein Ausweis mangelnder Originalität, kein Nachplappern, sondern eine grundsätzliche Aufteilung, wie man sie in der Geschichte der menschlichen Stimme immer wieder findet, wo eine Praxis plötzlich neben sich steht.[55] »Dass die Stimme Objekt des Begehrens ist, ist eine für die techno-epistemologische Genealogie des Radios als Massenmedium ganz unverzichtbare These. Diese Selbstwahrnehmungs-Spaltung der eigenen Stimme, die von innen anders klingt als von außen, ist

55 Kessler, Sarah / Tongson, Karen, *Karaoke and Ventriloquism. Echoes and Divergences*, in: *Sounding Out!*, 12. Mai 2014. https://soundstudiesblog.com/2014/05/12/karaoke-and-ventriloquism-echoes-and-divergences/ [letzter Zugriff am 15.8.2020].

Beweis genug dafür, dass der Ort, an dem wir sprechen, oszilliert. Die Stimme, die wir sprechen, bleibt immer ambivalent. [...] Fundamental bleibt das nicht zu dem Sprechen der Stimme Stehen können. Dieses Nicht-Einstehen-Können für die eigene Stimme ist die treffendste Definition des Ventriloquismus.«[56] Und sie trifft nicht zuletzt auch für die Stimmen an der Uni zu. Die Stimmen aus unserem Bauch auf unserem Arm könnten wir in Vent Haven zwischenlagern.

Der große Knick kommt Anfang der 2000er Jahre. Irgendwo auf der Strecke zwischen dem Aufbruch Ende der 60er Jahre und heute muss sich ein Paradigmenwechsel ereignet haben. In der Botanisiertrommel der Spezies des Buchumschlags finden sich auf einmal wieder viele der alten Balkonpflanzen wieder. Der vulgäre Buchumschlag zum Beispiel. 2004 sieht ein Autor wieder so aus:

56 Hagen, Wolfgang, *Das Radio. Zur Geschichte und Theorie des Hörfunks – Deutschland/USA*, München 2005, S. 236f.

Wir sind überwältigt! Vor lauter Autorenbaum ist der Titelwald der Buchstaben schon fast unsichtbar. Aber mit solch einem Retro-Cover sind wir auch längst nicht mehr in der Welt des Papiers und des kleingedruckten Lesens. Es ist da ganz aufrichtig. Man sieht sofort, was man sich einhandelt, wenn man diesen Wechselrahmen für Mutti mit nach Hause nimmt und ins Regal stellen will. Seit wir Von Las Vegas Lernen lernen, wissen wir, dass diese wissenschaftliche Publikation hier eine Ente ist. Wo symbolische Form und Funktion ineinsfallen, Präsenz als Autorenporträt vorgestellt wird, der Umschlag bereits das ganze Buch ist, was nicht zu fassen ist, wird man das Buch wohl oder übel quer zwischen die armen, gebeugten Leserücken ringsum einsortieren müssen.

Was bei Büchern vor allem beworben werden soll, ist ein Dauergrund von Streitigkeiten und Missverständnissen. Auch ein Pröbchen aus dem Gegenstandsbereich ist noch nicht unbedingt das, was gefragt ist. Selbst das, was »Lektüre« meint, hat mittlerweile Gegenwind bekommen. Und zwar sehr viel anders, als man sich einmal eingebildet hatte. Das Design geht mit dem jeweils gewünschten Pathos jedenfalls ohne Probleme mit. Fischer z. B. ist ein Verlag, der mit Lesern rechnet, die der Blick auf Bilder in der Theorie vor keine Schwierigkeiten stellt. Sein Kalkül ist denkbar einfach: wer die Texte des kürzlich verstorbenen Werner Hamacher liebt, der wird auch Walter Benjamin lieben. Wer Walter Benjamin liebt, der wird auch Paul Klee lieben. Das ist schon fast eine geschichtsphilosophische These. Schlagen wir also mit mächtig Wind unter den rudernden Armen einfach mal in der Online-Bildsuche nach, was in der Rubrik so alles zu haben ist. Und plakatieren etwas davon vorne auf das nächste Buch drauf. »Entlegene Landschaft«, 1931. Klingt doch gut. Auch noch entlegen. Fast so, als ob wir uns dabei was gedacht hätten. Es ist ja auch ein gutes Bild, auch wenn Fischer den Titel im Copyright im Klappentext nicht einmal angibt. Aber warum sollte der

Verlag auch so tun? Was Klee da im Einzelnen mit seinem Bild bearbeitet haben mag, ist nicht weiter von Bedeutung. Was hier zählt, ist das Pathos des Eigennamens, das für uns das Badewasser der Theorie einlaufen lässt: »Umschlagabbildung: Paul Klee / akg-images«[57]. Der Otto-Versand hatte zeitgleich dieselbe Idee. Parallel zu S. Fischers Wissenschaft bietet er das 40,5 × 45,5 cm große Bild als »Posterlounge Wandbild – Paul Klee ›Entlegene Landschaft‹« in 50 × 50 cm oder 70 × 70 cm als Acrylglas, Leinwandbild oder Poster im Premium-Fotopapier mit UV-beständigen, satten Farben ab € 14,95 an.[58] (Also wenn Sie mal einen richtigen Hamacher überm Sofa hängen haben wollen ...).

In einem facebook-Beitrag vom 28. September 2019 regt Arnd Wedemeyer ein »Moratorium auf Paul Klee-Buchcover« an. Nein, bitte nicht noch ein neuer Engel.[59] Wir haben doch schon den ganzen Schrank davon voll.[60] Was ihm bei dem jüngsten Beispiel von Benjaminkitsch und Dauer-Klee-Rieselung[61] auffällt, ist, dass der Verlag

57 Das eine andere *Entlegene Landschaft* zeigt: https://www.akg-images.de/archive/Entlegene-Landschaft-2UMDHUFC76PC.html [letzter Zugriff 15.8.2020]. Hat der Verlag die Vorlagen vertauscht? Sich eigentlich bei einem der vielen Postershops bedient?

58 https://www.otto.de/p/posterlounge-wandbild-paul-klee-entlegene-landschaft-668087135/#variationId=-36932386, [letzter Zugriff 15.8.2020].

59 Wallstein 2013 – Martha B. Helfer: *Das unerhörte Wort. Antisemitismus in Literatur und Kultur*, [*Einst dem Grau der Nacht enttaucht* ..., 1918]; Frankfurt 2013. — Carolin Emcke: *Weil es sagbar ist. Über Zeugenschaft und Gerechtigkeit*, [*Angelus Novus*]; Frankfurt 2013. — Hermann Hesse: *Die Morgenlandfahrt*, [*Salon Tunisien (Verkehr auf dem Boulevard Tunis)*, 1918], München 2014. — Sören Stange: *Unentscheidbarkeiten. Zum Nicht-Wissen in Literatur und Naturwissenschaft von 1928*, [*Variationen (progressives Motiv)*, 1927]. Usw.

60 Hans Platscheks Titel *Engel bringt das Gewünschte* (1978) bringt den Stapel auf den Punkt.

61 »Etwa von 1955/56 an gehörte er [Paul Klee] dann zunehmend zum Repertoire der großen Kunstkalender wie der Kohlhammer- und Piper-Kunstkalender oder des ›Goldenen DuMont Kunstkalenders‹. Hier war er Teil jener ausgewogenen Mischung aus mykenischen Goldmasken, chinesischen Wildpferden, Kaufmannsporträts der Renaissance und impressionistischen Gartenbildern. Seine Brisanz als ›moderner‹ Künstler

... hatte inzwischen so weit abgenommen, seine Anerkennung als ›Weltkünstler‹ war so weit gestiegen, daß er nun in den populären Kontext zeitloser Meisterwerke der Weltkunst integriert werden konnte. Den Status, den er nun erreicht hatte, illustrierte sinnfällig der ›Goldene DuMont Kunstkalender‹, in dem er regelmäßig vertreten war: hier lag über dem Kalenderblatt eine Deckfolie, auf die ein goldener Rahmen aufgedruckt war. [...] Die fortschreitende Integration Klees in den zeitgenössischen Wohnbereich wird auch mit den Mustereinrichtungen der Wohn- und Innenarchitekturzeitschriften belegt. Zunehmend häufiger finden sich hier gegen Ende der 50er Jahre Bilder Klees an den Wänden, eben diejenigen, die es als Kunstblätter im Handel gab – der ›Vollmond‹, der ›Goldene Fisch‹, die ›Dämmerblüten‹ und andere mehr. Dabei wurde in der Auswahl der Bilder für das jeweilige Ambiente das Decorum streng gewahrt, die Bilder im Sinn eines einheitlichen ästhetischen Gesamtzusammenhangs und abgestimmt auf das Wohnniveau ausgewählt. So hing der ›Vollmond‹ in der platzsparend ausgebauten Dachwohnung oder am Arbeitsplatz einer Sekretärin, der ›Goldene Fisch‹ im linoleum-belegten Mittelstands-Wohnzimmer und an der Wand des Anstaltszimmers der Frau Fähmel in der Verfilmung von Heinrich Bölls ›Billard um halb zehn‹« (Hopfengart, Christine, *Klee. Vom Sonderfall zum Publikumsliebling. Stationen seiner öffentlichen Resonanz in Deutschland 1905–1960*, Mainz 1989, S. 226–228).

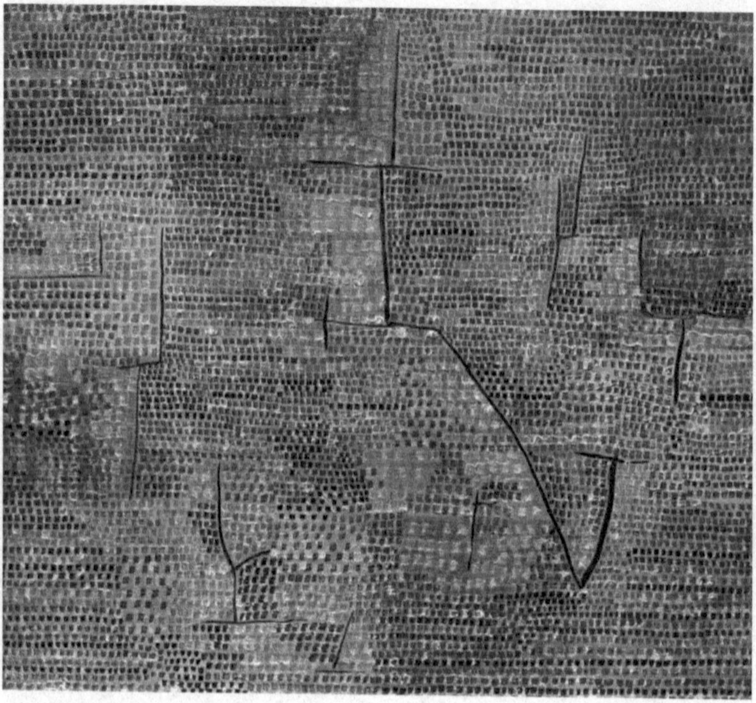

seine Wahl trifft, ohne unterscheiden zu können, was oben und unten ist. Das ist bei Landschaften auch nicht immer leicht, wenn man den Horizont streicht und die kleinen Häuschen, in denen man denkt, nicht als Anhaltspunkte hat. Die Arbeit der bewährten Haushaltskraft für Theorie-Ottos steht bei Fischer jedenfalls auf dem Kopf. Auch die Farben stimmen nicht: Übergrüner Klee.

Nun soll das kein Vorwurf sein. Wie kann ein Künstler auch einfach oben rechts signieren? Und wie Klees Bild genau aussieht, ist tatsächlich schwierig zu sagen. Um Gewissheit zu erlangen und die Farben auf den Fotos gegebenenfalls nachjustieren zu können, müsste man es schon in Augenschein nehmen und das ist seit der Auktion vom 7. Mai 2001[62] schwierig geworden, ist es doch seither nicht mehr ohne weiteres klar, wo sich die *Entlegene Landschaft* heute überhaupt befindet. Sie gehörte mal Daniel-Henry Kahnweiler, später diversen Klees und dann der Sammlung Berggruen.[63] Seit ihrem Verkauf gibt es keinen offiziellen Standort mehr, zu dem die Fischerfritzen mal eben so hinfahren könnten. Es ist vertrackt. Nicht mal die *Biografien der Bilder. Provenienzen im Museum Berggruen* kennen das Bild noch. Aber das Mitleid kann sich in Grenzen halten. Der Verlag hat sich aus freien Stücken dieses Bild eingebrockt. Bei einem Aushängeschild für sein Programm wird er schon wissen, worauf er sich einlässt. Womit er so prominent Zeichen setzen möchte. Auf die Farbwiedergabe auf Fotos kann man jedenfalls nicht ohne weiteres zählen. Farbabstimmungen funktionieren nicht unbedingt bei allen Farben eines Bilds gleichzeitig, da kann ein Grün-Pigment schon mal aus der Reihe tanzen. Bei Kunstkatalogen werden die Farbräume von Digitalkameras und LCD-Monitoren, bei denen Adobe RGB der professionelle Standard ist, der sich »durch lebendigere Grüntöne bemerkbar«[64] macht, in den CMYK-Farbraum der Druckmaschinen umgewandelt. Auch dabei kann es zu Verschiebungen kommen. Auch das Papier, auf das das Bild gedruckt wird, spielt eine Rolle. Ist mein Verbrecher-Umschlag hier jetzt wirklich ein vorne und hinten echtes Königsblau? Folgt man dem Sammlungs-

62 http://www.artnet.com/artists/paul-klee/entlegene-landschaft-kQffAHgYmwcI35EjHWfH1Q2 [letzter Zugriff 15.8. 2020].

63 5691: *Entlegene Landschaft*, in: Paul Klee-Stiftung und Kunstmuseum Bern (Hg.), *Paul Klee Catalogue Raisonné, Band 6: Werke 1931–1933. Reifezeit: Kunstakademie Düsseldorf. »Entartete Künstler«*, Salenstein 2002.

64 *Wissen über Farbräume. Grundlegende Kenntnisse zu Farbräumen und was man bei Auswahl und Gebrauch eines LCD-Monitors beachten muss*, Eizo, https://www.eizo.de/praxiswissen/monitorwissen/wissen-ueber-farbraeume/ [letzter Zugriff: 15.8. 2020].

katalog der Staatlichen Museen Berlin, dürfte die Entlegene Landschaft eher grün-bläulich als poppig knallgrün sein, »in einem Orange und Rot, Blau und Grün der äußersten Verhaltenheit«[65].

Beim Umschlag zur Sprachgerechtigkeit, Gasthof zur Gemütlichkeit, geht es weniger um Standards, sondern um eine Form des Auftretens, bei der die Leser, die man im Kopf hat, sich wohl fühlen. Den Laufsteg der Theorie. Was man aufs Auge gedrückt bekommt, ist ein nicht recherchiertes Bild hinter einem Klappe-Zu-Schlabberlätzchen von Aufpumpsätzen aus den Untertiteln und Auslaufrillen der Zeitungsnachrufe,[66] das weniger ein Verweis- als ein vielfach erprobtes Angebsystem ist. Und da ist diese maßgefertigte Illustration, die vorne und hinten und oben und unten nicht stimmt, auch präzise: macht sie doch deutlich, wie ausrechenbar die vermeintlich radikalen Lektüregesten, die in der Wissenschaft seit Jahrzehnten wie Monstranzen vor sich hergetragen werden, für Verlage eigentlich sind. Klee falsch herum straight in the face, eingepackt in herausgefischte Gesten alter Zeitungen, die schon riechen, geschieht uns recht. Passt. Ist nur für uns. Malerei? Hab ich drauf. Da würde es schon helfen, erst einmal zu lernen, ein Buch richtig herum zu halten. Und dann in einem zweiten Schritt anders herum, um den Umschlag lesen zu lernen.

Dem Buch kann solch ein Auftakt nicht egal sein. Es ist fundamental beschädigt. Sprachgerechtigkeit wird für dumm verkauft. Hamacher fängt jetzt so an. Diese Vorgabe lässt sich nicht einfach

65 *Entlegene Landschaft*, 1931, in: Schuster, Peter-Klaus et al. (Hg.), *Picasso und seine Zeit. Die Sammlung Berggruen*, Berlin 1996, S. 105.

66 »Freier Geist von immenser Flugkraft: [...] der [...] die Kunst grenzenlosen Fragens nach Deutschland brachte« (FAZ, 10.7.2017); »Herbe[r], ernste[r] [...] Literaturtheoretiker, der all die Lügen straft, die den Dekonstruktivismus für eine bloße Modeströmung halten« (NZZ, 10.7.2017); »Die Texte dieses temperamentvollen Geistes und glanzvollen Redners durchzog eine Melancholie« (SZ, 10.7.2017).

abstreifen. Mit dem Zeitpunkt seiner Publikation gehört der Umschlag zum Buch. Einen reinen Hamacher kriegt man nicht, da kann man sich auch noch so sehr abstrampeln. Dass die Wahrheit tief drinnen ist, dass im Buch ein Hamacher sitzt, glaubt schon lange keiner mehr. Wohl, dass es nicht lange dauern würde, bis auf die Arbeit vor der Arbeit, die in den Aufsätzen im Band keine Rolle spielt, Bezug genommen werden würde. Dafür ist sie ja auch da, man hatte sich drauf verlassen, kein Vorwurf: »›Entlegene Landschaft‹ lautet überdies der Titel eines Ölbildes von Paul Klee aus dem Jahr 1931, das mit scheinbaren Anleihen an pointilistische Maltechniken, diese neu deutend, eine kachelartige Struktur aufweist, welche sich aus einem leicht verzogenen Raster kleiner Farbfelder zusammensetzt. [...] Bemerkenswerterweise hatte sich Klee hinsichtlich des Malverfahrens, das er ›Pointilisieren‹ oder ›divisionistisch‹ nannte, weniger vom französischen Pointilismus als von den byzantischen Mosaiken Ravennas beindrucken lassen. Nicht nur weil einer der zwölf Essays aus dem Band ›Sprachgerechtigkeit‹ – die große Studie zu Hamann ›Rechte. Glauben. Centologie. Mendelssohns Jerusalem und Hamanns Golgotha und Scheblimini‹ – explizit auf die Flickentechnik des Cento sowie das Mosaik, die Musivtechnik, als einer Struktur oder Destruktur von Sprache zu sprechen kommt, die in ein ›bewegliches Niemandsland zu einer Niemandszeit [versetzen], für die es weder Karte noch Chronologie gibt (253)‹, erweist sich die Wahl dieses Bildes als Motiv der Umschlaggestaltung vielleicht als glückliche. ›Da die Logik des Cento aber die jeder Sprache ist, spricht in jeder – und gehemmt noch in der Sprache des Rechts – eine Niemandssprache mit‹ (ebenda).«[67]

67 Reik, Tillmann: *Werner Hamacher (III): Sprachgerechtigkeit. Anomos. Verlangen einer übereignenden Niemandsprache*, in: *Fichue. Literaturen*, 14.9. 2018. https://fichue.wordpress.com/2018/09/14/werner-hamacher-sprachgerechtigkeit-iii/ [letzter Zugriff am 15.8. 2020].

Wer schützt ein Buch vor Schutzumschlägen? Die so viel über ihre Zeit aussagen und die Möglichkeiten, die da gegeben sind. Dass der Paratext »den Etappen einer technologischen Entwicklung [folgt], die ihm ihre Möglichkeiten und Gelegenheiten liefert, jenen Phänomenen des Gleitens, der Substitution, der Kompensation und der Innovation«[68], gehört von Anbeginn an zum Kernbestand der Theorie. Dass sich die Ästhetiken und Funktionsweisen des wissenschaftlichen Buchumschlags im Digitalzeitalter anders darstellen werden, ist offenkundig. Eine Reflexion auf das für Wissenschaft nicht nur aus Reputationsgründen immer noch zentrale Design der Printmedien wird dadurch noch nicht zum historischen Überhangphänomen, sondern vielleicht gerade neu befeuert.[69]

68 Genette, Gérard, *Paratexte. Das Buch vom Beiwerk des Buches*, Frankfurt 1989, S. 20f.

69 »Die MVB Marketing- und Verlagsservice des Buchhandels GmbH (MVB) gestattet künftig allen Bibliotheken die kostenlose Nutzung ihrer Datenbank mit Buchcovern zur Anreicherung der Bibliothekskataloge. [...] Monika Ziller: ›Buchcover sind heute aus den Katalogen gar nicht mehr wegzudenken. Unsere Besucherinnen und Besucher sind es aus dem Internet gewohnt, zu dem »Produkt« auch ein Bild zu sehen.‹« (»Cover in Bibliothekskatalogen sind unverzichtbar.« Pressemitteilung, Deutscher Bibliotheksverband e.V., 4.3.2013). https://www.bibliotheksverband.de/fileadmin/user_upload/DBV/pressemitteilungen/2013_03_04_PM_Coverbilder_in_Bibliothekskatalogen.pdf [letzter Zugriff am 15.8.2020].

Eine Gefahr für den wissenschaftlichen Buchumschlag nach dem Curatorial Turn in den Geisteswissenschaften ist die Sehnsucht nach dem Museum für zeitgenössische Kunst. Wo man sich der Institutionen und ihres Umschlags nicht mehr sicher sein kann, rückt 2015 das Template, das so gut wie abgekratzt ist, in den Fokus: Vorname, Name. Titel. Verlagsname, Ort. Lohnt es sich, es noch mal neu anzugehen? Oder begnügt man sich mit der Tapezierung der eigenen Nische? »Mein großer Dank gilt [...] Andreas Töpfer für einen definitiv nicht-illustrativen Coverentwurf«[70]. »Definitiv nicht« klingt gar nicht so sicher.

Weiter gehts.[71]

70 Avanessian, Armen: *Überschrift. Ethik des Wissens. Poetik der Existenz*, Berlin 2015, S. 21.

71 Vielen Dank an Hanna Engelmeier, Erhard Schüttpelz und Falk Wolf für zahlreiche, entscheidende Hinweise!

WE ARE FAMILY – REMIX 98

Herausgegeben und eingeleitet
von Rembert Hüser

So war das nicht geplant.

> Die Themen sind vorerst als Arbeitstitel zu verstehen. In einzelnen Fällen habe ich bereits eine behutsame Veränderung gegenüber der eingereichten Formulierung vorgenommen, um den Bezug zur jeweiligen Sektion zu verdeutlichen. Ich bitte Sie darum, bei der Ausarbeitung der Vorlage und der endgültigen Formulierung des Themas zu beachten, daß es uns in dem Heidelberger Symposion nicht allein darum gehen sollte, neue Bausteine zur Wissenschaftsgeschichte der Literaturwissenschaft zurechtzuklopfen, sondern daß bei allen Beiträgen – mehr oder weniger intensiv – Fragen zum Verfahren im Zusammenhang von Wissenschaftsforschung und Literaturwissenschaft angesprochen werden sollten. Der Titel des Symposions heißt nicht ›Studien in einer Wissenschaftsgeschichte der Literaturwissenschaft‹ [...] *Vorläufiges Programm* [...] *Sektion 4* [...], Rembert Hüser: Selbstkanonisierung der Literaturwissenschaft: Konstellationen am Ende des 20. Jahrhunderts.[1]

Der Titel des Beitrags heißt nicht so. Am Ende des Jahrhunderts habe ich nie schreiben wollen. Warum konnte die Überschrift (siehe oben) nicht stehen bleiben?

»Man könnte glauben, die Aufgabe [die Einheit des Werkes] sei schon durch die Überschrift gelöst. Aber dies ist Täuschung. Denn die Überschrift ist nichts wesentliches für die Hermeneutik und hat im Altertum fast immer gefehlt. In den Werken des Altertums ist sie meist späteren Ursprungs; sie ist auch oft ganz zufällig für die Einheit des Werkes, z. B. die Überschrift *Ilias.*«[2]

1 Schönert, Jörn, *An die Teilnehmerinnen und Teilnehmer*, Brief vom 8.10.1997.

2 Schleiermacher, Friedrich Daniel Ernst, *Hermeneutik und Kritik*, hg. v. Manfred Frank. Frankfurt a. M. 1977, S. 185.

Sind die Konstellationen am Ende präziser? Was ist so unmöglich an »We Are Family«? Darf man hier nicht mehr von Familie reden? Der Eingriff ist einer Wissenschaftsauffassung geschuldet, die ich nicht teile. Präferiert wird eine bestimmte Form von Beobachtung. Andere Formen gehen da eher nicht. Nicht in diesem Rahmen. Wie soll man sich die Relation von Thema, Arbeitstitel und Baustein vorstellen? »Art ratlos«[3], »We Are Family – Remix 98«:

> So oder ähnlich lauten die Titel literaturwissenschaftlicher Aufsätze und Bücher, die – wie erst der Untertitel, manchmal erst die Lektüre verrät – Kafka, Heine, Benjamin, Goethe, Doderer und Celan zum Thema haben. [...] Nur noch selten liest man so klare Angaben wie *Untersuchungen zur Geschichtsdeutung C. F. Meyers, Die Entwicklung der deutschen Romanpoetik von Hegel bis Fontane* oder *Goethe-Stilisierung bei Sigmund Freud.* Sie machte den Bibliothekaren, den Bibliographen, aber auch jedem, der schnell herausfinden möchte, welche Publikationen zu seinem eigenen Gebiet gehören, das Leben leicht. Die neue Art der Titelgebung dagegen erfordert einen zweiten Blick, der hinter der blumigen Formulierung erst den eigentlichen Gegenstand entdeckt. [...] Allerdings reicht die preziöse und prätentiöse Poesie der Metaphern meist nicht weiter als bis zur Erfindung eines verwirrenden Titels. Vermutlich verdankt er seine zunehmende Beliebtheit dem Ehrgeiz, die Sprache der Werbung nachzuahmen [,][4]

3 Hüser, Rembert, *Art ratlos. Wie schreibt man eigentlich einen Kanon?*, in: v. Heydebrand, Renate (Hg.), *Kanon Macht Kultur. Theoretische, historische und soziale Aspekte ästhetischer Kanonbildungen (Germanistische Symposien – Berichtsbände 19)*, Stuttgart/Weimar 1998, S. 416–430. Der Untertitel war der erste Satz des Beitrags im Manuskript; bei der Drucklegung wurde aus Zeitersparnis auf Fahnenkorrekturen verzichtet.

4 Schlaffer, Heinz, »Wolkige Stellen«, in: *Frankfurter Rundschau* 7.3.1995, S. 17.

schreibt ein Professor aus der Zeit (datieren Sie es selbst!), als das Leben in der Germanistik noch leicht war, als es keine Reklame, aber die ›Dichtung‹ gab und als das Nennen von ein paar Namen bereits über den Wert eines Textes entschied. Wo das Sozialsystem »schnell herausfinden« konnte, wer dazu gehört. Wer sich ›Richtiger Germanist‹ nennen darf. Mit Familiennamen. Und wo die eigenen Überschriften so rein sind, daß sie ganz ohne Reklame auskommen. Niemals versuchen, andere für den eigenen Text einzunehmen.

›Ende 20‹ ist das jetzt alles gar nicht mehr so leicht. Man muss in einem Text nicht mehr »so klar« mit einem Namen angeben, als erstes Wort Goethe, Hegel oder Fontane sagen. Auch eine eindeutige Differenz von Meta- und Objektsprache wird heute nicht mehr ohne weiteres behauptet werden.[5] Und manchmal muss man erst ein bisschen lesen.

Was dem Plädoyer für die Uniformität von Beobachtungen zugrunde liegt, die Wissenschaft ausmachen soll, ist die Vorstellung von oder Sehnsucht nach einer grundlegenden Einheit des Fachs. Und sei es die Einheit des Layouts in den Publikationen. (Wie im Feuilleton, das ebenfalls auf dem Schema Überschrift/Untertitel besteht). Vielleicht ließe sich dagegen aber gerade zeigen, dass Interdisziplinarität das eigentliche Prinzip der Disziplin ist.

In der Germanistik gibt es verschiedene Formen von Beobachtung (die für einander mehr oder weniger rätselhaft sein mögen) und damit auch verschiedene Möglichkeiten, Überschriften zu schreiben. Eine gute germanistische Überschrift sieht so aus:

5 Vgl. u.a.: Culler, Jonathan, *Issues in American Critical Debate*, in: Königsberg, Ira (Hg.), *American criticism in the poststructuralist age*, Ann Arbor 1981, S. 1–18, hier S. 6–10; Frank, Manfred, *Unterwegs zu einer Philosophie des Stils*, in: Ders., *Stil in der Philosophie*, Stuttgart 1992, S. 7–48; Schüttpelz, Erhard, *Objekt- und Metasprache*, in: Fohrmann, Jürgen / Müller, Harro (Hg.), *Literaturwissenschaft*. München 1995, S. 179–216.

Angenehmes Grauen. Literaturhistorische Beiträge zur Ästhetik des Schrecklichen im achtzehnten Jahrhundert. Germanistische Überschriften sind in der Regel zweigeteilt. Erst kommt der Appetizer, ›weich‹: die Gegenstände (›Sprache‹), ein Zitat, eine Metapher; dann die ›harte‹ Wissenschaft: das Programm, die Gattung, die Epoche, die These, die Begriffe. Die Überschrift heißt: Ich kenne mich im Material aus, der Untertitel: Ich bin Wissenschaftler. Oben wird formuliert. Unten wird argumentiert. Man ist elegant, dann substantiell. Die Performativität dieses Modells, das mit Oben und Unten die alte Kanon-Gipfel-Topographie abbildet, liegt in der Demonstration eines Verfahrens, das zuallererst ein Übersetzungsverhältnis denkt. Metaphern gilt es unverzüglich an der Hand zu nehmen (als ob das so einfach wäre). Nimmt man die Meta-/Objektsprachen-Diskussion ernst, muss man aber gar nicht immer automatisch von unten nach oben kucken.

In der Germanistik geht es zur Zeit um das Schreiben neuer Überschriften: Kulturwissenschaften etwa. Oder ›Medienwissenschaften‹. Oder ›Medienkulturwissenschaften‹. Könnten diese neuen Überschriften neue Arbeitsweisen mit sich bringen? Oder müssen wir immer schon genau wissen, wie es gehen wird? Wie sinnvoll sind in einer Phase der Neuorientierung die normativen Vorgaben? Alte Krücken? Sollten wir nicht Spielräume ausloten? Ausprobieren? Schneller Fehler machen?[6]

Überschriften sind nie beliebig, sie werden immer in einem bestimmten Kontext plaziert. *We Are Family – Remix 98* ist der Titel eines Beitrags zu einem Kolloquium 1998, in dem es um »Erfahrungen aus der Wissenschaftsforschung«, »mögliche Untersuchungen

6 »Macht mehr Fehler und macht sie schneller, sagt Tom Peters. Denn woraus sonst wollt ihr etwas lernen?«. Baecker, Dirk, *Postheroisches Management. Ein Vademecum*, Berlin 1994, S. 150.

für kulturwissenschaftliche Disziplinen«, »Gegenstände[n] aus der Geschichte der Literaturwissenschaft seit dem Ausgang des 19. Jahrhunderts [...] und [...] jüngste disziplinäre Entwicklungen« und »normative[n] und anwendungsbezogene[n] Konsequenzen« gehen soll.[7] Innerhalb dieser Viererkette thematisiert *We Are Family – Remix 98* das ›We‹ der Disziplin, die von ›ihr‹ geforderten und mißbilligten Kontexte, den ein oder anderen Standardeinwand.

> [Einen] [...] Einwand hat man vorgebracht: Sie gründen ungeheuerliche Familien, Sie bringen so offensichtlich gegensätzliche Namen wie Buffon und Linne zusammen, Sie stellen Cuvier neben Darwin, und das entgegen aller sichtbaren Familienbande und natürlicher Ähnlichkeiten. Auch hier würde ich sagen, scheint der Einwand nicht ganz zutreffend, denn ich habe niemals versucht, einen Stammbaum geistiger Individualitäten zu schaffen, ich habe kein intellektuelles Daguerrotyp des Gelehrten oder Naturforschers im 17. und 18. Jahrhundert machen wollen; ich habe keine Familie gründen wollen, keine heilige und auch keine perverse, sondern ich habe einfach – und viel bescheidener – nach den Funktionsbedingungen bestimmter diskursiver Praktiken gesucht.[8]

Familienbildung hat offensichtlich mit Kontextkonstruktion zu tun. Aber was sind das für Kontexte, an denen sich eine Disziplin ›im Übergang‹ orientiert?

7 [Call for Papers: Germanistische Symposien. Im Auftrag der Germanistischen Kommission der Deutschen Forschungsgemeinschaft und in Verbindung mit der ›Deutschen Vierteljahrsschrift für Literaturwissenschaft und Geistesgeschichte‹] *Ankündigung eines Symposions Literaturwissenschaft und Wissenschaftsforschung* vom 21. bis 24. September 1998 im Internationalen Wissenschaftsforum Heidelberg (IWH), 10.5.1996

8 Foucault, Michel, *Was ist ein Autor?*, in: Ders., *Schriften zur Literatur*, München 1974, S. 7–31, hier S. 9.

Kontext ›eigener Saft‹? Wie sehr ist das Phantasma der einen Disziplin überhaupt imstande, etablierte diskursive Praktiken zur Disposition zu stellen?

In wenigen Monaten wird ein Buch zur ›exemplarisch-detektivischen Literaturforschung‹ erscheinen, das sich zum Ziel gesetzt hat, »eine Anthologie der wichtigsten oder sozusagen ›bleibenden‹ Beiträge aus der Geschichte der Literaturwissenschaft zusammenzustellen, die auch mit Blick auf die derzeit vielberedete Neuorientierung der Geistes- hin zu den Kulturwissenschaften Bestand haben«[9]. Für die Auswahl der Texte bekommen die BeiträgerInnen zwei Kriterien an die Hand: die Beiträge müssen »exemplarisch« sein »(mit Prioritätsvermerk)« und »aus dem Fundus der älteren Literatur-/Kulturwissenschaft« kommen. »Lediglich die Schriftstücke noch praktizierender Forscherinnen sollen ausgeschlossen bleiben (schon allein weil andernfalls die eine oder andere Selbstnominierung nicht nur nicht zu umgehen, sondern gar wünschenswert wäre).« Dass ein Klassiker tot sein muss, ist aus der Literaturgeschichtsschreibung geläufig;[10] die tot/lebendig-Unterscheidung selbst gespenstisch.[11] Man sollte dagegen sofort ganze Familien von Gespenstern auf-

9 Dotzler, Bernhard, *Exemplarisch-detektivische Literaturforschung: Kulturhistorische Erträge. Call for Participation* (Ms. Juni 1996), Erschienen als Ders. (Hg.), *Grundlagen der Literaturwissenschaft. Exemplarische Texte*, Köln u.a. 1999.

10 Becker, Eva D., *Klassiker in der deutschen Literaturgeschichtsschreibung zwischen 1780 und 1860*, in: Hermand, Jost / Windfuhr, Manfred (Hg.), *Zur Literatur der Restaurationsepoche 1815–1848. Forschungsreferate und Aufsätze*, Stuttgart 1970, S. 349–370.

11 »Wenn wir von Anfang an soviel Nachdruck auf die Logik des Gespensts gelegt haben, dann deswegen, weil sie auf ein Denken des Ereignisses hindeutet, das die binäre oder dialektische Logik notwendig überschreitet, jene Logik, die Wirklichkeit (präsent, aktuell, empirisch, lebendig – oder nicht) und Idealität (regulative oder absolute Nicht-Präsenz) unterscheidet oder einander gegenüberstellt.«. Derrida, Jacques, *Marx' Gespenster. Der verschuldete Staat, die Trauerarbeit und die neue Internationale*, Frankfurt a. M. 1995, S. 107.

bieten. Und sie in den Texten nach ihrem Gutdünken herumspuken lassen.

Zur Mitarbeit an der innerliteraturwissenschaftlichen Kanonproduktion wird eine Reihe bekannter Professoren eingeladen (ein aktueller Kanon erstellt), welche die Texte, die ›bleiben‹, mit einem ›kurzen kommentierend-einleitenden Statement (1–2 Seiten)‹ zu versehen haben. Das Auswahlkriterium ist kein problembezogenes, sondern ein soziales: Es heißt ›Stelle‹. Experten für Bleibendes hin zu den Kulturwissenschaften erkennt man daran, dass sie eine Stelle an den Universitäten haben. Dabei meint ›Stelle‹ nicht einfach ›Stelle‹, sondern ›C4‹. C5, wenn man die Reputation der eingeladenen Professoren in Rechnung stellt.[12] (Hinzu kommt ein lokaler Akzent: Uni Köln.) Offenbar hat das Projekt zwei Kriterien: C4 und tot. Stimmt das? Die FAZ soll auch noch in der Reihe der Lehrstühle ihren Beitrag leisten. Auch sind zwei Feuilleton-Ereignisse der letzten Zeit eingeladen: Reemtsma und Klüger.

Die Fragestellung der empirischen Detektei ist drollig. Hat die Germanistik uns etwas ›gebracht‹? Nein, natürlich nicht. Was denn auch? Was soll uns die Germanistik schon bringen? Was man in der Sammlung aus ihrer Geschichte stattdessen sehen wird, ist pro Beitrag eine Verschränkung zweier Namen. Die Herstellung von Filiationen. Die Einschreibung in auratische Figuren, personal popstars. Zugleich die Anlage eines ›klassischen‹ Projekts. Die toten Beiträger von '98 sind potentiell die bleibenden Gegenstände von 2050. Ansichten, neue Ansichten, Ansichten am Ende, an sich, für sich …

12 »Verteiler. Assmann, Assmann, Barck, Barner, Blamberger, Costa-Lima, Fohrmann, Gumbrecht, Kablitz, Kittler, Klüger, Krull, Lachmann, Lämmert, Mattenklott, Moser, Müller, Neumann, Reemtsma, Henning Ritter, Schlaffer, Schlaffer, Schneider, Schöne, Schönert, Schulz-Buschhaus, Seeba, Stanitzek, Voßkamp, Warning, Wellbery«. Dotzler, Bernhard, *Betrifft: ›Exemplarisch-detektivische Literaturforschung‹*, 12.7.1996.

Weil die Germanistik kein Ergebnis hat, genauso wenig wie die Soziologie ein Ergebnis hat oder die Geschichtswissenschaft, ja, kein Ergebnis haben kann (es gibt Forschungsstände zu bestimmten Fragen, dementsprechend einen, keinen, hunderttausend mögliche Bände, die genauso richtig, falsch und nichtssagend wären wie der, der im Herbst erscheinen wird), stellt die Anthologie, die repräsentativ denkt, etwas anderes aus.

Ich muss gestehen, dass ich die ›Exemplarisch-detektivische Literaturforschung‹ von Anfang an nicht begriffen habe. Ich habe mich die ganze Zeit gefragt: So viele berühmte Professoren, die da mitarbeiten; wen soll das ernsthaft interessieren, im Rahmen dieser Gartenshow zum x-ten Male Benjamin zu lesen oder Auerbach oder Szondi oder Hugo Friedrich – egal. Was ich nicht begriffen hatte, ist, dass der Adressatenkreis dieses Projekts gar nicht das Fach ist, sondern das Feuilleton. Was dort zählt, ist in erster Linie das Professorenbild. Charakteristik.

In dieser Perspektive sind die *Kulturhistorischen Erträge*, wie es in dem (natürlich entscheidenden) Untertitel heißt, ein raffiniertes Projekt. Ein Habitus-Projekt. Ausgestellt werden die Bildungsgesten der Eliten des Sozialsystems. Ihre Projektionen. Vielleicht zeigt diese Anthologie ja, ungeachtet der Qualität der Beiträge, auf bittere Art und Weise, wie die Germanistik funktioniert.

Die Germanistik besteht zu einem großen Teil aus Partytalk (wie die anderen Disziplinen auch). Die Wissenschaftsforschung umschreibt diesen Punkt mit der Kategorie des ›Sozialsystems‹.[13] In

13 »Im Sozialsystem einer Wissenschaft geht es nicht oder nur sekundär um wissenschaftliche Kommunikationen, sondern um Verteilungskämpfe, Einflußnahmen, kurz: um Macht, und diese ›kleine Politik‹ ist zunächst das eigentliche Politikum des Fachs.« Fohrmann, Jürgen, *Einleitung: Von den deutschen Studien zur Literaturwissenschaft*, in: Ders. / Voßkamp, Wilhelm (Hg.), *Wissenschaftsgeschichte der Germanistik im 19. Jahrhundert*, Stuttgart/Weimar 1994, S. 1–14, hier S. 12.

diese Kategorie wird alles hineingepackt, was entscheidend ist, aber nicht schriftlich vorliegt, auf keinen Fall veröffentlicht werden darf: Wer geht, wer nicht geht, eingeladen wird, nicht eingeladen wird, wo die Gelder herkommen, wer die Stellen kriegt, was angesagt ist, was das Ministerium (am Telefon) sagt usw. Viel individuelle Energie wird darauf verwandt, sich Auswirkungen seines Agierens im Sozialsystem vorzustellen. (Welches immer monolithischer sein soll, als es de facto sein kann. Es gibt immer mehrere Partys.) Das Fach ist in dieser Perspektive vor allem Mündlichkeit. Dazu gehören aber auch Anschreiben, E-Mails, das ganze Drumherum. Entscheidend ist eben immer, was nach dem Spiel ist.

Welche Musik läuft auf diesen Partys? Wie verlängert sich deren Rhythmus nonstop? ›Disco‹ entsteht in den USA zu einer Zeit, als die Germanistik beginnt, theoriegeleitet zu arbeiten. ›Disco‹ ist ein Kürzel und heißt zunächst einmal nicht mehr als ›Bibliothek‹, Archiv. Eine Plattensammlung. (›Disco-theque‹). Dann auch der Ort der Archivbenutzung. Da, wo man tanzen kann. Und Platten auflegt. Mit Disco, einer Studiomusik, beginnen in den Clubs die Schallplatten die ›live acts‹ abzulösen. Der ›Song‹ und die ›Stimme‹ verlieren an Bedeutung.

Der Höhepunkt von Disco fällt zusammen mit der beginnenden Rezeption von Diskursanalyse und Dekonstruktion innerhalb der Germanistik, die ohne Ausnahme alle bis dahin für selbstverständlich erachteten Kategorien des Fachs einzeln zur Diskussion stellen.[14] Ungewohnte Überschriften tauchen auf. Am 27.12.1978 – am Ende

14 Die programmatische Germanistik-Disco-Dissertation 15 Jahre später zählt dann wieder nur auf, wer Berühmtes wo getanzt hat, bleibt also traditionell im Fach: »Im Juli 1877 brüllte Thomas Alva Edison sein erstes ›Hulloo‹ ins Telefonmundstück [...]. Unter den Gästen des Clubs waren die Herzogin und der Herzog von Windsor und Ava Gardner. Diese und andere VIPs popularisierten die Idee der Diskothek.«. Poschardt, Ulf, *DJ-Culture*, Hamburg 1995, S. 15 und 102.

der 1970er Jahre – erscheint *We Are Family* von Sister Sledge. Die Single erreicht Platz 2 der regulären Charts. In den folgenden Jahren wird der Song zum Erkennungslied verschiedener Emanzipationsbewegungen und lokaler Identitäten, er wird unter anderem zur Hymne der amerikanischen Feministinnen, des Gay-Pride-Movements und der Pittsburgh Pirates.

> ›We Are Family.‹ Undoubtedly recognized as something of a queer national anthem, Sister Sledge's affirmation of the sisterhood has served and continues to serve as an important site for the performance of gay and lesbian/queer community identity. [...] [It] argues that communities should not be distinguished by their falsity/genuineness, but rather by the style in which they are imagined. More importantly, however, ›We Are Family‹ says that the style in which ›we‹ imagine ›our‹ community is oh-so-much-more-fabulously stylish than imaginings made possible through the uncritical repetition of stodgy-national anthems.[15]

We Are Family – was soll das überhaupt heißen? Es kann ja nicht um eine Familie gehen. (Es heißt ja auch nicht »We Are A Family«.) Auch nicht um die Mafia (»We Are The Family«). Vielleicht ist *We Are Family* am besten übersetzt mit: Wir gehören zusammen, wir sind wir, wir sind mehrere, machen unser Ding, DFG-Kolloquium 1998, haben also auch wieder nichts miteinander zu tun.

> Important [...] are the contradictions inherent in this simple opening line [...]. In the former [the queer national sentiment], the interest of the song lies precisely in its imprecision (who are ›we‹, and

15 Currid, Brian, »*We Are Family*«. *House Music and Queer Performativity*, in: Case, Sue-Ellen / Brett, Philip / Leigh Foster, Susan (Hg.), *Cruising The Performative. Interventions into the Representation of Ethnicity, Nationality, and Sexuality*, Bloomington/Indianapolis 1995, S. 165–196, hier S. 165 f.

what is family?) while the latter assimilationist version performs (lip-synchs) a yes, ›we are family, too,‹ where both we and family reflexively enforce a stability within each category.[16]

Es ist die Disco-Musik, in der der Remix entwickelt wird, der bereits vorhandenes Material rearrangiert, bereitstellt. Zu weiteren Aneignungen einlädt. Dazu wird ein neues Format geschaffen, die Twelve-Inch, die Maxi-Single. Ein Mittelding zwischen Single und Langspielplatte. Die Sampling-Technik kann sich ausdifferenzieren. Die Literaturwissenschaften haben andere Formatprobleme: Die ersten großen Germanistik-Fachverlage haben jüngst mitgeteilt, Partytalk, keine Sammelbände mehr in ihr Programm aufnehmen zu wollen. (Unser Tagungsband könnte zum Beispiel der letzte bei Metzler sein.) Die Verlage haben diese Aversion aus den Feuilletons. Die Differenz Monografie/Sammelband, die eigentlich nur mögliche Formate angibt, mit je spezifischen Vor- und Nachteilen, ist dort innerhalb der Gebildeten-Folklore wertbesetzt. ›Monografie‹ als Haltung steht in einer Reihe mit ›freier Vortrag‹ und ›kein Fernsehen‹. Für den Sammelband bleibt da nur ›Schnellschuss‹ und ›Stimmverlust‹.[17] Höchste Zeit, einmal den Maxi-Aufsatz auszuprobieren. Einen Remix.

16 Ebd., S. 165.

17 Etwa: »Wo ist die Germanistik geblieben? Man blättert durch die Herbstkataloge [...]. [...] [V]ier Lexika, aber nicht eine Monographie [...]. Erst wenn man sich in die Welt der Druckkostenzuschüsse und der Sammelbände begibt, taucht die Germanistik wieder auf. [...] Noch vor zwanzig Jahren gab es Bücher, die jeder Student [...] in den ersten Semestern erwarb [...]. Unter den Publikationen, die in den letzten Jahren innerhalb des Fachs einige Bekanntheit erreichten, gehören viele zur Geschichtsschreibung der Germanistik [...] als letzte Vergewisserung eines in seine Bestandteile zerfallenen Faches, das als einziges Indiz seines inneren Zusammenhalts und als hilflosen Anspruch auf öffentliche Berücksichtigung die eigene Geschichte vor sich her trägt. [...] [D]as alles ist weder gut noch schlecht, noch wahr oder falsch, sondern einfach

Für einen Übergang zu einer Kulturwissenschaft interessiert mich weniger das, was ›bleibt‹, als das, was ›kommt‹. Wo etwas passiert, auf das man sich freut. Von dem man nicht gleich wissen muss, ob es wichtig ist oder nicht. Worauf man wetten möchte. Wovon man etwas lernen kann. Ich habe deshalb Autorinnen und Autoren, deren Arbeiten für meine Arbeit wichtig sind, gebeten, auf einer Seite zu sagen, welche Arbeiten für ihre Arbeit wichtig sind.

Mich interessieren Autorinnen und Autoren, die im Stande sind, sich in ihren Arbeiten mit der eigenen Kommentarpraxis auseinanderzusetzen. Die irgendwelche Grenzziehungen nicht einfach unterschreiben. Für »We Are Family – Remix 98« möchte ich zum einen das ›Betriebs‹-Kriterium der Detektive übernehmen, den Akzent aber auf jüngere Wissenschaftler legen, die von ihren Arbeiten her identifizierbar, deren Karrieren im Kontext der Literaturwissenschaften aber keineswegs ausgemacht sind, auf die erste Generation einer möglichen Kulturwissenschaft. Also Wissenschaftler auf der Kippe zum Fach. Mein zweites Kriterium für eine ›Alternativfamilie‹ ist betriebsextern (den Empirikern abgeschaut). Ein Teil meiner Umfrage richtet sich an Informanten über ›Kultur‹, die seit Jahr-

... dagewesen. Wenn es gegenwärtig eine germanistische Forschung gibt, die sich in der Öffentlichkeit sehen läßt, so erscheint sie in einem Genre, das noch vor zehn, fünfzehn Jahren mit dem Vorwurf der Unwissenschaftlichkeit rechnen mußte [...] [: d]ie Biographie [...]. Das bedeutendste Werk auf diesem Feld ist allerdings die Goethe-Biographie von Nicholas Boyle, und es ist kein Zufall, daß sie von einem englischen Germanisten geschrieben wurde. Weder zu Bert Brechts hundertstem Geburtstag noch zu Theodor Fontanes hundertstem Todestag hat die Germanistik mit einer großen Monographie beigetragen. [...] Die Überraschung ist gelungen, wenn man auf einem scheinbar exakt vermessenen Gelände einen weißen Fleck findet: ein Geheimnis im Leben des Dichters. [...] Auch hier zielen die Motive auf einen Zusammenschluß zwischen Kunst und Leben.« Steinfeld, Thomas, *Fremdes Licht. Neues von der Germanistik*, in: Frankfurter Allgemeine Zeitung vom 9.9.1998, S. N5. Aber so ein Zusammenschluß – Überraschung! – gelingt nur in der Literaturredaktion der FAZ.

zehnten in unterschiedlichen Praxisfeldern intellektuelle Standards in puncto ›Lektüre‹ setzen. Die immer schon gemacht haben, was auf einmal interessant zu werden verspricht. Sind sie nicht auch Teil des Fachs? (Was ihnen egal sein kann.) Sind diskursive Praktiken nicht ausschlaggebender als disziplinäre Zugehörigkeit? Wie viele Fächer sind in einem Fach? Gehört zu den kulturwissenschaftlichen Fächern nicht alles, was innerhalb dieser Fächer jeweils diskutiert wird? Oder muss ein Fach immer auf der Stelle bleiben?

Das Ende des 20. Jahrhunderts ist eine vollendete Tatsache. »Ich habe die Veränderung bereits vorgenommen«. Ich mache das, »um den Bezug zur jeweiligen Sektion zu verdeutlichen«. 27.7.1998, die meisten Beiträge sind verschickt: »Mit entschlossener Zuversicht rechne ich damit, daß Ihre Vorlage zum Heidelberger Symposion bald auf den Postweg gebracht wird. Da ich derzeit das Programm zusammenstelle, wäre ich für eine rasche Mitteilung zum *endgültigen Titel* Ihres Beitrages sehr dankbar.«[18] Wie gehabt. *We Are Family* ist mein voller Ernst. Das neue Thema war nur ein Vorschlag. Das Ende des 20. Jahrhunderts war nicht das letzte Wort. Hätten wir am Ende unsere Plätze nicht gefunden?

Welche Arbeiten sind für meine Arbeit wichtig? Was gehört zum Fach? Was kommt? Antworten auf eine Umfrage von 1998.

18 Schönert, Jörg, *Liebe Frau Boden, liebe Kollegen*, Universität Hamburg, Literaturwissenschaftliches Seminar, Brief an den Verfasser vom 27.7.1998.

Heike Behrend

Foto-Zauber

Kleine und vorläufige Anmerkung zu Roland Barthes' Punctum

Jedes Mal, wenn ich Roland Barthes' Texte über Fotografie lese, insbesondere »Die helle Kammer«, trifft mich sein Versuch, in Einsichten über das »zutiefst Wahnhafte« der Fotografie, ihre »Beseelung«, ihre asymbolische Todesverfallenheit etc. gerade die Aspekte der Technik zu benennen und stark zu machen, die im »realistischen Diskurs« weitgehend ausgeschlossen wurden. Es ist diese »Nachtseite der Fotografie«[1], die mir aber bei meiner derzeitigen ethnografischen Arbeit über Fotografie und Zauberei in Kenia immer wieder begegnete. Neben der Wiederkehr des Doppelgängers erfaßte Barthes im *Punctum* ein zentrales Moment des afrikanischen Zaubereidiskurses: Das fotografische Bild als Wunde, als Verletzung, als ein Element, das aus seinem Zusammenhang wie ein Pfeil hervorschießt, um den Betrachter zu durchbohren. Im *Punctum* verkehrt sich die Subjekt-Objekt-Relation. Das *Punctum*, ein Element der betrachteten Fotografie, wird aktiv, wird Subjekt, wird zum Pfeil, der durchbohrt, während der Betrachter passiv, zum Objekt der Handlung wird.

Im Oktober 1996 schenkte mir der Fotograf Maina Hutchinson in Kenia eine Fotografie, die die zum christlichen Glauben konvertierten Eltern seiner Schwiegermutter in den 1950er Jahren an ihrem

1 Lachmann, Renate, *Phantomlust und Stereoskopie*, in: *Arbeitspapier 2*, Universität Konstanz 1996.

Hochzeitstag zeigt.[2] Ich bilde die Fotografie hier ab, denn ihre Existenz wurde zur Bedingung der Möglichkeit, gerade das auf ihr nicht Sichtbare, – vielleicht ihr *Punctum* –, in der Erzählung Mr. Hutchinsons erscheinen zu lassen.

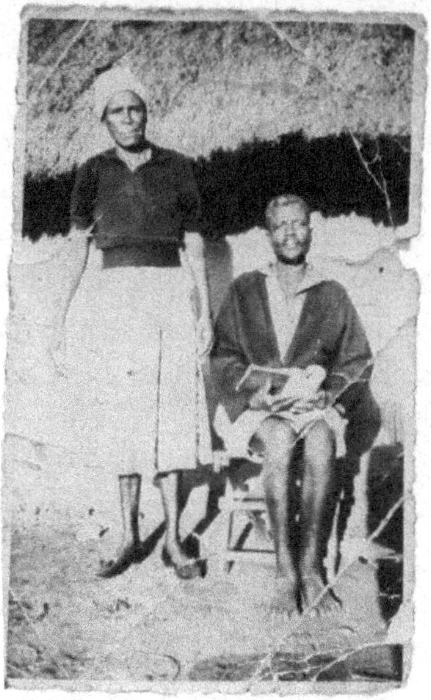

Auf der Fotografie hält der sitzende Mann Omwakwe eine aufgeschlagene Bibel auf seinem Schoß. Sie schützte, so erzählte Mr. Hutchinson, das abgebildete Paar vor Foto-Zauber. Denn mit der Verbreitung der Fotografie auch auf dem Land in Kenia entstand eine neue Form der Zauberei, die sich die ursprünglich westliche Technik aneignete und in lokale Praktiken integrierte. Wollte man einer Person schaden, dann brachte man ihr Foto zu einem *witchdoctor*, der das Bild vor einen Spiegel hielt und Worte der Verfluchung sprach. Darauf starrte das Bild zurück und wurde lebendig. Mit einer Nadel oder einem Messer verletzte der *witchdoctor* dann die abgebildete Person, bis Blut aus dem Foto tropfte. Das Blut lieferte den Beweis für ihre erfolgreiche Verwundung. Diese Art des Foto-Zaubers galt als äußerst wirksam, und viele Leute fürchteten, sich fotografieren zu lassen. Doch Christen verfügten über einen Gegenzauber: Ließen

2 Mrs. Loise Andeso und Mr. Nelson Omwakwe, Westkenia, um 1950. Ich möchte Helen Muwla danken, der Enkelin des fotografierten Paares, die mir freundlicherweise erlaubte, das Foto zu veröffentlichen.

sie sich mit einer Bibel ablichten, dann war ein Schutz mit ins Bild hineingenommen, der Zauber konnte nicht gelingen.

In der Handlungsmacht des Objekts treffen sich das *Punctum* Barthes' und der kenianische Foto-Zauber. Letzterer differenziert und hierarchisiert außerdem noch die Ermächtigung der Dinge: Während das Foto zurückblickt, lebendig wird und blutet, also Macht gewinnt, aber trotzdem leidet (es wird verletzt und blutet), wirkt das Buch der Bücher so machtvoll, daß es gegen das Zaubern zaubern, Verwundung und Tod verhindern kann. Die beiden Medien Fotografie und Literatur rivalisieren hier als Foto-Zauber und Buch-Magie um die Macht. Es ist der christliche Buch-Zauber, der – allerdings in einer Fotografie – den Sieg davonträgt.

Doch wird beim kenianischen Foto-Zauber nicht – wie in Barthes' *Punctum* – der Betrachter verletzt, sondern der Abgebildete. Denn in Afrika ist das Foto Teil der fotografierten Person – wie im frühen europäischen juristischen Werkbegriff; erst später erscheint das »Lichtbildwerk« als Entäußerung der Person seines Urhebers, also des Fotografen.[3]

Der Fotografie gelingt es also, nachhaltig semiotische Verhältnisse zu stören. Nicht nur in Europa, sondern auch in Afrika – hier allerdings auf komplexere Weise – erkennt sie dem Referenten volle Gültigkeit zu, ja läßt ihn wirkungsmächtig auferstehen.[4] Dabei nimmt seine Wiederkehr die Form eines Spuks an.[5]

3 Plumpe, Gerhard, *Der tote Blick. Zum Diskurs der Photographie in der Zeit des Realismus*, München 1990, S. 56.

4 Lachmann, *Phantomlust*, S. 13.

5 Derrida, Jacques, *Die Tode von Roland Barthes*, Berlin 1987, S. 35.

Robert Bramkamp

›One of the ancient drugs?‹

Alexander Kluges viele Medien

Der Begriff »Unterscheidungsvermögen« ist ein Kluge-Klassiker, den eine seiner jüngeren Sendungen mir wieder nahegelegt hat. Vermutlich war es die »10 vor 11«-Ausgabe (1997), in der ein Diskursforscher vom Tulpenknollen-Boom im 17. Jahrhundert in Holland erzählte. Ohne Videoaufzeichnung muß ich mich auf mein Erinnerungsvermögen verlassen. Damit rechnen Kluge-Sendungen. Sie bringen sich untereinander in Erinnerung, aber auch urplötzlich irgendwo; also in einem Moment, den sie passend machen. Die Bilder (1998) der Tulpensendung ermöglichten innerhalb der deutschen Film- und TV-Branche zu beobachten, wie eine mögliche Vielfalt von Formen vertauscht wird mit der von Tulpen in allen Farben.[1] Ob ich auf dem Fernsehschirm tatsächlich einen Flickenteppich leuchtender, viereckig angelegter Tulpenfelder expandieren sah, oder dieses Bild anders wachgerufen wurde, weiß ich gar nicht. Es blieb haften, ebenso wie die fiebrige Freude der Tulpenspekulanten, die auch ein lustvoller Ausbruch von Unterscheidungsvermögen war, entstanden aus einer Verengung des Interesses auf Tulpensorten. Die Sendung[2] skizzierte eine Monokultur als Paradox. Wenn Kluge sagt,

1 Immer mehr Tulpen? In einer Sendung zur Fernsehgeschichte nannte Kluge ein Gesetz dieser aktuellen Gleichschaltung: »Es muß alles funkig sein.«

2 Das TV Magazin *10 vor 11* wird seit Jahren montags um 23.00 Uhr auf RTL plus gesendet, seit März 1998 plötzlich um 0.30 Uhr. Es fehlt nun eine Wendung, die diesen Vorgang von der »ehernen« Tendenz unterscheidet.

er arbeitet mit Leuten, »die etwas fertig haben«, das er »eigentlich nur spiegeln kann«, ist damit ein Regiestil benannt. Seine Art zu fragen dialogisiert nicht nur ein Arbeitsergebnis (hier: ein Buch), sie prägt auch einer mündlichen Situation gezielt Rhythmen und Brüche in der Tonlage ein, die sich für die Kamera niederschlagen in der Mimik, Gestik, Stimmung seiner Gesprächspartnerinnen. Das ist Film-Montage in Echtzeit. Der »Diskursforscher«[3] steigerte sich zu einer Bildschirmpräsenz, die für die Faszinationskraft des Tulpenbooms Bilder zur Übersetzung anbot, unmittelbar eine ansteckende Gegenintensität ausstrahlte. Sein Bericht vom Crash der Tulpenbörse machte mich etwas traurig. In diesem emotional ambivalenten Moment lief eine kurze Zusammenfassung des Themas der Sendung als Textzeile unter dem Bild durch, das mit einem Hinweis in elektronischer Schrift abschloß: »... und die Poesie der Giftpflanze«. Eine Unterscheidung mehr, die möglich ist, und die vergeß' ich nicht. Alexander Kluge hat mit Multimedia eine Mnemotechnik entwickelt, die Dichtung ist.

3 »Diskursforscher Dr. Bernhard Siegert über den poetischen Kern, der Rationalismus, Tulpenfelder und mittelalterliche Gift- und Drogenpflanzen verknüpft« (dctp, Pressetext zur Sendung vom 11.8.1997, *30000 Gulden für eine Tulpenzwiebel*).

Bernhard Dotzler

»Letzte Note der Oboe cis nicht c. Druckfehler«

(Offener Brief an Rembert Hüser)

Lieber Rembert,

I would prefer not to – wäre oder ist eigentlich die beste Antwort auf Deine Anfrage. In der Tat möchte ich wetten, daß Melvilles *Bartleby* als (noch heute) ›kommender‹ Text über Texte – ›bleibt‹. Nimm, insofern, meine Antwort durchaus als positive Reaktion auf Dein Vorhaben und seine/Deine Ambition, der »Logik des Gespensts« ein Stück weit(er) auf den Grund zu gehen (bloß »family« und »remix«: beschwört das nicht eher Zombies als Gespenster?). Dabei adressiert mich Deine Umfrage aber gleichzeitig in der Funktion des »Herausgebers der ›Exemplarisch-detektivischen Literaturforschung‹«, und das in einer Weise, die ihrerseits genug von einem Gespenst oder vielmehr Zombie an sich hat, als wäre der Band im Voraus schon eine Totgeburt. Von daher ist es noch nicht einmal eine ›Freiheit‹, die ich mir nehme, wenn ich für mein eigenes Projekt Partei ergreife. Grundsätzlich: Risiken und Nebenwirkungen wie Kanonbildung sind bei jeder Textauswahl unvermeidlich. Deine Diagnose zu meinem Projekt ist daher nicht falsch, zeugt aber doch zugleich von reichlich gestriger Hermeneutikanhänglichkeit, indem sie, statt einen Effekt zu analysieren, eine Intention unterschiebt. Und nicht nur in diesem Punkt wäre manches an Deinem

Textumgang mit meinem Text zu monieren. Daß du ihn nicht verstanden hast (aber trotzdem das Schellengeklingel Deiner Narrenkappe dem Buch vorausschicken mußtest), wen kümmert das? Die von Dir vorgegebene Seitenzahl – eine – beschränkt die Erwiderungsmöglichkeiten arg. Aus Platznot allein noch zweierlei: Erstens die pedantische Anmerkung, daß Dein erstes Zitat falsch belegt ist; es stammt nicht aus meinem »Call«, sondern dem Begleitschreiben. Und zweitens der Hinweis, daß der Band tatsächlich im Herbst, aber unter anderem Titel erscheinen wird. Unter welchem, wird dann (bei Böhlau) zu erfahren sein.

Beste Grüße
B. D.

Harun Farocki

Ein Beitrag zu der Sartrefrage: Was kann man von einem Menschen wissen?

Familien-Duell, Aufenthaltsraum für Gäste, ca. 11.00, Gästebetreuerin Nickel und Michael, Sprecher der Familie S.

Nickel: Sag' mir mal, was es in Hohenlimburg gibt, irgendwelche Wahrzeichen?
Michael: Das Schloß!
Nickel: Ein Schloß.
Michael: »Thront über der Stadt«.
Nickel: Ja, wie heißt das Schloß?
Michael: Schloß Hohenlimburg.
Nickel: Und noch irgendetwas, das euch einfällt, wofür Leute kommen, um Hohenlimburg zu besuchen.
Michael: Eine Kanustrecke.

Familien-Duell, Arbeitsraum der Gästebetreuer, ca. 12.30, Gästebetreuerin Nickel und Redakteur Martin, der stumm mitschreibt.

Nickel: In Hohenlimburg gibt es das Schloß Hohenlimburg, als Wahrzeichen, und dann die Kanustrecke von ca. 500 Metern, auf der werden World Cups und Deutsche Meisterschaften (ausgetragen). Das Ruhrgebiet hatte sich mal um die Olympiade beworben, und im Zuge dessen gab es diesen Bau der Kanustrecke. Und da ist also

Stahlindustrie, also Kaltwalzen. Federn haben die hergestellt, aber im Zuge dieser Stahlkrise hat sich das ein bißchen relativiert.

Familien-Duell, Im Studio, ca. 13.00, kalte Probe mit den Gästen

Auf der Bühne: Familie S. und Redakteur Martin, der hier den Moderator spielt.
Martin: Und unsere alten Champs, die Familie S., immer noch aus Hohenlimburg?
Michael: Ja.
Martin: Ist das in der Nähe von Hohensyburg, oder?
Michael: Es liegt so zwischen Ruhrgebiet und Sauerland, möcht' ich mal sagen, das Tor zum Sauerland, sagt man auch.
Martin: Tor zum Sauerland!
Michael: Exakt!
Martin: Ihr seid nun das vierte Mal dabei!
Michael: Ja!
Martin: Habt schon vierzig-
Michael: Dreißigtausend Mark gewonnen.
Martin: Nochmal zehntausend heute gewinnen?
Michael: Genau!

Familien-Duell, Garderobe des Moderators, ca. 15.30

Redakteur Martin, Moderator, Maskenbildnerin, Producer.
Moderator: Da sind wir schon bei der Familie S.
Martin: Pyrenäen!
Moderator: War der auch in Andorra da? Kann ich ein bißchen mitreden.
Martin: Ist auch immer zwei Jahre lang hin- und hergependelt.
Moderator: Er ist Journalist, also freier Journalist?
Martin: Der ist freier Mitarbeiter und macht auch oft Urlaubsvertre-

tungen bei der Westfälischen Rundschau, Thema so Sport und Lokal – und hat dann eben so dieses Buch geschrieben, das in '96 als Erstauflage rausgekommen ist und wird alle 2½ Jahre aktualisiert. Hat auch die Fotos selber gemacht, also. Und das schenkt er Dir.

[...]

Moderator: Ist ne schöne Gegend, Hohenlimburg. Da ist auch das Kasino. Vorort von Dortmund, sag' ich immer, da fahren sie immer alle hin.

Martin: Sie haben selber gesagt: Tor zum Sauerland.

[...]

Producer: Hört mal ihr alten Zocker, das Kasino ist in Hohensyburg, nicht Hohenlimburg.

Moderator: Da hast Du auch wieder recht!

Familien-Duell, im Studio, ca. 16.00, erste von 5 Aufzeichnungen

Moderator: Hohenlimburg, Tor zum Sauerland!

Michael: Exakt!

Moderator: Und da ist es sehr schön, da gibt es ein paar kleine Berge.

Michael: Schloß!

Moderator: Aber es reicht Dir nicht. Du willst lieber noch weiter weg.

Michael: Exakt!

Moderator: Denn, wir können es ja mal ausnahmsweise zeigen, ich bin ja stolz, wenn wir solche Leute haben, er hat ein Buch geschrieben, und zwar das Pyrenäen-Handbuch.

Michael: Genau!

Moderator: Um so ein Buch zu schreiben, wie oft warst Du da in den Pyrenäen?

Michael: Ach, ich war schon einige Wochen, Monate da, bin dann immer wieder runtergefahren, bin zurückgekommen, hab' also recherchiert, zu Hause geschrieben und so weiter, auch die Fotos gemacht und so.

Moderator: Tolles Buch!
Michael: Ne Menge Arbeit!
Moderator: Nicht schlecht! Ich war einmal dort, und zwar in Andorra.
Michael: Ja.
Moderator: Warst Du auch da?
Michael: Ja, natürlich war ich in Andorra. Ist auch drin beschrieben.
Moderator: Oh, das muß ich unbedingt nachlesen.
Michael: Ja, deshalb hab' ich es Dir ja mitgebracht.
Moderator: Herr S., ich danke Dir.

Ursula Geitner

Was ist eine Autorin?

Proba, so Boccaccios »De Claris mulieribus«, ist tüchtig (*facto et nomine*); an Proba, die Schriftstellerin, muss erinnert werden (*memoratu dignissima*). Wer kennt Proba? Boccaccio läßt ihr Leben, von dem ohnehin wenig überliefert ist, links liegen und steuert stattdessen auf die Charakteristik des opus zu. Jenseits monumentalisierender Erinnerung an eine Frau versteht sich seine Charakteristik als Text, der Probas »Cento« liest und ihm wiederholte Lektüren wünscht.

Im »Cento« verfugt (montiert) Proba die biblische Geschichte, AT und NT, mit Versen und Verstehen Vergils. Der Titel bezeichnet das Ergebnis dieses Montageverfahrens (*compages*): *cento* (griech.: kéntron) ist ein besonderer *textus*, eine aus (bunten) Flicken zusammengesetzte Decke (auch: Lumpenrock), *patchwork*. Was interessiert, was stört an dieser Metaphorik später? Nicht allein, dass sie in den Bereich weiblicher (unproduktiver, unkreativer, unsichtbarer) Haus- und Nadelarbeit gehört, sondern darüber hinaus, dass sie ein nicht-monologisches, nicht-hierarchisierendes Textmodell nahelegt, dem Eklektizismus nachgesagt werden wird. Spätestens seit der Diskursivierung genialer Emanations- und organizistischer Kunstvorstellungen erscheint als geist- und leblos, »Mosaik«, »Zusammenfügung toter Partikelchen« (A. W. Schlegel), als zusammengestoppelt, geflickt, gestohlen, bloßes Hand- und Machwerk, was sich entsprechenden Geist-Urheber-Visionen nicht fügt.

Der »Cento« lässt nicht umstandslos zu, was moderne Autorschaftskonstruktionen automatisieren: dem Text Einheit zuzuschreiben, ihm Gesicht, Stimme und Gestalt zu geben. Sichtbar, evident ist dann, was ›da‹, veranschaulicht, vergegenwärtigt ist, der Effekt, das Resultat rhetorischer Operation (*evidentia, imago*), nicht diese selbst (*prosopopoie, personificatio*, Anthropomorphisierung). Im Fall weiblicher Autorschaft scheint der so organisierte, der privilegierte *natürliche* Kontext unerlässlich: Physiognomie, Stimme, Ausdruck, Auktorialität; Klage, Leid, ›Schrei‹; Leben, Erlebnis, Erfahrung; das Modell der großen Liebend-Leidenden, verkörpert in Sappho, der Portugiesischen Nonne (männliche Autorschaft abgezogen), *der* Bachmann; Frauendichtung, Frauenliteratur, weibliche Ästhetik – Renaturalisierung, ›Exkommunikation‹ (Elfriede Czurda). Statt dessen steht Proba(s Name) für eine ›ordentliche‹ literarische Kompetenz, weder unterhalb symbolischer Ordnung noch oberhalb (mythisch/nichtig, unverfälscht/fehlerhaft). Probas »Cento« (*memoratu perpetuo dignum*): eine andere Assoziation, ein anderes Modell.

Frieda Grafe

[München, den 26.IV.1998]

Lieber Herr Dr. Hüser,

meine Absage kommt ungebührlich spät, aber, bitte, lassen Sie es mich erklären.

Nachdem ich zunächst empört war über Ihr Ansinnen, weil es mir die übliche Verachtung für kurze Formen zu zeigen schien – kurz schreiben heißt für mich nicht, daß ich es schnell machen könnte – habe ich, nachdem ich mich wieder eingekriegt hatte, mir gesagt, daß, um der guten Sache willen, ich Ihnen doch etwas schreiben sollte.

Ich habe auch einen Text,[1] einen unglaublich reichen, den man multikulturell gut auseinanderfalten könnte. Aber mir fehlt die Zeit zum Schreiben. Wie es, meiner Vorstellung nach sein müßte. Das war übrigens auch der zweite Anlaß zu meinem Ärger: daß nun auch die Akademiker das Hophop der Zeitungsleute sich zur Regel machen.

Falls Ihre Termine sich noch verschieben sollten, lassen Sie es mich bitte wissen. Grundsätzlich wäre ich nämlich bereit, etwas zu schreiben.

Mit freundlichen Grüßen
Ihre
Frieda Grafe

1 Frieda Grafe wollte über einen Brief von Carl Einstein an Daniel-Henry Kahnweiler vom Juni 1923 schreiben – abgedruckt in: Einstein, Carl / Kahnweiler, Daniel-Henry, *Correspondance 1921–1939. Traduite, presentée et annotée par Liliane Meffre*, Marseille 1993, S. 138 ff. –, ist dann aber leider erkrankt (R. H.).

Albrecht Koschorke

»Anfänge«

In die entstehende Großformation der Kulturwissenschaften können die ehemaligen Nationalphilologien eine Schlüsselkompetenz einbringen: das Lesen. Lesen heißt Entzifferung textueller Strukturen. Die jüngeren theoretischen Debatten haben gezeigt, dass komplexe Textsachverhalte nicht nur in den Werken von Dichtern begegnen. In dem Maß, in dem der Textbegriff entgrenzt wurde, hat sich auch die Reichweite der Tätigkeit des Lesens erweitert. Sie ist allgemein auf kulturelle Texturen anwendbar – auch solche nichtsprachlicher Art.

Kulturen beziehen sich auf sich selbst, indem sie ein Bild von der Art und Weise ihres Angefangenhabens entwerfen. Das können Anfänge sein, die weit zurückliegen, oder solche, die sich immer wieder erneuern. Sie können die Welt, das Recht, den Staat, den Menschen, das Bewusstsein, das Leid und das Böse betreffen. Meist spielen sich derartige Anfänge in Gestalt einer erdachten Urszene ab. Der tiefste Grund jeder Kultur ist fiktiv.

Wo immer das Problem der *Konstituierung* von kulturellem Wissen auftritt, kommen Formen der Erzählung, der Quasi-Literatur, des Als-Ob zur Geltung. Es ist auffällig, dass sich deren Inventar auf eine kleine Anzahl narrativer Figuren beschränkt. Am wichtigsten ist die Figur der Paradoxie. Stets setzen Ursprungsgeschichten Elemente dessen voraus, was sie zu begründen vorgeben. Das führt dazu, dass sie in zwei gegeneinander versetzten Zeitordnungen erzählt werden müssen. Daraus resultieren Überblendungen und verdeckte Zirkelstrukturen, die sich in unterschiedlichen Erzählstrategien ausprägen.

Die Narratologie stößt hier auf Probleme der Logik, aber einer Logik der dritten Art. Denn der Verfall der traditionellen Gründungsautoritäten legt die Tatsache frei, dass in den Ursprungs-Szenarien der kulturstiftende Grund immer Effekt seiner *nachträglichen* Begründung ist, die Ursache Wirkung ihrer eigenen Wirkung. Überhaupt scheint sich am Ende des 20. Jahrhunderts nach der Ära der theonomen Zeitordnung und ihrer Tochter, der linearen historischen Zeit, eine dritte, selbstinvolutive Zeitform zu bilden. Wie immer man das zu denken hat: die Texte erzählen davon. Auch darin sind sie Gegenstand einer im neuen Sinn literarischen Analyse.

Cornelia Martyn / David Martyn

Kafkas Jiddisch

Im Vorwort einer Aufsatzsammlung über »Jüdische Intelligenz in Deutschland« liest man folgendes: »Jiddisch schreibende Autoren, bei denen – trotz aller Nähe zur deutschen Sprache – dieser Bezug zum deutschen Geistesleben fehlt, werden deshalb nicht berücksichtigt.«[1]

Trotz aller Nähe – fehlt der Bezug? Wie nah eigentlich ist diese Nähe, wie ernst meint man es mit ihr, wenn mit ihr zugleich eine unüberbrückbare Kluft geöffnet wird, die das Jiddische vom Deutschen trennt? Wir möchten vielmehr mit Kafka sowohl von den »Verbindungen« zwischen dem Jiddischen und dem Deutschen als auch vor allem von der »Feme der deutschen Sprache«[2], der Unverständlichkeit und Unübersetzbarkeit des Jiddischen (»Jargon«) ins Deutsche ausgehen. »Denn von einer allerdings großen Feme aus gesehn, wird die äußere Verständlichkeit des Jargon von der deutschen Sprache aus gebildet; das ist ein Vorzug vor allen Sprachen der Erde. Sie hat gerechterweise einen Nachteil vor allen. Man kann nämlich Jargon nicht in die deutsche Sprache übersetzen. [...] ›Toit‹ z. B. ist eben nicht ›tot‹«[3].

1 Hermand, Jost / Mattenklott, Gert, *Vorwort*, in: Dies. (Hg.), *Jüdische Intelligenz in Deutschland*, Hamburg 1988, S. 4–6, hier S. 4 f.

2 Kafka, Franz, *Nachgelassene Schriften und Fragmente, Bd. 1*, hg. v. Malcolm Pasley. Frankfurt a. M. 1993, S. 192.

3 Ebd.

Die Differenz zwischen Gleicherscheinendem – »›Toit‹ z. B. ist eben nicht ›tot‹« – erzählt vielleicht die Geschichte dessen, was kein Verhältnis sein kann. Sie begegnet etwa in Fichtes Satz vom Ich, welcher sowohl von einer Gleich- als auch von einer Entgegensetzung handelt. »Es wird [dem Ich] ein Nicht-Ich gleichgesetzt, zugleich, indem es ihm entgegengesetzt wird.«[4] »Mithin ist Ich nicht = Ich«[5]. Sie begegnet etwa auch in der jiddischen Literatur, die die Gleich- und Entgegensetzung von Jiddisch und Deutsch als literarisches Verfahren anwendet, um ihren Bezug zur deutschen Sprache und Kultur sowohl herauszustellen als auch zu ironisieren. Nach dem Holocaust dient das Verfahren dazu, diesen Bezug zu verwinden:

נאָר דו אַליין אויף דײַן בלוטוורשט שפּראַכע,
קענסט אויסרעווען ווי דו האָסט גענומען
דײַטשע, משוגענע ראַכע,
פֿון דערשראָקענע, אומבאַשיצטע, שוואַכע.

[nor du aleyn oyf dayn blutvursht shprakhe,
kenst oysreven vi du host genumen
daytshe, meshugene rakhe,
fun dershrokene, umbashitste, shvakhe.][6]

Die Wörter ›shprakhe‹ und ›rakhe‹ (Sprache, Rache) gibt es im Jiddischen nicht; sie sind dennoch dem Jiddischsprechenden verständlich. Und ›shvakhe‹ ist eben nicht ›Schwache‹. Es ist ein

4 Fichte, Johann Gottlieb, *Grundlage der gesamten Wissenschaftslehre als Handschrift für seine Zuhörer* (1794), Hamburg 1988, S. 39.

5 Ebd., S. 27.

6 Glatstein, Jacob, *Undzer tsikhtik loshn*, zit. nach Hadda, Janet, *German and Yiddish in the Poetry of Jacob Glatstein*, in: Prooflexts 1 (1981), S. 192–200, hier S. 198. Transkription nach YIVO.

jiddisches Wort, welches hier, um an eine gemeinsame Herkunft zu erinnern, durch Reim mit der deutschen ›shprakhe‹ und ›rakhe‹ verbunden oder gleichgesetzt, zugleich aber diesen entgegengesetzt wird. Das Wort ›oysreven‹ drückt aus, was »nur« die deutsche Sprache vermag, und ist doch ein jiddisches Wort, eines, welches bis auf die Vorsilbe für deutsche Ohren völlig unverständlich oder weit davon entfernt ist; ›oysreven‹ (herausbrüllen, brüllen). Will man sich dem Jiddischen nähern, so hält die Feme, anders als die Nähe, die Einladung zu einer Annäherung bereit; »Sie, verehrte Damen und Herren, [...] Sie dürfen einen Schritt näher. [...] Ganz nahe kommen Sie schon«.[7]

7 Kafka, *Nachgelassene Schriften*, S. 192f.

Thomas Meinecke

[Lorbeer]*

Seit 1979 durchgehend lieferbar, stellt *Die imaginierte Weiblichkeit* der Literaturwissenschaftlerin Silvia Bovenschens ein Pionierwerk des aktuellen Diskurses über das Verhältnis der Geschlechter dar, das ungemein aufschlussreiche Einsichten in das Missverhältnis zwischen schreibenden und beschriebenen Frauen bietet und auch für die Fans heutiger amerikanischer dekonstruktiver Feministinnen eine Offenbarung ist. Für die (im dissidenten Umkehrschluss zur staatlich verordneten ›Entlassung in die Eigenverantwortung‹) unbedingt zu leistende (Re-)Politisierung des Privaten unverzichtbar!

Silvia Bovenschen: Die imaginierte Weiblichkeit. Exemplarische Untersuchungen zu kulturgeschichtlichen und literarischen Präsentationsformen des Weiblichen, (edition suhrkamp 921). Frankfurt a. M. 1980

* Die Woche vom 16.1.1998, S. 35.

Bettine Menke

Zur Frage der Gespenster …

Das Echo – das Walter Benjamin als Modell der Übersetzung vorschlägt[1] – ist Spiel mit – und Ausspielen der Diskrepanz von Laut und Bedeutung. »Das Widerspiel von Laut und Bedeutung [so Benjamin fürs Echo-Spiel im Barock] bleibt dem Trauerspiel ein Geisterhaftes, Fürchterliches«.[2] In deren »bedachtsam aufgerissener Antithetik« tritt das Echo auf als ein Fall gespenstigen Schreckens der Bedeutung, wenn diese Bedeutung »das Echo, die eigentliche Domäne eines freien Lautspiels« – im intriganten (paronomastischen) Spiel mit seinen Möglichkeiten – »sozusagen befalle«; Echoverse wiederholen Worte »oft durch Weglassung eines Buchstabens so, dass es wie Antwort, Warnung oder Prophezeiung klingt«. Die wiederholten Worte machen eine Differenz – zu sich selbst – in der anderen Bedeutung, die im wiederholten Laut, im wiederholt anderen Laut (fehl-)gehört wird. Der Abstand, die Entfernung, aus der der Wi(e)derhall kommt, manifestiert sich im Anderen der Wiederholung und als die Stelle, an der akustische Täuschung (und Betrug) einsetzen. ›Maschinen‹ der Schallübertragung und des Widerhallens hat das Barock Täuschungen gewidmet, die sich in (falschen) Zu-

1 Benjamin, Walter, *Die Aufgabe des Übersetzers*, in: Ders., *Gesammelte Schriften*, Bd. 4, hg. von Rolf Tiedemann und Hermann Schweppenhäuser, Frankfurt a. M. 1972–1986, S. 9–21, hier S. 16.

2 Benjamin, Walter, *Bedeutung der Sprache in Trauerspiel und Tragödie*, in: Ders., *Gesammelte Schriften*, Bd. 2, hg. von Rolf Tiedemann und Hermann Schweppenhäuser, Frankfurt a. M. 1972–1986, S. 137–140, hier S. 140.

schreibungen des Schalls an seine ›Quelle‹, an einen ›Mund‹ realisierten; im Hören der eigenen Stimme als fremde, der fremden als (übersetzte) eigene. Als ein »Geisterhaftes, Fürchterliches« begegnet die Bedeutung aus dem Abstand, aus einer toten Mechanik der unbeseelten Lettern und Laute und ihren Zwischenräumen – der Andersheit (eines Nicht-Gesichtigen). Sie tritt im *double* auf, das die (eigene) Stimme unheimlich von sich selbst entfernt, als Gespenst der ›eigenen‹ Stimme (es verkörpert/körperlos das Oxymoron von lebendig/tot, beseelt/unbeseelt, eigen/enteignet).

Der Ruf aus einem Abstand (der nicht der »rechte«[3] ist und uneinholbar bleibt) gibt ein topographisches Modell der Übersetzung, der Kritik und des Lesens: sie spricht, da sie nicht ›etwas‹ meint, aus einer Abwendung als ›fremde‹ Stimme, nicht um dies zu bleiben, sondern um – im Widerhall – disjunktive Operation an der Sprache zu werden, so dass ihr, der Stimme (und der Intention) in den Widerhällen der Bergwälder der Sprache und des (vergessenen) Vergangenen (in den Tigersprüngen des Jetzt der Lesbarkeit) eine Dissoziation widerfahren wird. Ein Lesemodell nach der Topographie des Übersetzens konzipierte ein nicht kontrollierbares, diskontinuierliches Ereignis uneinholbarer Nachträglichkeit ihres Gegenstandes.[4] Diese kann »zu spät« oder am »nie betretenen Ufer«[5] heißen und bestimmt eine Lesbarkeit, deren Stelle ein Sprung (und Riss) ist – nicht aber ein Ort, den Lesende als den

3 Benjamin, Walter, *Diese Flächen sind zu vermieten*, in: Ders., *Gesammelte Schriften, Bd. 4*, hg. von Rolf Tiedemann und Hermann Schweppenhäuser, Frankfurt a. M. 1972–1986, S. 131 f., hier S. 131.

4 Benjamin, Walter, *Madame Ariane zweiter Hof links*, in: Ebd., S. 141 f., hier S. 141; *Ein Gespenst*, in: Ebd., S. 278–80.

5 Benjamin, Walter, *Zwei Rätselbilder*, in: Ebd., S. 254 f., hier S. 254; Benjamin, Walter *Frühstücksstube*, in: Ebd., S. 85 f., hier S. 86; Benjamin, Walter, *Passagenwerk, H 2,3*, in: Ebd., Bd. 5.1, S. 273; *Passagenwerk, I°,2*, in: Ebd., Bd. 5.2, S. 1014 f.

ihren (ihrer gegebenen Gegenwart und sog. eigenen Sprache) einnehmen könnten. Lesende »jagen die Geister, deren Spur [sie] in den Dingen witter[n]; zwischen Geistern und Dingen verstreichen ih[nen] Jahre, in denen [ihr] Gesichtsfeld frei von Menschen bleibt; alles geschieht ih[nen], mein[en sie], begegnet ih[nen], stößt ih[nen] zu.«[6] Es sind andere ›Lesbarkeiten‹ nicht nach dem Modell einer Stimme des Gewesenen, sondern im ›Zwielichtigen‹ und im Widerhallen sich überlagernder Schälle (jenseits von Intentionen und Signifikaten) – eines »Resonanz«-Raums.[7]

6 Benjamin, Walter, *Vergrösserungen*, in: ebd., Bd. 4, S. 113–116, hier S. 115; Benjamin, Walter, *Passagenwerk, H 1a,5.*, in: ebd., Bd. 5.1, S. 272.

7 Benjamin, Walter, *Die Mummerehlen*, in: ebd., Bd. 4, S. 260–263, hier S. 261, *Passagenwerk, M 1,2*, in: ebd., Bd. 5.1, S. 524.

Eva Meyer

Glückliche Hochzeiten

Es ist oft gesagt worden: Die Sprache arbeitet gegen die Wahrnehmung von Wahrheit. Arbeiten Sie also mit ihr. Nehmen Sie die Sprache selbst – und gewinnen Sie die Wahrheit ihrer Idiosynkrasien zurück. Beginnen Sie jeden Satz, als ob er eine Gelegenheit wäre, über einen Anfang nachzudenken, und nehmen Sie dazu eine Sprache, mit der Sie wie nie zuvor Gelegenheit haben, zu denken anzufangen.

Es ist der bedachte Gebrauch der Sprache, der die Unterscheidung von kritischem und kreativem Denken erübrigt und eine glückliche Hochzeit ausmacht. Nach Henry James ist es das Glück dieser Hochzeit, dass man ihren Vollzug nicht nachvollziehen kann: »Versuchen Sie etwas herauszulösen, wenn Sie können. Analysieren Sie, wie Sie wollen, beziehen, berichten, erklären Sie. Sie können meine Verbindung nicht auseinandernehmen; Sie können die Teile meines Gesamten nicht in verschiedene verantwortliche Geschäftsträger auflösen oder überhaupt einen Weg (für Ihre eigennützigen Absichten) finden.« Denn in dem für einen zu großen Gemisch, das sich da in Sätzen gebunden hat, vollziehen diese sich selbst und nicht etwa eine Vorstellung, die man sich davon machen kann.

Analysieren Sie zum Beispiel: »Sind Sie einverstanden, *dasjenige*, von dem ich Ihnen erzähle und an das auch Sie denken, *von ihm* zu sagen, vorausgesetzt man weiß, *woran* man sich halten kann, *über sie*, und vorausgesetzt, man ist einer Meinung auch darüber, wer er ist und wer *sie*«. Wir bewegen uns hier im Bereich der allgemeinen

Dienstleistung von gegenseitiger Abstimmung und Lebhaftigkeit. Doch wenn wir dem Anspielungsreichtum in seinen Variationen folgen, um sie zu erzählen und ihr Gewicht für den Verlauf der Handlung abzuwägen, kommen wir darauf, dass sie nur *füreinander* zählen und deshalb *miteinander* verantwortlich sind. Das ist eine sublime Überschreitung der Erfahrung, die keineswegs transzendent, sondern praktisch und nützlich ist. Man rechnet nicht mit Bedürfnissen und spricht doch ihre Sprache, um über die Bedingungen des Tauschs hinauszukommen und aus Unterschieden, die sowohl absolut in sich selbst als auch untrennbar voneinander sind, die »sublime Ökonomie« der Sprache zu machen.

Uwe Nettelbeck

Melville. Impediments

Wolfheinrich von der Mülbe, 1957:

> Nachts dann lag ich in meiner Hängematte und hörte über mir den langsam-müden Schleppschritt der drei gewichtigen Fremdlinge auf dem beladenen Deck. Ihre Dummheit oder ihr Eigensinn bewirkte, daß sie niemals einem Hindernis auswichen. Eine hörte ich kurz vor Mitternacht ihren Marsch jählings abbrechen. Als die Sonne aufging, fand ich sie wie einen Sturmbock am Fuß des Fockmasts festgerammt, immer noch im Begriff, sich mit Zähnen und Nägeln den unmöglichen Durchgang zu erzwingen.

Richard Mummendey, 1967:

> Als ich in der Nacht in meiner Hängematte lag, hörte ich auf dem beladenen Deck über meinem Kopf das leise träge Schleifen der drei gewichtigen Fremdlinge. Ihre Sturheit oder ihre Entschlossenheit war so groß, daß sie keinem Hindernis aus dem Wege gingen. Die eine der Schildkröten machte mit ihrem Marsch gerade vor Beginn der Mitternachtswache endgültig Schluß. Bei Sonnenaufgang fand ich sie wie einen Sturmbock an dem unbeweglichen Fuß des Fockmastes festgerammt und immer noch damit beschäftigt, sich mit Zähnen und Krallen den unmöglichen Durchgang zu erzwingen.

Zufrieden, dass mir die »Passage« nicht entgangen war, habe ich es aber kaum besser gemacht, 1988:

> Als ich in dieser Nacht in meiner Hängematte lag, hörte ich über mir das behäbige, müde Scharren der drei gewichtigen Fremdlinge auf dem beengten Deck. Ihr Stumpfsinn oder ihre Entschlossenheit war so groß, daß sie, gleichgültig auf welches Hindernis sie trafen, niemals zurückwichen. Eine stellte ihre Bewegungen ganz ein, kurz vor der Mitternachtswache. Bei Sonnenaufgang fand ich sie wie einen Sturmbock gegen den unbeweglichen Fuß des Fockmastes gerammt, und noch immer bemüht, mit Zähnen und Krallen, sich die unmögliche Passage zu erzwingen.

Nicht gemerkt, dass draggings einen Hinweis darauf bietet, was die Gefahr des Schleifens ist, es unbedingt »überladen« und besser »zur Seite wichen«, und »unbewegten«, aber niemals »Stumpfsinn« hatte heißen sollen, der Begriff impediment in der Terminologie der Medizin eine Funktions-, und speziell eine organische Sprachstörung bezeichnet, ponderous einen spöttischen Beiklang hat, movements in der Musiksprache Sätze sind, und endlich butted ja auch noch sagen könnte, dass das seltsame Geschöpf es womöglich gar auch einmal im Rückwärtsgang versucht hat. Neun Schnitzer in zehn Zeilen, und wer weiß.

> As I lay in my hammock that night, overhead I heard the slow weary draggings of the three ponderous strangers along the encumbered deck. Their stupidity or their resolution was so great, that they never went aside for impediment. One ceased his movement altogether just before the mid-watch. At sunrise I found him butted like a batting-ram against the immovable fool of the foremast, and still striving, tooth and nail, to force the impossible passage.

Something further may follow of this masquerade.

Rolf Parr

Wanted: Orte der Aufhebung von Kretin-Alternativen oder: join the family!

GRENZEN: Inszenierungen von Fächergrenzen, jene aufwendigen Ein- und Ausschließungsprozeduren der machtbesetzten Bestimmung dessen, was dazugehört und was nicht, basieren häufig auf Alternativen der Art: ›entweder: Literaturwissenschaft um der je konkreten Individualität des literarischen Textes willen, oder: Diskursanalyse als eindimensionales Einpassen literarischer Befunde in überindividuelle Redeweisen‹ (vgl. die prägnante Darstellung von Wilfried Barner im *Jahrbuch der Deutschen Schillergesellschaft* 1997). Die Reihe ließe sich fortsetzen mit ›entweder Sozialgeschichte oder Diskursanalyse‹, ›entweder Strukturalismus oder Diskurstheorie‹, ›entweder hohe oder elementare Literatur‹, und schließlich: ›entweder germanistische Literaturwissenschaft oder globale Kulturwissenschaft‹ (letztere in der Existenzangst-Variante häufig identisch mit ›entweder Beibehaltung des eigentlichen Gegenstandes oder völlige Entgrenzung‹ und damit Auslöschung der eigenen disziplinären Verfaßtheit).

WO ETWAS GESCHIEHT: Interessant, weiterführend (und auch ›family‹-bildend) sind demgegenüber für mich alle wirklich operativen (und nicht nur symbolischen) Versuche der Aufhebung solcher Scheinalternativen, etwa die verschiedenen Unternehmungen, literarische Texte als Bestandteile übergreifender historischer Diskursformationen bzw. übergreifend-kultureller (interdiskursiver) Kategorien zu verstehen. Stellvertretend sei Jürgen Links *Versuch über den Normalismus. Wie Normalität produziert wird* (Opladen 1997) genannt. Die kulturhistorischen, sozio-kulturellen und politischen Analysen zur Querschnitts-Kategorie ›Normalität‹ alternieren mit literaturwissenschaftlichen Einschüben, wobei sich beide wechselseitig erschließen: Literaturwissenschaft ist hier in jedem konkreten Analyseschritt immer auch übergreifende Kulturwissenschaft und umgekehrt. Die gemeinsame (nicht nur rein semantische) ›Währung‹ bildet das gesamte Ensemble der diskursübergreifenden, interdiskursiven Elemente, z. B. Symboliken der »nicht-normalen Fahrt«.

WAS (VIELLEICHT) KOMMT!? So weit und genau die interdiskurstheoretische Modellierung für den Gegenstand ›Literatur‹ bereits ausgearbeitet ist, so weitgehend offen ist sie noch für andere Medien wie Film und Fernsehen. Die Gleitschienen für Übergange und Anbindungen können auch hier Elemente mit interdiskursivem Charakter bilden, wie sie quer durch die Ordnungsbegriffe ›Programm‹, ›Format‹, ›Genre‹ oder ›Senderprofil‹ zu finden sind. Fernsehwissenschaftliche Kategorien wie ›flow‹ oder ›viewing strip‹ ließen sich interdiskurstheoretisch präzisieren, gerade auch entlang solcher übergreifender Kategorien wie »Normalität«.

Laurence A. Rickels

What's in a name, like Frankenstein, that by any other name spells at once the mad scientist's moniker and the name calling which the artificial creation, by no default of its own, must bear. What happens is that the nameless creature barrels the heir waves as supernatural embodiment of the name, no longer a name that's given to future generations, giving us the line about living on by proxy, but the name as technobody, running on automatic, somewhere between the programs of auto-destruction and auto-replication.

The old superego, the highest court of identification, recognizes your own imprint in others. But at the same time it blocks sight of the other in oneself. On a good day, the superego is the internal and eternal loudspeaker of parental guidance. On one hell of a day — say, on the mourning after — it's what Dr. Frankenstein recognizes »in the light of« his »own vampire« as his projected bond with the demon agent of his own death wishes. But the melancholic »fangs of remorse« that have a hold over mad scientist Frankenstein no longer spark or spook us with a working image of the future. Frankenstein's identification with his dead mother projected acts of losing, death-wishing away, killing off, and mourning onto a monstrous body-building context where relations with long distance and with the long distant, the dead or undead, could be kept on a short control release. All that belongs in the movies. We are by now way more about live or life's transmission and the death drive. Today we're all already at the front of the reassembly line of organs and part-objects. Frankenstein has been uncanny-proofed as the fairy tale from prehistory about our interchangeable body parts and new leases of lives.

What's going into or coming out of the future has left the body and the melancholic chip on the shoulder behind for the techno chip from the workshop of replication. The other's reply or »replication« (Hamlet) is right in our face, in our interface.

Michael Rutschky

Sigmund Freud. Die Traumdeutung

Ich, das ist ein anderer. Der junge Dichter, der ich einst war, hielt das für eine Anweisung: dieser andere müsse er sein, um ein junger Dichter zu sein. Bloß war er's ja nicht, offensichtlich.

Der andere könnte *schreiben* (was dem jungen Dichter, der ich einst war, extrem schwer fiel), überhaupt wäre der andere in einem anderen, irgendwie gesteigerten Zustand – umgekehrt neigte der junge Dichter dazu, Geschriebenes, Literatur als Zeugnis, Abdruck, Widerspiegelung dieses anderen Zustands zu nehmen, in den die anderen (Dichter) einzutreten vermöchten, er aber nicht. So blieb ihm auch als Leser, wie er beobachtete, die Literatur im Wesentlichen verschlossen.

Ich kann nun nicht behaupten, »an einem Sommerabend, den Tag hatte er in den Niddawiesen in tiefster Verzweiflung verbracht, schlug er zum ersten Mal Freuds ›Traumdeutung‹ auf und, siehe da, …« Genau besehen ist mir inzwischen ganz undurchsichtig geworden, wie ich aus jenem Grübeln herausgelangt bin und welche Rolle dabei Prof. Freud und sein großes Buch, überhaupt die Psychoanalyse präzise gespielt haben.

Jedenfalls ist das Ich, das Freud beobachtet und beschreibt, unzweifelhaft ein anderer, und das in Permanenz. Es bedarf gar keines Hinüberwechselns in einen »anderen Zustand«, man braucht sich bloß von dem Ich, das man ist, tüchtig befremden zu lassen. Dabei ist der Träumer, der von dem Wachenden rätselnd beobachtet und beschrieben wird, bloß besonders prägnant als Ich, der ein anderer ist: »Ich reite auf einem grauen Pferd, zuerst zaghaft und ungeschickt, als ob ich nur angelehnt wäre. Da begegne ich einem Kollegen R, der im Lodenanzug hoch zu Roß sitzt und mich an etwas mahnt (wahrscheinlich, daß ich schlecht sitze) ...«

Wie ersichtlich, verfährt dies Beobachten und Beschreiben des anderen, der ich ist, völlig undramatisch, in dieser Weise kann man auch beliebige andere als Ich beschreiben, man kann Interviews machen, fotografieren.

So fließt das Schreiben, stets gibt es viel mehr, als Verwendung findet. Schon gar, wenn man in die Beobachtung und Beschreibung der anderen, die Ich sind, die als Literatur überlieferte Literatur wieder aufnimmt.

Thomas Schestag

Die Augen zum Rücken im Blick aufzutrennen

Als ich dieses Bild vor Jahren zum ersten Mal sah, als mir das Bild vor Jahren zum ersten Mal in die Augen fiel. War das Bild mir aufgefallen, hatte ich es im Blick, und Überblick, und ohne zu zögern entschieden, aus welchem Grund aber genau, das Bild im Auge, im einen im andern, zu behalten. Oder war es mir, ohne dass ichs sah, sehn und voraussehn konnte, in die Augen gefallen, in einem Augenblick, ausgesetzt zwischen Augen und Blick, wo von Blick und Überblick keine Rede war, und blieb aus dem Grund, aus welchem genau aber, hängen. Zwischen den Lidern. In meine Lider verhakt, auch wenn ich die Augen schloss. Die Hände vors Gesicht schlug. Ich sah, oder sahs mich, auch wenn ich die Augen schloss, und die Hände vors Gesicht schlug, einen Mann am Tisch sitzen, oder stehend gegen eine Kommode gelehnt, das Bild war über der Hüfte abgeschnitten, es war nicht zu entscheiden, aber ich meine ihn am Tisch sitzen zu sehn, auf dem ein Bild, bei genauerm Hinsehn sind es zwei Photographien, im Wechselrahmen stehn, Porträt einer Frau, eines Mädchens vielleicht, das eine, das andre wegen des Lichts nicht zu sehn, beide Bilder über der Hüfte abgeschnitten. Die Ellbogen aufgestützt, das Gesicht, was für ein Wort, in die Hände gelegt. Als habe das Bild, das eine das andre, oder keines, das er sah, das ihm in die Augen gefallen war, Tränen in die Augen getrieben, oder keine. Dass niemand sah, dass er weinte, dass er nicht weinte. Ich sah, im Augenblick, als ich die Seite aufschlug, dass das Valentin war, das

Buch war ihm gewidmet, und sah, kaum, dass mir Tränen in die Augen kamen, über der Hüfte abgeschnitten, ich konnte sie nicht sehn, weil das Bild verschwommen war. Und sah kaum, und wusste, dass das ein Gesicht ohne Maske war, dass nur das, und dass er das zeigte, die Hände vors Gesicht geschlagen, dort, sein Gesicht ohne Maske war. Das Tasten und Warten der Hände an Stelle der Augen. In der Stille. Die Scham zu sehn, die Scham gesehn zu werden. Dies Bild war ein Gesicht und eine Lehre.

In seine Lehre zu gehn, lesen zu lernen. In das die Erschütterung über den in die Augen verwachsenen Zwang verziffert war, jeden Augenblick ein Bild, in ihm das Abgebildete zur Eigentlichkeit seiner Erscheinung, und sei die verdeckt, enthüllt zu sehn, den Vorwurf hinter Glas oder Gitter, zum Sprechen gebracht, unters schlagende Wort – im Satz – geduckt, gestellt, gerichtet, vernichtet zu haben. Valentin wusste, was wenige zu wissen wagten, und ist durch dies Wagnis hindurchgegangen, dass die Wort- und Zeichensprache die unberechenbarste, unbeherrschbarste aller Waffen war, geblieben war, und alle Kriege Wortkriege. Er hat das Leben, im Leib, der unters Dach der Sprache aufgezogen schien wie keiner, aufs Spiel gesetzt, die Sprache, die waffenstarrende, zur Verzweiflung zu treiben, zu dem zu bringen, was andre Lachen nannten, sie dort, von dort her, zu entwaffnen. Jede Losung im syntaktischen Aufzug zur Entwahrlosung, die sie war, geblieben war, aufzutrennen. Jedes Wort jeden Augenblick aus den Angeln seiner Fassung zum Wort zu drehn, seine Unbrauchbarkeit in Erinnerung zu rufen, und in ihr, in dieser Unbrauchbarkeit zu wohnen. Das Bild zeigt, sagen die Legenden, Valentin Ludwig Fey, der auch Karl Valentin hieß, am Weihnachtsabend 1946 in seiner Wohnung. Eines jener -bilder, Schrift-, in meinen Augen, die Augen zum Rücken im Blick, der zu sehen sucht, aufzutrennen.

Erhard Schüttpelz

Morgen Freibier

»[...] aucune explication satisfaisante n'en a été donée.« Marcel Mauss, der Germanist, dachte sich für die Homonymie von engl.-ndl.-dt. gift eine Urszene aus. Die Gabe war Freibier, Bier das Medium des Gabentauschs:

> la prestation type, chez les anciens Germains et Scandinaves, c'est le don de boisson, de bière; en allemand, le présent par excellence, c'est ce que l'on verse (*Geschenk, Gegengeschenk*). Inutile d'évoquer ici un nombre très grand de thèmes de droit et de mythologie germaniques. Mais on le voit: nulle part d'incertitude sur la nature bonne ou mauvaise des cadeaux n'a pu être plus grande que dans des usages de ce genre où les dons consistaient essentiellement en boissons bues en commun, en libations offertes ou à rendre. La boisson-cadeau peut être un poison; en principe, sauf sombre drame, elle ne l'est pas; mais elle peut toujours le devenir. Elle est toujours en tout cas un charme (le mot *gift* a gardé ce sens en anglais) qui lie à jamais les communiants et qui peut toujours se retourner contre l'un d'eux s'il manquait au droit.[1]

Der Zauber dieser Szene, ihre imaginäre Ethnographie hat die Etymologen nicht überzeugt; sie führen gift, gift trotz Mauss' Konjektur

1 Mauss, Marcel, *Gift, gift*, in: Ders., *Melanges offerts à Charles Andler*. Paris 1924, S. 243–247, hier S. 243. — Vgl. allgemein Rätsch, Christian, *Urbock. Bier jenseits von Hopfen und Malz*, Luzern 1996.

auf einen Euphemismus oder ein ›Sprachtabu‹[2], »gewiß unter Einfluß des Ersatzes von lat. *venenum* durch gr.-lat. *dosis*«[3], zurück. Das dt. und ndl. gift: eine Verabreichung der gr.-lat. Dosis. Und ›Gift, gift‹: Tacituspastiche und eine Überdosis Germanistik. Seit dieser Enttäuschung erwarte ich beim Lesen der Indogermanistik alle jene Indizien, die Marcel Mauss vom möglichen Gift im unaufhörlich fließenden Freibier überzeugt sein ließen. Ich hätte gerne das Buch (geschenkt), das er in seiner Miszelle voraussetzte; ich hätte gerne das Kapitel über Mauss, das in Ulrich Wyss' ›Wilder Philologie‹[4] angedeutet ist, das von jener Indogermanistik und historischen Rechtsschule handelt, die in die Ethnologie der *Gabe* eingegangen sind.

Die ›wilde Philologie‹ des Marcel Mauss, auf engstem Raum verzapft, im Ausschank; die Gabe schlechthin, Freibier, könnte Gift sein, malt das Zeichen des Totenkopfs in Bierschaum. Doch unter der Hand gabelt sich hier die Spur des doppelten gift, führt (Jacob Grimm verbunden) noch in eine andere Etymologie, die Mauss' Deutung des Nehmens entgegenkommt, in dem die Gabe – als ihr anderes, tödliches *Gegengeschenk*: als *Gift* – zurückkehrt. Das Geschenk – »qui peut toujours se retourner contre l'un d'eux s'il manquait au droit« – kann für den, der es verwirkt, zum Gift werden, durch sein Pfand oder doppeltes Band (*gift, gift*), das auch ein Abtrünnigwerden je und je erwidert. Und so den französischen Reim dt.-ndl.-engl. widerhallen läßt, der das Gift im Bier für Mauss – so meine Konjektur – hörbar unwiderstehlich werden ließ, die Wurzel seiner Konjektur, das Bilsenkraut seines Verdachts: »La boisson-cadeau peut être un poison«, vielleicht.

2 Ebd., S. 246.

3 Kluge, Friedrich, *Etymologisches Wörterbuch der deutschen Sprache*, 21. Aufl. Berlin 1975, S. 258.

4 Wyss, Ulrich, *Die wilde Philologie. Jacob Grimm und der Historismus*, München 1979, insbes. S. 248 ff.

Eckhard Schumacher

Über die Unverständlichkeit

Nach einer Vorlage aus dem Frühjahr 1800 gekürzt für den Herbst 1998

Einige Gegenstände des menschlichen Nachdenkens … aus deren gegenseitiger Mitteilung sich … Verhältnisse und Verhältnisbegriffe erzeugen … verwickeln … die Mitteilung … selbst … als Leser … konstruieren … die … Versuche … beweisen … die Worte … verstehen … die … Geister … verwirren … die reinste und gediegenste Unverständlichkeit … aus der Wissenschaft und aus der Kunst … zu einem handgreiflichen Zirkel … wenigstens gewiss verständlich … hindeuten … aufhören … den wandelbaren ewig verwandelten Gegner fesseln … nicht so naiv und nackt darstellen … auf ein populäres Medium denken … mit innigem Vergnügen … lesen lernen … aus einem andern Gesichtspunkte … Schrift … so vielseitig … hat … mit fortlaufendem Kommentar … manches kleine Buch … fast ohne alle Ironie … unaussprechlich überrascht … niemand scheint es bemerkt zu haben … ob ich nun der Meinung sei … alle diese Tendenzen würden durch mich selbst in Richtigkeit und zum Beschluss gebracht werden … oder vielleicht durch meinen Bruder oder durch sonst einen von unsrer Faktion … oder erst durch einen Sohn von uns … durch einen Enkel … einen Urenkel … einen Enkel im siebenundzwanzigsten Gliede … oder erst am jüngsten Tage … oder niemals … das bleibt der Weisheit des Lesers … für welche diese Frage recht eigentlich gehört … anheimgestellt … das Beste dürfte wohl auch hier sein … es immer ärger zu machen … wenn das Ärgernis die größte Höhe erreicht …

reißt es und verschwindet … Namen werden noch mehr als einmal … genannt werden müssen … die Nachwelt … versteinert … begraben … ein … großer Teil … der Unverständlichkeit … liegt unstreitig … mehr oder minder überall … offen … und tief versteckt … wenn … die Unverständlichkeit … wider Willen … wild wird … und sich gar nicht mehr regieren lässt … verschlucken … verschlingen … deuten … durchaus … noch Jahrhunderte nach ihrem Tode … verfängliche Schlingen … immer allgemeiner … heftiger und klarer … die großen Grundsätze … worauf es dabei ankommt … das Wesentliche … sehr bescheiden … im Ernste … vergessen … nie begreifen … schweifen … spielen … gut … zielen …

Georg Stanitzek

Trivialmythen (I)

In den 60ern, nach *Adorno* 1958, interessiert sich die Akademie für den Essay. *Just 1960; Exner, Hilsbecher 1962; Berger, Heinrich 1964; Hamburger 1965; Allemann, Haas, Rehder, Rohner 1966; Schumacher 1967; Fischer, Rohner 1968; Bachmann, Haas, Küntzel 1969.* Im selben Jahr schreibt Renate Matthaei an den März-Verlag: »Ich weiß nicht, ob Brinkmann Ihnen schon von dem Plan, den wir gemeinsam ausgebrütet haben, erzählt hat. Ich möchte gern bei Ihnen ein Buch machen, das den bisher üblichen akademisch diskursiven Essay zu einer [...] mehr vom zitierten Text- und Bildmaterial her arrangierten Kollage erweitert. Thema: Trivialmythen (wenn man das so nennen will).« [1] Sie schlägt eine alternative Liste vor: *Widmer, Ror Wolf, Jelinek, Brinkmann, Brandner, Jägersberg, Chotjewitz, Wondratschek, Mayröcker, Karsunke, Nettelbeck, Piwitt, Sebastian Wolff, Wellershoff 1970* (zunächst standen noch *Brock, Handke, Kiwus, Uve Schmidt, Kriwet und Altenhoff* mit drauf). Jelinek entwirft ihr bis heute laufendes Projekt, Ror Wolf steuert *Punkt ist Punkt* bei, Nettelbeck schließt an *Die Verbesserung von Mitteleuropa, Roman* (mit Literaturliste: *Wiener 1969*) an mit der Liste seiner Platten: »[...] *Blue Cheer, Vincebus Eruptum, Philips 852116 BY. Blue Cheer, New! Improved! Philips 852136 BY. Elephants Memory, Buddah Records 203022. Wolfgang Amadeus Mozart, Le Nozze di*

1 Renate Matthaei an Jörg Schröder, 14.5.1969 (Deutsches Literaturarchiv, Marbach a. N.: März-Archiv, Nr. 84 AO TO I: Matthaei, Trivialmythen).

Figaro, Fischer-Dieskau, Stader, Seefried, Capecchi, Fricsay, RIAS-Kammerchor, Radio-Symphonie-Orchester Berlin, Deutsche Grammophon Gesellschaft, 138697/99. [,..].«[2] *Usw.*

Wahrscheinlich hat *Bohrer* 1979, als er von einem »Essay ohne Ideen« träumte, noch einmal an diese Texte gedacht. Dann verschwinden sie, wovon man sich in aktuellen »Essay«-Artikeln-*Bolz 1992, Schlaffer 1997* – überzeugen kann. Ein Klassiker, der weg ist. Seine Wiedereinführung, sagt Matthaei, wäre am besten mit einer neuen Liste, für *Trivialmythen* (II), zu verbinden. Ich arbeite dran. Wie sich die Transitivität/Intransitivität solcher Listen regelt, ist die Frage.

2 Nettelbeck, Uwe, *Generalthema »Trivialmythen« (um es einmal so zu nennen)*, in: Matthaei, Renate (Hg.): *Trivialmythen*, Frankfurt a. M. 1970, S. 151–179, hier S. 161.

Klaus Theweleit

Goethe-Darsteller*

Der junge Jünger war ein Artist. Niemand hat den Lüsten und Krämpfen des Körpers des soldatischen Mannes genauer (und schrecklicher) Ausdruck verliehen als er. Der mittlere Jünger war ein Heuchler, der seine richtige Ahnung von der unvermeidlichen Niederlage der Nazis rechtzeitig in einen frankophilen Edel-Anti-Faschismus ummünzte. Der alte Jünger gefiel sich (der FAZ und vielen anderen) als letzter Goethe-Darsteller des zweiten christlichen Jahrtausends; für Leute, die so etwas nicht brauchen, nicht sehr interessant. Der ganz alte Jünger glänzte erneut als Artist, Konservierungskünstler. Sein Tod ist jetzt ein unerwartet menschlicher Zug. Ich habe ihm mindestens die 107 zugetraut und gegönnt. Vielleicht haben ihn die Brecht-Feiern vorzeitig geschafft, vielleicht auch wollte er Helmut Kohl nicht überleben. Überrascht wünsche ich gute Ruhe.

* Süddeutsche Zeitung vom 18.2.1998, S. 19.

Barbara Vinken

Flauberts Mme Bovary

Irgendwo hat Roland Barthes geschrieben, daß man denselben Text immer wieder lesen muß, um nicht immer wieder dasselbe zu lesen. Nach dem verschlingenden, fieberhaften, tränenreichen Lesen kommt die Phase, die eher einer Jagd gleicht: man stößt auf die Materialität des Buchstabens, über die man vorher gebannt geflogen war. Mme Bovary lese ich seit fünfundzwanzig Jahren. Nicht alle Jahre wieder, aber doch alle paar Jahre.

»Nous sommes dans la tradition« schrieb Flaubert zur Zeit seiner Arbeit an der Bovary an Louise Colet, um sich von der tabula-rasa Avantgardestimmung, mit der neue Schulen sich triumphierend von der Vergangenheit abzusetzen pflegen, zu distanzieren. Wie sehr Mme Bovary in der Tradition steht, ist mir erst vor kurzem aufgefallen. Die Ironie der Geschichte will es, daß das, was als Inbegriff des realistischen Romans gilt, ein Spicilegium, eine Ährenlese ist, von der der blinde Bettler am Ende des Romans singt. Ährenlesen versammeln die Kommentare der Kirchenväter und Kirchenlehrer zur richtigen Auslegung der Heiligen Schrift; sie geben Anweisungen, wie die geistige Süße aus Texten zu ziehen ist, diese nicht im bitteren Buchstabensinn, der tötet, sondern dem süßen Geist, der belebt nach allegorisch zu lesen sind. Die Matrix des Romans ist der Topos der geistlichen Speise, auf der die Semantik der Darstellung aufruht, ohne als der primäre Gegenstand der Erzählung aufzutreten: ohne deshalb für einen am Fortgang der Ereignisse interessierten Blick erkennbar zu sein.

Mme Bovary ist nicht nur als Antiroman ein Roman über die verheerende Rezeption von Literatur, sondern eine Allegorie des Lesens im genauen Sinn, in dem der Roman sich in die historischen Topoi dieser Tradition einschreibt, um sie zu durchkreuzen. So ist das eigentliche Thema des Romans in der Tat das Essen, jedoch nicht, weil Essen aufgrund seiner schier unerschöpflichen Detailfülle und Lebensnähe Indikator von Realismus wäre, sondern umgekehrt, weil das Essen als geistliche Speise Deckmetapher für Lesenlernen, für das Unterscheiden von geistigem und buchstäblichem Sinn der allegorischen Lektüre ist. Flauberts Ährenlese endet nicht mit geistiger Süße, sondern mit dem Gift, das Emma ißt. Es führt zum posthumen Erbrechen jener schwarzen Flüssigkeit, die wie Tinte schmeckt und Emmas weißes, zum Leichenhemd gewordenes Brautkleid aus Atlasseide befleckt.

Das ›kommt‹: ein Lesen, das nicht am Plot kleben bleibt, aber deswegen auch nicht das viel geschmähte, irgendwie leere, meint man, Spiel des Signifikanten wäre. Ein Lesen, das in den blind mitgeführten Clichés der Textoberfläche die Ablagerungen einer Tradition erkennt, deren eigentliche occupatio immer das Lesen war und die, obwohl sie zersetzt wird – vielleicht immer schon zersetzt worden ist – unentrinnbar prägend bleibt. Ein Lesen, das nicht ›cerebral‹ sein muß, sondern sehr somatisch sein kann. Man muß nicht gleich an Augustins drastische Metapher der fornicatio für die leidenschaftliche Lektüre leidenschaftlicher Liebe denken, sondern sich nur an den bitteren Tintengeschmack des Arsens erinnern, den man noch Tage später auf der Zunge schmeckt.

Joseph Vogl

Ludwik Fleck: Entstehung und Entwicklung einer wissenschaftlichen Tatsache

Einführung in die Lehre vom Denken und Denkkollektiv. Hrsg. von L. Schäfer und T. Schnelle. Frankfurt a. M. 1980

Man kann das erneute Auftauchen einer kulturwissenschaftlichen Frage auf den Zerfall eines alten Währungssystems datieren, dessen Kurse über lange Zeit hinweg je unterschiedlich durch die Standards von ›Sinn‹ oder ›Bewußtsein‹, von ›Erfahrung‹, ›Text‹ oder ›Struktur‹ gedeckt waren. An deren Stelle ist nun die schwer konvertible Figur eines Wissens getreten, dessen Geschichte sich über Brüche und Heterogenitäten hinweg organisiert und etwa in einer historischen Epistemologie (Bachelard) oder Archäologie (Foucault) eine provisorische Einfassung fand. Oder in der eher vergessenen ›Lehre vom Denkstil‹ des polnischen Bakteriologen Ludwik Fleck. Dieser hatte 1935 – am Beispiel der Wassermann-Reaktion zum Nachweis von Syphilis – die Genealogie einer wissenschaftlichen Tatsache versucht, die sich von formal-logischen, phänomenologischen oder ideengeschichtlichen Zugriffen gleich weit entfernt und eine konsequente Verwandlung von Wissenschaftsgeschichte in ›Wissensgeschichte‹ betreibt. Das bedeutet erstens, daß die Rationalitätsform der Wissenschaften nicht das Maß ihrer Geschichte darstellen kann, sondern selbst aus einer kontingenten Begegnung von verstreuten Mythologien, von zirkulierenden Werten und Kenntnissen hervorgeht. Selbst elementare Akte wie experimentelle Beobachtung sind durchwegs heterogen und lassen sich nur als eine dichte Verschränkung von Techniken, Diskursen und disziplinären Praktiken erfassen. Darum gibt es zweitens auch keine Einheit des Gegenstands. Jedes wissenschaftliche Objekt ist vielmehr ein diskursives Produkt, das in diverse Geschichten unterschiedlicher Dauer und Reichweite auseinanderläuft. Eine Geschichte des Wissens akkreditiert demnach nicht Wahrheit und Irrtümer, sondern beschreibt die fortlaufende Erzeugung und Transformation diskursiver Ereignisse. Deren wissenschaftsförmige Beglaubigung ist drittens das Resultat einer polemischen Praxis. Sie geht nicht aus Erkenntnisrelationen, sondern aus Kräftefeldern hervor, die überdies kollektiver Natur sind, sich hinter dem Rücken der Agenten durchsetzen und die auktoriale Zuschreibung von Entdeckungen, Begriffen und Werken unterlaufen. Insgesamt bezeichnet der Begriff des ›Denkstils‹ bei Fleck daher – viertens – kein stabiles wissenschaftliches Paradigma. Er verweist vielmehr auf lokale Ordnungen aus ungleichartigen Elementen, bei denen es weniger um den manifesten Inhalt von Wissensformen als um den Prozeß ihrer poiesis geht. Von hier aus würde schließlich der Text- und Literaturwissenschaft eine mehrfache Überschreitung hin zu einer Wissensgeschichte souffliert: zu einer Geschichte, die die Bildung von Wissensobjekten aus dem Zusammenspiel disparater Textordnungen verfolgt und damit die Poetologie ihrer Formen umschließt.

Susanne Weirich

Erzählmaschinen

Um Erzählmaschinen zu erfinden, muss man sich Mühe geben.

Glück gehabt. »Man kann den Baustein eines Puzzles drei Tage lang ansehen und glauben, alles über seine Konfiguration und Farbe zu wissen, ohne auch nur im entferntesten weitergekommen zu sein: was zählt ist allein die Möglichkeit, diesen Baustein mit anderen zu verbinden.«[1] »Mir kam die höllische Versuchung, alle Geschichten hervorzulocken«[2]:

– »Als ich Sie vorhin so eifrig trainieren sah, wollte ich Sie näher kennenlernen. Ich hab' mich gefragt, ob Sie allein zum Training gehen.«[3]

»Das Innere eines Menschen, der sich Mühe gibt, ist mit einer Werkstatt, einer Fabrik oder einer Hexenküche vergleichbar.«[4]

– Wir sind sieben, wir geben uns Mühe. Seit dem 27. November 1960[5]

1 Perec, George, *Das Leben. Gebrauchsanweisung*, übers. von Eugen Helmlé, Hamburg 1991, S. 11.

2 Calvino, Italo, *Das Schloß, in dem sich Schicksale kreuzen*, übers. von Heinz Riedt, München 1984, S. 137, zit. nach: Weirich, Susanne, *Die Glücksprophezeiungsmaschine*, hg. von Goldrausch Frauennetzwerk Berlin e. V., Berlin 1995, S. 15.

3 Clint Eastwood als Detective Wes Block und Geneviève Bujold als Sittenpolizistin Beryl Thibodeaux in: *Tightrope*, Regie: Richard Tuggle, USA 1984, zit. nach: Weirich, Susanne, *Trostspender. 7 Papierhandtuchspender mit digitalem Sprachmodul*, 1997.

4 Kluge, Alexander, *Die Patriotin*, Frankfurt a. M. 1979, S. 131, zit. nach: Weirich, Suanne, *Sechzig Sonette. Ein bewegliches Bauwerk*. Permanente Installation von 20 Prismenwendern an der Fritz-Reuter-Oberschule. Berlin Hohenschönhausen (Architekt: Max Dudler), *Sonett Nr. 19*.

5 Gründungsdatum der Gruppe Oulipo im Pariser Restaurant »Au vrai Gascon«, s. Heiner Boehnke / Bernd Kühne: *Anstiftung zur Poesie. Oulipo – Theorie und Praxis der Werkstatt für potentielle Literatur*. Bremen 1993, S. 30.

trainieren wir zusammen. Wir nennen uns ›Oulipo‹, für ›Ouvroir de littérature potentielle‹. »Was haben Sie sich noch gefragt?
– Wollen Sie das wirklich wissen?
– Ja.«[6]
– Stimmt es, was Turing mal gesagt hat: »Nur eine Maschine mag ein für eine andere Maschine geschriebenes Sonett zu würdigen.«?[7]
– »Das könnte man feiner sagen.
– Was ich gesagt hab', meinen Sie.
– Wie Sie's gesagt haben, meine ich.«[8]
– »Du hältst einen Augenblick inne, um über diese Worte nachzudenken. Dann, blitzschnell, entscheidest Du dich: Du willst Ludmilla heiraten.«[9]

6 *Tightrope.*
7 *Alan M. Turing* in: Queneau, Raymond, *Hunderttausend Milliarden Gedichte*, übers. von Ludwig Harig. Nachwort von François Le Lionnais, Frankfurt a. M. 1988, S. 11.
8 *Tightrope.*
9 Calvino, Italo, *Wenn ein Reisender in einer Winternacht*, übers. von Burkhart Kroeber, München 1986, S. 312.

Michael Schlott

Diskussionsbericht

Vorlage Rembert Hüser (»We Are Family – Remix 98. Herausgegeben und eingeleitet von R. H.«)

Zusammenfassung des Korreferats (Nikolaus Wegmann): Im Kontext der Disziplin sei es nicht untypisch, dass der vorliegende Text am Ende des Tagungsprogramms stehe: Nicht weil er das letzte Wort habe, sondern weil er »irgendwie« nicht passe. Weil das so sei, stehe der Korreferent vor einem Dilemma. Das übliche Verfahren fordere ihn auf, diesen Text zusammenzufassen und auf Thesen zu bringen. Damit könnte suggeriert werden, dieser Text stehe nur zufällig – einer müsse eben der letzte sein – an dieser Position; als hätte er auch woanders stehen können. Mit dem üblichen Verfahren der Zusammenfassung würde aber über den Text ›hinweg‹ gesprochen werden; man hätte ihn ›passend‹ gemacht, ihn übersetzt, vielleicht normalisiert. Das bleibe auch dann ein Dilemma, wenn man sich als Korreferent auf die ›andere Seite‹ schlage und daran erinnere: Daß beispielsweise besser nicht über ›jetzt und hier‹ stattfindende Disziplinierungen zu sprechen wäre und selbstreferentielle Argumentationen zu vermeiden seien. Der Korreferent könne daher nur konstatieren, daß ihn der Text auf seine eigene Weise in sein Thema – den Zusammenhang von diskursiven Praktiken und disziplinärer Zugehörigkeit – verwickelt habe. Angesichts dieser Lektüre-Erfahrung sei es sehr zu bezweifeln, daß dieser Text einen Vermittler brauche, der das, was die Vorlage exemplarisch demonstriere, noch einmal explizieren müsse durch Feststellungen wie: »Es geht um das ›Sozialsystem‹ Wissenschaft, in dem Macht und Einfluß, Normierung und Sanktion reale Größen sind.« Stattdessen seien Fragen zur Praktik des vorliegenden Textes und zu seinem Schreibverfahren zu stellen: (1) »Wie schützt der Text sich gegen (s)einen Erfolg angesichts der Tatsache etwa, daß es inzwischen längst eigene Symposien zu den ›Rändern‹ (margins) gibt, daß also der ›Rand‹ in manchen Fachkontexten das ›eigentliche‹ Zentrum geworden ist?« – (2) »Was und wie muß in dieser Situation geschrieben werden?« – (3) »Ist das ein Problem oder nur eine weitere Gelegenheit, um neue oder andere Gegnerschaften zu finden?« Der vorliegende Text schreibe sich ›sehenden Auges‹ an den Rand und werfe die Frage auf, welche Probleme und Schwierigkeiten entstehen könnten, wenn man sich eingestehen würde, daß der ›Rand‹ auch immer zur ›Familie‹ gehöre.

Der Referent verzichtete zunächst auf eine *Replik*, an der anschließenden *Diskussion* beteiligten sich: Michael Schlott, Jörg Schönert, Sandra Pott, Jürgen Fohrmann, Jürgen Brokoff, Rudolf Stichweh, Klaus Weimar, Hans-Harald Müller.

Im Anschluss an die Ausführungen des Korreferenten waren zunächst sowohl von der Seite der Initiatoren und Veranstalter des Symposions als auch seitens des Referenten jegliche ›Marginalisierungsintentionen‹ auszuschließen. Prüfe man den vorliegenden Beitrag nach dem Kriterium der Intentionalität, so könne die Vermutung entstehen, der Referent bezwecke geradezu seine eigene Marginalisierung, um auf diese Weise die These zu legitimieren, die Tatsache seiner Ausgrenzung zeige, daß er ›recht habe‹. Der Referent erklärte, derartige Strategien würden den Impetus seines Beitrages unzutreffend charakterisieren. Die Vorlage sei nicht misszuverstehen als ein symbolischer Verweis auf angebliche Exklusionen, die, wie vollkommen einsichtig sei, bei einer beschränkten Anzahl von Tagungsbeiträgen vorgenommen werden müssten. Daher sei auch die – in der Diskussion ebenfalls geäußerte – ›Lesart‹ unzutreffend, den Beitrag als einen »Test auf die Toleranzgrenze des disziplinären Apparates« zu verstehen. Dies sei beispielsweise daran erkennbar, daß der Beitrag diejenigen Punkte der Tagungsausschreibung, an die er sachlich anschließe, genau benannt habe.

Abgesehen davon, daß die Marginalisierungsintention eine hochgradig wahrscheinliche Rezeptionsvariante darstelle, herrschte schließlich Konsens über die Abwegigkeit, den Beitrag im Sinne einer ›Marginalisierungsopfer-Legende‹ zu stilisieren. Die weitere Diskussion profitierte vor allem von der Frage, welche Textsorte beziehungsweise welches ›Genre‹ die Vorlage eigentlich repräsentiere. Naheliegend sei die These, es handele sich um ›Wissenschaftssatire‹: Der Autor wolle offensichtlich gar nicht als Autor angesprochen werden, sondern inszeniere sich als Herausgeber, der eine kurze Einleitung schreibe und einige Briefe veröffentliche. So besehen sei also zu fragen, ob es sich im vorliegenden Fall um (›schöne‹) Literatur oder um Wissenschaft handele. Rubriziere man den Beitrag unter ›Wissenschaft‹, so scheine ein Widerspruch vorzuliegen zwischen Aspekten der Personalisierung einerseits, die ja an dem Unternehmen der Dotzlerschen ›Anthologie‹ kritisiert werde, und der in der Vorlage erkennbar starken Präferenz für subjektiv begründete Interessen (die ein alternatives Wissenschaftsprogramm legitimieren sollen) andererseits. Der Referent konnte diese Bedenken entkräften, indem er darauf hinwies, er inszeniere sich nicht als Herausgeber: Er sei der Herausgeber.

Der Referent sehe in der Vorlage einen konstruktiven wissenschaftlichen Beitrag. Er gehe davon aus, dass es keine ›Einheit des Faches‹ gebe. Darauf könne mit unterschiedlichen Optionen reagiert werden: Die Dotzlersche Option sei ›repräsentativ‹ orientiert, das heißt, sie funktioniere nicht über einen stringent entwickelten Problembezug, sondern über ein beliebiges Sozialkriterium, über Namen und Positionen, die eine ›familiäre‹ Einheit suggerieren würden. Die

Zusammensetzung der ›Familie‹ – die Bildung von Kontexten über Namen – sei indes variabel und richte sich nicht nach dem Sozialkriterium, sondern nach dem Problembezug, der unterschiedlich definiert werden könne. Der vom Referenten favorisierte Problembezug gelte, vereinfacht gesprochen, der Form von Kommunikation. Es gebe unterschiedliche Formen der Selbstbeobachtung, und – im Gegensatz zum Dotzlerschen Projekt – verfolge der Referent nicht die Frage, wie Unterscheidungen im Einzelnen ›erschrieben‹ werden könnten beziehungsweise wie Lektüreverfahren anzulegen seien, die bestimmte Selbstreferenztechniken praktizieren würden. Auch könne man nicht ohne weiteres behaupten, der Beitrag werde von vornehmlich subjektiven Interessen dominiert. So gehe es nicht um die Gründung einer alternativen Familie, sondern um eine Neugruppierung unter dem genannten Problembezug. Der Blick richte sich dabei auf Personen, die einerseits – institutionell betrachtet – nicht zur Disziplin gezählt würden, andererseits jedoch Selbstbeobachtungsverfahren praktizierten, die für die Disziplin von Interesse sein könnten. Im Sinne der Kontext-Metapher ›Familie‹ stelle sich Familienbildung auf diese Weise (als Effekt) ein.

Der Referent beanspruche für diese alternative Gruppierung jedoch keine Repräsentativität, wenngleich im gewählten Verfahren die Tendenz zur Kanonisierung offensichtlich unvermeidbar sei. Der entscheidende Richtpunkt des Verfahrens wäre nicht in der Kanonisierung zu sehen, sondern in bestimmten Schreibweisen und Verfahren der Selbstbeobachtung, die eine Einheit des Faches behaupten würden. Zu erinnern sei beispielsweise an Überlegungen, die Georg Jäger in einem Interview mit Herausgebern des *Reallexikons* angestellt habe: Angesichts des heterogenen disziplinären Profils könne es sich als sinnvoll erweisen, Artikel über literaturwissenschaftliche Basiskategorien (wie etwa ›Autor‹) an unterschiedliche Beiträger zu vergeben, gerade weil die Situation des Faches mittlerweile alternative

Schreibverfahren und Anschlussmöglichkeiten in unterschiedlichen Kommunikationszusammenhängen zur Verfügung stelle. Daran knüpfte sich die Frage, ob zur Identifikation dieser unterschiedlichen diskursiven Praktiken das Modell einer alternativen Gemeinschaft beziehungsweise Familie benötigt werde. Es sei möglicherweise sehr viel effizienter, diese Praktiken direkt ins Visier zu nehmen.

In der Diskussion wurde dieser Vorschlag aufgegriffen und auf das Schreibverfahren der eingereichten Vorlage bezogen. Man könne den ›Mix der Texte‹ als eine Polemik mit zwei Objekten verstehen: »›Hierarchie‹ und ›Restriktion auf Individualität‹«. Der erste Aspekt sei gerade an der Dotzlerschen ›Anthologie‹ zu illustrieren und insofern als Objekt der Polemik zu begrüßen, als ein solches Unterfangen (›Anthologie‹) offensichtlich etwas darstelle, das strenggenommen nicht in die Wissenschaft gehöre. Weniger auffällig, dafür jedoch um so wichtiger, sei der zweite Aspekt. Die Vorlage verweise insbesondere in den Anfangspassagen auf einen ›Subtext‹, der die Argumentation kontinuierlich begleite. Auf dieser Ebene (der Polemik gegen Restriktion auf Individualität) vernetze sich der Beitrag schließlich auch mit anderen Tagungsbeiträgen – etwa mit der Frage, warum in der Wissenschaft nicht ›Ruhm‹, sondern Reputation anzustreben sei und welche Sanktionen und Ausschlussmechanismen die ›scientific community‹ bereithalte, wenn Abweichungen von der Regel auftreten würden. Restriktionen auf Individualität gehörten zur Basisstruktur des Sozialsystems moderner Wissenschaft: Die Polemik des vorliegenden Beitrages lege diese Struktur frei und transportiere somit in der Polemik einen Erkenntniseffekt. Daß angesichts der heterogenen disziplinären Struktur kein ›monolithisches‹ Gegenüber erkennbar sei, das die genannten Restriktionen auferlege, sei kein Einwand gegen die vorgeschlagene Lesart. Die Disziplin ›spreche‹ nie abstrakt ›als Fach‹; Restriktionen würden sich immer über Einzelfalle konkretisieren.

ETIKETTEN AUFKLEBEN

Niklas Luhmann ist ein Bild an der Wand des ersten Graduiertenkollegs der Bundesrepublik an der Universität GH Siegen. Bei einer Ortsbegehung fällt die Wand mit den Fotos sofort auf. Diese Bilder haben etwas Amtliches. Wir kennen die Bundeskanzler und Ministerpräsidenten aus den Rathausbüros, in einem Graduiertenkolleg sind Porträtfotografien ungewöhnlich. Was sollen sie uns sagen? Wir sind hin- und hergerissen.

»Weil das vielfache Spiel eines labilen Gleichgewichts zwischen zentrifugalen und zentripetalen Kräften das Graduiertenkolleg Siegen in seiner Gründungsphase so lebendig machte, wird – nicht nur wegen der assoziativen Nähe – verständlich, wie wichtig es für den Modellversuch war, im Zentrum des Siegener Universitätsgebäudes in der *Graduate Lounge* über einen geräumigen, großzügigst ausgestatteten und durch seine Architektur attraktiven Ort für gemeinsame Arbeit und intellektuelle Begegnung zu verfügen. [...] Es zeigte sich – und das ist nicht nur meine Erfahrung – wie wichtig die ›Materialität der *Lounge*‹ für die intellektuelle Intensität des Kollegs wurde.«[1]

Die Materialität der Lounge des ersten Graduiertenkollegs der Bundesrepublik besteht in einer Wall of Fame gleich links neben dem Eingang zum Tagungsraum. Auf die Kollegiaten schauen in blockförmiger Hängung die sorgfältig gerahmten Porträtfotografien von Hans Ulrich Gumbrecht, Niklas Luhmann, Alois Hahn, Ulrich Schulz-Buschhaus, Avital Ronell, Jean-François Lyotard und Jacques Derrida herab. (Derrida fällt später bei einem Vortrag des Graduiertenkollegsprechers von der Wand.) Was ist das für eine Gruppe?

1 Gumbrecht, Hans Ulrich, *Graduiertenkolleg aus pazifischer Retrospektive*, in: Pfeiffer, K. Ludwig / Walter, Michael (Hg.), *Kommunikationsformen als Lebensformen*, München 1990, S. 9–13, hier S. 11–12.

Warum sollen die Kollegiaten ausgerechnet sie sich bei ihrer Arbeit vor Augen führen? Vorwärts im Dreijahresplan? Gibt es ein Vorbild dieses Graduiertenkollegs?

»Die *Produktion von Kreativität* [...] ist [...] die (Selbst)Erwartung, unter der das geisteswissenschaftliche Graduiertenkolleg an der Universität-Gesamthochschule Siegen im Januar 1987 seine Arbeit aufnahm: Kreativität für die Erfindung eines neuen Denkens [...]. Sieht man sich die erteilten Antworten näher an, so mag sich der Verdacht einstellen, sie umschrieben nicht mehr als die Gewissheit, dass jenes neue Denken, auf das wir warten, ein *anderes Denken* sein muss, ein Denken, das wir mit den derzeit zur Verfügung stehenden Begriffen nur einkreisen, nicht aber beschreiben können [...]. Daraus lässt sich als Empfehlung an die Mitglieder des Graduiertenkollegs scheinbar nicht mehr ableiten als der *double-bind-verdächtige* Imperativ: ›Seid anders!‹«[2]

(Wartet auf den großen Kürbis.)

Ich möchte mir dieses andere Denken einmal näher anschauen. Ich werde dazu einige Stippvisiten in einer Reihe deutsch-amerikanischer Räume machen: Bielefeld, Dubrovnik, Siegen, Stanford, Orte, an denen ich zum Teil noch nie im Leben war, von denen ich nur gelesen habe, die aber meine Wahrnehmung im Zeitraum von 1985 bis 1995 entschieden mit geprägt haben. Zehn Jahre, in denen eine Theoriediskussion, die nicht allein auf die Universitäten beschränkt war und in hohem Maße Möglichkeiten aufwarf, zu ihrem Ende kam. Ich möchte mich bei diesen Exkursionen vor allem auf die Popularität der Systemtheorie konzentrieren, wie sie in der Architektur der Dubrovnik-Kolloquien ablesbar ist, dem Ehrgeiz-Projekt der 80er. Haben die Zeichen an der Siegener Wand sich nicht

2 Gumbrecht, Hans Ulrich, *Der Ort von (ein Ort für) Kreativität*, in: Ders., *Kreativität – Ein verbrauchter Begriff?*, München 1988, S. 7–12, hier: S. 11.

fast alle dort sehen lassen? »[I]ch beziehe mich auf das vielfältig zu Beobachtende – locker und aggressiv – mit dem Titel *Pathologien im Literatursystem.*«[3]

Beschreiben möchte ich die Verläufe eines »intellektuellen Unternehmens, das [...] bestimmend für [...] die achtziger Jahre werden sollte, und das nun definitiv anfängt, Vergangenheit zu werden.«[4] Was hat es gebracht? »Vorerst wissen wir nur, dass die intellektuelle Landkarte ihre Mitte verloren hat.«[5] Das war 1991 – das Inter-University Centre in Dubrovnik wird an Nikolaus das Ziel eines Raketen- und Artillerieangriffs der jugoslawischen Bundesarmee und brennt für mehrere Tage,[6] ein Satz mit Herz, MAYDAY, die Hauptstadt hat das Schiff verlassen – und sagte nicht sonderlich viel. Wissen wir 2007, heute, vorerst mehr? Dubrovnik liegt in Kroatien, die deutsche Hauptstadt ist Berlin, die Dubrovnik-Kolloquien sind vergessen. In der 30 Jahre Inter-University-Centre-Festschrift sind die Kolloquien in der umfangreichen Highlight-Liste mit keinem Wort erwähnt[7]; die fünf Suhrkamp-Tagungsbände sind vergriffen; die für

3 Gumbrecht, Hans Ulrich, *Pathologien im Literatursystem*, in: Baecker, Dirk / Markowitz, Jürgen / Stichweh, Rudolf / Tyrell, Hartmann / Willke, Helmut (Hg.), *Theorie als Passion. Niklas Luhmann zum 60. Geburtstag*, Frankfurt a. M. 1987, S. 137–180, hier: S. 138.

4 Gumbrecht, Hans Ulrich, *Epistemologie / Fragmente*, in: Ders. / Pfeiffer, Karl-Ludwig, *Paradoxien, Dissonanzen, Zusammenbrüche. Situationen offener Epistemologie*, Frankfurt a. M. 1991, S. 837–850, hier: S. 837.

5 Ebd., S. 841.

6 »The library of the IUC was totally lost, along with classrooms, conference hall, offices, dormitory, and caretakers' apartments.«. Øven, Ørjar / Dragičević, Berta: *Origin and History: A Brief Sketch*, in: *Beyond Frontiers. 30th Anniversary of Inter-University Centre Dubrovnik*, in: Dubrovnik: IUC 2002. S. 13–18, hier: 14. https://www.iuc.hr/download.php?id=139, [letzter Abruf: 15.8.2020].

7 Wir erfahren, dass »books containing the results of courses and conferences [...] had been published by well known publishing houses, such as Suhrkamp, Springer Verlag, Oxford University Press, Macmillan, Routledge, etc.« (ebd., S. 44), auch dass der Organisator der Dubrovnik Kolloquien dort einmal ein Seminar zur ›Theorie der

gewöhnlich gut sortierte Universitätsbibliothek hier hat lediglich die ersten beiden Bände im Bestand und eine englische Auswahlübersetzung von Band IV. Googelt man nach Hinweisen auf die Dubrovnik-Kolloquien im Internet, findet man sie allein noch im C. V. des Organisators.[8] Dass dies kein Zufall ist, ist Teil meiner These. Wo ein Reprint der formativen Jahre wie bei »Poetik und Hermeneutik« – wie wir wurden, was wir sind – nicht zu erwarten ist, stellt sich die Frage, warum sollten uns die Dubrovnik-Kolloquien überhaupt noch interessieren? (Immerhin ist für 2007 das erste Dubrovnik Kolloquien-Reenactment angekündigt; Dubrovnik goes Disneyland.[9])

Die Frage ist so falsch gestellt. Vielleicht gehören die beiden Aspekte ja zusammen, vielleicht ja so: Wie kommt es, dass die auf den

...

Literatur‹ abgehalten hat (ebd., 32). Wir erfahren zudem, dass Berkeley, UCLA, die FU Berlin, Cornell, Johns Hopkins, Konstanz, die University of Minnesota, MIT, die Ludwig-Maximilians-Universität München, Oxford, das Berliner Wissenschaftszentrum und Yale zu den Partneruniversitäten auf der ›Member Institutions‹-Liste zählen, nicht aber Bochum, Siegen oder Stanford (ebd., S. 59–60). Offenbar gab es jenseits der Kolloquien kein Strukturinteresse.

8 In die Danksagungsseiten einer der jüngsten Publikationen wird gerührt der Nachwuchswissenschaftler aufgenommen: »for remembering *Materialität*« [Band IV der Serie R.H.]. Gumbrecht, Hans Ulrich, *Production of Presence: What Meaning Cannot Convey*, Stanford 2004, S. viii.

9 »[S]ociological theory has to some extent been transformed by the ›Luhmann effect‹ [...]. In the 1980ies Hans Ulrich Gumbrecht and Ludwig Pfeiffer organised a number of great conferences at the Inter-University Centre [...]. Since 1981 Luhmann attended these conferences. Unfortunately, the Centre was bombarded in 1991 and for some years the conferences could not continue. The contributions from these conferences were published in a series of five rather big volumes at the important Suhrkamp Verlag [...]. Today, the Centre has been completely restored, and so has its spirit. [...] When the airport bus stops people will come and offer you private accomodation«. CFP an <sepp@stanford.edu> und einen Systemtheorie-Adress-Verteiler, 8. September 2006 14:47:57 MESZ. Dass der Organisator im April 2007 ein Drittel der Verlagsanteile von Suhrkamp für Stanford kaufen will, erweist sich als Ente (Häntzschel, Jörg / Breidecker, Volker: *Die falsche Geschichte vom neuen Investor*. In: Süddeutsche Zeitung, 17.5.2010, https://www.sueddeutsche.de/kultur/suhrkamp-verlag-die-falsche-geschichte-vom-neuen-investor-1.837791, [letzter Zugriff: 15.8.2020].

ersten Blick aufgeweckteste Theoriekolloquienserie dieser Jahre maßgeblich zur allgemeinen Theoriemüdigkeit[10] beigetragen hat? So viele tolle Professoren! Und am Ende so viel Langeweile![11] So viele doofe Bilder an der Wand.

Die These, die meinen Text steuert, ist die folgende: Was seit den achtziger Jahren in den Geisteswissenschaften zu beobachten ist, ist nicht so sehr der ›acoustic turn‹, der ›anthropological turn‹, der ›cultural turn‹, der ›iconic turn‹, der ›performative turn‹, der ›topographical turn‹ und wie sie alle heißen – dies sind eher Symptome –, sondern, viel grundsätzlicher, ein ›curatorial turn‹. Parallel zum Kunstbetrieb findet, nicht zuletzt auf Grund der allgemeinen Fördersituation, auch in den Geisteswissenschaften eine Restrukturierung des Tagungsbetriebs, der Nachwuchsförderung und der Publikationslogik statt, die sich an Parametern der Popkultur orientiert.[12] Wissenschaft wird eventabhängiger; sie professionell zu

10 »In a time when, not without reasons (some of them even good reasons), many scholars and most of the students in the humanities have become weary of ›theory‹ [...] – in a time where we have become tired of ›theory‹, this book will suggest (...) to reconnect with some phenomena of our present-day culture that now seem to be out of reach for the humanities«. Gumbrecht, *Production of Presence*, S. I.

11 »As one of the author's more insightful (and very generous) friends recently suggested: under such circumstances, we cannot help being our own intellectual environment, and we even have to be the frames of reference for the work we are interested in«. Gumbrecht, *Production of Presence*, S. xvii.

12 In den Worten des Dubrovnik-Co-Organisators: »Die Wissenschaften können aber den Zwang zur ›Wissenschaftlichkeit‹ nicht abschütteln. Sie versuchen daher den wissenschaftlichen *Wahrheitsdruck* durch den Einbau ›*außerwissenschaftlicher*‹ Kriterien zu bewältigen. Über Wahrheitsansprüche entscheiden nicht mehr die wissenschaftlichen Methoden selbst, sondern vor allem die Reputation der Forscher, der Institute, der Universitäten, der Publikationsorgane und -medien. Niklas Luhmann geht noch weiter. Weil es schon viele ältere Theorien gibt, welche Wahrheit für sich beanspruchen und von den Wellen des Neuen schnell überrollt wurden, kann eine Theorie heute nicht gut sein, wenn ihre Erkenntnisse lediglich wahrscheinlich, das heißt vertraut und überzeugend klingen. [...] Daher muß heute eine Theorie durch *unwahrscheinliche* Erkenntnisse überraschen, um uns aus dem Schlaf, der Routine des Normalen

betreiben, bedeutet nicht allein, Label und Terminologien zu prägen und durchzusetzen, sondern Kontakte zu den Förderinstitutionen aufzubauen und zu pflegen, die Feuilletons zu hofieren, um Anschlusskommunikationen eigenhändig anschieben zu können etc. ›Dubrovnik‹ ist der Blue Print dieses curatorial turns.

Um Ereignisse wie eine Kolloquienserie auf Dauer stellen zu können, braucht man erklärte Stars und die Kommunikation mit Stars für identifikatorische Selbstentwürfe und Netzwerkphantasien. Wir sind die chosen few und wir kommen überall an. Noch dazu braucht man eine Supertheorie, die die verschiedenen Hinsichten zusammenzuhalten und vermittels eines Sets an Grundunterscheidungen interdisziplinäre Berührungsängste abzubauen vermag. In den 80er Jahren bieten sich als Kandidaten hierfür vor allem die Dekonstruktion und die Systemtheorie an, wobei man grundsätzlich zwischen der jeweiligen Theorie und ihrer Arbeit und den Effekten dieser Theorie unterscheiden sollte. ›Luhmann‹ gewinnt die Theoriekonkurrenz gegenüber ›Derrida‹[13] in den Dubrovnik-Kolloquien, weil die Beobachtungen zweiter Ordnung seiner Theorie nicht daran interessiert sind, die Effekte ihrer eigenen Operationsweise mitzubeobachten, was für die Durchsetzung des »zum ›Mythos Dubrovnik‹ geronnene[n] literaturwissenschaftliche[n] Diskurs[es]«[14] tödlich gewesen wäre. Dass Luhmann aus Deutschland stammt und international eher einer ›Entdeckung‹ gleichkam, war sicher auch nicht von Nachteil.

Luhmanns erster Auftritt auf den Dubrovnik-Kolloquien erfolgt mit einem Paukenschlag. »Es reicht nicht aus, alles auf eine Vor-

… wachzurütteln.«. Pfeiffer, K. Ludwig, *Kommunikationsformen als Lebensformen: Zum wissenschaftsgeschichtlichen Ort eines Programms*, in: Ders. / Walter, Michael (Hg.), *Kommunikationsformen als Lebensformen*, München 1990, S. 15–36, hier: S. 16.

13 Hüser, Rembert, *Frauenforschung*, im vorliegenden Band, S. 209–258.

14 Ernst, Wolfgang, »Pour l'amour de Dubrovnik«, in: *kultuRRevolution. Zeitschrift für angewandte diskurstheorie* 27 (1992), S. 10–11.

her/Nachher-Differenz zusammenzuziehen – etwa Europa vor der Kartoffel und nach der Kartoffel.«[15] Es ist Band Zwei der Kolloquienserie, Luhmanns Text der erste Beitrag, der Satz sein dritter Satz. Ab sofort ist alles anders. (Wie man mit einem Blick auf einen Satz aus Luhmanns Beitrag für das darauf folgende Dubrovnik-Kolloquium leicht sehen kann:) »Ohne Bezug auf ein entsprechendes Objekt käme diese Ordnung der Kommunikation nicht zustande. Das ist insofern banal, als man auch über Kartoffeln nicht reden könnte, wenn es sie nicht gäbe.«[16] Der Schwenk von Kartoffel zu Kartoffel in den Beiträgen des von nun an wichtigsten Beiträgers (und selbst dickster Kartoffel des Kolloquiums) macht deutlich, dass für Dubrovnik die Betonung von Kontinuitäten zunehmend wichtiger wird.[17] Als kleine ironische Hilfestellung des ersten Teilnehmers[18] verweist Beitrag B ganz nebenbei zurück auf Beitrag A. Der Logik des Veranstalters spielt das insofern zu, als es für ihn mit ›Dubrovnik‹ ab sofort explizit um »den Sockel einer Tradition«[19] geht,

15 Luhmann, Niklas, *Das Problem der Epochenbildung und die Evolutionstheorie*, in: Ders. / Link-Heer, Ursula (Hg.), *Epochenschwellen und Epochenstrukturen im Diskurs der Literatur- und Sprachhistorie*, Frankfurt a. M. 1985, S. 11–33, hier: S. 11.

16 Gumbrecht, Hans Ulrich, *Das Kunstwerk und die Selbstreproduktion der Kunst*, in: Ders. / Pfeiffer, K. Ludwig (Hg.), *Stil. Geschichten und Funktionen eines kulturwissenschaftlichen Diskurselements*, Frankfurt a. M. 1986, S. 620–672, hier: S. 38.

17 »Ein solcher Text hat selbst etwas von einer Kartoffel; Kartoffel und Wiederholung scheinen zusammenzugehören.« Stanitzek, Georg, *Was ist Kommunikation?*, in: Fohrmann, Jürgen / Müller, Harro (Hg.), *Systemtheorie der Literatur*, München 1996, S. 21–55, hier: S. 31.

18 »*THANKS* [...] to Niklas Luhmann for quoting this book before it was written.«. Gumbrecht, Hans Ulrich, *In 1926. Living at the Edge of Time*, Cambridge, Mass. 1997, S. 499–500.

19 »Das Dubrovnik-Kolloquium im Frühjahr 1985 und dieser Band machen aus zwei in den Jahren 1981 und 1983 vorausgegangenen Kolloquien den Sockel einer Tradition und aus den Veröffentlichungen ihrer Arbeitsergebnisse eine beginnende Reihe [...]. Die Tradition und die Reihe sollen 1987 mit ›Materialities of Communication‹ konsolidiert werden.«. Gumbrecht/Pfeiffer, *Stil*, S. 803.

das Zimmern der Kartoffelkiste. Mit dem Erscheinen des Reprints der ersten 5 »Poetik und Hermeneutik«-Bände als preiswerte ›Klassiker‹-Ausgabe war es 1983 klar, dass Distinktionsgewinne innerhalb des Betriebs von den in die Jahre gekommenen Kolloquien nicht mehr zu erwarten waren. Der Hoffnungsträger der Serie, in die er 1979 in Nummer VIII ›Identität‹ mit »Zur Pragmatik der Frage nach persönlicher Identität« eingeladen worden war, um sie zwei Bände weiter mit »Die Vernunft auf der Flucht vor dem Imaginären« endgültig zu verlassen, stand vor dem Problem, wie er sich institutionell unterscheiden könnte. Wenn für das institutionelle Wunderkind, das, promoviert mit 23, im Alter von 26 Jahren auf eine C-Professur in Bochum berufen worden war (was das Beamtenrecht nicht vorgesehen hatte, so dass die Ruhr-Universität die Monate bis 27 zählen musste), etwas auf der institutionellen Tagesordnung stand, so war es der Auszug aus dem Kinderzimmer.

Ganz allein auf dieser Welt nimmt der allgemeine Druck zu.[20] Dass »Poetik und Hermeneutik« nur wenige Monate nach Dubrovniks »Epochenschwellen und Epochenstrukturen« selbst mit »Epochenschwellen und Epochenbewußtsein« (und auch, zum wiederholten Male, mit Niklas Luhmann) nachgezogen hatte, war kein Trost. Um kleine Triumphe dieser Art konnte es nicht wirklich gehen. Eher musste skeptisch stimmen, dass schon der zweite Band der Dubrovnikreihe keine einzige Rezension mehr erhalten hatte.[21]

20 »[T]he author feels that a great deal of pressure is being brought to bear upon his generation to come up with something new, [...] he feels that he and the scholars of this generation should become for the scholars of the next generation what Reinhart Koselleck, Niklas Luhmann, Jean-François Lyotard [...] have been for him.« Gumbrecht, *In 1926*, S. xiii.

21 Gumbrecht, Hans Ulrich, *Publications Hans Ulrich Gumbrecht*. Stanford University [June 2020]. Ms. S. 1–110, hier: 107–108. https://dlcl.stanford.edu/sites/default/files/files_upload/Gumbrecht_Publications%20%282048%2C%202908%29%28June%202020%29.pdf [letzter Zugriff: 15.8.2020].

Um dagegen anzugehen, bot sich an, das Konzept des Kurators, das im Kunstsystem mehr und mehr zu reüssieren begann, für das Wissenschaftssystem auszuprobieren. Der Kurator und – und das ist neu für Kolloquienserien – Herausgeber sämtlicher Tagungsbände wird dabei zum neuen Kompetenzzentrum. Dieser Kurator hier kann zu allem etwas beitragen. Ab sofort gibt es in Dubrovnik die beiden eingefahrenen Herausgeber, keine historische Dimension und keine Diskursanalyse als Leittheorie mehr, und nichts, was noch irgendwie an »Poetik und Hermeneutik« zu erinnern vermag.

Das Konzept des Kurators hat selbst eine lange Geschichte. Im Rahmen des Kirchenrechts ist der Kurator »ein bestellter Vormund oder Pfleger, der im kirchlichen Prozess für den Geisteskranken und Geistesschwachen handelt. [...] Er ist eine Art Hilfspriester.«[22] Im Ausstellungswesen hat der Kurator vor allem »mit der Entstehung eines Starsystems zu tun [...]. Mehr und mehr drängen Kuratoren als Gestalter von Ausstellungen in den Vordergrund. Es gibt mittlerweile einen glitzernden Namenskult unter dem Etikett ›Curated by ...‹, selbst wenn sich nur jemand darum gekümmert hat, dass die Handwerker die Bilder richtig aufhängen, die Abbildungen im Katalog mit den richtigen Legenden versehen sind und möglichst wichtige Personen zur Eröffnung eingeladen sind. Wenn man den Namen des Kuratoren kennt, weiß man schon, was man zu erwarten hat. Meistens verbindet sich mit bestimmten Kuratoren auch eine mehr oder weniger bestimmbare Gruppe von Künstlern, die im Schlepptau von einer Ausstellung zur nächsten mitgenommen werden. Kuratoren besetzen und definieren damit zunehmend die Schnittstelle zwischen Künstler, Institution und Publikum.«[23]

22 Huber, Hans Dieter, *Künstler als Kuratoren – Kuratoren als Künstler?*, in: Huber, Hans Dieter / Locher, Hubert / Schulte, Karin (Hg.), *Kunst des Ausstellens. Beiträge Statements Diskussionen*, Ostfildern-Ruit 2002, S. 22–273, hier: 225.

Im Zuge seiner Ausdifferenzierung wird der Kurator zum eigentlichen Objekt der Beobachtung. »Das, was früher das Werk eines Künstlers auszeichnete, nämlich sein Stil, seine Handschrift und sein Name, gilt heute von der Arbeit des Kuratoren. Er muss sich schnell eine möglichst unverwechselbare, originelle und innovative ›Handschrift‹ aneignen, um sich im Markt der zunehmenden Kuratorenkonkurrenz positionieren zu können, zu überleben und Aufmerksamkeit (und das heißt auch: möglichst viel Geld) auf sich lenken zu können. Man könnte noch weiter gehen und danach fragen, ob das Kuratorensystem, dessen historische Ausdifferenzierung wir im Moment miterleben, in seiner öffentlichen Identität sich bereits so weit ausdifferenziert hat, dass man von der Curatorial Identity bestimmter Institutionen sprechen kann.«[24]

Für die Neuausrichtung der Dubrovnik-Kolloquien kommt Niklas Luhmann (als Konstante der letzten Poetik und Hermeneutik-Kolloquien, aber gemeinhin nicht mit ihnen assoziiert) wie gerufen. Das Trockene werde sichtbar, die Erde lasse Grünes hervorsprießen, die großen Leuchten sollen als Zeichen dienen:

»Es war bei einer der von Hans-Ulrich Gumbrecht ausgerichteten Tagungen im Inter-University-Centre von Dubrovnik. Ich glaube, es war am zweiten oder dritten Tag, und man erwartete Luhmann. Die Teilnehmer hatten sich morgens im Tagungsraum versammelt, aber man konnte nicht anfangen. Es fehlte Hans Ulrich Gumbrecht, der die Sitzungen eröffnete und leitete. Er war zur Pforte gegangen, um Luhmann zu empfangen. Wie die anderen Teilnehmer wartete ich und las in meinen Notizen. Als ich aufblickte, sah ich Luhmann mir gegenüber sitzen. Er lächelte wie eine Sphinx, als ob er schon ewig dort gesessen hätte. Nach und nach

23 Ebd., S. 225–226.
24 Ebd., S. 226–227.

wurde auch den anderen Anwesenden bewusst, dass Luhmann längst da war, obwohl offenbar niemand ihn hatte eintreten sehen. Wir kamen uns vor wie die Jungfrauen, die kein Öl auf der Lampe hatten. Irgendjemand wurde abgeordnet, um Gumbrecht Bescheid zu sagen. Aber der Bote kam ratlos zurück. Gumbrecht war verschwunden, offenbar wollte er Luhmann vom Hotel abholen. Derweil zeichnete sich die schreckliche Möglichkeit ab, dass die Zeit verstrich und stundenlang nichts geschah, und dass Luhmann, der Allgegenwärtige, gewissermaßen inkognito unter uns weilte, ohne begrüßt und eingeführt zu werden, in einem künstlichen Zustand offizieller Unerkanntheit und Anonymität. Und dann kam, was bei mir die Panik auslöste: Ich glaube, es war der Ägyptologe Jan Assmann, aber beschwören kann ich es nicht – in der immer lastender werdenden Stille kam er zu mir, den ich Jan Assmann nennen will, und flüsterte: ›Es ist besser, wir fangen an, und Sie führen Niklas Luhmann ein.‹ Er hatte das so laut geflüstert, dass alle es gehört hatten. Und jetzt begann die Panik mich zu überfluten. Welche Absurdität? Wer war ich, der ich Niklas Luhmann einführen sollte! Ich kam mir vor wie der Hausmeister, der einer internationalen Versammlung von Denkern Albert Einstein vorstellen sollte. Wie konnte ich jemanden einführen, der lächelte, als blickten Jahrtausende auf einen herab?«[25]

Dass Dubrovnik, die über tausend Jahre alte Stadt an der Adria, der zukünftige Ort für das Sich-einen-Namen-Machen sein würde, hatte sich eher zufällig ergeben. Erst mussten das Deutsche und das Südländische Zusammenkommen, erst mussten zwei Nationalcharaktere sich finden und vorteilhaft ergänzen. Erst dann würden die

25 Schwanitz, Dietrich, *Niklas Luhmann artifex mundi*, in: Stichweh, Rudolf (Hg.), *Niklas Luhmann. Wirkungen eines Theoretikers. Gedenkcolloquium der Universität Bielefeld am 8. Dezember 1998*, Bielefeld 1999, S. 49–59, hier: S. 50–51.

deutschen Universitäten endlich wieder vom Leben träumen können. Der Buena Vista Social Club der 80er:

»For reasons that he has never quite understood (but they are of no importance anyway), the author and a Brazilian friend, who was then a visiting professor in Germany, had been invited to participate in a colloquium on ›Functions of Fiction‹ (he cannot vouch for this title) at the Inter-University Center in Dubrovnik, Yugoslavia. While there was nothing outrageously bad about the week-long debates of this colloquium, what really impressed the two friends was the beauty and the liveliness of that Croatian city – an impression that they then quite desperately wanted to associate with Yugoslavia's official status as a socialist country. On the very early Sunday morning before their departure and after a long night on the beach, the two friends were watching the sunrise [...]. All of a sudden, the Brazilian friend, with the self-indulgent nostalgia proper to all cultures with Portuguese roots and with rather uncharacteristic loudness, began to express his regret over how unlikely it seemed that they would ever return to Dubrovnik. Wanting to be a good friend and very efficient, two ambitions whose Germanness he would then have flatly denied, the author (the German friend) almost immediately felt an obligation to resist such looming melancholia and decided to take the possibility of a return to Dubrovnik into his energetic academic hands.«[26]

Über die Funktionen der Fiktion wird nicht weiter nachgedacht. Was hat man sich unter ›Dubrovnik‹ genau vorzustellen?

»Dubrovnik was in the category of space what a ›kairos‹ is in the category of time. [...] For Western intellectuals, Dubrovnik had a very special magic. This magic, I believe, had something to do with its extraterritorial status. After modern geography had banished Paradise

26 Gumbrecht, *Production of Presence*, S. 3–4.

from our maps, it became an unknown spot, an incognito, a utopia. [...] For some years, this other place was within comfortable reach. An invitation, an application, a scholarship, a paper, a JAT-ticket could get you there. The colloques organized by our friends Sepp Gumbrecht and Ludwig Pfeiffer took place under the political icon of the young Tito who looked pensive like an unruly existentialist in a boulevard-cafe at Paris. In the Inter-University Centre, the socialist regime had a worldly outlook. And yet it was different enough to ensure for us the thrills of defamiliarization. It was the genius of our organizing team – perhaps a marked difference to other academic enterprises which more or less transferred their own world for one or two weeks to this city – to capture the carnivalistic spirit of the ›other place‹. Instead of an ingroup perpetuating their immanent disciplinary problems, for this team, Dubrovnik became a platform to explore and expose new modes of thinking which would have had little luck of thriving in the stuffy room of German seminaries.«[27]

Ausgelagert aus dem deutschen Universitätsbetrieb, extraterritorial zum Entweder-Oder / Deutsch-Deutsch der beiden deutschen politischen Systeme, ganz nah und doch ganz weit weg und gestreichelt von den Strahlen der Sonne, wird im Theme-Park ›Dubrovnik‹ die anbrechende Hoch-Zeit der Theorie zur endlich geglückten Hochzeit von Theorie und Leben unter allgemeiner Absegnung von ›Luhmann‹: »Die Feder ausgerechnet eines Verwaltungsjuristen signierte unsere Nächte.«[28] Ab sofort kann man wieder einfach nur ›da‹ sein.

27 Assmann, Aleida, *Dubrovnik – Epitaph for a Real/Unreal City*, in: *kultuRRevolution. Zeitschrift für angewandte diskurstheorie* 27 (1992), S. 9–10, hier: S. 9.

28 Kittler, Friedrich, *Ein Herr namens Luhmann*, in: Bardmann, Theodor M. / Baecker, Dirk (Hg.), *»Gibt es eigentlich den Berliner Zoo noch?« Erinnerungen an Niklas Luhmann*, Konstanz 1999, S. 183–186, hier: S. 184.

»This presence [the sheer presence of Dubrovnik] was due to a double impact of the mediterranean scenery and the historical site. The charms of a breathtaking land- and seascape together with the accumulated weight of history emanating from the tight houses, the narrow steps and terrace walks, the huge walls, the generous squares, and the polished corso. To parade on the corso in the evenings along with the marriageable boys and girls of the neighbourhood was to be part of a great stream; to buzz around in the university was to inject periodic life into the stately walls.«[29]

Die Höhe dieser Zeit schlägt sich nieder in einem Stapel von Zueignungen. Der Kurator ist selbst exzessiver Widmer und Danksager. Ein großer Teil seiner Arbeitsenergie und Schreiblust geht in diesen Bereich. Koch, DJ, Reiseleiter, ganze Arbeitsheere werden aufgeboten, um das Bein im Leben festzumachen: »Die Köche, Kellner, Kapitäne von Dubrovnik lenkten uns gemeinsam mit den Discjockeys nachhaltig von der Wissenschaft ab«[30], »für die Köchinnen der Fischsuppe des ›Rosario‹, die Nachtportiers des ›Imperial‹, einen Reiseleiter des staatlichen Touristik-Unternehmens in Dubrovnik.«[31] (Fast wie Rilkes glänzende Augen der Armen.) Wie der Kongress wohl tanzt?

In puncto Lebendigkeit sollte man sich bei den Dubrovnik-Kolloquien jedoch nicht allzu viel vormachen. Die Welt des Kurators ist klar hierarchisch strukturiert. Die Statusgruppen sind markiert (»Besonders um das Posthistoire-Thema verdient gemacht hat sich dort Wolfgang Ernst, Student der Geschichtswissenschaft und der

29 Ebd.
30 Gumbrecht/Pfeiffer, [Danksagungen], *Stil*, S. 803.
31 Cerquiglini, Bernard / Gumbrecht, Hans Ulrich, [Widmung], in: Cerquiglini, Bernard / Gumbrecht, Hans Ulrich (Hg.), *Der Diskurs der Literatur- und Sprachhistorie. Wissenschaftsgeschichte als Innovationsvorgabe*, Frankfurt a. M. 1983, S. 10.

Klassischen Philologie an der Ruhr-Universität Bochum.«[32]) und Essengehen meint nicht einfach Essengehen (»Luhmann selbst brauchte andere Drogen. Dirk Baecker weiß besser als ich, wie wir beide uns mittags in die spartanischen, weil volkseigenen Restaurants des unvergessenen Dubrovnik verzogen, während die wunderbaren Kongreßherren Gumbrecht und Luhmann im privaten Oberstadtlokal ihre sepiaschwarzen Risotti genossen.«)[33].

Die Architektur der Dubrovnik Kolloquien sieht selbst aus wie das traditionelle Kommunikationskonzept in den Literaturwissenschaften: wie eine große Zwiebel.[34] Verschiedene Schichten verschieden wichtiger Leute lagern sich um den harten Kuratorenkern, der in der Welt der Literaturwissenschaft die Enklave des utopisch Anderen zu behaupten vermag, und der selbst lyrisch werden darf. An der Nähe zum Kurator, der die heimlichen Sehnsüchte der Teilnehmer zu adressieren versteht,[35] bemisst sich die eigene Bedeutung. Es gibt die Zirkelbriefe des Kurators an die Freunde, die die äußeren Zwiebelringe benoten und gegebenenfalls abstrafen, es gibt die Ingroup, die bei ihren Treffen einen internen Preis für den dürftigsten Tagungsbeitrag verleiht und dies nachher auf anderen Tagungen reinszeniert (Jugendheim on the run), und es gibt die endlosen Ketten der frisch verliehenen Namens-Orden. Natürlich möchte jeder gern (wieder) eingeladen werden, wo hier gerade die Zukunft des Fachs beginnt.

32 Gumbrecht, Hans Ulrich, *Posthistoire Now*, in: Ders. / Link-Heer, Ursula, *Epochenschwellen und Epochenstrukturen*, Frankfurt a. M. 1984, S. 34–50, hier: S. 49.

33 Kittler, *Ein Herr namens Luhmann*, S. 184.

34 Stanitzek, Georg, *Kommunikation (communicatio & Apostrophe einbegriffen)*, in: Fohrmann, Jürgen / Müller, Harro (Hg.), *Literaturwissenschaft*, München 1995, S. 13–30, hier: S. 14–15.

35 »Neuernannte Kuratoren werden sich manchmal des Begehrens bewußt, das sie in anderen wecken und nie befriedigen dürfen, damit es sich aufrechterhält«. Graw, Isabelle, *Leben und Werk des Kurators*, in: *Artis: Zeitschrift für alte und neue Kunst* 45 (1993), S. 36–41, hier: S. 39.

Für die Systemtheorie ist ihre Popularisierung in diesem Kontext heikel. Sie gewinnt an allgemeiner Sichtbarkeit, betritt aber einen Raum, dem weniger an Fragestellungen als an Geselligkeit gelegen ist. Der vor allem darauf aus ist, Diskurse und Theorien zu personalisieren. Theorie ist hier immer Eigenname. (»›Systemtheorie‹ ist hier nichts anderes als die übliche unpersönliche Substitution des Namens ›Niklas Luhmann‹«[36].) Luhmann wäre der erste, der dies bestreiten würde[37]; im Rahmen der Kolloquien ist er jedoch bereit, dies als für manchen halt notwendige Folklore des Sozialsystems in Kauf zu nehmen.[38] Einmal in Gang gekommen, ist eine solche Form von Adressierung jedoch nicht aufzuhalten. Sie läuft auch weiter, als die Systemtheorie schließlich für den Kurator zum Auslaufmodell wird.

»Und nachdem Gumbrecht sich noch über US-akademische Rituale mokiert hatte, [...] belustigte er sich über den Beobachter-Kult der Luhmaniacs in Bielefeld, Witten oder anderswo, die ihren trockenen Humor stets dann verlieren, wenn sie mit der simplen

36 Gumbrecht, *Graduiertenkolleg*, S. 85.

37 »Luhmann war ja durchgängig ironisch, von deutlichem Detachement gegenüber dem eigenen Werk, auch gegenüber dem biographischen Zufall, dass es *sein* Werk war. Kaum ein Leitbegriff wurde nicht irgendwann relativiert [...]. Aber ich habe nie gehört, dass Luhmann ironisch oder distanziert über die Leistungen von Theorie gesprochen hätte, während es umgekehrt nicht selten passierte, dass er ein Produkt, das er eigentlich gelungen fand, am Ende noch einmal in Distanz rückte mit der Bemerkung, im Grunde sei hier noch keine Theorie erreicht worden«. Stichweh, Rudolf, *Niklas Luhmann. Theoretiker und Soziologe*, in: Ders., *Luhmann Gedenkcolloquium*, Bielefeld 2000, S. 61–69, hier: S. 63.

38 »Mit erstaunlicher Geduld bediente Luhmann ja die Hoffnungen der schwellenden Fan-Gemeinde nach persönlichen Widmungen beim Buch-Signieren, nach immer neuen Niklas-Anekdoten und nach in mündlicher Tradition kursierenden (am Ende auf der *website* kolportierten) Aphorismen«. Gumbrecht, Hans Ulrich, *Niklas Luhmanns flüchtige Privatheiten*, in: Bardmann, Dirk / Baecker, Theodor M. (Hg.), *Gibt es eigentlich den Berliner Zoo noch?, Erinnerungen an Niklas Luhmann*, Konstanz 1999, S. 174–78, hier: S. 175.

Wahrheit konfrontiert werden, dass ihr Meister an Aids gestorben ist.«[39]

Die laufende Ersetzung von Problemen durch Biographie macht die Biographie selbst zum Problem. Sie wird exemplarisch. An Stelle gefragter Querschnitte baut der Kurator, der Mann der simplen Wahrheiten, sich selbst als Längsschnitt ein. Mein Leben – die große Kinderüberraschung.[40]

39 Maresch, Rudolf: *Intellektuellen-Kitsch à la americaine. Der neokonservative Schwenk des Hans Ulrich Gumbrecht, der den Kitsch der anderen Intellektuellen zerlegt und selbst einem Patriotismus-Kitsch anheimfällt.* In: Telepolis. 22.01.2004. https://www.heise.de/tp/features/Intellektuellen-Kitsch-a-la-americaine-3433007.html, [letzter Zugriff: 15.8.2020].

40 »Sepp (=HUG)«. Link-Heer, Ursula, in: Gumbrecht, Hans Ulrich / Link-Heer, Ursula / Spangenberg, Peter, *Gespräch über Epochen am Freitag, dem 13., 1984*, in: Ders./dies. (Hg.), *Epochenschwellen und Epochenstrukturen*, Frankfurt a.M. 1984, S. 501–525, hier: S. 504.

Die Unpersönlichkeit und Strenge der Systemtheorie wird mit einer Form von Persönlich-Werden-Müssen konterkariert, die über die Jahre an Unerbittlichkeit zunimmt.[41] Die Arbeitsteilung funktioniert, weil es in puncto Arbeit nur wenige Berührungspunkte gibt.[42] Die Entwicklung selbst ist nicht ungewöhnlich. Sie ist dem Organisationstyp des Kurators, der auf Non-Stop-Self-Advertisement angewiesen ist, immanent. Sie verdeutlicht überdies, dass der Ausgangspunkt des Kuratorenmodells in der Theoriediskussion zu suchen ist, die dieser zu verlassen bestrebt ist.[43] Im Kontext der Du-

41 »Hätte man Niklas Luhmann je fragen können, ob er wirklich an Gott glaubte oder welche Rolle Sex in seinem Leben spielte? [...] Keine von Niklas Luhmann belebte Erinnerung ist mir peinlicher als die an eine abendlange Bemühung, ihn mit meiner eigenen Privatheit zu belangen.« Gumbrecht, *Flüchtige Privatheiten*, S. 176.

42 »Alexander Kluge: Sie sind 1927 geboren. Welche Vorstellungen verbinden Sie mit dem Jahr 1927? Niklas Luhmann: Also – mir genügt, dass ich geboren bin. Musil, zum Beispiel, beschäftigt sich mit den zehn Jahren vor seiner Geburt und auch mit seinem Geburtsjahr sehr stark. Das habe ich eigentlich nie so erwogen, aber ich weiß nicht, ob Ihnen der Name Gumbrecht etwas sagt? Der schreibt jetzt ein Buch über das Jahr 1926, was da alles so passiert ist. [...] [Kluge]: Und das ist Gumbrechts Geburtsjahr? [Gumbrecht]: Nein. Aber es geht um die Vorstellung, was in dem Jahr passiert sei, sei irgendetwas besonderes«. Kluge, Alexander, *Vorsicht vor zu raschem Verstehen. Niklas Luhmann im Fernsehgespräch mit Niklas Luhmann*, in: Hagen, Wolfgang, *Warum haben Sie keinen Fernseher, Herr Luhmann? Letzte Gespräche mit Niklas Luhmann*, Berlin 2004, S. 49–77, hier: S. 49. »[M]y selection [of the year 1926] had probably been preconsciously oriented by a construction of family history. I believed that two of my grandparents had died in 1926: Theresa Bender in Dortmund-Hörde, from septicemia following a premature delivery, and Vinzenz Schraut, in Würzburg from the consequences of an injury sustained as a soldier during the First World War. The impossible wish to hear the voices of my grandparents [...], to know what had occupied their minds, and to see their worlds with their eyes was responsible for my fascination with documents from the years of their adult lives.« Gumbrecht, *In 1926*, S. 426–427.

43 »Der gemeinsame Nenner Theorie. Mit der Konzeptualisierung der Kunst und dem massiven anglo-amerikanischen Theorieinput in der deutschsprachigen Kunstszene ist seit den neunziger Jahren eine deutliche Annäherung beider Rollen beziehungsweise Berufe spürbar. KuratorInnen und KünstlerInnen lasen dieselben Bücher und dieselben Zeitschriften. Sie orientierten sich gleichzeitig an neuen Denkrichtungen [...]. Zunächst war diese Beschäftigung sowohl für Kuratorinnen als auch für Künst-

brovnik-Kolloquien ist die Systemtheorie Teil der Coole-Lebenswelt-Geste: »[W]e admired (and often tried to imitate) the almost technological flavor that we found in Luhmann's writing.«[44]

Wie sieht dieses Leben, das exemplarisch sein soll, eigentlich genau aus? Sagen wir 1986, auf dem Höhepunkt von ›Dubrovnik‹? Wenn man einmal soweit gekommen ist, passieren die allermerkwürdigsten Dinge: Unser Kurator, Professor, glaubt auf einmal nicht mehr an die Fachdidaktik. Er hält das für wichtig. »Hans Ulrich Gumbrecht glaubt *nicht* mehr / noch nicht an [...] die Fachdidaktik«[45]. Ganz kursiv, ganz energisch. Fachdidaktik mach ich nicht. Ein ›Hinweis zum Autor‹ zur Tagung. Wie wird der Glaube oder der Nicht-Glaube an die Fachdidaktik Teil einer Biographie? Und wieso steht im nächsten Satz, dass demnächst »sein (dickes und bebildertes) Buch« erscheinen wird? Wieso dick? Und wieso bebildert? Wieso Buch? Ironisch ist unser Kurator erklärtermaßen nicht.

Sätze dieser Art haben in Deutschland eine lange Tradition.

»*Bildungsroman* wird er heißen dürfen, erstens und vorzüglich wegen seines Stoffs, weil er des Helden Bildung in ihrem Anfang und Fortgang bis zu einer gewissen Stufe der Vollendung darstellt; zweytens aber auch, weil er gerade durch diese Darstellung des Lesers Bildung, in weiterm Umfange als jede andere Art des Romans, fördert. An sich gefallende, schöne und unterhaltende Darstellung der Bildungsgeschichte eines ausgezeichnet Bildungsfähigen wird sein objectiver, im Kunstwerke überall sich aussprechender Zweck des Dichters eines solchen Romans seyn; ursprünglich und zunächst

... lerInnen ein Aneignungsprozess, dann aber gingen sie selbst zur Theorieproduktion über.« Hoffmann, Justin, *God is a Curator*, in Huber, Hans Dieter / Locher, Hubert / Schulte, Karin, *Kunst des Ausstellens*, Ostfildern-Ruit 2002, S. 249–259, hier: S. 256.

44 Gumbrecht, *Production of Presence*, S. 10.

45 Gumbrecht/Pfeiffer, *Hinweise zu den Autoren*, *Stil*, S. 789–803, hier: S. 793.

also, wie bey jedem wahrhaft schönen Kunstwerk, nichts Didaktisches.«[46]

Nun ist die Rede vom großen Mann, der große Dinge tut, natürlich nur ein Hilfsmittel, um Komplexität zu reduzieren und eine bestimmte Form von Anschaulichkeit zu gewinnen. Etwas, das man auch ›Fachdidaktik‹ nennen könnte. Eine nicht sonderlich kluge Fachdidaktik zugegebenermaßen, weil sie weder über sich selbst nachzudenken imstande noch selbst lernbereit ist.[47] Ein jeder Text beinhaltet die bewusste oder unbewusste Entscheidung für eine bestimmte Form von Didaktik, ob man das will oder ihm ansieht oder nicht.[48] Hier (wie so häufig) dient die Abschottung von der Didaktik allein dazu, sich selbst als primär und originell zu beschreiben. Der Familienroman des neurotischen Kurators[49] wird zur Parabel institutioneller Macht.

46 Morgenstern, Karl, *Ueber das Wesen des Bildungsromans*, in: Selbmann, Rolf (Hg.), *Zur Geschichte des deutschen Bildungsromans*, Darmstadt 1988, S. 55–72, hier: S. 64.

47 »Wenn ich einen zweiten Begriff suchen würde, der eine ähnliche Positivwertung erfährt wie der der Theorie, drängt sich für mich der Begriff der Lernfähigkeit auf. Mich hat immer eine frühe Bemerkung Luhmanns zur Möglichkeit der gentechnischen Veränderung der Menschheit fasziniert, in der Luhmann [...] die Möglichkeit antizipierte, daß es für gentechnisch veränderte Menschen erreichbar sein könnte, wie Grashüpfer ihre Körpergröße mehrfach zu überspringen. Gleichzeitig formulierte er ein Bedenken: ›Wenn dabei die Lernfähigkeit nicht verlorengeht‹«. Stichweh, *Luhmann. Theoretiker und Soziologe*, S. 64.

48 »Some intellectual motifs, some quotations, some arguments, and even some definitions surface several times in the following chapters – as if they were a poorly edited collection of essays made into the semblance of a book, and not what they really are, namely, a book written, from the first to last page, in one stretch of sustained concentration«. Gumbrecht, *Production of Presence*, S. xvii.

49 »›[Verse] [...] In Liebe und Dankbarkeit nehmen wir Abschied: die Familie‹ (die letzten beiden Worte sind fett gedruckt). Ich habe diese Karte mit einem Magneten an die Metalltafel über meinen Schreibtisch geheftet, zwischen Fotos meiner Familie [...]. Gewiss bin ich nicht der einzige Empfänger dieser Todesanzeige gewesen, der sich (insgeheim wenigstens) zutraute, passendere Verse gefunden zu haben. [...] Warum fühlen sich Leser wie ich derart vehement dazu berufen, als Söhne oder Töchter von Niklas Luhmann zu agieren [...]? [...] [W]ie ein nervender Sohn sehne ich mich danach, von ihm zu hören oder zu lesen, daß mein eigener Vortrag bei diesem Anlaß [der

»Macht ist die Möglichkeit, Räume mit Körpern (einschließlich des eigenen Körpers) zu besetzen, und das heißt auch: Körper aus Räumen zu verdrängen und Körpern den Zugang zu Räumen versperren zu können. Macht (in diesem Sinn) zu haben bedeutet nicht, dass man sie beständig ausspielt. Wie jede andere Form von Besitz ist der Besitz von Macht ein Potential. Man kann, falls nötig oder auch nur erwünscht, Räume besetzen oder versperren. Meinem neunzehnjährigen Sohn, der bei der deutschen Luftwaffe zum Piloten ausgebildet wird, ist all dies so klar, dass ich manchmal gar nicht verstehen kann, wie es je in die Vergessenheit der Theoretiker geraten konnte. Dann erinnere ich mich daran, irgendwann einmal bei Luhmann gelesen zu haben, dass der das politische System konstituierende Code ›Macht vs. Ohnmacht‹ sei und dass Macht nicht ohne das Potential physischer Gewalt zu diskutieren sei. Warum ist gerade dieser Vorschlag derart systematisch überlesen worden. [...] Macht heißt (und Ontologie ist also konzentriert auf) Präsenz. Macht zu haben ist die Fähigkeit, die eigene Präsenz durchzusetzen, die Präsenz anderer durchzusetzen und die Präsenz anderer, wo nötig, zu verhindern.«[50]

Die dazugehörige Überschrift in ›Was sich nicht wegkommunizieren lässt‹ lautet: »Sohn«. (Die nächste »Vater«). Offenbar scheint der Kurator in seinem Denken nie so recht aus dem Kinderzimmer herausgekommen zu sein. Den Teilnehmern einer wissenschaftlichen Tagung dürfte die Mitteilung, dass der Sohn des Veranstalters statt im Pizzawagen im Sturzkampfbomber durch die Gegend schüsselt, herzlich egal sein. Dass die Mein-Bomberjunge-Geschichte dennoch Tagung für Tagung aufs Neue aufgetischt

... Feier seiner Emeritierung] der Witzigste und der Beste gewesen sei.« Gumbrecht, *Flüchtige Privatheiten*, S. 174–175.

50 Gumbrecht, Hans Ulrich, *Was sich nicht wegkommunizieren läßt*, in: Maresch, Rudolf / Werber, Niels (Hg.), *Kommunikation, Medien, Macht*, Frankfurt a. M. 1999, S. 329–341, hier: S. 331.

wird,[51] verdeutlicht die unterschwellige Aggression, die das Gesamtprojekt leitet. Wenn sich die Tabula-Rasa-Situation für das Fach schon nicht bewerkstelligen lässt, lässt sich zumindest im Familienrahmen (und damit unverblümter) weiter davon träumen. Und ihr habt mir jetzt gefälligst dabei zuzuhören.

Die Definition von Macht als die Möglichkeit, Räume mit Körpern zu besetzen und Körper aus Räumen zu verdrängen, ist in der physikalischen Vorstellung des ›Volumens‹ fundiert. Je dicker ein Körper, desto mehr wird verdrängt. Es ist daher nicht weiter verwunderlich, dass der schiere Umfang der Tagungsbände zum äußeren Zeichen des neuen Denkens wird. Unter 800 Seiten, unter 46 Beiträgern, machen die neuen Dubrovnik-Tagungsbände keinen Sinn. 800 Seiten, die auf Anhieb deutlich machen: Bei diesen Büchern hier geht es nicht in erster Linie um Lektüren und Fragestellungen, sondern um Repräsentation. Die Funktion der Dubrovnik-Kolloquien ist es, den neuen Organisations- und Veranstaltungstyp des Kurators zu etablieren und seine endlose Transformationsfähigkeit zu feiern. Ungeachtet der Anzahl hochkarätiger Beiträge, die in diesem Kontext erschienen sind, handelt es sich bei den Kolloquien in erster Linie um Werbeveranstaltungen für eine bestimmte Form von Wissenschaftsorganisation. Butterfahrten.

Der Band, der ›Stil‹, das Keyword im Schnittfeld von Popkultur und Wissenschaftskultur, auf die Tagungsordnung gesetzt hatte, aber ›anders schreiben‹ als ›anekdotisch schreiben‹ missverstanden hatte, wird dabei zum Knackpunkt der Serie. Wie es im abschließenden Band V rückblickend heißt:

51 »[I]t matters, I think, to expose oneself to special effects that reproduce the impact of an air raid – and also (although we hardly ever call such moments ›special effects‹) to allow oneself to be touched, literally, by the intensity of a voice.« Gumbrecht, *Production of Presence*, S. 140.

»Was wir gewiss unterschätzten, waren die gruppendynamischen Auswirkungen einer solchen *Situation offener Epistemologie*: wo das Paradigma, von dem man sich gemeinsam absetzen wollte, bewusst in die Ferne gerückt war, stand nun jeder Innovationsvorschlag unter dem Druck der Frage, ob er sich als Kristallisationspunkt für eine neue Epistemologie anbot. [...] Weil ein solcher Konsens (noch) nicht in Sicht kam und sich deshalb kein ›weiterführendes‹ Thema konkretisieren ließ, haben wir einerseits auf eine Weiterführung der Kolloquien-Serie verzichtet. Andererseits macht aber gerade diese Schwierigkeit den Versuch umso dringlicher, in den Beiträgen des vorliegenden Bandes nach *Fragmenten einer neuen Epistemologie* zu suchen.«[52]

Gibt es ein Problem ›Neue Epistemologie‹? Oder gibt es vielleicht nur Probleme, die neue epistemologische Überlegungen erfordern?[53]

52 Gumbrecht, Hans Ulrich, *Flache Diskurse*, in: Ders. / Pfeiffer, K. Ludwig, *Materialität der Kommunikation*, Frankfurt 1988, S. 914–923, hier: S. 840. Der Versuch, in einem sechsten Kolloquium, und ersten Nachklapp, ›Dubrovnik‹ auf ›Stanford‹ zu überschreiben und die Kartoffel nach Amerika zu bringen, schlägt 1991 fehl. (Stanford taugt nicht als Utopie.) Der Untertitel von ›Writing/Ecriture/Schrift – Ripping Apart the Signifying Scene‹ »was initiated by Barbara Mendelsohn, the artist who designed a poster for the Stanford-meeting. She argued, interestingly enough, that it was impossible to graphically represent the program of the ›Signifying Scene Revisited‹«. Gumbrecht, Hans Ulrich, *Writing an Epistemological Intersection*, in: *Culture & History* 12 (1993), S. 7–21, hier: S. 9. Um Schrift zu dem zu machen, was sie heute, seit Stanford, ist, – Schrift, die auf kein Plakat mehr geht –, galt es vor allem, ein Gespür sowohl für die Materialität der Zeichen wie für Paradoxa und die Beobachterkategorie zu entwickeln: »So entdeckten wir 1989 die Faszination der (seit Aristoteles für jegliches ernsthafte Denken verbotenen) Figur des Paradoxons; aber auch jenen Beobachter, der weiß, daß die Distanz, welche ihn als ›Subjekt‹ vom ›Objekt‹ seiner Beobachtung trennt, eine Fiktion ist.« Ebd. S. 42. 1989 schon!

53 »Wichtiger [...] war allerdings das mulmig aufkommende Gefühl, daß ich – nach dem Schritt zu den ›Materialitäten‹ – ziemlich allein war mit meinem Ehrgeiz, machtvolle Theorie-Konvergenzen zu verzeichnen und über jene Situation hinauszukommen, in der man auf ›das Neue‹ nur über den Hinweis auf das Ungenügen ›des Alten‹ anspielen konnte. Natürlich nehme ich wahr, daß an faszinierenden Entwürfen theoretischer und philosophischer Innovation gearbeitet wird. Um nur Autoren zu nennen, die in diesem Band vertreten sind: ich versuche, auf dem Laufenden mit den Publikationen

»Stil«, Band eins beyond »Poetik und Hermeneutik«, hatte sich mit 9 Rezensionen institutionell als der erfolgreichste Band der Serie erwiesen. Das war es dann aber auch schon. Keiner der folgenden Bände sollte auch nur einen Bruchteil des Interesses hervorrufen können.[54] Obwohl die Kolloquien gleichermaßen von der Theoriediskussion im Popdiskurs wie von dem neuen (und kurzlebigen) Phänomen der Kulturfanzines, die mangelnde Teilhabe an institutionellen Abläufen einklagten,[55] zu profitieren schienen,[56] kann dies nicht konstruktiv gewendet werden.

... von Niklas Luhmann, Friedrich Kittler und Dietmar Kamper zu bleiben. Doch sie alle scheinen mehr denn an der Schwelle zur Theorie-Zukunft daran interessiert zu sein, ihre Arbeit in gewisse Kontinuitäten des Denkens einzuschreiben [...]. Ganz habe ich freilich die Theorie-Jenseits-Dynamik immer noch nicht aufgegeben.« Gumbrecht, Hans Ulrich, *Ende des Theorie-Jenseits?*, in: Maresch, Rudolf (Hg.), *Zukunft oder Ende. Standpunkte. Analysen. Entwürfe*, München 1993, S. 40–46, hier: S. 42–43.

54 Gumbrecht, *Publications*, S. 40.

55 »Irgendwann muß man auch mal was machen über die Pusher-Praktiken des Suhrkamp-Verlages. Als regelmäßiger User werde ich vielleicht eine Betroffenengruppe gründen. Ich kann einfach nicht an einem neuen stw- oder edition-Sammelband vorbeigehen, der mich durch Titel wie ›Postmoderne – Globale Differenz‹ oder ›Paradoxien, Dissonanzen, Zusammenbrüche‹ oder ›Die vergessene Dimension internationaler Konflikte: Subjektivität‹ und geile Inhaltsverzeichnisse jiepig macht und von dem ich garantiert nicht mehr als einen bis drei der versammelten, im Schnitt 25 Aufsätze lese. Im Prinzip sollten die einschlägigen Theorie-Zines diese Dinger langsam ersetzen können (auf der anderen Seite sind die Theoriezines oft genau ein Produkt dieser Symposionsmitschriften).« Diederichsen, Diedrich, *Depeschen im Dezember 1991*, in: *Spex*, 12, (1991), S. 75 und 77, hier: 75. Zwei von dreien in der Zeitschriftenrundschau – ein Dubrovnik-Kolloquium und noch ein weiterer Sammelband vom Kurator – sind schon eine gute Quote.

56 An der Ruhr-Universität Bochum unterziehen 1990 erste Dubrovnik-Kinder die Fachschaftszeitschrift *Symptome* einer gründlichen Revision. »Die neue Redaktion hatte den Ehrgeiz, aus einer Fachschaftszeitschrift eine Fachzeitschrift mit bundesweiter Reichweite zu machen.« Germer, [Stefan] & Graw, [Isabelle], *Symptome*, in: *Texte zur Kunst, 8: »Überwindung«*, Dezember 1992, S. 183–185, hier 183–4. Der Kurator schiebt das Projekt mit mehreren Artikeln an und stellt die Mutter aller Fragen: »And how can one possibly combine the ›beyond‹ with the concept of ›style‹«? Gumbrecht, Hans Ulrich, *Beyond Foucault / Foucault's Style*, in: *Symptome. Zeitschrift für epistemologische Baustellen* 10 (1992), S. 40–45, hier: S. 40. Die Zeitschrift erhält prompt einen neuen Untertitel »Zeitschrift für epistemologische Baustellen«.

Verblüffend ist der allgemeine Abfall an Energie nicht. Der Übergang vom Stil- zum Materialitäten-Band hatte sich in der Rückschau als reine Wiederholung herausgestellt.[57] Im »Paradoxien/Zusammenbrüche/Dissonanzen«-Band – die Verzweiflung ist schon in den Titel geklettert – erwächst daraus ganz unbekümmert der ›Höhepunkt der Serie‹.[58] Warum? »Gewiss hatte das mit dem Umstand zu tun, dass der von ihm vollzogene Schritt – über die Grenze der historischen Hermeneutik in intellektuelles Neuland – einerseits zum letzten Mal einer Generation von Professoren in ihren (meist) Vierzigern das schöne und sie mit ihren Doktoranden vereinigende Gefühl gab, ›zornige junge Männer‹ zu sein.«[59] Die Zornis. Und Zornis Randgebiete. Mit

57 Der Stil-Schlusssatz »Aber vielleicht hat man den Raum der Stilreflexion auch schon verlassen, wenn man das Verhältnis zwischen einer Pluralität von Sinnwelten und der einen (geglaubten) Wirklichkeit nicht als Spannung erleben will« (Gumbrecht, Hans Ulrich, *Schwindende Stabilität der Wirklichkeit. Eine Geschichte des Stilbegriffs*, in: Ders. / Pfeiffer, K. Ludwig, *Stil*, S. 726–788, hier: S. 781) entwickelt sich zu des Kurators verschwiegener Planstelle. Heißt die Eingangsforderung für ›Materialität‹ noch »Erweiterung des Repertoires unserer wissenschaftlichen Beschreibungsdiskurse« (Gumbrecht, Hans Ulrich, *Rhythmus und Sinn*, in: Ders. / Pfeiffer, K. Ludwig, *Materialität*, S. 714–729, hier: S. 715), geht es am Ende wieder darum, die Schnittstellen zwischen Kommunikationsebenen mit und ohne interne Beobachterfunktion als »Spannung« (ebd., 727) zu thematisieren. ›Luhmann‹ bleibt im Zuge der Entwicklung auf der Strecke. Anstelle seines ausgeklügelten Konzepts von ›Sinn‹ setzt der Materialitätenband diffus auf ›Rhythmus‹.

58 »Doch statt eines ›Durchbruchs‹ brachten diese Kolloquien [I, II, III] zunächst nur eine Reihe respektabler geisteswissenschaftlicher Sammelbände hervor [...]. Die Diskussionen waren gepflegt und die Publikationen gerieten eher erfolgreich, aber ich wurde den Eindruck nicht los, daß sie vor allem deshalb so willkommen waren, weil sie sich, statt die Schwelle zu jener anderen Theorie-Situation zu überschreiten, in die tendenziell unendliche Breite eines [...] just liking things [...] entwickelten. Ich war in einer solchen Stimmung, als mich meine Freunde Tony Kaes (aus Berkeley) und Carlo Barck (aus Ost-Berlin) auf den Gedanken brachten, es mit dem Thema ›Materialität der Kommunikation‹ zu versuchen. [...] Flugs gaben wir deshalb die Parole aus, daß es nun auch an der Zeit für eine Bestandsaufnahme über das Ungenügen des ›alten Paradigmas‹ angesichts neuer Forschungsinteressen sei.« Gumbrecht, *Theorie-Jenseits*, S. 41–42.

59 Gumbrecht, *Epistemologie*, S. 839–40. Man wird nicht müde, es zu wiederholen: »›Materialität‹ [...], das schien – wenigstens für einen Moment – ein Programm zu sein,

den jungen Männern, der deutschen Nachwuchscreme, rückt als erste Trotzreaktion der Avantgardegedanke wieder in die Kaserne ein: das tote Kind der 70er. »Den Theoriebildungsbemühungen von H. R. Maturana und N. Luhmann kommt gerade in diesem Zusammenhang gewiss ein Avantgarde-Status zu.«[60] Gewiss.

Außerhalb von Dubrovnik (und wieder daheim in den muffigen Seminaren) hatte sich der Übergang von ›Stil‹ zu ›Materialitäten‹ am 27. Mai 1987 in der Gründung des Siegener Graduiertenkollegs niedergeschlagen. Mit dem Kurator als Sprecher von ›Kommunikationsformen als Lebensformen‹ wird Dubrovnik in ein Modell der Nachwuchsförderung übertragen. Die ersten Porträtfotos werden an die Wand gedübelt. ›Kreativität‹ wird zum Wort der Stunde Null. »Vielleicht war ›Kreativität‹ tatsächlich die ›demokratische Deformierung‹ (Luhmann) des Wortes ›Genialität‹.«[61] Im Kontext des curatorial turns hat die Nachwuchs-Avantgarde endlich einen klar definierten Ort. Vor der Materialität der Fotowand in der Graduate Lounge werden die ersten Feste gefeiert. Das Leben kann Einzug halten. Lyotard war gekommen und geht jetzt wieder.

»Als Deutsche, so wie man sie fürchten kann, empfinde ich Euch bei der bedrückenden Abschiedszeremonie (für den Leser: sie waren auf den Gedanken verfallen, mir am letzten Tag einen Lorbeerkranz auf den Kopf zu setzen). Natürlich wurde die Studentin aus Hellas

… welches wohl nicht nur mich von der Möglichkeit überzeugte, die Generation der damals gerade Vierzigjährigen sei (von welcher geschichtsphilosophischen Instanz auch immer) dazu auserwählt, ein neues Paradigma zu formulieren.« Gumbrecht, *Theorie-Jenseits*, S. 42.

60 Gumbrecht, *Flache Diskurse*, S. 919. Die Motivation für das ganze Unternehmen ist durchaus redlich: »Warum wünsche ich mir eine Zukunft ohne Interpretation? Vor allem, denke ich, weil es mir peinlich ist, dafür bezahlt zu werden, daß ich anderen auf die Nerven gehe.« Gumbrecht, Hans Ulrich, *Alle meine Zukünfte oder: Mixed Blessings from the Year 2000*, in: *Symptome. Zeitschrift für epistemologische Baustellen* 13 (1995), S. 3–10.

61 Gumbrecht, *Kreativität*, S. 8.

mit dieser Krönung betraut. Das war der Akt eines dicken nackten Gefühls (ich versuche mit Eurem Wort ›Akt‹ zu spielen). Ihr lachtet. Ich war gerührt von der Ungeschicklichkeit dieses Zeugnisses: Ihr hattet Euer Gefühl schlecht zu mir geschickt. Das war komisch, weil es traurig war. Aber es ist schwer zu sagen, wie es traurig war. Wir mussten uns verabschieden, *wir* hatten uns etwas bedeutet – hatten wir uns verstanden? Weder zu ernst noch zu komisch wollten wir sein.«[62]

Jahre später, in einer Laudatio des Kurators auf Karl Heinz Bohrer anlässlich der Verleihung des Lessing-Preises 2000, werden die Implikationen des neuen Konzepts noch einmal verdeutlicht. Ein Kurator ist kein Kurator ist kein Kurator. »Es könnte auch sein, dass er [Bohrer] mich, wenn ich einen allzu Laudationen-haften Ton anschlüge, der ›Frühstücksdirektoren‹-Sprache bezichtigte, was vielleicht noch schlimmer wäre. Ich weiß zwar gar nicht genau, was ein ›Frühstücksdirektor‹ ist (obwohl ich mich, seit mir das Wort – bei Bohrer – zum ersten Mal begegnet ist, um Aufklärung bemüht habe), aber ohne jeden Zweifel beinhaltet diese Metapher eine der schärfsten Rügen, die Bohrer zu vergeben hat.«[63]

Natürlich weiß der Kurator sehr genau, was ein ›Frühstücksdirektor‹ ist. »Herr Assauer, sind Sie nur noch ein Frühstücksdirektor?«[64] Das Label wird zurückgewiesen, weil der Kurator kein Typus sein kann, es wird aber vor allem zurückgewiesen, weil das Synonym das Pathos unterläuft, das das gesamte Projekt zusammenhält. Frühstücksdirektoren haben es schwer bei uns. Wir mögen sie

62 Lyotard, Jean-François, *Ersiegerungen*, Pfeiffer, K. Ludwig / Walter, Michael (Hg.), *Kommunikationsformen als Lebensformen*, München 1990, S. 303–309, hier: S. 306.

63 Gumbrecht, Hans Ulrich, *Karl Heinz Bohrer und die prägnante Paradoxie der Form*, in: Lessing Akademie / Stiftung Nord L (Hg.), *Lessing Preis für Kritik 2000*, Wolfenbüttel 2000, S. 22–37, hier: S. 22.

64 BILD, 15. Januar 2006. »Die Satzung weist aus, daß ich als Präsident der mächtigste Mann auf Schalke bin!« ebd., Antwort.

nicht. Ihre Rede zum Auftakt und zum Abschluss, ihr Dank an die Ministerien und Sponsoren, ihre gequälte Originalität sind nur schwer auszuhalten. Sie durchkreuzen unsere lieb gewonnene Vorstellung, dass unsere Arbeit ›heroisch‹, unsere Einsätze ›gefährlich‹[65] und alles zusammen, wenn überhaupt, ganz sicher nicht ›didaktisch‹[66] sei. Ohne danach gefragt zu haben, bekommen wir stattdessen mitgeteilt, wer dieses Mal für unser Beamten- und Tenured-Faculty-Treffen außer der Reihe bezahlt hat. »Aber nie ist Bohrer – wie Peter Wapnewski zum Beispiel (und manchmal fürchte ich: wie ich selbst) – die Synthese von beidem: mit Gewissheit ist er weder ein wissenschaftlicher Journalist noch ein journalistischer Wissenschaftler.«[67] Das Bestreben, ungeachtet des allgemeinen Entdifferenzierungsgeklingels, die verschiedenen Praxisfelder gerade sorgsam auseinander zu halten, um sich selbst als Sachwalter der jeweiligen Unterscheidung präsentieren zu können, ist für das Verständnis des Kuratorenkonzepts zentral. Wenn Kuratoren, wie behauptet, zunehmend die Schnittstelle zwischen Künstler, Institution und Publikum besetzen und definieren,[68] ist das nicht allein eine Machtstrategie, sondern hat Auswirkungen für die Form der Texte, die in diesem Kontext geschrieben werden.

65 »Das Wort ›Lebensversicherung‹ ist in seinem Wortschatz ähnlich niedrig eingestuft wie die ›Streitkultur‹ oder der ›Frühstücksdirektor‹, denn sein Leben zu versichern, ist für ihn nur der mangelnde Mut, sich auf Gefährlichkeit einzulassen.« Gumbrecht, *Bohrer*, S. 27.

66 »›Der gehobenen Kunstpädagogik‹ (das muß wohl ein Fach für Frühstücksdirektoren sein) ›sei es ins erschrockene Ohr geflüstert: [...]‹« (Gumbrecht, *Bohrer*, S. 35).

67 Ebd., 25.

68 Huber, *Künstler als Kuratoren – Kuratoren als Künstler?*, S. 226. »Mich interessiert nun, ob es einen tieferen Grund gibt, die Verknüpfungsoperationen von Künstlern und Kuratoren grundsätzlich zu unterscheiden, der über eine Konvention hinausgeht, die einer vergangenen politischen, ökonomischen und technologischen Realität angehört. [...] [W]ie kuratiert ein Künstler anders als ein Kurator?« (Diederichsen 2002: S. 238–39)

»Die Künstler [Wissenschaftler R. H.] sollen können, die Zuschauer zuschauen, die Kritiker [Kuratoren R. H.] deren Erlebnis in seiner ganzen Reinheit paraphrasieren. [...] Was auf diese Weise ausgeschaltet wird, ist die Möglichkeit, die besprochenen Gegenstände für die eigene Arbeit irgendetwas besagen zu lassen. Alles muss und kann vielmehr in die Topik der Erlebnisrhetorik eingetragen werden, die damit tatsächlich den Status einer Regelpoetik [...] erhält. Mit ihr wird die eigene als allgemeine Sprache statuiert.«[69]

Was sich an der Abfolge der Dubrovnik-Kolloquien gut studieren lässt, ist, wie die Fetischisierung des Popularitätskriteriums zu einem Verlust des Sachbezugs und damit unweigerlich zu Langeweile führt. Für ›Das Leben des Kurators‹ muss man sich nicht treffen.

Wissenschaft ohne Öffentlichkeitsarbeit organisieren zu wollen, ohne die Zeitungen einzuplanen, die von DFG-Gutachtern, SFB- und Gradkolleg-Fachreferenten und Drittmittelgebern gelesen werden, ist heutzutage nicht mehr vorstellbar. In der Ausgabe vom 13.5.1996 berichtet Der Spiegel von Ungereimtheiten bei der Promotion von Frank Schirrmacher, dem jetzigen Herausgeber der FAZ und damaligem Literaturchef in spe, der an der Universität GH Siegen in den Semesterferien 1987 eine um knapp 20 Seiten erweiterte Version seiner bereits bei Suhrkamp publizierten Magisterarbeit eingereicht hatte. Ein Gutachter hatte die Annahme der Arbeit abgelehnt, ein anderer starke Bedenken geäußert. Von der Annahme der Arbeit (und dem Erwerb des Titels) hing ab, ob Schirrmacher seine Stelle bei der FAZ würde antreten können.

»Nur einer der drei bestellten Gutachter, der Romanist Hans Ulrich Gumbrecht, konnte sich vorbehaltlos für den Text von Schirrmacher begeistern (›Genuss und Bewunderung‹). Doktorvater Gumbrecht plädierte auf ›magna cum laude‹ und sicherte den Titel

69 Stanitzek, Georg, »Zeitunglesen mit Achternbusch«, in: *Texte zur Kunst* 20 (1995), S. 72–73.

für seinen Kandidaten. Welch hohe Meinung der Doktorand seinerseits von seinem Erstgutachter hatte, konnten die FAZ-Leser 1987, noch vor Abschluss der Promotion, in einem zweispaltigen Artikel nachlesen. Wortreich schilderte Schirrmacher die Vorzüge des von Gumbrecht initiierten und in der Fachwelt angefeindeten Graduiertenkollegs in Siegen als ›Zelle einer weltoffenen Gelehrtenrepublik‹, die ›neue Perspektiven für die Geisteswissenschaften‹ eröffne. Auch nach der erfolgreichen Promotion blieb Gumbrecht, der mittlerweile in Stanford lehrt, dem Ex-Doktoranden im FAZ-Feuilleton freundschaftlich verbunden. Mal berichtet der Professor aus dem akademischen Betrieb in Amerika«[70] – mal über vierundzwanzig Jahre »Poetik und Hermeneutik«, mal zur Situation im Fach, mal zu Todesfällen, mal zu Geburtstagen im Betrieb. Am 16. Dezember 1987 schreibt er aber erst einmal »Abgeklärte Theorie. Beobachtungen zum Werk von Niklas Luhmann«. Die FAZ-Redaktion stellt derweil die Dubrovnik-Bände der breiten Öffentlichkeit vor.

In des Kurators Kleine-Welt-Zeitaltern war der Flirt mit der Systemtheorie in Dubrovnik noch das heroische Zeitalter.[71] In Stanford ist er inzwischen in das Zeitalter ewigen Lebens eingetreten. In seinen Klassen werden die Studenten angehalten, natürlich nachzuleben, wie ihm das Wasser in den Augen zusammenläuft, wenn er eine Frau am Computer sieht;[72] in der Keyword-Bonbon-Dose sind

70 »Überflieger im Abwind. In der Frankfurter Allgemeinen verwirrt Herausgeber Schirrmacher die Kollegen mit Ungereimtheiten im Lebenslauf«, in: *Der Spiegel*, 13.5.1996, S. 230–33.

71 »This book began with academic memories from the late 1970s and the 1980s, memories of that (now strangely) ›heroic‹ intention to keep alive a ›theory debate‹ in the humanities that had begun a decade and a half earlier, in the mid and late 1960s, and that seemed to be petering out about a quarter of a century ago. The very good intention of keeping up that ›theory debate‹, like most good intentions, produced quite an amount of boredom and repetition.« Gumbrecht, *Production of Presence*, S. 92.

die ganz alten Kamellen oben auf. Dem Germanistentag 2001 empfiehlt er die Rückkehr zur Nationalphilologie, die jüngste Monographie setzt auf das Unbeschreibliche der Präsenz. Will man wissen, um welche Präsenz es genau geht, reicht es, einen Blick auf das Cover zu werfen.[73] Auf dem Cover hat der Kurator sich selber drauf. Wir können die Wall of Fame kondensiert in einem Bild mit nach Hause nehmen.

72 »I want my students to live [...] that moment of admiration [...] that gets hold of me when I see the beautiful body of a young woman standing next to me in front of one of the computers that give access to our library catalogue [...]. Quite naturally, I also want all of my students to feel the elation, the suddenly very deep breathing and the embarrassingly wet eyes with which I must have reacted.« Gumbrecht, *Production of Presence*, S. 97.

73 Rembert Hüser, »Heiße Umschläge«, im vorliegenden Band S. 7–69.

LUFT NACH OBEN

Und jetzt geht es plötzlich wieder nicht weiter. Es ist einfach noch zu viel Luft. Mike Kelley sieht sich zur zweiten, größeren Korrektur seines Großprojektes *Educational Complex* gezwungen: Das Verhältnis der beweglichen und festen Teile in seinen Erinnerungen stimmt einfach noch nicht. Es ist das Jahr 2002, die neuen Anläufe werden in New York unter dem Namen *Reversals, Recyclings, Completions and Late Additions* in der Galerie Metro Pictures ausgestellt.

Mike Kelley ist ein kalifornischer Installations- und Performancekünstler, der ein paar Jahre zuvor in Reaktion auf kritische Einschätzungen seiner Arbeiten, wie etwa den von der Decke hängenden großen bunten Kugeln aus zusammengenähten, an Thriftstores abgegebenen Stofftieren, also ohne Zweifel dem Produkt einer schwierigen Kindheit,[1] diese Zuschreibungen kurzerhand bejaht und ihnen nachgeht.[2] Meine Kindheit, denke ich, war eigentlich ganz

1 »I was made aware of the popular fixation on child abuse through the responses to my sculptural works composed of old stuffed animals. [...] I found that it was impossible to bypass the audience's tendency to project onto stuffed animals. Viewers invariably desired them to be pseudo-children, and were unwilling to give up this belief. Generally, the worn and dirty condition of the toys was read, not as the result of child's play, but as a symbol of adult mistreatment of children. The toys became sculptures of mistreated children. In order to explain my supposed fascination with abuse, viewers also tended to project onto me – the maker of these objects some presumed historical trauma. There was simply nothing I could do to counter the pervasive psycho-autobiographic interpretation of these materials.« Kelley, Mike, »Architectural Non-Memory Replaced With Psychic Reality«, in: Welchman, John C. (Hg.), *Minor Histories: Statements, Conversations, Proposals,* Cambridge, UK u. a. 2004, S. 320.

2 »I decided, instead, to embrace the social role projected on me [...]. Since I am an artist, it seemed natural to look to my own aesthetic training as the root of my secret indoctrination in perversity, and possibly as the site of my own abuse.« Ebd.

in Ordnung, aber wenn alle das Gegenteil sagen, wird das schon stimmen. Es macht zumindest neugierig. Kelley begibt sich also im Folgenden auf die Fährte von dem, was ihn zu jemandem gemacht hat, der die engsten Gefährten der Kindheit, in die man früher hineingeweint hatte, deren Bauch man abgerubbelt und deren Ohren man abgebissen hatte und die wir auf unseren Spielplätzen hinter uns hergezogen hatten, sammelt, farblich oder anders sortiert, und zu diffusen Wucherungen verarbeitet, die auf den ersten Blick irgendwo zwischen Boxbirne und seltsamen Stoff-Organismen aus anderen Welten neben und über uns, nicht wirklich überschaubar im Raum pendeln und Energiefelder und das Kräftefeld der Sterne beschwören: *Deodorized Central Mass with Satellites* (1991/1999). Im geschützten Raum von Galerie und Museum, der uns die Arbeit gewaschen, gereinigt und geruchsfrei präsentiert, sind wir plötzlich mit unseren alten Kuschelprojekten konfrontiert, unseren geteilten Träumen von gestern, die, wie geordnet auch immer, weiterhin diffus fröhlich hinter uns herwachsen und partout nicht locker lassen wollen. Kindheit wird schwieriger. Und wie sich Mike Kelley aufmacht, die Knubbel, die er uns eingebrockt hat, jetzt systematisch anzugehen und in einem ersten Schritt alle Räume, in denen er in seinem Leben ausgebildet worden war – Startpunkt Kinderzimmer –, aus der Erinnerung als Architekturmodell, also genau genommen als Modell für noch zu Bauendes, nachzubauen, ist klar, dass dies kein autobiographisches Projekt ist und niemals war und auch gar nicht sein kann: sich über Utopien eher lustig macht. Mike Kelley greift also sich selbst als Symptom auf, prima, nimmt die Kindheit auf seine Kappe, ja, das muss ich mir wohl anziehen, verallgemeinert es und gibt das Ganze, den Clusterfuck, wenn man so will, kurzerhand in der Struktur eines Forschungslabors an uns alle zurück: *Educational Complex*. Wir haben eine neue Aufgabe. An die Stelle eines Wusts von Geschichten treten die Topographien einer vermeintlichen Struktur. Schaut man auf diese virtuelle Stadt einer erinnerten Ausbildung, von wo aus auch immer, stellt sich unweigerlich die Frage, wo wir selbst eigentlich wohnen und arbeiten. Wo wir unsere Erfahrungen ansiedeln würden?

Weil es nun so viel gibt, an das er – oder soll ich sagen: man? – sich beim besten Willen nicht mehr erinnern kann, soviel im ersten Anlauf leer geblieben ist, beginnt Kelley in einer ersten Ergänzung der offengelassenen Stellen des Modells die Erinnerungen von Leuten zu sammeln, die an irgendeinem Punkt auf solche Typen institutioneller Räume körperlich reagiert hatten. Die vor Ort jenseits der alltäglichen Abläufe, extracurricular, Träume gehabt und sie ausagiert, sich eines Tages getraut hatten. Gesucht werden Fälle von dokumentiertem Stressabbau in Institutionen. Was bleibt von den Resten am Ende des Tages?

»KELLEY: All the scenarios for ›Day is Done‹ are based on images found in high-school yearbooks [...], though I've also done a whole collection of similar kinds of images from the small-town newspaper of the town where I grew up. The particular categories had religious ritual overtones, but outside of the church context. They all looked like they were done in public places, or they had gothic overtones. So I said, ›Okay, I'm going to work with these particular groups of images and develop a kind of pseudo-narrative flow.‹ The rituals run the gamut from something like dress-up day at work to St. Patrick's Day or Halloween, to a community play or an awards ceremony. So all I have is this image, and then I have to write a whole scenario for it like a play, and then do the music and everything. Each one is just based on the look of the photograph that tells me what style it has to be done in.

ART:21: Why use high school yearbooks?

KELLEY: It's not because I have any interest in high school or high school culture, but it's one of the few places where you can find photographs of these kinds of rituals. The only other place would be personal snapshots, which aren't accessible.«[3]

Die Jahrbuch-Fotos stehen stellvertretend für die Fotos aus unseren Fotoalben, Schuhkartons oder jetzt in letzter Zeit auch den leichter zugänglichen Posts auf diversen Plattformen. Die Wunderschultüten einmaliger Tage in der Institution. Ihre Anonymität macht sie exemplarisch. Was Kelley nun mit diesen Zufallsbekanntschaften vergangener Ereignisse anstellt, ist, die Energie, die er in diesen merkwürdigen Fotos findet, aus der Ingroup herauszunehmen und für alle multimedial fließen zu lassen. Das Foto, das Dokument, der Schnipsel in unserer Hand, wird als Video reenacted, als Performance choreographiert, mit einem Soundtrack unterlegt und in eine Reihe gestellt, deren Name programmatisch in die Zukunft verweist: *Extracurricular Activity Projective Reconstructions*. Projektiert wird ein Video pro Tag. 365 Videos stehen auf dem Zettel. »I'm using the year (a series of 365 tapes) just as a given system, the rationale tying it to this history of works that relate to natural cycles, like symbolist artworks. But I don't expect to get to 365. I'd like to get to at least fifty of them.«[4]

Die Videos sind im Grunde jeden Tag da. Um uns herum. Sie gehören zu den Gebäuden. Was sie reenacten, ist nicht die jeweils spezifische, historische Weihnachts-, Betriebs- oder Halloweenfeier, auch wenn klar wird, dass diese ihre Schuldigkeit noch längst nicht getan haben, sondern die weißen, unausgeführten Blöcke auch in unseren Modellen der Architektur der Institutionen, in denen man gewesen ist und an die man sich nicht mehr erinnern kann, und die daher tendenziell an der Stelle von Missbrauch und Trauma stehen.

3 Kelley, Mike, *Day is done*: Interview, in: *art21*. https://art21.org/read/mike-kelley-day-is-done/ [letzter Zugriff: 15.8.2020].

4 Ebd.

Damit kommt man mit diesen Videos an etwas heran, wovon Wissenschaftsforschung bislang nur zu träumen vermag: die eigentliche Energie der jeweiligen Orte. »SICK VAMPIRE: I've been sick. I just got back from medical leave. (... then exits the building).«[5]

»MOTIVATIONAL VAMPIRE (to the assembled EDUCATIONAL COMPLEX WORKERS): Assemblies play an important role within the normal calendar year's schedule. They not only provide a respite from the daily work schedule, through them we are exposed to speeches, music, drama, and other uplifting forms of communication. The staff body as a whole is introduced to the extraordinary individuals that it is composed of. Officers and sections leaders are sworn in. Monies are collected for office luxuries and worthy charities. We meet esteemed alumni; we honor those who have passed on. We witness the seasonal passion plays ... and crown the yearly ›Joseph‹ and ›Mary‹, who are chosen from our own ranks. And we experience the majesty of the year-end Grand Final Spectacle.«[6]

Der Sound, der sich hier sukzessive aufbaut, führt MUZAK, Fahrstuhlmusik und die uns aufbauenden Reden der großen Ermöglicher

5 Kelley, Mike: *Day is Done*, hg. v. Francis, Marc / Kelley, Mike, New Haven / London 2007, S. 521.

6 *Extracurricular Activity Projective Reconstruction #6 (MOTIVATIONAL SPEECH)*, in: Ebd.: S. 521.

mit ihren vielen Beispielen aus den Teilprojekten auch stilistisch zusammen. Das geht, weil sich diese historisch verorten lassen und weil wir alle immer schon mal versammelt auf dem Tennisplatz gestanden haben. »There is something in the first warmth of the season that inspires humor. I've seen a number of facetious slogans posted on the staff bulletin boards: ›Draft beer, not plans,‹ and ›Support your local Hobbit.‹ [...] Silent sunlight, welcome in / There is work I must begin / All my dreams have blown away / All who toil want to play / They'll soon remember things to do / When heart is young / And night is done / And sky is blue «[7].

Kelleys Kompositionsprinzip orientiert sich an dem Pathos der Pep Talks, dem wir institutionell über alle Bereiche: Computer, Fernsehen, Radio, Museum, Schule, Universität hinweg fortwährend ausgesetzt sind. Die Soundbytes des – in diesem Fall höchst offiziellen – Extracurricular Activities-Propagandavideos, eine Institution feiert sich selbst, geben die Struktur für alle anderen Aktivitäten außer der Reihe ab, die anzitiert werden. Dazu werden Paratexte im Stil der öffentlichen Radio- und Fernsehprogramme der Zeit fingiert und Sätze aus heroischen Fund-Ansprachen collagiert.[8] Wir hören bei so etwas eigentlich schon gar nicht mehr hin. Wir haben an solchen Veranstaltungen, diesen Ballwechseln gegen die Wand, immer wieder teilgenommen. Vampire und Zombies waren stets mit dabei; jeder kann das bestätigen. Reden dieser Art haben wir alle schon x-mal gehört. Vor uns war nichts.

»Kreativität, Forschungsexzellenz, Leistungsstärke und Engagement, das sind die Zutaten für den Erfolg der Fakultät Medien der

7 Ebd.

8 »Motivational Speech. Background music for an uplifting speech composed from bits of pompous elegiac yearbook texts. Inspired by the kind of minimalist-era pieces utilized as opening fanfares for television news programs, it is very ›seriously engaged‹ but uplifting National Public Radio-style music.« (Ebd.: S. 509)

Bauhaus-Universität Weimar. Eine Erfolgsgeschichte, die nun schon mehr als 15 Jahre anhält. Seit ihrer Gründung im Jahr 1996 folgt die Fakultät im Kleinen der Philosophie der gesamten Universität: Sie schafft durch ihren interdisziplinären Charakter Synergien zwischen der theoretisch-wissenschaftlichen und der künstlerisch-experimentellen Welt – und das immer im Kontext von Medien. Mit diesem medienspezifischen Schwerpunkt, der sich zwischen Wissenschaft, Kunst, Technik und Ökonomie aufspannt, ist die Medien-Fakultät in der deutschen Hochschullandschaft bis heute einzigartig.«[9]

Die Entwicklung der Fakultät Medien an der Bauhaus Universität in Mittelerddeutschland hatte sich in schon fast unmenschlichem Tempo vollzogen: »Die Erarbeitung des gesamten Projekts von der ersten vagen Anregung bis zur formgerechten Antragstellung durch die Bauhaus-Universität hatte also insgesamt, inklusive aller notwendigen Gremienbeschlüsse, nur neun Monate gedauert.«[10] Und ist voll lebenstüchtig. Ihr Gründungsdekan, ein Film- und Fernsehwissenschaftler, der vier Jahre nach der Wende als Professor für Wahrnehmungslehre an die HAB, Hochschule für Architektur und Bauwesen, wie sie damals noch hieß, nach Weimar berufen worden war, konstatierte bereits 2003 rückblickend (die neugemalten Büroschildchen sind da seit zwei Jahren schon wieder übermalt, und er ist Professor für Medienphilosophie): »Bekanntlich steigt niemand zweimal in denselben Fluss.«[11] Dieser Satz motiviert seine filmwissenschaftlichen Arbeiten dieser Jahre, die in *Bilder des Wandels* gesammelt sind, einem Band, der auf *Ausfahrt*

9 Ens, Jörg / Meinhardt, Tina et al., *Fakultätsbroschüre Medien*, Weimar 2012.

10 Engell, Lorenz, *Die Fakultät Medien* in Ritz, Klaus-Simon / Winkler, Klaus-Jürgen / Zimmermann, Gerd (Hg.), *Aber wir sind! Wir wollen! Und wir schaffen! Von der Großherzoglichen Kunstschule zur Bauhaus-Universität Weimar*, Bd. II: *1945/46–2010*, Weimar 2012, S. 371–384, hier: S. 376.

11 Engell, Lorenz, *Bilder des Wandels,* Serie Moderner Film 1, Weimar 2003.

nach Babylon folgt, der, breiter ausgerichtet, die ersten Arbeitserfahrungen in den neuen Bundesländern gebündelt hatte:

»Babylon ist hier und jetzt, ist überall, und überall zugleich. Genau darin liegt sein Sinn in einer von Medien gefertigten und durchwirkten Welt. Babylon ist dabei auch die Form, die technische Leistungsbereitschaft und kommunikative Katastrophe, die Anmaßung und Verständnislosigkeit miteinander verschweißt. Babylon ist zuletzt nicht nur Problem, sondern immer zugleich Lösung, nicht nur Krankheit, sondern immer zugleich Heilmittel. Will man den Zustand, den die Medien herbeigeführt haben und weiter herbeiführen, begreifen, muß man das Problem zu erkennen versuchen, auf das sie die Antwort sind und das sie selbst geschaffen haben. Eine Ausfahrt nach Babylon kann deshalb zum Konzept der Medienkultur vermutlich einiges beitragen. Nach Babylon, dem Ort der Diversion, kann es jedoch keinen Königsweg geben.«[12]

Babylon ist immer auch ein Missverständnis. Von der Transitstrecke kommt man nicht so ohne weiteres herunter. Babel, muss man wissen, ist in jenen Jahren die DDR, in Thüringen vor allem Jena.[13] Das VEB Carl Zeiss-Jena Prestigeforschungshochhaus FNB 71 mit 26 Geschossen, Universitätshochhaus von 1972 bis zum Aus-

12 Engell, Lorenz, *Ausfahrt nach Babylon. Die Genese der Medienkultur aus Einheit und Vielheit*, in: Pias, Claus / Vogl, Joseph / Engell, Lorenz (Hg.), *Ausfahrt nach Babylon. Essays und Vorträge zur Kritik der Medienkultur,* [me'dien]ⁱ, Weimar 2000, S. 263–304, hier: S. 263.

13 »Eine der berühmtesten Bibliotheken des 18. Jahrhunderts etwa ist die Anna Amalia Bibliothek in Weimar, die einen Turm besitzt. Und der Jenaer Turm war über zwei Jahrzehnte lang als Universitätshochhaus genutzt, angefüllt mit Büchern – ein Bibliotheksturm. [...] Beide Seiten des Dispositivs, die indexikalisch-orientierende und die symbolisch-vergesellschaftende, [...] erreichen, beispielweise [...] mit Johannes Ittens fast vergessenem Glasturm, der als Funkfeuer für den Weimarer Flugplatz dienen sollte, die Moderne«. Engell, Lorenz, *Der Turm als Medium oder: Ausfahrt nach Babylon*, in: Diers, Michael / Grob, Stefan / Meurer, Cornelia (Hg.), *Der Turm von Jena. Architektur und Zeichen*, Jena 1999, S. 147–151, hier: S. 149 f.

zug nach der Wende 1989, ein Leuchtturm der Wissenschaften, den es in dieser Funktion nicht mehr gibt – und der jetzt über neue Nutzungen nachdenken muss. Wie auch Weimar einen Anstoß von außen gut gebrauchen konnte. »[D]er Akkreditierungsprozess [i. e. die Umstellung des Lehrkonzeptes auf die Bologna-Struktur] mit den damit verbundenen Evaluierungen endete in einer nahezu enthusiastischen Einschätzung der Gutachterkommission, die die Weimarer Bauhaus-Universität zu einem ›Leuchtturm‹ der Ausbildungslandschaft im Bereich der Medien erklärte.«[14]

Die offizielle Verlautbarung lässt aufatmen. Erster Tag des neuen Schaffens aus dem Nichts: Licht über den Wassern. Die Hoffnung ist zurückgekehrt. Noch im selben Jahr zieht die Idee repräsentativer Wissenschaft abgeklärt in den ehemaligen Palais Dürckheim ein.

»Die ›Leuchtturm‹-Funktion, in der die Fakultät sich sieht oder die anzustreben sie sich zumindest verpflichtet hat, auch in der Forschung zu erlangen, ist derzeit zwar ein unverändert spannendes, aber bei Weitem kein leeres Versprechen. Die Einwerbung, der Aufbau und die erfolgreiche Platzierung des Internationalen Kollegs für Kulturtechnikforschung und Medienphilosophie (IKKM) in den Jahren 2007/08 zeigt, dass die Medienwissenschaft an der Bauhaus-Universität [...] inzwischen weltweite Anerkennung [genießt].«[15]

Das Weltgeltungs-Signal in der Luft ist wieder intakt. Die Zeiten der DDR[16] sind endgültig passé. Große Namen, die üblichen

14 Engell, *Fakultät Medien*, S. 382.

15 Ebd.

16 »Der neuen Fakultät wurden – teilweise riesenhafte, teilweise winzige und überwiegend in abenteuerlichem Zustand befindliche und bizarr möblierte, in einem sehr weitläufigen Gebäude zudem völlig verstreut liegende – provisorische Räume in der Coudraystraße zugewiesen«. Engell, *Fakultät Medien*, S. 377. Im ehemaligen Scheunenviertel in der Coudraystraße waren in den 60er und 70er Jahren inmitten sanierter

Reisekader, addieren Weimar zur Liste, fliegen ein für viel Geld und machen sich vor Ort nicht unbedingt krumm. Ein direkter Draht zum wissenschaftlichen Nachwuchs, zur Universität etwa oder zum Graduiertenkolleg – den Erfolgsgeschichten von gestern, wenn man so will –, ist im Bauplan nicht vorgesehen. Man ist halt schon wieder weltweit weiter. Die Netze sind anderswo. Der neue Sitz ist diesmal kein Hochhaus, sondern eine Villa mit einem Ruf. Der Ort in der Stadt, um den die Bevölkerung früher einen großen Bogen machte:[17] Adeliger Repräsentationssitz mit Tennisplatz, Thüringenwerk für Elektrizitätsversorgung bei den Nazis, provisorische Haftanstalt der sowjetischen Besatzungsmacht, Sowjet-Geheimdienst-Dienststelle bis 1968, dann Kreisdienststelle des Staatssicherheitsdienstes, Stasi-Club- und Schulungsräume. 1946 zwei Meter hoher Holzzaun, 1969 zwei Meter hohe Mauer, Metalltor, Maschendrahtzaun, Polizeistreifen in Uniform und in Zivil. Schön ist, dass in dem Gebäude heute geforscht wird. Schade ist, dass über das Gebäude, in dem man forscht, keinen Moment lang nachgedacht wird.[18]

»Die Fakultät Medien war [...] von Anfang an mit dem Moment des Überschusses, des Versprechens und des Mehr an Möglichkeit verbunden, kurz: Sie wurzelte immer schon in der Zukunft und tut dies heute noch. Die Fakultät Medien ist damit eigentlich überhaupt kein Gegenstand der Universitätsgeschichte, sondern ein Faktor, vielleicht sogar ein Modell ihrer Fortentwicklung, mindestens jedoch ihrer Gegenwart. Als sie gegründet wurde, war sie auch

... historischer Gebäude Vorzeigegebäude für die Universität errichtet worden. Seemann, Annette, *Weimar: Eine Kulturgeschichte,* München 2012, S. 344.

17 Hier und im Folgenden: Geiser, Kathrin, *Villa Dürckheim – Eine Chronik*, in Hanada, Heike / Hohmann, Katharina (Hg.), *Hotel Van de Velde. Ein ortsbezogenes Ausstellungsprojekt im ehemaligen Palais Dürckheim,* Weimar 2007, S. 66–73.

18 Den GastwissenschafterInnen wird der Ausstellungskatalog HOTEL VAN DE VELDE herausgelegt.

keineswegs von allen Beteiligten als Modell mit langer Laufzeit gedacht.«[19]

Das ist zweifellos spektakulär. Die neue Gründung ist so abgehoben, dass sie eigentlich überhaupt kein Teil der Institution ist – und damit auch eigentlich überhaupt nicht Gegenstand der Universitätsgeschichte. Dass es an diesem Fakultätsort des permanenten Neuanfangs von den, Koselleck zufolge, ständig aufeinander bezogenen, drei verzeitlichten Zeitdimensionen, weder eine gegenwärtige Vergangenheit noch eine vergangene Gegenwart mit ihren vergangenen Vergangenheiten und ihren vergangenen Zukünften geben soll – ausschließlich Erwartungen also ohne Erfahrungen den Ton angeben sollen[20] – ist verblüffend. Was es in Weimar einzig und allein zu geben scheint, ist ein rasender Tisch.[21]

Die Entwicklung der Fakultät Medien der Bauhaus-Universität Weimar zu einem beeindruckenden, innovativen Modell für Medienwissenschaften ist nicht zuletzt auch eine Ost-West-Geschichte und hat viel mit dem Erkennen und Nutzen von Gestaltungschancen zu

19 Engell, *Fakultät Medien*, S. 371.

20 Koselleck Reinhart, *Stetigkeit und Wandel aller Zeitgeschichten. Begriffsgeschichtliche Anmerkungen* in: Ders., *Zeitschichten. Studien zur Historik*, Frankfurt am Main 2003, S. 246–264, hier: S. 249.

21 »Das bedeutet theoretisch und begrifflich, dass die Fakultät Medien sich, anders als nahezu alle anderen vergleichbaren Einrichtungen und anders als zumindest die anderen Fakultäten der Bauhaus-Universität, eben nicht als immer schon vorhanden, als unentbehrlich und unverzichtbar oder als (endlich) wieder eingerichtet begriff, also in jedem Fall als angestammt. [...] Eine Konsequenz dieses Selbstverständnisses war die Eigendefinition der Fakultät über das Gründungsgeschehen: Kaum gegründet, begriff sie Gründungsprozesse als ihr Spezifikum und Gründungskompetenz als ihr Merkmal. Das hat bis heute die für Universitätsverhältnisse ungewöhnliche Folge, dass Anteil an der kollektiven Fakultätsidentität zu haben insbesondere bedeutet, sie zu gestalten oder umzugestalten oder an ihrer Umgestaltung mitzuwirken.«. Engell, *Fakultät Medien,* S. 380. Schön, wenn der kollektive Identitätsumbau bis heute so einfach vonstattengeht.

tun.[22] Mit bemerkenswertem strategischen Geschick.[23] Im Netz-Enzyklopädien-Sound von Wikipedia klingt das so:

»Mit der politischen Wende 1989 begann ein gravierender Prozess des Umbaus der Hochschule mit dem Ziel der Anpassung an die Freiheitliche demokratische Grundordnung und der Einfügung in die internationale Hochschullandschaft. In der Gesamtstruktur gab es mehrere Veränderungen, mit denen überflüssig gewordene Einrichtungen wegfielen. Das Neue zeigte sich besonders 1993, als die ›Fakultät Gestaltung‹ gegründet wurde, mit der die künstlerischen Disziplinen in den Verband der Hochschule zurückkehrten. Mit der 1996 gegründeten ›Fakultät Medien‹ konnte die Progressivität der Hochschule unterstrichen werden. Seit 1996 trägt die Hochschule den verpflichtenden Namen ›Bauhaus-Universität Weimar‹.«[24]

22 »›Bauhaus-Universität Weimar‹. [...] Die aus den Wirren der 1989er Wende geborene Idee der neuen Hochschule hatte ihren Begriff gefunden.« Zimmermann, Gerd, *»Bauhaus-Universität Weimar« – Zur Genese einer Vision*, in *Aber: Wir sind! Wir Wollen! Und wir schaffen! Von der Großherzoglichen Kunstschule zur Bauhaus-Universität Weimar*, Bd. II: *1945/46–2010*, Weimar 2012, S. 431–462, hier: S. 431.

23 »Bereits am 6. November 1995, nach nur vier Wochen der Ausarbeitung, konnte dem Senat das Ergebnis vorgelegt werden. Es umfasste jedoch keineswegs ausschließlich Umsetzungs- und Realisierungsperspektiven. vielmehr war das gesamte Projekt gegenüber dem Ursprungskonzept noch einmal erheblich aufgewertet worden. Das war eine große Überraschung, ein zweiter Coup, denn zu erwarten gewesen wäre natürlich eine Abschmelzung der konkreten Umsetzung gegenüber der rein abstrakten ersten Konzeption.« Engell, *Fakultät Medien*, S. 374.

24 *Bauhaus-Universität Weimar*, in: Wikipedia. https://de.wikipedia.org/wiki/Bauhaus-Universit%C3%A4t_Weimar, [letzter Zugriff: 15.8.2020]. »›Bauhaus‹ – nun im Namen der Universität – stand und steht nicht für die Reduplikation eines historisch vergangenen Modells, sondern für eine zukunftsfähige Programmatik. Nichts hier konnte doch die Nachahmung des alten Bauhauses sein. [...] Dass das Label ›Bauhaus‹ weltweit Türen öffnet, ist zweifellos richtig.« Zimmermann, *Genese*, S. 431 / S. 445. »Der neue Name stellte sich schnell als ein sehr hilfreiches Label für die junge Fakultät heraus, die nun nicht mehr gezwungen war, sich als Abteilung einer Bauhochschule zu rechtfertigen. Sie konnte nun, im Gegenteil, einen großartigen Namen in Anspruch nehmen.« Engell, *Fakultät Medien*, S. 379. Auf der Suche nach Erfindungsreichtum und internationaler Strahlkraft hätte man sich natürlich auch Häagen-Dazs nennen können. Das hätte man aus dem Computer.

Wie beschreibt sich die Fakultät Medien in diesen aufregenden Zeiten selbst? Wie möchte sie von außen gesehen werden? Wie geht sie mit dem ganzen Neue Bundesländer-Abbau-Leuchtturm-Aufbau-Stress um? 2002 drehen Steffi Unrein, Viola Ahrens und Yvonne Andra im Auftrag von STIFT, der Stiftung für Technologie und Innovationsforderung Thüringen, und der Marketing & Öffentlichkeitsarbeit der Bauhaus-Universität Weimar für die Fakultät Medien ein fünfminütiges Image-Video, das auf UniTV Net, das Streaming-Portal der Bauhaus-Uni, gestellt wird. Auf dem Portal wird es 965mal angeklickt und ist zusammen mit dem *Photoshop Tutorium I* mit 4 Stimmen das drittbeliebteste Video nach der *Ringvorlesung: Grundlagen der medialen Kommunikation* mit 5 Stimmen und dem unangefochtenen Spitzenreiter *Sportfreund Killer*, ein im Fachkurs entstandener Kurzfilm zum vorgegebenen Thema ›Warten‹, der 14 Stimmen erhält und 1461 mal angeklickt wird.

PrrrrTschrrraappssschrrr. Tüdelütü tüdelütü brabra tüdeliiüüü.

[Jörg Kachelmann]:
»Ich begrüße Sie ganz herzlich zu unserem heutigen Wetter-Extra aus Weimar. Wie [Sie] schon erwartet haben, [ist] in nächster Zeit mit turrrbulentesten Entwicklungen in der Medienlandschaft zu rechnen. Vor allem in der Mitte Deutschlands kommt es zu weitreichenden Veränderungen. Das Hoch über den übrigen Gebieten, das sind alle die hier rundrum, verlagert sich nach Osten und dort setzt es sich dann dauerhaft über Thüringen fest. Ursache dieses Phänomens ist die Gründung der Fakultät Meeedien an der Bauhaus Universität Weimar. Forschung und Bildung begünstigen diese einzigartige Konstellation. Neu ist die Kombination der unterschiedlichen und sich ergänzenden Medienstudiengänge. Ein genaueres Bild zeichnet uns Professor Lorenz Engell.«

[Lorenz Engell]:
»Jaa. Wir haben hier ein interessantes Experiment zum Erfolg geführt, indem wir in einer Art Treibhaus die verschiedensten Disziplinen zusammen hochgezogen haben. Technologische Disziplinen. Disziplinen der freien und der angewandten Kunst und solche der Kultur- und Geisteswissenschaften. Alle befassen sich mit Medien, aber auf je sehr verschiedene Weise. Dabei ist inzwischen ein enormer Energiegewinn, ein enormer Energiefluss entstanden, der es uns auch erlaubt hat, sehr exotische Pflanzen hier zum Blühen zu bringen. So zum Beispiel eine Professur für Medienereignisse, eine Professur für experimentelles Radio, eine Professur für multimediales Erzählen oder eine für Geschichte und Theorie der künstlichen Welten. Alles Dinge, die anderswo überhaupt nicht wachsen. Entscheidend ist natürlich, was wir dabei ernten. Die ersten Resultate sind sehr ermutigend und ich bin sicher, dass es am Ende ein sensationeller Erfolg sein wird.«

[Jörg Kachelmann]:
»Bemerkenswert ist der Austausch und das Aufeinandertreffen verschiedener nationaler und internationaler Strömungen aus allen Richtungen. Und diese werden von Weimar regelrecht aufgesogen. Der aufkommende frische Wind beeinflusst die gesamte Hochschullandschaft positiv, deren Ausläufer fördern auch die Gestaltung neuer Berufsbilder.«

Medienwissenschaft programmatisch in Termini der Meteorologie zu beschreiben, ist selbstbewusst. Das Bild aus dem Fernsehen aus der anderen Disziplin, das man für sich wählt, sagt, in Bezug auf das Wetter sind wir die Leute vom Fach. Wir können schnell reagieren, wir verstehen das Tagesgeschäft wie auch die Vorhersagen, wir kümmern uns um die Atmosphäre und das, was aus den Nachbarländern

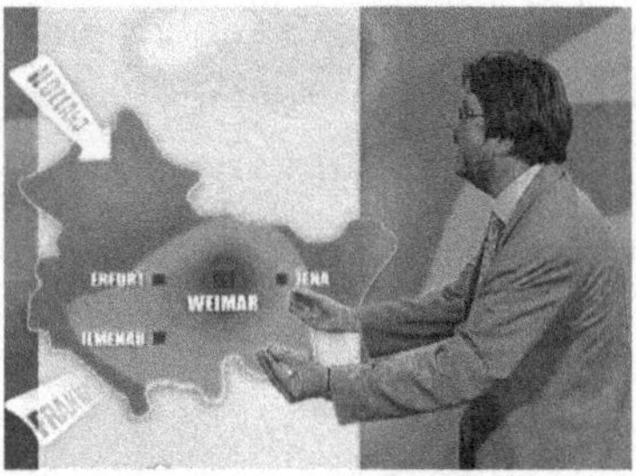

zu uns herüberzieht, und wir sind nach zahlreichen Anläufen anderswo die erste Fakultät, auf deren Professionalität man sich verlassen kann, weil sie ihren Gegenstandsbereich, theoretisch fundiert, nicht nur wegen der Computergrafik im Hintergrund, vom Computer aus denkt. Dass es ausgerechnet die Bauhaus-Universität ist, die in den Medienwissenschaften den Übergang von den noch eher divinatorischen Praktiken, den Künsten der Auslegung der Praktiker, hin zu einer ausdifferenzierten, technologisch mit allen Wassern gewaschenen, rechnenden Netzwerk-Wissenschaft für sich reklamiert, ist eine Pointe. Der Vergleich mit der US-amerikanischen Disziplin, die Schrittmacherdienste bei der Computerisierung der Wissenschaften geleistet hatte, eine Entwicklung, die von den Weather Bureaus hin zur Meteorologie als Fach an den Universitäten führt, unterlegt die Überraschung, die das Bild auslöst, mit einem historischen Modell. Was in der keineswegs nur ironischen Parallele, die Medien und das Wetter und die Disziplin, die beide erfasst, anklingt, ist der Traum von der Leitdisziplin. »The introduction of numerical weather prediction, the creation of forecast weather maps by computer instead of by people – profoundly changed the science of meteorology. The extension of numerical modeling to other scientific and technological undertakings, including simulated atomic tests and biological population studies, would lead to a fundamental change in conducting scientific research. The Meteorology Project, which developed these early atmospheric models, thus spearheaded the introduction of scientific modeling in the twentieth century. The Meteorology Project was the sister project to John von Neumann's Computer Project at the Institute for Advanced Study.«[25]

Ihr werdet euch noch alle umgucken.

Nun ist die Weimarer Fakultät für Medien 2002 im gerade erst vollzogenen Übergang von Wahrnehmungslehre zur Medienphilosophie tatsächlich erst mit einem Bein aus dem Weimarer Wetterbüro heraus. Die Bilder, die sie selbst produziert, können noch nicht nach außen vermitteln, wie viel weiter in der Entwicklung sie eigentlich schon ist. Der Image-Clip dokumentiert daher eine doppelte Zweiteilung. Es ist zunächst einmal die Zweiteilung zwischen zwei Typen von Bildern: zwischen Grün und Schwarz. Um die Kraft der allgemeinen Ansage zu erhöhen, wird zu Zeiten der Namenlosigkeit jemand engagiert, der bereits angesagt ist. Den jeder kennt. Jörg Kachelmann hatte sich zu einer Zeit, als der öffentlich-rechtliche Sektor auf das Satellitenfernsehen zu reagieren suchte, als Aushängeschild von *Das Wetter im Ersten*, das nicht nur ernst sein musste, sondern sich auch Spaßeinlagen in die Vorhersage zu integrieren traute, einen Namen gemacht. »Er hat gezeigt, dass Meteorologie auch ohne Fliege und Drück-Knopf am Band funktioniert. Mit dieser absonderlichen Technik wurden nämlich vor Kachelmann neue Satellitenbilder eingespielt.«[26]

25 Harper, Kristine C, *Weather by the numbers. The Genesis of Modern Meteorology*, Cambridge, Massachussetts, London, England 2008, S. 3

26 Gehlen, Dirk von, *Jörg Kachelmann: Volldepp oder nett?*, in Jetzt.de, Süddeutsche Zeitung, 1.3.2006. https://www.jetzt.de/fallfuerzwei/joerg-kachelmann-volldepp-oder-nett-277310, [letzter Zugriff: 15.8.2020].

Klar, dass es bei ein paar Witzchen und allgemeiner Knopflosigkeit nicht bleiben würde. Neben dem Wetter moderiert der große Ansager in den folgenden Jahren diverse Talkshows und Spieleshows wie *Vorsicht Blöff* und wird im Jahr vor dem Image-Video noch zum ›Botschafter‹ der Deutschen Gesellschaft für Schiffbrüchige ernannt. Was er in den Weimarer Clip einbringt, ist neben Identifizierbarkeit vor allem die Technologie: den professionellen Teil der Präsentation. Sein Teil des Clips wird im Studio seiner Firma, der *Meteomedia AG Gais*, heute *MeteoGroup*, gedreht und erfüllt den Fernsehstandard. Vor grüner Hintergrundkarte wird mit beweglichen Grafiken erklärt, wie die Hochs aus Köln, Hamburg und Berlin abwandern und sich dauerhaft in Weimar festsetzen, wo die neue Fakultät für Medien (überraschenderweise) Forschung und Bildung zusammenbringt. (Die Beschwörung der etwas altbackenen Bildung hatte man in diesem High-Tech-Kontext mit seinen wandernden gelb-orangenen Knubbeln, die am Ende zusammengenäht werden, nicht unbedingt erwartet.) Der Gestus der Außendarstellung ist ein bisschen angestrengt und ein bisschen agonal, wie es sich für Recruitmentvideos halt so gehört, die gut Wetter machen müssen: Wir können etwas, was Köln, Hamburg und Berlin und der namenlose Rest überhaupt nicht können. Das ist schön zu wissen. Dass die Hochs von früher und woanders abwandern und sich nun in einer einzigartigen Konstellation dauerhaft an einem Ort festsetzen – der neu-projektierten Hoch-Burg für Medienwissenschaft –, zerstört eigentlich das Erzählmodell, weil es die Kontingenz aus dem Wetter nimmt, es für seine Zwecke zu kontrollieren sucht, stellt zugleich aber schön das militärisch-strategische Denken aus, dem die Disziplin der Meteorologie ihre Entstehung verdankt. Die Wetterkarte mit den Ortsbezeichnungen ist deckungsgleich mit der Generalstabskarte, dem Sandkasten als Screen, der Truppenbewegungen und Massierungen zeigt und Königreiche fantasiert. Spielereien für Jungs. Ganz Deutschland wandert dauerhaft nach Osten und hat sein Hoch in Weimar. Im Imagevideo in der Überleitung wird nun per unsichtbarem Knopfdruck von TV zu UniTV gesprungen und ein anderes, genaueres Bild eingespielt, eine Direktschaltung zu eben diesem Weimar, wo der Mann vor Ort uns die Details erklärt.

Die ersten Ansichten sind düster, der Mann vom Fach, vom neuen Fach, der Professor für Medienphilosophie dreht sich mit Hut und dunkelblauem Hemd vor schwarzem Hintergrund mit leichtem Lichtreflex in die Kamera und spricht vom interessanten Experiment, dem Treibhaus, das Koeppen schon für Nachkriegsdeutschland beschwor, und dem Hochziehen. Das Erzählmodell ist Alchemie, ein Fach mit ganz langen Wetterohren wird aus der Kopfbedeckung gezaubert, der Mad Professor erklärt die Schöpfung: Aus verschiedensten Teilen eigentlich schon verstorbener Disziplinen haben wir einen neuen Körper zusammengenäht. Die Dinge wachsen wie Pflanzen und auch die internationalen Strömungen können von den merkwürdigen Kreaturen mit sehr exotischen neuen Namen aufgesogen werden. Es wird nicht lange dauern und die ganze Welt wird unter unseren kleinen Schildchen arbeiten. Was hier in der Hochburg zu verzeichnen sei, ist ein enormer Energiegewinn, ein enormer Energiefluss. Die Bilder, die zu diesen Aussagen geliefert werden, teilen dies nicht mit. Als Schaltung in eine alchimistische Wetterbürowerkstatt zum Traum vom Schamanen, der uns das Raumschiff aus den Knochen zu lesen vermag, kommunizieren sie eher ein anderes Skript.

Und so wird denn im Imageclip munter zwischen professionellem Studio und Unibüro mit schwachem Licht hin- und hergeschaltet. Die Prognosen für die neuen Berufsbilder? [Kachelmann] »Über die zu erwartende Entwicklung informiert Sie Professor Charles Wüthrich.« Schnitt. Wieder ist es düster, man hat sich noch immer nicht so recht daran gewöhnt, wieder sind wir in Weimar in der Alchimistenhöhle: Der Professor für Grafische Datenverarbeitung meldet eine erste Störung aus der Dunkelkammer.

[Charles A. Wüthrich]
»Grüezi. Auf Grund einer Störung in unserem Wetterstationsnetzwerk sind wir nicht in der Lage, eine exakte Prognose für die Chancen der Medienabsolventen der Medienfakultät zu erstellen. Aus diesem Grunde müssen wir auf traditionelle Methoden zurückgreifen [sieht an sich herunter auf seinen Schlips] und die Prognose heißt: blumige Aussicht.« Charmant! Ganz so lange gibt es den Umbau ja schließlich auch noch nicht. Das Verfahren um Kopf und Kragen macht Sinn. Mit dem textilen Prozessieren und der Mustererkennung ist nichts aus der Hand gegeben, der Umbauer wäre wieder beim Computer angelangt. Die Zukunft steht auf dem Schlips.

Wie bei jedem mediendiskursiven Ereignis ist auch in Weimar der Ursprung der Absolvenz, die Frage, wie es eigentlich anfing, wie ein Anfang das erste Mal aufhörte, diffus. Was wir wissen, ist, dass die Welt dunkel war und der Beginn ein Fernsehbeitrag, der es zu Berlinalezeiten sogar in die Berliner Stadtzeitung schaffte: »Zum Beispiel die ›Diplomverteidigung Kunstfernsehen‹. Ein Student der Bauhaus Universität Weimar, Fachbereich Mediengestaltung, legt seine Diplomprüfung ab. Im offenen Kanal und natürlich live. An das quietschige setup von ›bubble gum‹ erinnert hier nun nichts mehr: Der Studiobereich ist sakral verdunkelt, vier Herren in dunkel-grauen Anzügen sitzen steif vor Fernsehgeräten, auf denen Videokameras befestigt sind, die wiederum die vier grauen Herren aufnehmen. Prüfling und Prüfer können sich gegenseitig nur via TV sehen, obwohl sie gerade mal je zwei Meter voneinander entfernt sitzen. Zwei Stunden wird der Diplomand, der sich als Freibeuter der Medien bezeichnet, in die Mangel genommen, kommt ins Schwätzen, auch mal ins Stottern, reflektiert die Dekontextualisierung des Rauschens und setzt seine öffentlich inszenierte Prüfung ins rechte Verhältnis zu ›big brothers‹ «[27]. Die Freibeuter der Medien rauschen durchs schwarze All. Die Engel singen. Die Fernseher sind heute dunkel.

Es ist im Bereich der Prognosen, in dem sich im Imagevideo der Fakultät Medien der Bauhaus-Universität aus dem Jahre 2002 die zweite, interne Zweiteilung vollzieht. Sie betrifft die Frage der Politik von Weimar und geht dazu erst einmal zurück zum Genius Loci. Goethes Wetterbericht. Kachelmann weiß Bescheid:

»Hier in Weimar beobachten wir seit jeher günstigste klimatische Bedingungen. Literatur, Musik, Architektur und Kunst sind dafür ideale Indikatoren. Unter dem Einfluss der neuen Medien bildet sich nun ein fruchtbarer Boden für den regen Austausch von Geist, Kultur und Technik. Das Klima für ein üppiges Wachstum [ist] also vorhanden und damit die Sicht frei für neue Ideen und deren Umsetzung vor Ort. Zu den Prognosen jetzt Medienberaterin Anne Werthmann.«

27 Franz, Reinhard, *Erste Absolventen in der Fakultät Medien? Schon im April gab es den ersten*, in: *der bogen* 9 (2000), S. 15.

[Anne Werthmann]:
» Wir gehen davon aus, dass unsere Medienabsolventen ein integrativer Klimafaktor für die Stadt Weimar sind. Die allerdings positive Witterungsfaktoren benötigen. Die Frage dabei ist: welche Verhältnisse dieses Klima unterstützen. Örtlicher Bodennebel aus Erfurt hat in der Vergangenheit dazu geführt, dass unter Medien meist nur Medientechnologie, Informatik oder Filmproduktion verstanden wurden. Durch auffrischenden Wind aus Leipzig von der mitteldeutschen Medienförderung sowie durch kooperative Strömungen vom Kultus- und Wirtschaftsministerium gelangt langsam eine sich erwärmende Luft nach Weimar. Medien werden unter diesem günstigen Einfluss als kreative Experimentierfläche im Raum zwischen New Economy, also auch Online-Diensten, UMTS-Contents, aber auch Internetkunst und Webagenturen angesehen. Es besteht also in Thüringen Aussicht auf experimentierfreudige Medienpolitik. «

[Kachelmann]:
»Die Vorhersage: Das Hochdruckgebiet dehnt sich weiterhin aus und verspricht auf alle Fälle sonnige Aussichten für den Medienstandort Weimar.«

Dann ist Schluss. Die Medienberaterin liest im düsteren Raum ihren Text vom Zettel ab und macht am wenigsten Show. Von welchen Bedingungen hängt die Umsetzung der unbegrenzten Hochgroßwetterlage Weimar ab? (Die sich voller Übermut schon im Oktober 1999 in den Titel der neuen Schriftenreihe geschlichen hatte: »Neue Schriftenreihe der Fakultät Medien. Seit Oktober 1999 veröffentlicht die Fakultät Medien in Zusammenarbeit mit dem vdg-Verlag die Schriftenreihe [me'dien][i] – ausgesprochen Medien hoch i.).« Die Hochstimmung ist einfach überall mit Händen zu greifen. Aber werden die Absolventen es am Ende auch zum Schlips bringen? Die Zweiteilung, die sich auftut, ist eine zwischen Westen und Osten. Bei Werthmann tauchen plötzlich aus dem Dunkel die lokalen Realitäten auf. Örtlicher Bodennebel aus Erfurt, auffrischender Wind aus Leipzig, kooperative Strömungen vom Kultus- und Wirtschaftsministerium, da kommt schon einiges zusammen. Das Akronym UMTS, das Universal Mobile Telecommunication System, wir haben das vielleicht schon vergessen, lief 2000 in der deutschen Öffentlichkeit noch unter ›Unerwartete Mehreinnahmen zur Tilgung von Staatsschulden‹. Der damalige Finanzminister Hans Eichel hatte das Akronym anlässlich der Versteigerung der Lizenzen für diesen Mobilfunkstandard der nun dritten Generation dahingehend aufgelöst. Wir stehen vor einer blühenden schuldenfreien Zukunft mit vielen ganz schnellen Telefonen, die von Weimar aus gedacht werden. Aber Werthmann sieht nicht nur das Telefon, sondern nennt in dem Zusammenhang auch noch ganz explizit das andere, noch viel größere Zauberwort, das die Euphorie und den Hype der neugegründeten Fakultät für Medien besser zu verstehen hilft: New Economy. Das Identitäts-Wetter Extra aus Weimar ist ein New Economy-Video mit allen Schikanen: Unter dem Einfluss der Neuen Medien bildet sich fruchtbarer Boden, in Zukunft wird anders produziert. wir müssen neue Firmen gründen, viele, nie zuvor gehörte, bunte Namen-Luftballons fliegen in die Luft und versprechen einen neuen Aufbruch,[28] was wir im Augenblick erleben ist ein beispielloser Modernisierungsschub mit bislang ungeahnten Jobversprechen,[29] die Computer schnurren, die Telefone klingeln, alle Fächer werden sich nach uns umdrehen. Kneif mich!

Das neue Schaffen aus dem Nichts, eine »Fakultätsneugründung, die ja immerhin ein nicht alltäglicher Vorgang ist, noch dazu, wenn von einer akademisch völlig traditionslosen Fachumgebung, ›den Medien‹, die Rede ist«[30], birgt ein großes Versprechen, speziell in den neu-gegründeten fünf Bundesländern, die ja selbst auch einen immerhin nicht alltäglichen Vorgang bezeichnen. Der Begriff des Medienwandels adressiert Wende-Erfahrungen.[31] Die Situation in

28 »Hier wurde ein völlig neuer Horizont umgriffen, in teils schillernden Begriffskonstruktionen. Es war ja auch Neues, das beschrieben werden wollte.« Zimmermann, *Genese*, S. 439.

29 »Dieser Ansatz trägt auch der wirtschaftlichen Entwicklung des Mediensektors Rechnung, der vor allen Dingen in den gestalterischen und (populär-)kulturellen Bereich hinein expandiert und nach qualifizierten hochschulisch ausgebildeten Arbeitskräften verlangt.« Konzeption für die Medienausbildung an der HAB Weimar. Bestätigt durch den Senat am 6. November 1995, Ms. [Zusammenfassung], o. S.

30 Engell, *Fakultät Medien*, 375.

31 »1.1. Rahmenbedingungen: Das gesamte Feld der Medien befindet sich in rascher Veränderung, die z. T. als kontinuierlicher Wandel. z. T. als umbruchartiger Entwicklungsschub wahrgenommen wird, u. a.: – sehr starke ökonomische Expansion [...] und bisweilen umbruchartige Umstrukturierung (Privatisierung und Kommerzialisierung, [...]). [...] Entstehung neuer Formen der Anwendung im Erwerbs- und im Freizeitbereich. – relativ dichte Abfolge technologischer Veränderungen und Weiterentwicklungen [...]; – merklich beschleunigter Wandel der Alltagsästhetiken (und Moden) kulturelle Verschiebung von Veränderungen im Arbeitszusammenhang sowie im

Weimar ist hier keineswegs außergewöhnlich, sondern im Vergleich mit anderen Ost-Standorten nach den Abwicklungen eher die Regel.[32] Zwei Sehnsüchte prallen aufeinander. Das Fach ohne institutionelle Geschichte trifft auf das Land mit der falschen institutionellen Geschichte. »Lange Zeit war für mich der Turm die Metonymie des Medialen schlechthin.«[33] In Hamburg und Köln wäre

... Kommunikations- und Konsumverhalten (Heimarbeit; Teleconferencing; Teleshopping) bis zum Wandel der Wahrnehmungsgewohnheiten und Alltagsüberzeugungen mit nachfolgenden Änderungen etwa in der Struktur des gesellschaftlichen Zusammenhalts (Familie, Gruppe, Kollegenschaft etc.). [...] Die Hochschule [...] fördert so etwa die Entwicklung neuer medialer Produkte für einen veränderten Markt, verbessert die Fähigkeit des kreativen und produktiven Umgangs mit neu entstehenden medialen Möglichkeiten und Situationen und gibt Hilfen zur Orientierung und zur Akkulturation in einer zunehmend komplexer werdenden Medienumgebung.« Ebd.: S. 3–4.

32 »Ein Aufbau und Ausbau medienwissenschaftlicher Studienangebote ist in Ostdeutschland dringend geboten, nicht nur hinsichtlich der unerläßlichen Forschung, sondern auch hinsichtlich der Lehre: Die Studierenden der kommenden Jahre brauchen zumindest medienkundliche Grundkenntnisse, denn schließlich verlangt der Arbeitsmarkt in allen Sparten mittlerweile weitreichende Fähigkeiten der Öffentlichkeitsarbeit [...]. Bereits vor Beginn meiner Gastlehrtätigkeit beteiligten mich die Hallenser Kollegen an der Erarbeitung eines Medien-Studienganges.« Scheffer, Bernd, *Atmosphärisches, Sachliches, Fachliches – anlässlich einer literatur- und medienwissenschaftlichen Gastprofessur*, in: Muszynski, Bernhard (Hg.), *Wissenschaftstransfer in Deutschland. Erfahrungen und Perspektiven bei der Integration der gesamtdeutschen Hochschullandschaft,* Opladen 1993, S. 262–269, hier: S. 267. »Einer besonderen öffentlichen Aufmerksamkeit erfreute sich der zu gründende Fachbereich Medien- und Kommunikationswissenschaften, gegründet vom Münchener Karl-Friedrich Reimers. [...] Die besondere öffentliche Aufmerksamkeit wurzelte in der Konkursmasse, aus der der neue Fachbereich entstehen sollte [...]. Reimers brillierte als ausgesprochen umtriebiger Macher, zeichnete sich aus durch Sinn für öffentliche Wirksamkeit seines Tuns, hatte wohl als einziger Gründungsbeauftragter eine wirkliche Vision, [...] besorgte dem Fachbereich einen von der Pharma-Industrie gesponserten Marketing-Lehrstuhl, führte die ›1. Internationalen Hochschultage für Medien und Kommunikation‹ durch und hat vor allem eines erreicht: dass sein Leipziger Tun widersprüchlich bewertet wird.« Pasternak, Peer, *Gründer-Zeit in Leipzig. Miszellen*, in: Muszynski, *Wissenschaftstransfer*, S. 273–280, hier: S. 278 f.

33 Engell, Lorenz, *Sinn und Sinnlichkeit, (Turm und Taste). Über Fern- und Nahmedien*, in: Pias, Claus / Vogl, Joseph / Engell, Lorenz (Hg.), *Ausfahrt nach Babylon, Essays und Vorträge zur Kritik der Medienkultur,* [me'dien][i], Weimar 2006, S. 314.

eine solche Entwicklung wahrscheinlich tatsächlich nicht möglich gewesen. Rückblickend mit nicht einem einzigen Wort auf diese Bedingungen der Möglichkeit der Konstellation einzugehen, ist sonderbar. Alle reden vom Wetter. Die Weimarer Fakultät für Medien auch. Die DDR scheint nach wie vor etwas Schmutziges zu haben.

Das Reenactment von Kachelmanns Wettersendung als New Economy-in-den-neuen-Bundesländern-Imagefilm mit lustigen Einlagen erfüllt Mike Kelleys Kriterien der Extracurricular Activity Projective Reconstruction voll und ganz. Das Trauma steht mit der grünen Karte im Raum, finstere Gesellen aus dem Westen haben Spaß. Zum Glück ist Berlin für die Gäste für den zweiten Teil der Woche in der Nähe. Aber das ist alles nur ein erster Anfang. So richtig weit sind wir noch immer nicht. Ich bin wieder auf Seite 1. Wie baut man das Nichts, aus dem man kommt? Das einen umgibt und das man nicht anzuerkennen bereit ist? Und das sich immer weiter dreht und bewegt? *Reversals, Recyclings, Completions and Late Additions.* 2002 überprüft Mike Kelley noch einmal die Grundannahmen seiner projektiven Formationsnachbaumaßnahmen und Reenactments. Dazu geht er zurück zu den Anfängen seiner Konstruktion. Den allerersten Skizzen, die nur ganz grob die ersten Umrisse der Ausbildungskomplexe zeigen. Erste vage Aufteilungen. Im Reenactment ist der Raum, in dem die Bewegungen stattfinden, eine Form des Dokuments. Ein Architekturmodell aus der Erinnerung gebaut unter Nichtberücksichtigung des Grundrisses. »It may well be that our sense of the presence, power, and authenticity of these pieces derives not from treating the document as an indexical access point to a past event but from perceiving the document itself as a performance that directly reflects an artist's aesthetic project or sensibility and for which we are the present audience.«[34]

34 Ausländer, Philip, *The Performativity of Performance Documentation*, in: *PAJ* 84 (2006), S. 9.

Mit diesen Räumen muss man umgehen lernen, sie genauer als nur austauschbare, aufeinander zulaufende Wände unter einer Decke begreifen. Das wird schnell klar, wenn man sie leer lässt. 2008, parallel zum Einzug ins IKKM, werden im Centre Pompidou in *Voids. A Retrospective*, der Mutter aller Reenactment-Ausstellungen, wenn man so will, sieben leere Ausstellungsräume wieder eröffnet, die Künstler seinerzeit verlassen hatten. Was spielt sich hier ab? Kelley schnappt sich aus der Masse Stevenson Junior High School. Kommen wir da noch mit? Wie können wir uns diesem Ort aus der Erinnerung nähern, auch wenn wir nie da waren? Lässt sich die Energie dieses Ortes irgendwie ableiten?

Auf *notsomainstream.com* erinnert sich Ryan Potter an die 80iger Jahre und Teenagerstimmen in der Atmosphäre: »Imagine this. It's 1984 and you're 13 years old. You live in a working-class suburb 30 minutes outside of Detroit. […] One steamy day, the coolest high school kid on the street asks if you've ever dialed the Pipeline. You and your friend look at each other and shrug. The cool guy smiles and tells you to dial three digits, 211, from a push-button phone and then simply listen. He says the Pipeline is a public telephone portal and a great way to meet girls. Three minutes later you're in your best friend's living room, where the two of you flip a coin to see who gets to dial the Pipeline first. You win and experience a brief pang of nervousness as you reach for the green telephone and dial 211. At first there's nothing but silence. You're waiting for the line to go dead, but then you hear voices. Faint at first, but yes, there are definitely people talking. You hear laughter and yelling, but you also catch two-way conversations between people arranging meeting places and exchanging phone numbers. The more you listen, the more you realize how local this mysterious telephone portal is. The meet-up destinations are public places you know well. The phone numbers tossed back and forth are all in your area. Turns out the Pipeline is real. You have no idea how it works, but that means nothing. It's an addictive discovery that occupies the rest of your 1984 summer and many other 1980s summers. You dial in at all hours of the day. There's always activity. The Pipeline is never silent. You eventually say things like Hi! and Hey, anybody out there go to Stevenson Junior High? [...] In the end, The Pipeline was about listening to other young people having innocent fun on an open community phone line that was probably one of the first audio chat rooms in existence.«[35] Wir kommen der Sache schon näher. Um die Stevenson Junior High School herum liegt etwas in der Luft, das transportiert, verbindet, leitet, und das man anzapfen kann. Ein echtes Nichts, wenn man nur die richtige Nummer hat.

Kelley nimmt sich die alten Skizzen vor und verfeinert sie. Die Markierungen aus dem Gedächtnis am Grundriss von Stevenson Junior High werden im Bild schriftlich näher erläutert. Ereignisse, Fantasien und Objekte liegen auf einer Ebene. Da wurde immer die Flagge hochgezogen, da war die Cafeteria, wo man die Strawberry Cap'n' Crunch Cereals kaufen konnte, da war die Mall, der Sumpf, die Rednecks, hier ist die Tafel, da spielten MC5, auf dem Schreibtisch, da kriegte ich Schläge, links, weiß ich nicht, ist nichts. Jede Menge Nichts. Nothing.

35 Potter, Ryan, *Welcome to Detroit: Long Before Internet Chat Rooms, There Was »The Pipeline«*, in: *Not So Mainstream. The Home of Writer Ryan Potter*, 29. März 2013. http://notsomainstream.com/2013/03/29/welcome-to-detroit-long-before-internet-chat-rooms-there-was-the-pipeline/ [letzter Zugriff: 27.01.2015, der Link ist inzwischen tot, aber bei web.archive.org noch auffindbar]. Als ein Beispiel für frühe Telefon-Chatrooms siehe: https://www.youtube.com/watch?v=A_jzE4MV60k, zur 809-Nummer dort: »809 scam« in Wikipedia, https://en.wikipedia.org/wiki/809_scam, [letzter Zugriff: 15.8.2020].

Nothing ist dabei nicht einfach nothing. Schließlich steht es ja da, wie gemalt. Und ist auch noch beschriftet. Nothing ist hier das, wo man aus der Perspektive der Schule nur ahnt, was es sein könnte. Es ist räumlich diffus, ein merkwürdiges Kringelwölkchen, die Wurst am Rande des Tellers, der die Welt ist und zugleich elementar temporal: Es ist eine Lage, die sich aufklären könnte, wenn sie nur bloß nicht dauerhaft wird, die erst noch kommt. Etwas lose Verbundenes, gleichwohl Massiertes, das sich nicht genau ausmachen lässt, das jetzt noch zugezogen ist, eine kurze Störung vielleicht, wie Schnee im Fernsehen, eine schwarze Wolke am Himmel, etwas, wozu wir noch keine Information haben, wo eine Menge Faktoren reinspielen, das hoffentlich ausbalanciert werden kann, das wie eine richtige Nothing-Front da links steht, und uns hoffentlich nicht reinzieht in sein Nichts, das wie eine Architektur für sich daherkommt. Größer als der Fahnenmast rechts, der das Ende zeigt, um den man im Hoch rumsteht, etwas, auf das man Wetten abschließen kann, und das ich jetzt der Kürze halber einfach mal Wetter nenne. Die Atmosphäre. Äther. »The Nothing that Connects Everything.«[36] Mike Kelley baut jetzt also als dritten raffinierten Move das Wetter in sein Reenactment ein. Um sich an seine Ausbildung erinnern zu können, braucht man die Architektur, die außercurricularen Aktivitäten und das Wetter. Diffus und hingebogen. Eine Form von Zufall, die sich hoffentlich messen lässt. Sodass wir dann den Schirm aufspannen können, um nicht nass zu werden oder im Schatten zu stehen oder wegzufliegen. Oder eben auch nicht. Richtig verständlich wird das alles aber erst, wenn man es auch tatsächlich als Modell baut.

36 Milutis, Joe, *Ether. The Nothing That Connects Everything*, Minneapolis 2006; besser noch: Kümmel-Schnur, Albert / Schröter, Jens (Hg.), *Äther. Ein Medium der Moderne*, Bielefeld 2007.

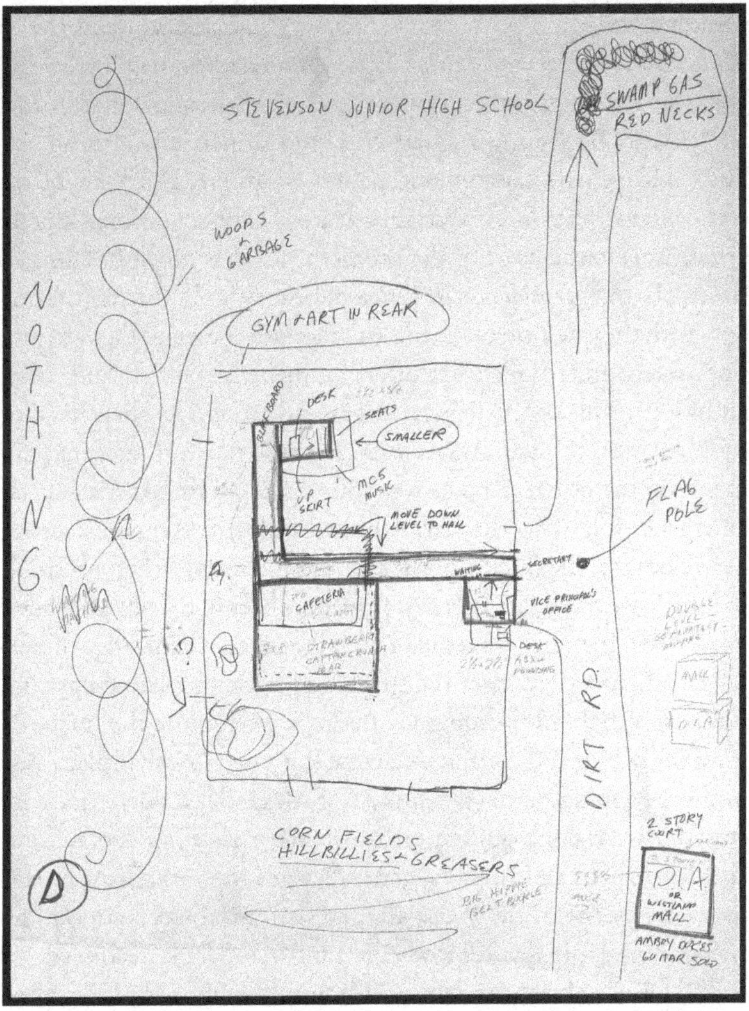
STEVENSON JUNIOR HIGH SCHOOL
SWAMP GAS
RED NECKS
WOODS & GARBAGE
NOTHING
GYM & ART IN REAR
BLACKBOARD
DESK
SEATS
SMALLER
UP SKIRT
MC5 MUSIC
MOVE DOWN LEVEL TO HALL
FLAG POLE
SECRETARY
WAITING
CAFETERIA
VICE PRINCIPAL'S OFFICE
DESK
STRAWBERRY CAPTAIN CRUNCH BAR
DIRT RD.
CORN FIELDS
HILLBILLIES & GREASERS
2 STORY COURT
DIA OR WESTLAND MALL
AMBOY DUKES GUITAR SOLO
D

Der Titel des Mobiles, *Repressed Spatial Relationships Rendered as Fluid, No. 4: Stevenson Junior High and Satellites*, beschreibt den Versuch, verdrängte institutionelle Kräfteverhältnisse zu fassen und zugleich in Bewegung zu halten. Und erinnert zugleich an die bunten Kugeln der zusammengenähten Stofftiere, *Deodorized Central Mass with Satellites*. »An abbreviated history of postwar kinetic art leads us to the heart of the problem […] that might be summarized as both the *speed* and *direction* of history itself. I am concerned here with the question of kinetic art's regressiveness and forward motion, the conflicted glance it offers on its own aesthetic and social ambitions. This conflictedness, organized around its scientific attitudes on the one hand, and its reception as so much art-as-entertainment, on the other, alerts us to a split history accompanying its reemergence following the war. Admittedly, it first seems an exercise in irrelevance, the discussion of such art today. For when we think of kinetic work, particularly as it is encountered in the public sphere, more often than not we recall objects that elicit a faint tinge of nostalgia, a futurist vision of the fifties and sixties that no longer upholds its vanguard promise. Or perhaps we conjure the image of something cold and corporate, a cube stationed in a civic plaza, say, or those seemingly endless numbers of Alexander Calderesque constructions that don't quite approximate the master's sense of tension and balance, in all instances, generalized as they are, the viewer is struck by precisely how *inanimate* and stiff such objects appear, the very antithesis of kinetic. How stilted and mannered. Dead even.«[37]

Mike Kelley bringt in seiner Aluminium-Stahl-Draht-Plexiglas-Konstruktion, die sich je nachdem, wie die Luft sich im Raum bewegt, dreht und ihre Teile immer wieder neu rearrangiert, kinetische

37 Lee, Pamela M., *Chronophobia. On Time in the Art of the 1960's*, Cambridge, MA 2004, S. 93.

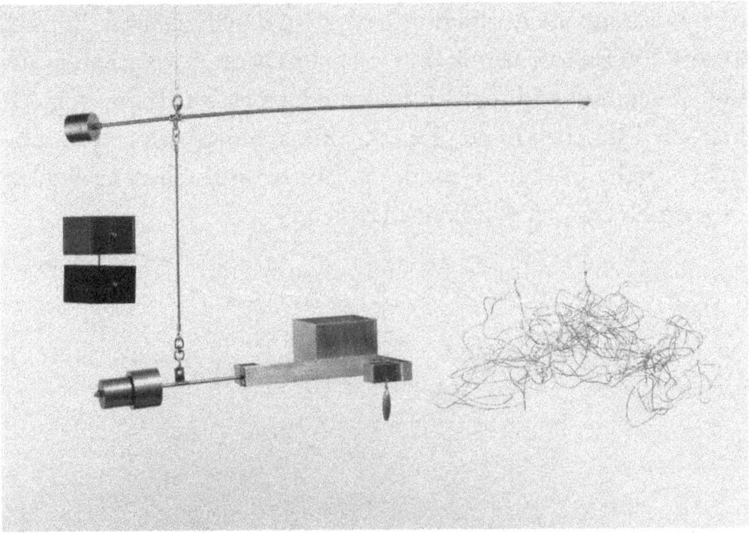

Kunst und Reenactment zusammen. Beim Hinzutritt unserer Körper in seine High School unter der Decke gerät das Modell in Bewegung. Mal liegt uns das Tafelgebäude näher, mal das des fiesen Schulleiters oder Vizeschulleiters, mal Nothing oder der Sumpf. Und fast unmerklich hält es niemals still. Die Gebäude zittern. Und drehen sich im Kreis bei aufsteigender, heißer Luft. Die Himmelsrichtungen werden austauschbar. Architektur hatte sich lange Zeit in erster Linie in Absetzung vom Wetter definiert. Architektur ist das, was uns Schutz vor schlechtem Wetter bietet.[38] (Und vor wildgewordenen Stofftieren natürlich.) Dass Wetter den Zeiten trotzen soll, ›dauerhaft‹, ist die Omnipotenz-Fantasie, die damit Hand in Hand geht.

38 Fletcher, Banister, *A History of Architecture on the Comparative Method*, 1924: S. 1, zit. nach: Hill, Jonathan, *Weather Architecture*, London / New York 2012, S. 2.

Aber wo es um die Ausbildung geht, wird das Wetter jetzt plötzlich kreativ. Ein Faktor, der mit und gegen uns baut. Autorschaften auflöst. Wegnimmt und zugleich addiert. Hat man den Traum vom Militär, die Fähnchen in den Karten, einmal hinter sich gelassen, besteht überhaupt kein Grund, das Wetter stillstellen zu wollen. Medien Hoch Tief. Wir können bauen.

FRAUENFORSCHUNG

I.

»Niemand soll kaufen oder verkaufen können, der nicht das Malzeichen trägt, den Namen des Tieres oder die Zahl seines Namens.«[1] Es hat bisweilen den Anschein, die Systemtheorie habe aber auch wirklich an alles gedacht. Als *Soziale Systeme* bei stw als Taschenbuch erscheint, trägt es die Bandnummer 666. Ist das Buch damit des Teufels? Kann man schon im Vorbeilaufen, nur mit Blick auf seine Stirn davon ausgehen, dass es sich bei dem ›Grundriß einer allgemeinen Theorie‹ um einen apokalyptischen Text handeln muss? Liegt die Entscheidung darüber noch dazu außerhalb der Reichweite dieser Theorie? Kann ein ›Grundriß‹ sich überhaupt sich durchkreuzende, sich verwirrende Linien leisten?

Gegen einen Apokalypseverdacht würden sich die *Sozialen Systeme* auch jederzeit verwahren. Vom Vorwort an geht dieser Text vielmehr entschieden gegen den apokalyptischen Text vor: »Wenn freilich das Begriffsbestimmungsniveau aufgegeben werden würde, würde auch der Zugang zu anderen Möglichkeiten der Linienziehung im Nebel verschwinden, und man hätte es wieder mit unbestimmter, unbearbeitbarer Komplexität zu tun.«[2] Das wäre das Ende. Nebel, das heißt sich verwischende Linien, also unzählige, kleine, dünne Linien über-, neben- und durcheinander, die keinen Platz mehr lassen, für eindeutige Positionierungen, HIER ZIEH ICH LANG, müssen auf Teufel komm raus vermieden werden. Die Linien, auf die sich die allgemeine Theorie stattdessen konzentriert,

1 *Die Offenbarung des Johannes (Apokalypse)*, 13, 17. In: *Die Heilige Schrift des Alten und Neuen Testaments.* Aschaffenburg 1962, S. 335.

2 Luhmann, Niklas, *Soziale Systeme. Grundriß einer allgemeinen Theorie*, Frankfurt am Main 1984, S. 12.

heißen im Bauplan die »bevorzugten Zusammenhangslinien«, später auch die »Vorzugslinien«.[3] (Graphisch wären es die ›dicken‹ Linien). Dabei muss man sie sich als behutsame dicke Linien vorstellen. Provisorische Schienen. Komplexität soll durch sie nicht ausgeschlossen, sondern »aufgehoben« werden: »Die Darstellung der Theorie [...] hält den Zugang zu anderen Kombinationen *offen – vorausgesetzt*, dass ihre Begriffsbestimmungen beachtet oder theoriestellenadäquat ausgewechselt werden.«[4] Ein Wort zu Schreibverfahren.

Präferiert wird ein Ersatzmodell. Eins fürs andere. Wenn die neue Linie kommt, geht die alte weg. Keine Rückstände, kein Rest. Nichts Unsauberes. Was ist von der Vorschrift dieses Textes zu halten? Vom vorgeschriebenen Text? Wie schreibt sich ein systemtheoretischer Text?

Wirft die »Hypothese oder d[as] Programm einer unnachgiebigen Entmystifizierung des apokalyptischen Tons« nicht gerade das Problem auf, dass man »damit anfangen muß, jene differenzierte Feineinstellung der Stimmen und Töne zu beachten, die sie vielleicht über eine unterschiedene und berechenbare Vielheit hinaus unterteilt«?[5] Wie geht man vor? Woran soll man sich halten?

Gegen die Drohung des apokalyptischen Textes hat *Soziale Systeme* zwei Bremsen eingebaut. Bremse 1 ist das Verfahren der Codierung. Dabei muss der Text an der Stelle, an der die Codierung eingeführt wird, weiter ausholen. Zunächst wird das neue Konzept profiliert: »Die Codierung muß als operative Vereinheitlichung von

3 Ebd.

4 Ebd., Hervorhebung R. H.

5 Derrida, Jacques, *Von einem neuerdings erhobenen apokalyptischen Ton in der Philosophie*, in: *Apokalypse*, aus dem Französischen von Michael Wetzel, Graz/Wien 1985, S. 9–90, hier: 70f. »Man weiß in der Apokalypse nicht mehr genau, wer seine Stimme oder seinen Ton dem anderen leiht, man weiß nicht mehr genau, wer was an wen richtet«. Ebd.

Information und Mitteilung durch Alter und Ego gleichsinnig gehandhabt werden. Das erfordert eine dafür ausreichende Standardisierung.« [6] Demgegenüber steht die »Existenz des Kommunikationssystems«, das man sich »wie ein ständiges Pulsieren vorstellen [kann]«.[7] Wenig später folgt dann römisch 3: »Der soeben vorgestellte Kommunikationsbegriff wird als solcher verständlich sein. Um seine Tragweite zu verdeutlichen, soll hier ein kleiner Exkurs eingeschaltet werden. Er betrifft [...] Jacques Derrida.«[8] Derridas Husserl-Lektüre: eine ›Semiologie mit Differenzzentrierung‹. »Das motiviert subtile Analysen des Zusammenspiels von Anwesenheit und Abwesenheit, mit denen Derrida sich beschäftigt. Uns verhilft dieser Ansatz dazu, bei der Analyse von Kommunikation von Differenz auszugehen [...] Mit dem Kommunikationsbegriff, den wir verwenden, sind diese Positionen zunächst abgehängt.«[9] Der Exkurs über Tragweite memoriert den apokalyptischen Text. Er fungiert als Platzhalter einer noch nicht geführten Diskussion. Als Merkzettel. 666. Es ist auffallend, dass der Name, der einen anderen Textumgang mit der apokalyptischen Linienführung vorschlägt, an genau der Stelle, wo die Codierung eingeführt wird, eingeschrieben wird. Es geht in diesem kurzen Abschnitt nur um das Festhalten des anderen Namens. Als Fremdkörper. Stachel im Fleisch. Das Anmelden einer Reserve. Eine Absetzung. Zugleich ein Unwohlsein. Dieses Unwohlsein liegt dem agonalen Modell (»andere Positionen sind abgehängt«) zugrunde.

Eine zweite Bremse gegen die Apokalypse sehen die *Sozialen Systeme* mit der Entscheidung für eine bestimmte Form von Theoriesprache vor. Diese Theoriesprache inszeniert eine Mortifikations-

6 Luhmann, *Soziale Systeme*, S. 197.

7 Ebd., S. 200.

8 Ebd., S. 201.

9 Ebd., S. 202f. (Was soll das heißen: »von Derrida nehmen wir uns *Differenz*?«)

logik. Fremde Stimmen werden einverleibt, verschluckt, um sie in eigene Stimme überführt wiederzugeben. Eine Theorie, die, nimmt man es genau, ohne Zitat auskommt,[10] und die man mit einem Namen aus der Philosophie ›Hegel‹ nennen könnte.[11] Probleme wirft ein solcher Text vor allem für Hegelianer auf.[12] Wie attraktiv

10 »Sie haben die Gewohnheit oftmals an zentralen Stellen lapidar auf ganze Theorien zu verweisen, etwa auf Spencer Brown, Gotthard Günther oder Michel Serres, oder auf die gesammelten Werke von Vertretern ganzer Epochen wie die französische Klassik oder die deutsche Romantik [...] Welchen systematischen Stellenwert haben diese vielen Verweise? Über den Zusammenhang der zitierten Schriften mit den sie zitierenden Stellen könnte man gewiß Dissertationen schreiben, denn er bleibt öfters vage. Um einmal konkret zu werden: Inwieweit ist ein Verweis auf Spencer Browns ›Laws of form‹ ein Argument, das wichtig ist über seine Rolle als Metaphernlieferant hinaus? Sind die Berührungspunkte zwischen Brown und Ihnen wirklich derart, daß es sich lohnt, bei Brown nachzulesen, um die Textstelle bei Ihnen besser zu begreifen? *Luhmann weist bei der Beantwortung dieser Frage darauf hin, daß die Verwendung der Begriffe Spencer Browns oder ein Verweisen auf seinen Text vor allem die Funktion der ›Dokumentation von Anregungen für die eigene Arbeit‹ habe. Von einer metaphorischen Verwendung könne nicht die Rede sein, allerdings erschienen die Begriffe oder Konzepte in einem neuen Kontext*«. Breyer, Gerald / Luhmann, Niklas, *Die Systemtheorie zwischen Involution und Normativität. Ein Interview mit Niklas Luhmann*, in: *Symptome* 10 (1992), S. 49.

11 Zu ›Hegel‹: »Die Philosophie verhindert ihr Überflüssigsein, indem sie einen Überfluß an Autoren trinkt und kein Wort übrigläßt«. Kittler, Friedrich A., *Aufschreibesysteme. 1800–1900*. München 1985, S. 168. Vgl. dort auch: »eine Paraphrasierung so buchstabenfern« (169); »[i]n der Phänomenologie des Geistes sagt der aus dem Buchstaben herausgezogene Geist, frei zitierend wie immer« (ebd.); »im unzitierten Zitatteil« (170); »Hegel lügt« (ebd.). »In einem Alter, in dem auch die produktiven und originelleren Köpfe leicht zum Festredner der eigenen Erfolge werden, scheint Luhmann theoretisch erst ganz zu sich selber zu kommen«. Kieserling, André, *Vorwort des Herausgebers*, in: Luhmann, Niklas, *Universität als Milieu. Kleine Schriften*, hg. v. André Kieserling, Bielefeld 1992, S. 7–15, hier: 9.

12 »›Systemtheorie‹ ist hier nichts anderes als die übliche unpersönliche Substitution des Namens ›Niklas Luhmann‹« (Gumbrecht, Hans Ulrich: *Noch eine Geschichte der spanischen Literatur? (Auszug)*. Suhrkamp Verlagsprospekt. Zu: *Eine Geschichte der spanischen Literatur*, S. 85), Fuchs, Peter: *Niklas Luhmann – beobachtet. Eine Einführung in die Systemtheorie*. Opladen 1993, »Im besonderen habe ich natürlich an erster Stelle Niklas Luhmann zu danken. Seine Toleranz gegenüber dem, was über ihn gesagt wird, grenzt geradezu an Heiligkeit [...] Da ich mich trotz seiner Zugäng-

ist das Postulat des einstimmigen Textes? Worin liegt der Reiz, die eine Stimme weiter auszudifferenzieren? Ist es »the hidden pretext for writing in my own signature behind his back«, wie es in einem Buch heißt, das *Jacques Derrida* heißt?[13]

Writing my signature in his name? Wir haben die Offenbarung aus den Augen verloren. Hier macht im Entscheidungskampf Lamm gegen Drache ein hybrides Tier einen Unterschied. Und zwar zweimal. Da ist das erste Tier: 10 Hörner, 7 Köpfe, 10 Diademe, 7 Namen voll Lästerung. Panther, Bär, Löwe – von jedem ein Teil. Dieses Tier kämpft für den Drachen, der »ihm seine Macht, seinen Thron und große Gewalt verlieh«[14], macht was. Dann kommt Tier 2, »es hatte zwei Hörner wie ein Lamm, redete aber wie ein Drache«[15], hat also etwas von beiden Seiten der Grund-Unterscheidung. Dieses Tier ist für das ›Wie‹ vom ›Was‹ von Tier 1 zuständig. Es setzt Tier 1 in Szene. Überführt es in ein Bild. Man könnte es als zweites Ordnungstier lesen. Dann wird gekämpft.

Zu einem Zeitpunkt, wo in der Systemtheorie noch das Autopoiesis-Konzept im Vordergrund steht, bekommt ihr erster Großentwurf, ihr ›erstes Buch‹, gewissermaßen im Vorgriff auf seine

… lichkeit aber manchmal – um mit Musil zu reden – vor seinen funkelnden Brillengläsern wie ein spielendes Kind vor zwei Kanonenrohren vorkam, habe ich die Fragen, die an ihn zu richten mich genierte«, (Schwanitz, Dietrich: *Systemtheorie und Literatur. Ein neues Paradigma.* Opladen 1990, S. 267) jemand anderem vorgelegt. »Wer Niklas Luhmann kennt«, Fußnote 3 »Aber wer kennt Niklas Luhmann?«, wieder oben »wird es schwierig finden, sich vorzustellen, daß er damals ein typischer Beamter gewesen sein könnte. Um so leichter freilich läßt sich das Kopfschütteln seiner Vorgesetzten imaginieren, als der unprätentiös auftretende Hölderlinleser [...] sich trotzdem als Profi erwies« (Kieserling, *Vorwort des Herausgebers*, S. 10). Heiliger, Beamter, Hölderlinleser. Wie läßt sich das überraschende Überborden des biographischen Subtextes in systemtheoretischen Arbeiten erklären? Wieso eigentlich ›Hölderlinleser‹?

13 Bennington, Geoffrey / Derrida, Jacques, *Jacques Derrida*, Chicago 1993, S. 316.

14 *Die Offenbarung des Johannes (Apokalypse)*, 13, 2. In: *Die Heilige Schrift des Alten und Neuen Testaments.* Aschaffenburg 1962, S. 334.

15 Ebd., 13, 11.

eigene Zukunft eins auf den Deckel: die Zahl 666, das Zeichen für die Beobachtung zweiter Ordnung. Als Mal, eins (666)[16] im Sinn. Was die Beobachtung der zweiten Beobachtung 666 zuallererst aufwirft, ist die Frage der Schreibweise des wissenschaftlichen Kommentars. Beobachtungen zweiter Ordnung lassen sich in einem Text nicht einfach behaupten. Man muss sie, so trivial das klingt, erst mal schreiben. Das ist besonders schwierig in einem Bereich wie dem der literarischen Texte, der selbst unentwegt im Medium von Sprache Beobachtungen über Sprache anstellt. Die Beobachtung n-ter Ordnung der Beobachtungen n-ter Ordnung wird sich an der Komplexität ihrer eigenen Unterscheidungen messen lassen müssen. Und die müssen sich bewegen können. Beobachtungen zweiter Ordnung sind genaugenommen eine ausgezeichnete Ebene performativer Operationen. An genau der Stelle werden die Texte gemeinerweise aber auch apokalyptisch. Vielleicht ist die Beobachtung zweiter Ordnung ja gerade die Einflugschneise für den apokalyptischen Text.[17] Der Ort, wo es spannend wird.

Mit der Maßgabe der Selbstreflexivität sind gehörige Anforderungen an die Schreibweisen des Kommentars verknüpft. Ist für diese

16 »Seit 1800 Jahren rätselt man an der Auflösung der Zahl 666. Schon Irenaeus wußte nicht, was sie bedeuten soll. BERENGAUDUS warnt: Laßt das Rechnen, sonst rechnet ihr noch euern eignen Namen heraus«. Stauffer, Ethelbert, *Christus und die Caesaren. Historische Skizzen*, München und Hamburg 1966, S. 273.

17 »Die Post, so erklärt ›unser Postamt‹ weiter, muß alles befördern, was nicht gegen das Gesetz verstößt. ›Sie leistet damit einen unverzichtbaren Beitrag für die Gestaltung unseres gesellschaftlichen Lebens.‹ Schon Kant hat diesen Beitrag in seiner ›Beantwortung der Frage: Was ist Postverkehr?‹ beschrieben. Der Briefträger muß einen Brief mit der Postleitzahl 666 austragen, auch wenn für ihn diese Zahl das Symbol für das Ungeheuer der Apokalypse ist. ›Aber als Gelehrter hat er die volle Freiheit, ja sogar den Beruf dazu, alle seine sorgfältig geprüften und wohlmeinenden Gedanken über das Fehlerhafte in jenem Symbol, und Vorschläge wegen besserer Einrichtung des Postleitzahlwesens dem Publikum mitzuteilen.‹ Ja, der Postillon war in jenem bürgerlichen Deutschland, das alles von der Kommunikation erwartete, der Heros des gesellschaftlichen Lebens«. Bahners, Patrick, *Innere Bereitschaft*, in: *FAZ*, 02.02.1993, S. 29.

Anforderungen eine Fixierung auf binäre Codes hilfreich? Zweifellos werden im Rahmen eines Codemodells Abschlussbewegungen ungemein erleichtert. Und Abschlussbewegungen braucht man schon allein aus Gründen der Disziplin. Luthers Randkommentar zur Offenbarung hatte genau darauf abgehoben. Er betont den Zusammenhang von Zahl und Institution. Genauer von Zahl und Dauer der Institutionalisierung. »Das sind sechshundert und sechs und sechzig jar. So lange stehet das weltliche Bapstum.«[18] 666 Jahre Herrschaft der Systemtheorie? Nun ist die Systemtheorie im Bereich der Literaturwissenschaft bislang nicht gerade die Offenbarung. So die Selbsteinschätzung: »[D]ie systemtheoretische Literatur- und Kunstwissenschaft [erschöpft sich] vielfach darin [...], darauf hinzuweisen, daß – um ein beliebiges Beispiel zu geben – das ›Kunstwerk [...] seinen gesellschaftlichen (= sozialen) Status aus seiner Funktion als Medium der Kommunikation (beziehe)‹ oder etwa daß die ›Differenz zwischen dem sozialen System Kunst und der es umgebenden Welt‹ [...] dann ›zum Ausdruck‹ komme, wenn die ›Kontextdifferenz‹ des ›Kunstwerkes‹ zur ›Kommunikationsofferte‹ werde [...] Leitdifferenzen [werden] generell und meist stillschweigend [...] bestandsfunktionalistisch motiviert [und die] Funktionszuschreibung [...] markiert selbst wiederum eine höchst abstrakte Klasse funktionaler [...] Äquivalente [, die letztlich ihren Ausweg in der] Subgliederung in die mehr oder minder tradierten Epochen bzw. Literaturen (Romantik, Realismus, Ästhetizismus, Avantgarde, ›Postismus‹) [sucht].«[19]

18 Luther, Martin D.: *Biblia. Das ist die gantze Heilige Schrifft. Deudsch auffs new zugericht*, Bd. 3, hg. v. Hans Volz, München 1974, S. 2496.

19 Ort, Claus-Michael, *Sozialsystem »Literatur« – Symbolsystem ›Literatur‹. Anmerkungen zu einer wissenssoziologischen Theorieoption für die Literaturwissenschaft*, in: Schmidt, Siegfried J. (Hg.), *Literaturwissenschaft und Systemtheorie. Positionen, Kontroversen, Perspektiven,* Opladen 1993, S. 269–294, hier: 279 und 286.

Liest man das alles, wird man den Eindruck nicht los, als ginge das Fehlen eines Textbegriffs in der systemtheoretischen Literaturwissenschaft mit einem missing of the linguistic turn der Sechziger einher. Mit all dem, was daran hängt; mit allen aufgelösten alten Einheiten: wie Werk, wie Epoche, wie Autor, wie wahr.[20] Ist das zwingend so? Muss die Systemtheorie am Ende nur übergreifendes Reflexionswissen zur traditionellen Autorphilologie liefern? Ist womöglich entgegen der Theorieanlage gerade die Sehnsucht nach Entdifferenzierung ein Motor ihrer Rezeption? Das missverständliche Versprechen, schon durch das Erlernen eines ersten Basisvokabulars großflächig Aussagen über Recht, Religion, Kunst, Wirtschaft, Liebe treffen zu können? Anderen Teilsystemen auf die Sprünge zu helfen? Ist so ein Antrieb vielleicht der der Möglichkeit einer avancierten Beerbung von Geschichtsphilosophie? Mit ein, zwei Griffen wieder Zeitdiagnostik betreiben zu können?[21] Im Drei-

20 »Durch Beispiele habe ich Ihre Aufmerksamkeit auf ein paar schlichte Äußerungen gelenkt, die als performatorische oder performative Äußerungen bekannt sind. An der Oberfläche haben sie das Aussehen – oder jedenfalls die grammatische Politur – von ›Aussagen‹; nichtsdestoweniger zeigt genaueres Hinsehen, daß sie *keine* Äußerungen darstellen, die ›wahr‹ oder ›falsch‹ sein könnten«. Austin, John L., *Zur Theorie der Sprechakte. (How to do things with Words)*, Deutsche Bearbeitung von Eike von Savigny, Stuttgart 1979, S. 34. »Die Wahrheit der konstativen Äußerung ›Er läuft‹ hängt davon ab, ob er läuft [...]. [O]b ich mich erfolgreich entschuldige, hängt davon ab, ob meine performative Äußerung ›Ich entschuldige mich‹ glückt«. Ebd., S. 65. »Allerdings sind wir nun in großer Gefahr etwas zu tun, das wir keinesfalls tun dürfen: nämlich als selbstverständlich annehmen, wir wüßten irgendwie, daß Sätze (weil es so sein müsse) im primären, primitiven Stadium als Feststellungen oder Behauptungen gebraucht würden, so wie die Philosophen das am ehesten verstehen; daß man einfach etwas äußert, das nichts weiter will als wahr oder falsch sein und in keiner anderen Dimension der Kritik ausgesetzt ist«. Ebd., S. 93. »Überlegen Sie aber auch einmal, ob die Frage nach dem Zutreffen einer Feststellung so furchtbar objektiv ist. Wir fragen: ›Ist die Feststellung genau? [...] Ist also eine konstative Äußerung immer wahr oder falsch? [...] Was soll man auf diese Frage antworten – ob es wahr oder falsch ist, daß Frankreich sechseckig ist? Es ist eben eine grobe Feststellung«. Ebd., S. 161 f.

21 »Wo kommt sie [eine gewisse Gereiztheit] her? [...] Liegt es am Motiv der Systemtheorie-Lektüre? Zum Beispiel Goetz, warum liest er sowas? Einmal (vielleicht nicht

phasenmodell der Weltgeschichte? Sauseschritt? Die Systemtheorie befriedigt zunächst einmal das Bedürfnis nach starken Aussagen.[22] Kann man eine Theorie für die Effekte ihrer Rezeption verantwortlich machen? »Das N. L. zu gebrauchen beim Lesen, *non liquet.*«[23]

... immer) deshalb, *um eigene Gedanken auszuschalten und so vielleicht endlich mal Zutritt zu einem Begriff des gegenwärtigen 20. Jahrhunderts zu kriegen.* Liegt es also daran, daß Beobachtungsbeobachter sich gern in epochalen Diagnosen versuchen, daß sie ihr Theorem nicht einfach verwenden, sondern es in der ›Signatur des Zeitalters‹ verankern und absichern wollen? Daß sie ihre Beobachtung direkt als Zeitalterbesichtigung, Epochenphysiognomik, Gegenwartsgroßdiagnostik auslegen? [...] Und offenbar werden Erben der Geschichtsphilosophie [...] zu Helden der Paraphrase«. Stanitzek, Georg, *In unseren Kreisen. Bildbeschreibung*, in: *Der Alltag*, 66 (1994), S. 183–190, hier: 186.

22 Sie vermag etwa zu begründen, warum man nicht zum Fußball geht. »Kultur entsteht, wenn wir diesem Wink folgen, immer dann, wenn der Blick zu anderen Formen und anderen Möglichkeiten abschweift, und eben das belastet die Kultur mit dem Geburtsfehler der Kontingenz. Will man das vermeiden, muß man ein unmittelbares Objektverhältnis suchen, also dem Fußballspiel gespannt folgen oder die Verzierung eines Gefäßes [DFB-Pokal? R. H.] bewundern. Etwaige Überraschungen äußern sich dann in der Form der Bewunderung (admiratio) oder des Staunens, aber nicht in der vergleichenden Feststellung von Besonderheiten oder in dem Versuch, Erklärungen für spezifische Formwahlen zu finden. Bewunderung und Staunen sind demnach ›vorkulturelle‹ Erlebnisformen, die nur nachträglich, nur von uns als Kultur beschrieben werden. Und es ist denn auch kein Zufall, daß die Romantik (insbesondere Ludwig Tieck) die Reihe Bewunderung/Verwunderung/Staunen/Erschrecken nur noch ironisch behandeln kann«. Luhmann, Niklas, *Kultur als historischer Begriff*, in: Ders., *Gesellschaftsstruktur und Semantik. Studien zur Wissenssoziologie der modernen Gesellschaft*, Bd. 4, Frankfurt am Main 1995, S. 31–54, hier: 48 f. Insbesondere Tieck wäre schon nicht zum Fußball gegangen. Fußballfans werden staunen. Eigentlich machen wir im Stadion nichts anderes als »vergleichende Feststellungen von Besonderheiten« und »Versuche, Erklärungen für spezifische Formwahlen zu finden«. Schließlich sind wir jedes Spiel da. Und kucken auch Fernsehen. Und lesen. Spielen Sie mal mit hängendem Außen. Es hat nie geschadet, sich die Sachen, über die man schreibt, auch mal anzukucken. Hinter starken Aussagen verbirgt sich nicht selten eine kleine Moral.

23 Lichtenberg, Georg Christoph, *Sudelbücher*. Heft J. 406, in: Promies, Wolfgang (Hg.), *Schriften und Briefe*, Bd. 1, München 1968, S. 714. »non liquet, lat. ›es ist nicht klar‹; historische Formel, abgekürzt N. L., womit ein Richter auf dem Stimmtäfelchen erklärte, daß er über Schuld oder Unschuld eines Angeklagten nicht entscheiden wolle«. Kommentar zu Band 1. In: ebd., K I+II, München und Wien 1992, S. 581.

Nun liegt die Beobachtung einer anderen Sprache, Textlektüre, gar nicht im Interesse einer Supertheorie (die folgerichtig auch kein Instrumentarium dafür anzubieten hat). Lesen tut die Systemtheorie nicht. Man könnte natürlich den Lektürebegriff verabsolutieren und sagen, ein jeder Text liest. Wenn man schreibt, liest man auch: »(I read while writing: slowly, taking pleasure in long prefaces to each term.)«[24], eine basale Differenz Lesen/Schreiben lässt sich in der Tat nicht behaupten; man würde nur, wenn alles einfach Lesen ist, nicht mehr den unterschiedlichen Stellenwert von Beobachtertext und Beispiel – zitiertem Text, interpretiertem Text – in Dekonstruktion und Systemtheorie in den Blick bekommen. Einen Unterschied machen können. Mir kommt es hier auf dieses ›long prefacing each term‹ an, das für Derrida zur näheren Bestimmung von Lesen offensichtlich dazugehört. Und auf ›pleasure‹. Es geht nicht um den Aufbau von Emphasen, sondern um Beobachtungstechniken in den Fällen, wo Texte auf Performanz hin beobachtet werden. Wie wörtlich darf man sie nehmen? Gelesen wird in der Systemtheorie genaugenommen erst auf der Ebene ihrer Zusatzannahmen. Ihrer Theorieimporte. Wenn sich die ihr verpflichtete Literaturwissenschaft aber letztlich dort entscheidet, stellt sich die Frage, wie frei sie in der Wahl ihrer Anschlüsse ist. Könnten Systemtheorie und Dekonstruktion etwa zusammengehen? Systemtheorie und Diskursanalyse? Die Alten-Kategorien-Auflöser? Welche Chance hat der jeweilige Beispieltext, sich nicht »theoriestellenadäquat« zu verhalten? Ein Beispiel, das nicht irritieren kann, ist belanglos. Man wird den Eindruck nicht los, dass die Spezifik der systemtheoretischen Texte in der Literaturwissenschaft in zweierlei Dingen besteht: In Code und Paraphrasen. Gibt es zwischen beiden Momenten vielleicht einen Zusammenhang? Das Moment der Para-

24 Derrida, Jacques, *Positions*, S. 110.

phrase scheint mir in systemtheoretischen Texten notwendiger zu sein als in anderen Texten.

Lassen wir die Konzeptparaphrasen,[25] Luhmann/Spencer Brown als Bildungszitat, hier einmal beiseite.[26] Sie verweisen nur darauf, dass Luhmann in der Rezeption natürlich selbst auch ein ›Klassiker ist, weil er ein Klassiker ist‹[27]. Mich interessiert zunächst die Paraphrase der literarischen Texte in den systemtheoretischen Lektüren. Was lässt sich von einem (literarischen) Text überhaupt paraphrasieren?[28] Paraphrasen sind auf der einen Seite unvermeidlich.[29] Gleichwohl scheint es mir von Bedeutung zu sein, einmal zu fragen, was eigentlich deren basale Einheiten sind. Kann es mehr sein als eine bloße Fabelrekonstruktion? Das Handlungsgerüst? Was ist das, eine Paraphrase? Und wieviel Paraphrase braucht der Text? Die Paraphrase gehört zu den Redaktionsübungen der Rhetorik. »Muttersprachliche Texte [werden] durch paraphrasis nach den Änderungskategorien [*adjectio*, Hinzufügung eines neuen Bestandteiles; *detractio*,

25 Mit Blick auf Fußball: Esser, Hartmut, *Der Doppelpaß als soziales System*, in: *Zeitschrift für Soziologie*, 20 (1991), H. 2, S. 153–166.

26 Das Leib-und-Magen-Zitat »Draw a distinction« kommt im Büchmann zwischen »Doubt thou, the stars are fire« und »Early to bed and early to rise« zum Stehen. Büchmann, Georg, *Teil 3. Zitate aus der englischen Sprache*, in: *Geflügelte Worte*, Frankfurt am Main und Hamburg 1957, S. 335.

27 Luhmann, *Soziale Systeme*, S. 7.

28 »Man kann das ethische Moment des Inhalts eines Werkes mittels der Nacherzählung wiedergeben und teilweise transkribieren [...] Viele Literaturkritiker und Literaturhistoriker beherrschten die Aufdeckung des ethischen Momentes mit Hilfe durchdachter halbästhetischer Nacherzählung meisterlich«. Bachtin, Michail: *Das Problem von Inhalt, Material und Form im Wortkunstschaffen*, in: Ders., *Die Ästhetik des Wortes*, hg. v. Rainer Grübel, Frankfurt am Main 1979, S. 95–153, hier: 125 f.

29 Mit ›Textnähe‹ nur zu sich selbst: »This paraphrastic moment, even if it appeals to a minimal competence [...] is already an interpretive reading. This moment, this layer already concerns interpretations and semantic decisions which have nothing ›natural‹ or ›originary‹ about them and which impose, subject to conditions that require analysis, conventions that henceforth are dominant«. Derrida, Jacques, »Afterword. Toward an Ethic of Discussion«, in: *Limited Inc.*, Evanston, IL 1988, S. 111–160, hier: 144.

Weglassung eines Bestandteiles; *transmutatio*, Platzwechsel eines Bestandteiles und *immutatio*, Ersatz durch einen fremden Bestandteil] verändert, wobei besonders auf die Weglassung oder Hinzufügung des *ornatus* und auf die Einhaltung eines verlangten *genus elucutionis* [humilis, mediocris, gravis] Wert gelegt wird.«[30] Spätestens im achtzehnten Jahrhundert wird die Paraphrase scharf attackiert: »Ueberdem, m. Fr. ists eine Art von dummachender Arbeit, sich frühe an Paraphrasen zu gewöhnen. Den Text verstehen, d.i. *sehen* müssen Sie doch lernen; warum wollten Sie also nicht lieber gleich mit eignen Augen sehen wollen und erst durch fremde Brillen ihr Gesicht verderben. Lernen Sie die Sprache: nehmen Sie das Wörterbuch, und allenfalls Anmerkungen, Meynungen, Commentate zur Hand [...]; diese [...] forschende Geduld wird Ihnen bald alle fertige Paraphrasen, denen Sie nur nachschwimmen dorften, verleiden [...] Die Commentare, über die Sie mich fragen, pflegt man in Sach- und Wortcommentare zu unterscheiden und Sie vermuthen selbst, welche ich vorziehe? unstreitig die letzten.«[31] Damit hätte sich aber in letzter Konsequenz die Frage nach der Paraphrase auf die Frage der Übersetzung hin verlagert, bis hin zur Notwendigkeit des Wechsels der Informanten, wie ihn die Ethnologie anregt: »Ein letzter Hinweis: man trenne sich von Zeit zu Zeit von seinen Dienern und regelmäßigen Informanten und treffe unbekannte Menschen: dann erfährt man, wie schlecht man ihre Sprache spricht.«[32]

In der systemtheoretischen Literaturwissenschaft hat die Paraphrase die Kategorie des ›Werkganzen‹ zum Fundament, das durch

30 Lausberg, Heinrich, *Elemente der literarischen Rhetorik*, München 1987, S. 156.

31 Herder, Johann Gottfried, *Briefe, das Studium der Theologie betreffend*, in: *Sämtliche Werke*, Bd. 10, hg. v. Suphan, Bernhard, Berlin 1879, S. 251ff.

32 Evans-Pritchard, E. E., *Einige Erinnerungen und Überlegungen zur Feldforschung*, in: Ders., *Hexerei, Orakel und Magie bei den Zande*, Frankfurt am Main 1978, S. 326–347, hier: 346.

den Autornamen zusammengehalten werden soll, was sich in vielem wie eine Überführung des alten Modellbegriffs liest. Kann es in der Literaturwissenschaft darum gehen, die Elixiere des Teufels zu lesen? Eine solche Lektüre würde den Status von Autorität verkennen. Statt der ominösen Konstruktion einer Klassikerstimme sollte man eher versuchen, die Einheit des Werkes möglichst radikal aufzulösen und Problemformulierungen an deren Stelle zu setzen, die Reihenbildungen ermöglichen. Wie weit kommt man mit seinem Text, wenn man den Teufel erst klingeln lassen und ihm dann die Haustür aufmachen muss, nur um zu sagen, dass er bereits in der Wohnung ist? »Der Paraphraseur [...] pocht auf die Ermüdung des Hörers als Argument.«[33] Was können codefixierte Lektüren überhaupt prozessieren lassen? Stößt das Codemodell vielleicht gerade bei der Textlektüre auf seine Grenzen? Was ist das Verhältnis von Code und Text? Wieviel Text kann ein Code vertragen? Was ist das Verhältnis vom Code zu dem, was an dessen Stelle tritt: der Paraphrase? Was kompensiert dafür das Übermaß an Paraphrase? Könnte man vielleicht die Funktion des Codes in den systemtheoretischen Lektüren als Paraphrasierungsregel bestimmen?

Wie kommt man überhaupt auf einen Code? »Wie manifest oder latent – auf welchem Abstraktionsniveau also – thematisiert bzw. konstruiert welches literarische Textkorpus die jeweilige ›Leitdifferenz‹? Wieviele Selektionsschritte sind demnach nötig, um sie aus der Semantik von Texten zu rekonstruieren, die sie nicht explizit thematisieren, wie hoch also ist ihr ›Informationsgehalt‹ relativ zum Textsubstrat? An welchen medialen Orten und in welchen Subdiskursen werden bestimmte Leitdifferenzen bzw. Selektionskodes zu welchen historischen Zeitpunkten thematisiert? Wie ist deren jeweils

33 Einstein, Carl, *Paraphrase*, in: *März. Eine Wochenschrift*. Hrsg. Von Ludwig Thoma und Hermann Hesse. 5. Jg., Heft 40, 3. Oktober 1911, S. 114–115, hier: 115.

historisch variable ›semantische Ausstattung‹, d. h. welchen semantischen (etwa narrativen) ›Aufwand‹ treibt das jeweilige Literatursystem, um derartige ›Leitdifferenzen‹ zu transportieren, weiter zu semantisieren oder auch zu verschleiern? Daß literatursystemisch erzeugte ›Leitdifferenzen‹ als restriktive Selektionskodes die Anschlußwahrscheinlichkeit von ausdifferenzierter literarischer Kommunikation garantieren, wird als Hypothese letztlich erst validierbar, wenn das literaturspezifische ›Wie‹ analysiert worden ist.«[34] Die beiden bekanntesten Codevorschläge der Systemtheorie für den Bereich der Literatur lauten ›schön‹/›hässlich‹ und ›interessant‹/›uninteressant‹. Schon interessant. Plausibler noch als Leitdifferenz für den Bereich der Literatur ist für mich der Vorschlag der Unterscheidung ›verständlich/unverständlich‹: »Nur solche Texte, welche als unverständliche verstanden werden, können letztlich mit Annahme – statt Ablehnung – in Folgekommunikationen rechnen.«[35] Verbunden ist damit die Annahme, »daß als Unverständliches Unterschiedenes weitere Unterscheidungen hergibt und sinnvoll weiter unterschieden werden kann«[36]. Unverständlichkeit – und das interessiert mich in diesem Zusammenhang natürlich – ist überdies etwas, das sich nicht paraphrasieren lässt.

Die Entscheidung für einen bestimmten Code ist allerdings letztlich kontingent. Bei genauem Studium des Materials bieten sich stets auch andere Möglichkeiten der Codierung an. Die Frage ist, ob die Codierung dem nicht Rechnung tragen sollte. Was ich vorschlagen möchte, ist eine Erhöhung der Komplexität der systemtheoretischen Operationen in der Literaturwissenschaft. Ich möchte dafür plädie-

34 Ort, Claus-Michael, *Sozialsystem ›Literatur‹ – Symbolsystem ›Literatur‹*, S. 281.

35 Stanitzek, Georg, *0/1, einmal/zweimal – der Kanon in der Kommunikation*, in: Dotzler, Bernhard J. (Hg.), *Technopathologien*, München 1992, S. 111–134, hier: 129.

36 Ebd.

ren, die Kontingenz des Codes, für den man sich entschieden hat, deutlicher zu markieren, um die Anforderungen an die Konstruktion des eigenen Textes zu steigern. Um ihn zu mehr Performanz zu zwingen. Dazu, apokalyptischer zu werden. (Nicht zuletzt um zur Entmystifizierung beitragen zu können.) »Nichts ist weniger konservativ als die apokalyptische Gattung. Und da es eine apokryphe, maskierte, chiffrierte Gattung ist, kann sie Umwege aufweisen, um eine andere Wachsamkeit, die der Zensur zu täuschen [...] Durch seinen Ton selbst, durch die Vermischung der Stimmen, Gattungen und Codes vermag [der apokalyptische Diskurs] auch den herrschenden Vertrag oder das herrschende Konkordat aus der Fassung zu bringen, indem er die Bestimmungen verwirrt. Er ist eine Herausforderung für die etablierte Ordnung der Botschaften und für die Polizei der Bestimmung, kurz für die postalische Polizei oder das Postmonopol.«[37] Mein Vorschlag lautet, das Literatursystem nach ›grau‹ und ›grün‹ zu sortieren. Diese Unterscheidung – lassen wir ihre weitere Ausdifferenzierung in ›hellgrün‹ und ›dunkelgrau‹ einmal außer Acht – wird im zweiten Teil des *Handbuchs der Aesthetik für gebildete Leser aus allen Ständen in Briefen* von 1809 vorgeschlagen: »Wie kann man aber auch Bilder der Phantasie, wie kann man selbst Gedanken beleuchten, wie kann man ihnen sogar Farben geben? Sind das nicht Eigenschaften, die nur den Augen sichtbar werden? Das ist ein so natürlicher Gedanke, daß er Dir unmöglich entgehen konnte; und es wundert mich gar nicht, daß Du dabey angestoßen bist. Allein wir haben schon so viele Fälle von der Uebertragung der Kunstsprache einer Kunst auf die andere, und insonderheit der bildenden Künste auf die redenden, des Sehens, einer Art des Erkennens, auf das Erkennen überhaupt, auf unserm Wege

37 Derrida, *Von einem neuerdings erhobenen apokalyptischen Ton in der Philosophie*, S. 75 f.

gefunden, daß sie uns immer gewohnter werden wird. [...] Allein man ordnet die Farben auch schon bey den sichtbaren Gegenständen in zwey große Hauptklassen; [...] das [Hell] grüne, [...] heiter und blühend, [...] das [Dunkel] graue [...] düster. Diese Charaktere der Farben und des Colorits lassen sich nun leicht auch in unsinnlichen Gegenständen, in Gedanken, Empfindungen und Gefühlen wieder finden. Und auf diesem Wege gelangen wir ohne Schwierigkeit zu dem, was wir uns unter Farben in den Werken der redenden Künste zu denken haben [...] Was aber das Sonderbarste ist: man kann einerley Gegenstand mit heitern und düstern Farben sehen und mahlen.«[38] Grau und grün sehen.[39] Und eben auch nicht:[40]

38 Eberhard, Johann August, *Handbuch der Aesthetik für gebildete Leser aus allen Ständen in Briefen.* Zweyter Theil, zweyte verbesserte Auflage, Halle 1809, S. 58 ff.

39 »Grau, teurer Freund, ist alle Theorie / und grün des Lebens goldner Baum« (Goethe, Faust). — An eine Leitdifferenz ›grün/grau‹ ließe sich eine ganzen Reihe zusätzlicher Unterscheidungen anschließen: ›Grün‹ konnotiert ›Leben‹, ›Jugend‹, ›Herz‹, ›Unreife‹, ›Teufel‹, ›Gerechtigkeit‹, ›Polizei‹; ›Grüne Minna‹ ›Grünes Arschloch‹ (Achternbusch); »Der nicht der Väter graue Ehren / begrüßt mit grünen Wonnezähren / der nicht mit vollem grünen Zorn / ruft:« (Ernst Moritz Arndt); »mädele, ruck, ruck, ruck an meine grüne Seite« (Volkslied); ›jmd. nicht grün sein‹; ›ach, du grüne Neune‹. — »232. Grün und Weiß / hat den Preiß. / Zwey Farben halt' ich hoch / und suche sie mit fleiß: / Grün in Gerechtigkeit / in Christi Unschuld Weiß« (Angelus Silesius). »Der Mangel einer weiten Aussicht [...] wird [...] durch die angenehmen nahen Grünstücke ersetzt« (Lichtenberg). — ›Grau‹ konnotiert ›Alter‹, ›Erfahrung‹, ›Sorge‹, ›Askese‹, ›Schmutz‹, ›Soldat‹, ›Geister‹, ›Meer‹, ›Unfreundlichkeit‹, ›Unkonturiertheit‹. ›Graue Zellen‹, ›Graue Eminenz‹, ›ein graues Männchen‹ (Schiller, E. T. A. Hoffmann), ›der graue Rock‹, ›die graue See‹; »etwas bis ins graue treiben ›bis an die äuszerste grenze‹«. Darüber hinaus erlaubt ›grün/grau‹ auch die paradoxale Einheit der Unterscheidung in den Blick zu nehmen: »Inzwischen hatte sich Kunicke zurechtgemacht und war [...] in einen dicken graugrünen Flauschrock hineingefahren« (Fontane); »Vor ihm lag der kleine See graugrün und unbewegt« (Flesse). — »Verzeihen Sie mir, daß ich so grau sehe; ich thue es, um nicht schwarz zu sehen« (Goethe). Vgl. *grau*, in: *Deutsches Wörterbuch von Grimm, Jacob und Grimm, Wilhelm, Bd. 8: Glibber-Gräzist*, Leipzig 1958, Sp. 2071–2101; *grün*, in *Deutsches Wörterbuch von Grimm, Jacob und Grimm, Wilhelm, Bd. 9: Greander-Gymnastik*, Leipzig 1935, Sp. 640–666.

der Code grün/grau verfügt über eine ganz eigene Geschichte von ›blindness‹. (Etwa, Luther: »da ist sie (die Vernunft) star blindt«.) Halten wir noch fest, dass Farben meistens durch Mischen entstehen.[41]

Bleibt nach der Frage »Wie kommt man vom Text zum Code« die Frage »Wie kommt man vom Code zum Fach?« Raten wir mal. Das Buch *Systemtheorie und Literatur. Ein neues Paradigma* schließt mit »Kapitel V: Probleme der Interpretation und ihre systemtheoretische Verschärfung«[42]. Es beginnt mit dem agonalen Modell, einigen Seiten der Auseinandersetzung mit »früheren Ansätzen – seien sie [...] dekonstruktivistisch oder sonstwie«[43], ich lass das mal weg. Mich interessiert die ›systemtheoretische Verschärfung‹. »Zur Orientierung für alles spätere sollte man sich hier schon darauf einstellen: Wenn es systemtheoretisch zugehen soll, muß«[44] usw., Folgendes passieren. Die ›Verschärfung‹ ist ein Preisausschreiben. Die Spielregeln sind denkbar einfach. Wer den Code der Systemtheorie lernt, gewinnt. Bekommt eine Stelle, bekommt

40 »Warum [,] sagen sie, da es den Dogmatikern erlaubt ist, daß der eine grün sagt, wenn der andere sagt, gelb, sollte es auch nicht ihnen erlaubt seyn, zu zweifeln? Giebt es wohl auch eine Sache, die man jemand zum Bejahen oder Verneinen vorlegen kann, von der es nicht erlaubt wäre, sie als unentschieden [ambigue] zu betrachten?«. De Montaigne, Michel, »Rettung des Raymond de Sebonde«, in: *Michael Montaigne's Gedanken und Meinungen über allerley Gegenstände*, ins Deutsche übersetzt von Johann Joachim Christoph Bode, Bd. 3, Berlin 1793, S. 417.

41 Beim Farbenmischen heißt ›Grau‹ auch ›Müll‹: »grau bezeichnet verschiedengradige mischungen von schwarz und weisz, aber auch stark verblichene andere farbtöne, allgemeiner schlieszlich jede Schmutzfarbe« (Grimm). Neutraler könnte man sagen, dass Grau die Schattierungsfarbe ist, vielleicht das Prinzip von Farbe. (Vgl. ›grau in grau‹; aber auch »grün als farbbezeichnung schlechthin [...] pflanzliches grün [bildet] den ausgangspunkt«). »Man [...] wiederhole das Experiment mit weißen, schwarzen, grauen Papieren« (Goethe). (*Deutsches Wörterbuch, Bd. 8 und 9*).

42 Schwanitz, *Systemtheorie und Literatur*, S. 217–266.

43 Ebd., S. 224.

44 Ebd.

ein Stipendium, bekommt eine Publikation. »Wir beschlossen, drei Preise zu vergeben. Der erste Preis sollte in der Möglichkeit bestehen, das prämierte Papier auf einer Fachtagung vorzutragen, wobei die Finanzierung der Tagung und die Reisekosten übernommen wurden, so wie später für eine angemessene Publikation gesorgt werden würde. Der zweite Preis sollte in der Vermittlung eines günstigen Studienaufenthaltes an einer amerikanischen oder englischen Universität bestehen, und der dritte Preis sollte einer der gut dotierten und begehrten Tutorenposten sein. Die Jury hat dann drei Einsendungen aus ungefähr 30 prämiert, die im Folgenden referiert werden. Dabei nehme ich mir heraus, die Argumentation, wenn nötig, zu raffen. Nur die Einsendung, die den ersten Preis erhielt, wird vollständig in der Originalform wiedergegeben.«[45] In Autors Stimme.

»Es folgen ›Die prämierten Geschichten‹, erzählt in der Dramaturgie der klassischen Fallgeschichten. *»Dritter Preis, gewonnen von Martin S.«*, *»Zweiter Preis, gewonnen von Frau [!] Gerda L.«*, schließlich *»Eine ›systemtheoretische Modell-Interpretation‹ von Patrick L.«* mit ›systemtheoretisches Modell‹ als Synonym für ›1. Preis‹. »Martin S. hat in seiner Vorlage Kleists Novelle ›Michael Kohlhaas‹ so rekonstruiert, daß ihre Familienähnlichkeit mit Shakespeares ›Maß für Maß‹ deutlich wurde. Das war etwas am Ziel vorbeigeschossen, weil wir auch eine Bezugnahme auf die ›Witwe von Ephesus‹ und die Geschichte von Christi Erlösung erwartet hatten. Warum diese Rekonstruktion dennoch einen Preis erhielt, wird bald deutlich werden. Vorher müssen wir uns aber die Geschichte von Kohlhaas ansehen. Unter fadenscheinigem Vorwand beschlagnahmt der Junker Tronka die Pferde des Roßhändlers Kohlhaas, der darauf-

45 Ebd., S. 234.

hin einen Prozeß gegen ihn anstrengt, der verschleppt wird. Als bei einem Bittgang«[46] usw. Leider Niete. Tutor. Who else? »Frau L.'s Präsentation stellt [...] einen modernen Kriminalroman vor: es ist Raymond Chandler's ›The Big Sleep‹. Zur Orientierung auch hier zunächst eine kurze Zusammenfassung des Inhalts, die jede Präsentation enthalten mußte: Von dem sterbenden steinreichen General Sternwood mit der Aufklärung einer Erpressung beauftragt, kommt der Privatdetektiv Philip Marlow«[47] usw. Schade. Schade. USA. »Die Jury dachte, dies und vieles, was wir hier nicht wiedergeben, ist wirklich interessant und verdient den zweiten Preis. Die Untersuchung, die den ersten Preis bekommen hat, stellen wir nun im folgenden ungekürzt vor. Eine *›systemtheoretische Modell-Interpretation‹* von Patrick L. [...] Eine kurze Analyse dieser Kodes mag daher illustrieren, wie die Leistung der Mediencodes, durch Kontraktion von Negationsmöglichkeiten auf nur einen Aspekt unter Neutralisierung aller anderen die Anschlußselektivität von Kommunikationen über diese eine zur binären Opposition kondensierte Differenz laufen zu lassen, durch die Mytho-Logik der Geschichte im Binnenhorizont des Werks wieder rückgängig gemacht wird [...] Zunächst müssen wir dazu die Fabel der Geschichte erzählen. Weil der venezianische Kaufmann Antonio sein ganzes Vermögen in Fernhandelsunternehmungen investiert hat, leiht er sich bei dem Juden Shylock [...] Die Jury fand: der Verfasser hat Recht.«[48] Glückwunsch, Patrick! Sein Beitrag wird, wie versprochen, im angemessenen Rahmen publiziert, nämlich hier in diesem Band »Systemtheorie und Literatur. Ein neues Paradigma«. Liest man ihn aufmerksam, sieht man, dass Patrick mit dem Erlernen des Codes neben der Publikation und

46 Ebd.
47 Ebd., S. 236.
48 Ebd., S. 241 f. und S. 250.

der Tagung noch mehr gewonnen hat: nämlich die Endredaktion dieses Bandes. Nachwort: »Dieses Buch wäre nicht zu denken ohne [...]« Patrick L., »der in der von ihm gewohnten Effizienz die gesamte Arbeit vor der endgültigen Drucklegung übernommen hat.«[49] Es hat sich etwas getan.

II.

In die Neue Welt, Platz 2, kann man mittlerweile ungestört reisen. Nach fünfhundert Jahren gibt es für Amerika wieder etwas zu entdecken. 1992 wird Kolumbus auf seiner Zweiten Reise an die Ostküste eingeladen.[50] Ein Hauptmann hat das Terrain bereitet; die Supertheorie wird endlich Fuß fassen können. Die Indianer lernen, dass Eier ab sofort auch stehen können. Auf seiner dritten Reise bereist Kolumbus ein Jahr später Virginia, beschreibt in acht Vorlesungen im Commonwealth Center for Literary and Cultural Change die Vorzüge seiner Welt und macht Vorschläge für eine einheitliche Sprachregelung. Den Indianern kommt das meiste noch spanisch vor. Den letzten Vortrag behält Kolumbus den alten Göttern vor. Schnell macht er klar, dass man heute unmöglich so denken könne: »Fast will einem der Dekonstruktionismus wie eine alt-

49 Ebd., S. 267 f.

50 »Es war wohl ganz gut, daß ich vor Friday, March 6, nicht zum Schreiben gekommen war. Denn Menocal hat mich auf den Gedanken gebracht, daß Kolumbus jenes Babylon mit nach Amerika genommen haben könnte – und daß auf der anderen Seite der Export wie die Absenz von Babylon die Bedingung für die stets bedrohliche Reinheit der europäischen Kultur geworden war [...] Für Amerika ist 1492/1992 ein – mehr als bloß – intellektuelles Dilemma«. Gumbrecht, Hans Ulrich, *Being in / America / Lite*, in: *Symptome* 9 (1992) S. 16–19, hier: 16 f..

modische Mode erscheinen. Es gab eine Zeit, in der man meinte [...]. Es will einem dies vorkommen wie der Tanz ums goldene Kalb angesichts eines bereits erfundenen, wenn auch nicht näher bestimmbaren Gottes. Oder systemtheoretisch gefragt: Ist der Dekonstruktionismus nicht die Selbstorganisation dieses Tanzes, wobei man der verlorengegangenen Tradition nachtrauert und sich durch eben solche Trauer in Abhängigkeit von der Tradition begibt?«[51] Es wird biblisch. Kolumbus beginnt sich in Rage zu reden – »Die Dekonstruktion wurde demgegenüber entworfen – wenn sie überhaupt entworfen wurde« (13) – »Aber liegen dem dekonstruktionistischen Geschäft irgendwelche Regeln zugrunde, und berechtigt es zur Hoffnung auf irgendwelche Resultate (13)« – »Derrida tut alles, die Voraussetzungen für den Gebrauch von Unterscheidungen zu verdunkeln« (17) »verschwommene[ ] Verbalakustik« (17)[52] –; er kann andere Häuptlinge eben nicht ausstehen. Was aber motiviert die Emotionalität? (Es ist doch vorbei). Wie kommt es zur Feier

51 Luhmann, Niklas, *Dekonstruktion als Beobachtung zweiter Ordnung*, in: de Berg, Henk / Prangel, Matthias (Hg.), *Differenzen. Systemtheorie zwischen Dekonstruktion und Konstruktivismus*, Tübingen und Basel 1995, S. 9–35, hier: 12–14. Luhmann hat den Text auf Englisch geschrieben (Luhmann, Niklas, *Deconstruction as Second-Order Observing*, in: *New Literary History 24 (1993)*, H. 4, S. 763–782). Zwei Jahre später übersetzt ihn Matthias Prangel als Ausgangspunkt für einen Sammelband. Luhmanns Beobachtung erscheint also auf Deutsch in einer Fassung, die nicht ganz seine ist. Die Konnotationen der englischen und der deutschen Wörter wollen sich nicht immer treffen. Engl. »Deconstruction« erst in der Überschrift mit »Dekonstruktion« zu übersetzen (war doch gar nicht so schwer) und dann im Text mit »Dekonstruktionismus« dürfte im Eifer des systemtheoretionistischen Aktionismus passiert sein.

52 Usw.: »Derrida selber hat [...] mit gut gespieltem Erstaunen reagiert« (13) – »Betrachtet man diese Diskussion zwischen den Dekonstruktionisten und ihren Kritikern, so ist das wohl Auffälligste an ihr der enge Blickwinkel, unter dem sie geführt wird. Fast [?] handelt es sich da um eine Diskussion nur um ein einziges Wort oder eine Text/Kontext-Diskussion, bei der das Wort Dekonstruktion den Text abgibt und Geschichte und Gebrauch eben dieses Wortes als Kontext fungieren« (14) usw.

des eigenen Ressentiments? Ein intellektueller Austausch mit der Dekonstruktion, »vorausgesetzt, es gibt eine Dekonstruktion – und lediglich eine einzige«[53], schien spätestens seit 666 angesagt zu sein.[54] (Auch wenn diese Positionen 1984, wir wissen es, schon ›abgehängt‹ sind.)

Stattdessen entscheidet sich Luhmann 1993, kurz vor Toresschluss[55], beim Ausagieren dieser (immer wiederkehrenden) Theoriekonkurrenz für ein bestimmtes Erzählmodell: ›Erektionen in Institutionen‹. »Während der Arbeit an diesem Beitrag hatte ich Gelegenheit, eine Fernsehsendung zum Thema der Aufnahme von Homosexuellen in die amerikanische Armee zu sehen. Was ich da sah [...] soll hier als Einführung in die recht schwierigen und sozusagen postkonzeptuellen Themen Dekonstruktion und Beobachtung zweiter Ordnung dienen. [...] Kann ein Soldat dann wissen, wie sein Körper eine Situation beobachten würde, in der er Homosexuelle außerhalb der abgeschirmten Privatsphäre, etwa unter der Gemeinschaftsdusche, im Schlafsaal oder in zahlreichen ähnlichen Situationen begegnet?«[56] Wie kommt es zu diesem Vorspann? Wieso fallen Luhmann zur Einführung in seine Vorbehalte gegenüber der Dekonstruktion ausgerechnet Schwule ein? Hat er einen schwachen Tag gehabt? Versehen? Reiner Zufall? Warum ist in Bezug auf Homosexualität/Dekonstruktion der Körper der »wich-

53 Derrida, Jacques: *Gesetzeskraft. Der ›mystische Grund der Autorität‹*, Frankfurt am Main 1991, S. 112.

54 Dies um so mehr, als die Oberüberbietungsbeobachtungstheorie – »Siehe zur Möglichkeit, Derrida durch den Einsatz der Gedanken von Spencer Brown zu überbieten« (Luhmann, *Dekonstruktion als Beobachtung zweiter Ordnung*, S. 16 – im Kontext der Arbeit an *Die Kunst der Gesellschaft* dann zusehen muss, was sich mit dekonstruktiven Beobachtungen anfangen lässt.

55 Das Commonwealth Center for Literal and Cultural Change schließt 1995.

56 Luhmann, *Dekonstruktion als Beobachtung zweiter Ordnung*, S. 9–11.

tigste Beobachter«?[57] (In diesem Fall der Körper vom Mann.) Die Dekonstruktion nackt?

Die Erektionsentscheidung lässt sich auf verschiedenen Ebenen motivieren. Eine betrifft ganz vordergründig den Ort, von dem der Text aus spricht – »weibliche Soldaten [...] machen sich viel weniger Sorgen über mögliche lesbische Kameradinnen [...], da ihre Körperreaktionen weniger spezifisch und leichter zu verbergen sind«[58]. Dieser Ort, der zur Topik hinführt, ist das Commonwealth Center for Literary and Cultural Change in Charlottesville, Virginia, das im Kontext der bundesdeutschen Theorierezeption mit der Stanford University und dem Center for Cultural Research in Aarhus, Dänemark, erste Anläufe unternimmt, das Inter-University Centre in Dubrovnik zu beerben. Am Anfang war die Streuung. Gestreut wird dabei von der Komparatistik der Stanford University. 1992 ist es gerade mal ein Jahr her, dass nach insgesamt fünf Dubrovnik-Kolloquien nunmehr den Stanford-Kolloquien die Aufgabe zugefallen ist, für das Fach festzulegen, wie man ›vorne‹ sein kann. Und wovon man tunlichst die Finger lässt. ›Vorne‹, ist schnell klar, ist man vor allem mit der Systemtheorie: »Den Theoriebildungsbemühungen von H. R. Maturana und N. Luhmann kommt [...] gewiß ein Avantgarde-Status zu [...] [D]ann scheiden eine Reihe von

57 »Wir dürfen den zumindest in diesem Zusammenhang wichtigsten Beobachter nicht vergessen: den Körper.« (ebd., S. 11). »Erst gegen Anfang des 20. Jahrhunderts machte die Fixierung auf die ›abweichenden Sexualitäten‹ einem umfassenderen Interesse an der Erforschung des ›sexuellen Menschen‹ Platz. Traditionell blieb jedoch der psychologisch-psychiatrische Blick dominant, soziologische oder gar historische Interpretationen der Sexualitäten konturierten sich nur sehr zaghaft in einem Bereich, der dem wissenschaftlichen Verständnis wie bald auch dem common sense nach dem ›Naturwesen Mensch‹ zugeordnet wurde«. Müller, Klaus, *Aber in meinem Herzen sprach eine Stimme so laut. Homosexuelle Autobiographien und medizinische Pathographien im neunzehnten Jahrhundert.* Berlin 1991, S. 111.

58 Luhmann, *Dekonstruktion als Beobachtung zweiter Ordnung*, S. 11 f.

gegenwärtig hoch gehandelten kulturwissenschaftlichen Diskursen als mögliche Artikulationsformen [...] aus. Etwa [...] die *Déconstruction.*«[59] Das war 1988. (Immer noch vier Jahre nach dem »Abhängen« in den »Sozialen Systemen«.)

Nachdem im Jahr darauf die Organisatoren »die Faszination der [...] Figur des Paradoxons; aber auch jenen Beobachter [entdeckten], der weiß, daß die Distanz, welche ihn als ›Subjekt‹ vom ›Objekt‹ seiner Beobachtung trennt, eine Fiktion ist«[60], kann sich das Stanforder Pilot-Kolloquium 1990 ohne Skrupel wieder einem Dekonstruktionsparameter aus den Sechzigern zuwenden und versuchen, nach all den gescheiterten Keywords nun »Schrift« zu beerben. Das Problem des Kolloquiums im Übergang von Suhrkamp zu Fink besteht darin, Dekonstruktion aus »Schrift« rauszukriegen. Die Atmosphäre wird zusätzlich dadurch aufgeladen, dass Derrida die Tagung absagt, was sich in einer gewissen Gereiztheit der Beiträge niederschlägt.[61] So geht es nach dem Projekt eines »post-Derridean concept of Writing«[62] im Herbst bereits um die »if I may say so« – »postkonzeptuelle Topik der Dekonstruktion«, also um etwas, was Wissenschaft jedenfalls nicht mehr ist.[63] Aber da hat die Systemtheorie sowieso recht eigene Vorstellungen. »Neben diesen aufdringlichen Aktivitäten, deren Zeit bereits zu Ende geht [jaja], hat sich

59 Gumbrecht, Hans Ulrich, *Flache Diskurse*, in: Ders. / Pfeiffer, K. Ludwig (Hg.), *Materialität der Kommunikation*, Frankfurt am Main 1988, S. 914–923, hier: 919 ff. und 922.

60 Gumbrecht, Hans Ulrich, *Ende des Theorie-Jenseits?*, in: Maresch, Rudolf (Hg.), *Zukunft oder Ende. Standpunkte. Analysen. Entwürfe,* München 1993, S. 40–46, hier: 42.

61 »Trotz seiner Schwierigkeiten mit ›Gegenwärtigkeit‹ wird Jacques Derrida hier gegenwärtig sein – hinter oder vor den Kulissen dieser Konferenz«. Luhmann, Niklas, *Die Form der Schrift* [erster Satz], in: Gumbrecht, Hans Ulrich / Pfeiffer, K. Ludwig (Hg.), *Schrift,* München 1993, S. 349–366, hier: 349.

62 Tartar, Helen / Wachtel, Andrew (Hg.), »Writing/Ecriture/Schrift«, in: *Stanford Literature Review* 9 (1992), H. 1, Waschzettel.

63 »Postkonzeptuelle Topik« konvergiert mit »vorkulturellen Erlebnisformen«.

Frauenforschung in einem fachlich ernst zu nehmenden, methodisch kontrollierten, theoretisch und empirischen Sinne bisher nicht ausdifferenzieren können.«[64]

Was muss man lesen, um so etwas zu schreiben? »Who would prohibit us, henceforward, from reading [Frauenforschung]? Who, therefore, claims to have already read [her]?«[65] Die Dubrovnik-Stanford-Kolloquien sind, folgt man dem Text, der institutionelle Rahmen der Erektionsentscheidung. Der Kontext ›vorne sein‹ färbt ab. »Wer (d. h. welches System) verwendet den Unterschied als Rahmen (oder Schema) für Beobachtungen? Wer also ist der Beobachter? Was investiert dieser Beobachter in die Unterscheidung, und was setzt er aufs Spiel, wenn er an ihr festhält? Fragt man so, dann rückt sogleich eine ganze Reihe von beobachtenden Systemen ins Blickfeld: [...] [D]ie Beobachtung dieser Beobachter zeigt, daß [...] [j]edes System [...] vielmehr innerhalb seines eigenen Netzwerkes [operiert] und [...] seine eigene Vergangenheit wie seine eigene Zukunft [hat].«[66] Bei der Bestimmung der Funktion dieser Figur des Beobachters im Blick für die Institution helfen Altertumswissenschaft und Ethologie. »Bekanntlich hat im Altertum das Bild des erigierten Phallus in vielfältiger Weise abwehrende Bedeutung [...] Im vorigen Jahrhundert erklärte man alle die Phallen und phallischen Figuren direkt von ihrer apotropäischen Funktion aus: Man glaubte, daß das Bild durch seine Unanständigkeit abschreckend

64 Luhmann, Niklas, *Frauen, Männer und George Spencer Brown*, in: *Zeitschrift für Soziologie* 17 (1988), S. 47–71, hier: 48.

65 Derrida, Jacques: *Comment donner raison? »How To Concede, With Reasons?«*, in: *diacritics* 19 (1989), H. 3–4, S. 3–9, hier: 5. »The Women«, USA 1939, George Cukor, »as presented for 666 performances in its triumphant run at the Ethel Barrymore Theatre, New York«. Vorspann, unterhalb des Titels. »Ganz grau, ganz Frau erscheinen sie«. Jelinek, Elfriede, *Die Kinder der Toten*, Reinbek 1995, S. 230.

66 Luhmann, *Dekonstruktion als Beobachtung zweiter Ordnung*, S. 764.

wirken sollte [...] Der wahre Ursprung ergibt sich [...] aus Beobachtungen, die man in jüngster Zeit an Affen gemacht hat. Ich zitiere Eibl-Eibesfeldt: Bei Meerkatzen, Pavianen und vielen anderen Affen hat man beobachtet, daß einige Männchen an der Peripherie ihrer Gruppe ›Wache‹ zu sitzen pflegen [...] Die ›Wachenden‹ sitzen immer mit dem Rücken zu ihrer Gruppe und stellen dabei die männlichen Geschlechtsorgane zur Schau, die bei diesen Tieren ganz überraschend bunt gefärbt sind. Nähert sich ein fremder Artgenosse, dann wird der Penis überdies auch aufgerichtet und bei einigen Arten rhythmisch bewegt. Es handelt sich um ein Imponierverhalten, das der Revierkennzeichnung dient‹ [...] Zum Wachesitzen der Affen gehört der erhöhte Standpunkt. Hermen stehen auf einer Basis, vereinzelt auch auf einem Steinhaufen, Priape häufig auf Steinen oder Steinhaufen, aber auch auf Basen, Säulen und zuweilen auf erhöhten Punkten in der Landschaft.«[67]

Zur Stanford-Dubrovnik-Haltung gehört aber noch ein weiterer Aspekt. Er ist stark wertbesetzt. Es handelt sich um die Unterscheidung zwischen »kalten« und »passionierten« [»warmen«] Beobachtern.[68] »[I]t might be an interesting perspective to compare deconstruction and systems theory as functional equivalents, even though they could not be more different in their styles of self-presentation [...] [T]here is an affective passion about deconstruction and a correspondingly affective coolness about systems theory that perhaps account for the dramatically different ways in which they both became intellectually influential [...]. Compared to such pas-

67 Fehling, Detlev, *Ethologische Überlegungen auf dem Gebiet der Altertumskunde. Phallische Demonstration – Fernsicht – Steinigung* (Zetemata. Monographien zur Klassischen Altertumswissenschaft), Bd. 61, München 1974, S. 7 ff.

68 Die Wertigkeit deutet sich bereits in der Konstruktion der Schlüsselsituation zur Dekonstruktionsbeobachtung (›Nackte Soldaten reagieren körperlich unter der Dusche‹) an: ›Kalt‹ = trennscharf, ›warm/heiss‹ = rotanlaufend.

sionate voices [deconstruction], the discourse of systems theory may look to some observers like the cynicism of postmodern socio-technology; for [...] it puts itself in a position of *theoretical astonishment* about the improbable fact that such phenomena as ›sense‹, ›meaning‹ and ›reference‹ could ever have come into being. This attitude brings theorists around Luhmann to the (advertently ›paradoxical‹) *project of ›seeing from outside‹ and eventually defining the concepts of sense, meaning and reference in order to define them.* [...] Now, the impression of coolness to which I alluded comes from Luhmann's somehow ironic refusal (very unlike deconstruction) to see ›any problem‹ in the implications of such a *Gesellschafts-Anschauung*. The utmost systemic wisdom (displaying a certain Socratic flavor for which Luhmann is definitely not looking) seems to lie in the willingness to admit that, despite their lack of reference, the systems' complexity takes better care of their survival than the best-intentioned theorist could even hope for; and that, if the survival of the systems should sometimes be to the detriment of humanity, it would be an illusion to believe that one could know.«[69] Na ja, es wird schon laufen,[70] auch wenn's zum Schaden

69 Gumbrecht, Hans Ulrich: *Introduction. How much sense does sense making make? Californian retrospective to a »German Question«*, in *Making Sense in Life and Literature.* 1992, S. 3–13, hier: 11 f. Wobei ›kalt/passioniert‹ etwas schief konstruiert ist.

70 »Wir dürfen annehmen, daß besonders jene Teile einer Kultur, deren Veränderung die etablierte Herrschaft und ihre Dynamik in Frage stellen könnte, durch entsprechende Kühlsysteme abgesichert werden müssen. Die Kälte dieser Räume affiziert besonders das Bewußtsein der darin lebenden Individuen; sie verfallen in eine Art Winterschlaf [...]. Was Freud vom Traum sagte, [...] gilt auch von den Phantasmagorien, die diesen Winterschlaf begleiten und ermöglichen: [...] Deshalb [...] wird [das Leben in diesen gekühlten Räumen] mit eindrücklicher Intensität erfahren, die letzten Versatzstücke der Geschichte – die Männlichkeit, das Töten, Ritterlichkeit und Tugend – geben sich als das Aktuellste und Gegenwärtigste, und man vermeint, nicht dort zu sein, wo die Geschichte eingefroren, sondern wo sie voll in Gang ist. 2. In industriellen Gesellschaften übernimmt das Militär die Funktion eines solchen Kühlsystems«. Erdheim, Mario, *»Heiße« Gesellschaften und »kaltes« Militär*, in: *Kursbuch* 67 (1982), S. 60.

der Menschheit ist;[71] »Fatalismus gibt eine Kraft: die Ruhe«[72]. ›Kalt‹ ist das Privileg der Götter.[73] Nun ist Luhmann selbst kein

71 Die Passage, in der es vor Kursivierungen nur so wimmelt, zeigt, dass auf der performativen Ebene, wo Schaden hihihi mit Verbrechen spielt, *Sense Making* durchaus noch perfekt reaktionären Sinn machen kann. In der Konstruktion des Extremfalls – nehmen wir mal an, das *Überleben der Systeme* (kursiv, wichtig) geht ab und an auf Kosten der Menschlichkeit (normal, vernachlässigenswert) – wobei offen gelassen wird, wie weit man hier gehen will (*Nicht-Überleben?*) – spielt die Bilderbuch-Böse-Buben-Romantik ihre halbstarke Sich-den-letzten-den-äußersten-bösen-Gedanken-Trauen-Karte. »Hast Du irgendwelche Probleme bei der *Gesellschafts-Anschauung* (kursiv, betont getrennt)? Nee, wie cool. (Und ist das nicht ironisch?) Der Nachklapp, dass, wo es schon eine Illusion sei, auch nur glauben zu wollen, etwas von den Problemen verstehen zu können, »it would be [...] *an even greater illusion to try* and change it«; meine Hervorhebung R. H.), den es im Manuskript von 1990 auf Seite 12 noch gab, ging für den Druck dann scheinbar doch zu weit. Wir-konnten-es-nicht-wissen-haben-nichts-gemacht-auwei-Menschlichkeit-futsch-können-nichts-dafür kennen wir schließlich ja auch schon zur Genüge. »Wo zwei Männer über einen längeren Zeitraum ungestört miteinander reden, wird es, wenn sie nicht sehr aufmerksam sind, ›wie von selber‹ eintreten, daß sie den Körper der Erde, den sonstigen großen Stoff ihrer täglichen Denk-Ausschweifungen, durch den Körper der Weiblichkeit ersetzen; es wird der Moment sein, in dem sie sich der Männerpaarübung in der Position ›Böser Bube‹ hingeben. ›Böse‹ = die eigene Denkkraft/Originalität unter Beweis stellen«. Klaus Theweleit: *Artisten im Fernsehstudio, unbekümmert. Rez.: Kluge, Alexander / Müller, Heiner, »Ich schulde der Welt einen Toten. Gespräche«*, in: DIE ZEIT, 18.8.1995.

72 Behrens, Franz Richard, *Fatalismus gibt eine Kraft: die Ruhe*, in: Ders., *Blutblüte. Die gesammelten Gedichte*, hg. v. Rühm, Gerhard, München 1979, S. 314.

73 »Sehr mit Unrecht dünkt mich [...], hat man Poesie eine Sprache der Götter genannt. Wenn man sich überhaupt redende Götter vorstellen sollte; so würde man glauben müssen, daß ihre Sprache der reinste, klarste, bestimmteste Ausdruck der nüchternsten kalten Vernunft und unverzierten Weisheit seyn würde; ohne Schmuck, deren die hohe Weisheit nicht bedarf; ja sogar ohne eigentliche Wärme, weil diese eine leidenschaftliche Empfindung, ein sinnliches Gefühl voraussetzt [...] [S]o denke ich, die heroischen Stücke, in welchen Wesen einer höhern Art auftreten, können überhaupt kein Interesse für einen Mann von richtigem Gefühle haben; denn diese Wesen müssen uns entweder in menschlich empfindende Geschöpfe travestiert werden, oder ihre hohe, kalte Weisheit contrastirt mit dem Genius des Trauerspiels«. Freiherr Knigge, Adolph, *Über Schriftsteller und Schriftstellerey*, Hannover 1793, S. 170f. Beobachter einer höhern Art? Anderer Stern? Ganz oben lassen sich die Finger nur unter größten

kalter Beobachter. Wieso soll man an die Kleine-Jungs-Folklore der Härte glauben?

Sucht man eine Antwort auf die zentralen Fragen, Zulassungsfragen, »so simpel wie schwierig: ob nämlich, erstens, die Aufnahme von Homosexuellen die Wehrkraft der Armee zersetzen würde und wie nachdrücklich, zweitens, die Einwände und Vorbehalte dagegen wohl auf Seiten der Armee selber wären«[74], hilft es, sich vorab den Stellenwert von Homosexualität für eine Theorie des zweiten Beobachters zu vergegenwärtigen. Zwei Jahre nach *Laws of Form*, »published as by G. Spencer Brown«,[75] erscheint bei den Cat Books in Cambridge ein weiteres Buch von James Keys, *Only Two Can Play This Game*. An seinem Beginn steht die Sehnsucht nach einem anderen Text als ›Wissenschaft‹. »If like me you were brought up in a western culture, with the doctrine that everything has a scientific explanation, there will be certain ideas you will not be allowed to know. [...] [Y]our education will have programmed you so that whenever you hear or read about any of them, it sets off a built-in reflex that shouts ›mystical nonsense‹ or ›crazy rubbish‹. It is of course true that everything can be scientifically explained. It can be explained this way or any other way. But at a price [...] We are maybe just beginning to realize what our scientific knowledge is costing us [...] If you read a modern university textbook on, shall we say,

... Anstrengungen bewegen. »Die Astronauten James Voss und Michael Gernhardt von der US-Raumfähre ›Endeavour‹ haben am Samstag in einem sechsstündigen Weltraumausflug ihre Thermo-Anzüge erfolgreich getestet. Millionenteure geheizte Handschuhe, Thermo-Pulswärmer und neue lange Unterwäsche hatten sie erfolgreich vor Temperaturen von bis zu minus 90 Grad Celsius geschützt. ›Ich habe überhaupt keine kalten Hände bekommen‹, berichtete Voss dem Kontrollzentrum« (*Frankfurter Rundschau*, 18.9.1995). Schreibt dem Kontrollzentrum!

74 Luhmann, *Dekonstruktion als Beobachtung zweiter Ordnung*, S. 9.

75 Keys, James, *Only Two Can Play This Game*, Cambridge 1971, S. 2.

psychology, you would think the author didn't have any experience of his own.«[76] (Beispiele kommen nie von ungefähr.)

Die Vorliebe für binäre Codierungen hat sich im Titel niedergeschlagen; zugleich wird ein Imperativ formuliert und damit eine Ethik.[77] An die Stelle der Logik sind die persönlichen Erfahrungen getreten, Spencer Brown ist die Frau weggelaufen: »I chose my seat, as I usually do, opposite a nice-looking girl. [...] Within a month she decided to leave college and come to live with me. A few days later I asked her to marry me and she accepted. It seemed inevitable. [...] Eventually, after a short sharp siege, they [my mistress's family] took the girl away with them. She was sent back to college to finish her degree course, and persuaded that it was ›in her own interest‹ to

76 Ebd., Prescript, S. 9 und 13, Hervorhebung R. H.

77 Der Verweis auf den zentralen Stellenwert dieses Textes für »Dekonstruktion als Beobachtung zweiter Ordnung« findet bezeichnenderweise auf der performativen Ebene statt: »Selbst wenn Gesellschaft und Militär Heterosexualität bevorzugen und selbst wenn ein Individuum diese Entscheidung für sich selber und seinen Körper akzeptiert: darf man sicher sein, daß der Körper immer mitspielt?«. Luhmann, *Dekonstruktion als Beobachtung zweiter Ordnung*, S. 11), Hervorhebung R. H. Andernorts lässt sich Luhmann zu dem schlechten Witz hinreißen, diesen Text der ›Frauenforschung‹ als ›Problemlösung‹ zu empfehlen: »Die Logik Spencer Browns ist in einer bezaubernden Weise einfach und kompliziert, elegant und verschachtelt und damit zugänglich wie ein Labyrinth mit nur einem deutlich markierten Eingang. Offensichtlich hat all dies verhindert, daß die Frauenforschung Zugang zu derjenigen Logik gefunden hat, die ihrer Struktur nach eine maskuline Logik und deshalb abzulehnen ist. Nur Spencer Brown selbst hat die volle Tragweite seines Ansatzes begriffen und dem Thema Frau durch eine zweite Publikation Rechnung getragen [...]. Erst mit Zugang zu dieser Publikation erschließt sich die Möglichkeit einer feministisch distanzierten Lektüre der Logik von Spencer Brown, die ihrerseits nur eine Protologik mit deutlichen – aber gekappten (vgl. Varela 1975) – selbstreferentiellen Bezügen ist. Diese Unkenntnis und das Fehlen einer Metaprotologik für Frauenforschung hat fatale Folgen für das, was wir eingangs als ungewöhnliches Ausmaß an Selbstreferenz der Frauenforschung ausgemacht hatten«. Luhmann, *Frauen, Männer und George Spencer Brown*, S. 47 f., Hervorhebung R. H. Wie beim Topfschlagen: Frauen, Männer und Niklas Luhmann.

break off her engagement to me. If our love was so easily sacrificed to these personal and academic ends, then it might as well be published. Others at least might profit from our mishandling of it. Traditionally, there is a place called paradise.«[78]

Die Ehe, eine Institution so alt wie die Armee. (Und welche Frau würde nicht für sie unverzüglich die Universität verlassen? Liebend gern die Institution eintauschen?). Nur Zwei können dieses Spiel spielen. Um welche ›Zwei‹ geht's? Und was ist ›Dieses Spiel‹? Offenbar gibt das Pseudonym (Keys, experience) die Wertigkeit vor. Der Text polarisiert sauber nach Schema 1800[79] Geschlechtscharaktere. »There still exist cultures, side by side with ours, that [...] are still very properly conscious of the two sides of things. They are conscious of the pompous, military, formal, impressive, idealistic, and utterly humourless masculine side, but they are equally conscious of, and allow an equal importance to, the intimate, secret, informal, intuitive, regenerative, and hilariously funny feminine side [...] We need, it seems to me, to realize a perspective between the formal and the informal, between male and female, between west and east, between the philosophy and religion of doing, and the non-philosophy

78 Keys, *Only Two Can Play This Game*, S. 17 f.

79 Karin Hausen, Frauenforschung. »Die andere Konsequenz, die gleichzeitig als Bestandteil der neuen Liebesauffassung und als Reaktion gegen unerwünschte Emanzipationsforderungen wirksam wurde, war die Suche nach einer neuen Form der Legitimation für den traditionellerweise auf die Familie eingeschränkten und dem Ehemann untergeordneten Aktionsspielraum der Frau. Es ging darum [im Zuge der Französischen Revolution, R. H.], im Falle der Frauen die postulierte Erfahrung der vernünftigen Persönlichkeit auszusöhnen mit den für wünschenswert erachteten Ehe- und Familienverhältnissen. Das Interesse an ›Geschlechtscharakteren‹ entwickelte sich im Zusammenhang mit diesen Bestrebungen«. Hausen, Karin, *Die Polarisation der »Geschlechtscharaktere«. Eine Spiegelung der Dissoziation von Erwerbs- und Familienleben*, in: Conze, Werner (Hg.), *Sozialgeschichte der Familie in der Neuzeit Europas. Neue Forschungen*, Stuttgart 1976. S. 363–393, hier: 372.

of being.«[80] Der Mann macht's, die Frau ist's: Bei soviel postulierter Ergänzung und Harmonie steht die Störung 100 % schon im Raum. Sie wird historisch-wissenschaftlich hergeleitet: »Although the culture of our Western civilization has many sources, its main roots are two: we got our religious ideas from the early Jews, and our scientific ideas from the ancient Greeks. Now the early Jews and the ancient Greeks had this in common. They were both anti-female. Not in the same way [...] The Greek were [...] frankly homosexual.«[81] Neben die »magic difference« zwischen Mann und Frau und ihrer Versöhnung, der »real marriage«, tritt deren Bedrohung durch ein anderes Verständnis von ›Zwei‹. Konnotiert ist ›Oberfläche‹ (statt ›Tiefe‹ [Ehe]), ›Promiskuität‹, ›Mann/Mann‹, ›dünn‹ (= durchsichtig, nicht komplex) und natürlich ›früher‹ (= heute nicht mehr, Stanford). »Earlier loves, by comparison, seemed thin and homosexual.«[82] Was macht man, wenn man die eine Seite der Unterscheidung auch auf der anderen Seite findet? Ausnahme oder Regel?

80 Keys, *Only Two can play This Game*, (Prescript), S. 11 f. »Frauenforschung [...] wird zu schnell in Aktion umgesetzt. Dies ist ein seit langem bekannter (Hoffmann, o. J.: 197), heute aber etwas altmodisch wirkender Ausweg aus Reflexionsverlegenheiten. Er kann mit hoch entwickeltem Sinn für Symbolik praktiziert werden. So werden an meiner Fakultät die Namensschilder an Türen zu Dienstzimmern gelöscht [?], wenn sich der Inhaber des Namens und Zimmers in Prüfungen von Feministinnen als *uneingestimmt* erweist. Auch haben engagierte Frauen eine Fakultätskonferenz meiner Fakultät überfallen, um das physische Substrat für Abstimmungen zu zerstören, und zwar so schnell, zwischen Angriff und Zugriff nur wenige Sekunden, daß gar keine Zeit blieb für Reflexion [...] Auch können Frauen, modebewußt, heute nicht mehr gut in den historischen Kostümen der Studentenrevolution auftreten [...] Immerhin: Die Männer, die meinen, sie hätten, was Frauen betrifft, schon alles gesehen, werden heute eines Besseren belehrt«. Luhmann, *Frauen, Männer und George Spencer Brown*, S. 48, Hervorhebungen R. H. Frauen und meine Fakultät. In Frauen stimmt man sich ein. Physische Substrate stimmen ab. Es gibt Angriff und Zugriff. Und da sind auf einmal die Namensschilder ab.

81 Keys, *Only Two can play This Game*, (Prescript), S. 10.

82 Ebd., *Introduction*, S. 21.

Dekonstruktion, der äußerst schwer erziehbare schwule Schwager der Systemtheorie? (Mitglied der Familie, schräg, angeheiratet.) Sollen wir jetzt alle in Ehe und Armee eintreten?[83]

Die Aufregung der Systemtheorie, ihre körperliche Reaktion, wird langsam verständlich. In vielerlei Hinsicht gehören Dekonstruktion und Systemtheorie zu einer Familie. Beide ließen sich als eine »postontological theory of observing« bezeichnen; beide unterscheiden Unterscheidungen. In den Beobachtungstechniken differieren sie allerdings beträchtlich. Für die Dekonstruktion macht ein Haltmachen bei der Beobachtung von Beobachtungen zugunsten einer zugrundeliegenden Binäropposition (postmonopological observing) keinen Sinn. Für sie wäre es Teil der Arbeit, die Konstruiertheit gerade auch eines solchen Abschlusses zu beobachten und im Material performativ vorzuführen, das heißt die Opposition weiter zu (de-)konstruieren. Dabei kann sich für ein erstes Zusehen durchaus einstellen, was »Dekonstruktion als Beobachtung zweiter Ordnung« »verschwommen« oder »Unschärfe« nennt. Aber statt ohne Umschweife dann gleich Halt und Besserungsanstalten zu machen, käme man beim »Derrida Überbieten«[84] weiter, Unschärfe als Beobachtungstechnik auf zugrundeliegende Unterscheidungen und Beobachtungen hin zu beobachten. Was passiert im Unscharfen? Dazu müsste man freilich anfangen zu lesen.

Was im Vorspann von »Dekonstruktion als Beobachtung zweiter Ordnung« ausgetragen wird, ist die Frage der Zulässigkeit von Beobachtungstechniken. Kann ein Beobachter zweiter Ordnung

83 Das Ende des Textes, an dem die Schwulen keine Rolle mehr spielen, das die Schwulen wieder vergessen hat, jetzt zählt die Welt, legt das nahe: »Als operational geschlossenes System genommen, ist die moderne Gesellschaft Weltgesellschaft. [...] Wir können unabhängig von unserer nationalen Herkunft heiraten [*intermarry*]«. Luhmann, *Dekonstruktion als Beobachtung zweiter Ordnung*, S. 27, Hervorhebung R. H.

84 Ebd., S. 16 [Fußnote 14].

performativ beobachten? Weiter gefragt: Lässt sich eine rigide Trennung von Konstativem und Performativem überhaupt aufrechterhalten? Shoshana Felman, Frauenforschung, weist auf einen zentralen Unterschied in der Auffassung von ›performativ‹ und ›konstativ‹ innerhalb von Sprechakttheorien hin. Was hier als die Differenz der Konzeptionen von ›Austin‹ und ›Benveniste‹ beschrieben wird, liefert wertvolle Aufschlüsse zum Verständnis der Differenz ›Luhmann‹ und ›Derrida‹, Frauenforschung.[85] (Namen lassen sich hier problemlos austauschen): »The stake in the debate that opposes Benveniste to Austin can thus be expressed in the following question: can the performative, as such, serve as the basis or *ground* for the theory? For Benveniste the answer is yes [...] ... Austin, however, deconstructing [...] the founding, originary value of the ›first,‹ is conscious in his turn of the fact that the very performance of the performative consists precisely in performing the loss of footing: it is the performance of the *loss of the ground*. Now the performance of the loss of grounds cannot itself serve as a ground [...] ... [T]he performative instrument, although tending towards the constative [...], is itself performative, that is, capable above all of the *act of failing* [...] ... Significantly, Benveniste thus excludes from linguistics not only the general doctrine of illocutionary acts, that is the generalized theory of the performative, the radical and total subversion of the constative as such, but also, and specifically, the theory of ›infelicities‹, of failures [...] ... Subversive of the very opposition that it institutes and that constitutes it, subversive then, in the last analysis, of the constative authority of language, the performative

85 »Neuere feministische Lesarten von Freud legen tatsächlich nahe, daß Frauen [...] ein geringeres Bedürfnis nach Behauptung von sichtbarer Superiorität haben und daher in geringerem Maß der Gefahr der Dekonstruktion ausgesetzt sind« (Luhmann, *Dekonstruktion als Beobachtung zweiter Ordnung*, S. 12).

doesn't pay. But Benveniste, as a linguist whose project is a *constative*, cognitive science of language, refuses to recognize such an unrewarding end. Indeed he [...] reproaches Austin [...] for not keeping his promise of a constative of the performative [...] ... Benveniste, as a linguist, establishes a limit in order to respect it, that is, in order to *de-fine*, to classify, to distinguish, to construct. Austin, on the other hand, like Don Juan, establishes a limit only to transgress it, that is to *in-fine*: to declassify, to disarticulate, to deconstruct [...] ... Between the authority of the broken promise and the authority of the promise believed in [...] literature is precisely the impossibility of choice: the impossibility of keeping the promise of meaning, of consciousness; the impossibility of not continuing to make this promise and to believe in it. Even as literature [...] deconstructs its own seductiveness, it goes on seducing; but it promises nothing except that it will continue to promise.«[86]

Das Problem der Systemtheorie im Umgang mit der Dekonstruktion ist exakt dieses Versprechen des Konstativen im Performativen. Wie kommt man am schnellsten vom Performativen wieder weg?[87] Wie kann es sich auszahlen? Die Systemtheorie kann die Dekonstruktion in ihrer Form nicht lesen, das ist nicht nur Antipathie; was fehlt Luhmann eigentlich? »But were there any firm rules« [»Liegen irgendwelche Regeln zugrunde«][88]? Immer nur »Kontext«[89]? Die Systemtheorie verfügt an dieser Stelle über kein Instrumentarium.

86 Felman, Shoshana, *The Literary Speech Act. Don Juan with J. L. Austin, or Seduction in Two Languages* Ithaca 1983, S. 64 ff.

87 Schön wäre »eine durch und durch konstative Äußerung (wenn es solch ein Tierchen gibt)«. Austin, *Zur Theorie der Sprechakte*, S. 127.

88 Luhmann, *Dekonstruktion als Beobachtung zweiter Ordnung*, S. 13, Hervorhebung R. H.

89 »It is almost a one-word discussion, or a text/context discussion, where deconstruction is the text and the history and the usages of the word the context«. Ebd., S. 767.

Ihre Beobachtungstechnik lässt sich zur Beobachtung der anderen Beobachtungstechnik nicht anwenden.[90] Die Konsequenz ist Wut.[91] ›Erektion‹ fungiert in »Dekonstruktion als Beobachtung zweiter Ordnung« als eine Metapher für ›Verführung‹. Für den großen Reiz. Liest man den Text noch einmal, fällt auf, dass das, was nicht aufhört, verbissen bekämpft zu werden, eigentlich das große Faszinosum ist. Machen wir uns nichts vor: Die Systemtheorie würde

90 Systemtheoretische Beobachtungen anderer performativ beobachtender Theorien laufen ähnlich mechanisch ins Leere. (Nicht ohne sich dabei mit konservativer Kulturkritik zu verbünden): »Und doch waren [trööööt] die von der strukturalen Psychoanalyse Lacans inspirierten Meditationen nicht ohne Überzeugungskraft [...] Wir könnten dies auch von Jacques Derrida sehr poetisch ausdrücken lassen: [...] Die Arbeitsanweisung für eine lacaneske Germanistik müßte demnach etwa so lauten: Freunden Sie sich mit Lacans Theoremen an, suchen Sie dann die Literatur nach Phänomenen ab wie Doppelgänger, Zerstückelungen, Spiegelungen, Prozessen der Ich-Konstitution [...] Dann zitieren Sie die gefundenen Literaturstellen und fügen die dazu gehörigen Zitate aus Lacans Schriften hinzu. Voilà! Eine neue, gelungene Analyse, deren hohes Niveau theoretischer Sprachgewalt allein schon für Qualität einstehen wird«. Werber, Niels, *Semper idem. Eine Polemik gegen den Lacanismus*, in: *Symptome* 6 (1990), S. 29–34, hier: 29 und 32. Das ist deutlich: Lacan wird nichtssagend, wenn man ihn systemtheoretisch behandelt. Wenn man eine andere Textlogik denken könnte, wäre nicht immer alles dasselbe. Eine Metapher ist keine Konzeption, kein klassifizierbarer Wissensbestand. »In practice (as a therapist or as a reader, a literary critic), one can use theories (as I am here trying to use Lacan and Freud) only as enabling metaphorical devices, not as extrapolated, preconceived items of knowledge. In much the same way that one cannot simply ›apply‹ Freud's concept to a patient, one cannot apply Freud (or Lacan) to a literary text. The practice of psychoanalysis (as well as the experience of a practical reading) is a process, not a set of doctrines. In the process, one can implicate the doctrines, one can perhaps imply them, not apply them«. Felman, Shoshana, *An Act That Is Yet To Come*, in Dies.: *Jacques Lacan and the Adventure of Insight*. Cambridge, MA / London 1987, S. 10 f. »›I have no conception of the world,‹ Lacan says, ›but I have a style‹ (›Le Symptome‹, p. 48)« (Felman, *The Literary Speech Act*, S. 101).

91 »Freilich kann es nicht unsere Aufgabe sein, klarzustellen, was Derrida möglicherweise gemeint haben könnte«. Luhmann, »Dekonstruktion als Beobachtung zweiter Ordnung«, S. 17. — »es [...] [erscheint] wichtig, *Dekonstruktion* wieder durch *Beobachtung zweiter Ordnung* zu ersetzen«, usw., ebd., S. 28. So als sei Dekonstruktion etwas anderes als Beobachtung zweiter Ordnung.

für ihr Leben gern dekonstruieren.[92] Spaß haben.[93] Und kann es nicht so recht zulassen. Die Systemtheorie darf nicht mit der Dekonstruktion warm werden.

So bleibt dem Text mit seiner Erektion nichts anderes übrig, als die Unbeweglichkeit der Dekonstruktion vorzuführen. Zu diesem Zweck kommt es zu einer Verschiebung. Die Frage der Admission wird gelöst durch »Penetration«.[94] Der Text versetzt sich in die

92 Mal Wörter wie »Sthenographie« ausprobieren: »Es ist kein Druckfehler, um das vorab klarzustellen. Es soll nicht von Kurzschrift die Rede sein. Stheno ist eine der Gorgonen« (Luhmann, Niklas, *Sthenographie*, in: Ders. et. al., *Beobachter. Konvergenz der Erkenntnistheorien?*, München 1993, S. 119–137, hier: 119). Also mit h ohne Abkürzung im Nu bei der alten Leier. »Über Nietzsche und Heidegger bis zu Derrida hat sich inzwischen ein ganz anderer Umgang mit Paradoxien eingebürgert [...] Die Paradoxien werden nicht vermieden oder umgangen, sondern vorgeführt. Sie werden mit Hingebung zelebriert. Sie werden in einer wie immer verdrehten Sprache zum Ausdruck gebracht. [...] Im übrigen scheint die Sthenographie hauptsächlich Literaten und, in gewissem Umfange, Philosophieexperten zu beeindrucken, und Beobachter der Szene können bereits die für Gorgonenbetrachter voraussagbare Erstarrung feststellen. Das kommt davon!« Ebd., S. 120 f. Er kann einfach nicht loslassen. Die Dekonstruktion ist zwar noch nicht kalt, aber schon steif. »Es genügt, durchdachte Verfahren für das Beobachten von Beobachtungen zu entwickeln«. Ebd., S. 124. Nach ›wahr/falsch‹, ›interessant/uninteressant‹ gibt es nun mit ›kalt/warm‹ eine binäre Kodierung mehr, die nicht funktioniert, und eine »Limited Inc.«-Paraphrase, die Zeitschriften daraufhin beobachtet, in welchem Department sie erscheinen: Gumbrecht, Hans Ulrich, *Deconstruction Deconstructed. Transformationen französischer Logozentrismus-Kritik in der amerikanischen Literaturtheorie*, in: *Philosophische Rundschau* 33 (1986), S. 1.

93 ›Systemtheorie vorne‹ hat es ohnehin mit der Emotionalität: »Ich wollte mit dieser Frage auf die erstaunliche affektive Kraft verweisen, welche diesen akademisch-intellektuellen Stil [Dekonstruktion) (noch heute) [trotz unserer wiederholten Verabschiedungen] in Nordamerika umgibt und bewegt [...] Sie brachte Derrida in die Position eines Superstar-Messias«. Gumbrecht, Hans Ulrich, *Who's Afraid of Deconstruction?*, in: Fohrmann, Jürgen / Müller, Harro (Hg.), *Diskurstheorien und Literaturwissenschaft*, Frankfurt am Main 1988, S. 95–113, hier: 95.

94 Ein hermeneutisches Verfahren. »Dennoch hielt die Hermeneutik an der Idee fest, sie habe die Oberfläche eines Objekts (eines Textes) oder eines Subjekts (eines Bewußtseins) zu durchdringen, um in einer Tiefenschicht wahrheitsfündig zu werden«. Luhmann, »Dekonstruktion als Beobachtung zweiter Ordnung«, S. 13., Hervorhebung R. H. Im agonalen Kontext: »Wenn der Priap einen Dieb erwischt, vergewaltigt

andere Methode. »Dieser Sachverhalt gibt uns Gelegenheit, den Dekonstruktionismus genauer in Augenschein zu nehmen und uns klarzumachen, was geschähe, wenn man sein Instrumentarium auf den soeben skizzierten Fall anwendete.«[95] »The deconstruction kit«[96] Kit, Cat Books, gut, machen wir ihn auf, den (Werkzeug-) Kasten. Wir sind gespannt. Was passiert, wenn die Systemtheorie die Dekonstruktion anwendet? Sie hat die Gelegenheit. »Wir hätten dann die Unterscheidung heterosexuell/homosexuell zu dekonstruieren. Das würde zweifellos zur Eliminierung der Annahme einer ›hierarchischen Opposition‹ im Sinne eines inhärenten oder ›natürlichen‹ Primats der Heterosexualität führen.«[97] Schade. Noch bevor der Text anfängt, sein Versprechen einzulösen, die Gelegenheit zu nutzen – die Dekonstruktion liegt vor ihm – kneift er. »Wir hätten zu dekonstruieren« – das wollen wir doch gerade sehen (»uns klarmachen, was geschähe, wenn man sein Instrumentarium [...] anwendete«). Wie baut die Systemtheorie eine performative Analyseebene auf, um textuelle Unterscheidungen treffen zu können? (Es hätte so schön sein können.) Wie will sie das schreiben? Was der systemtheoretische Text sich vorgenommen hat, kann er genau nicht. In diesem Punkt ist er hilflos. »Passiert« ist gar nichts.

... er ihn«. Fehling, *Ethologische Überlegungen auf dem Gebiet der Altertumskunde*, S. 18. »Sie [die Mandan und die Hidatsa] erzählen [...], daß einst, als im Frühjahr die Vögel wiederkehrten, ein Jäger, der wütend war, weil er in seinem Netz nur einen einzigen fand, diesen gerupft zu seinen Artgenossen zurückschickte, nachdem er ihm zum Spott eine seiner Schwanzfedern in die Nasenlöcher gesteckt hatte«. Levi-Strauss, Claude, *Mythologien III. Der Ursprung der Tischsitten*, Frankfurt am Main 1976, S. 504. Dieser Vorfall war Ursache der Sintflut.

95 Luhmann, *Dekonstruktion als Beobachtung zweiter Ordnung*, S. 9. (Was genau als ›Instrument‹ gilt, ist nicht klar.)

96 »kit [...] esp. the equipment carried by a member of one of the armed forces«. Longman/Webster, *College Dictionary*, Beccles/London 1984, S. 810.

97 Luhmann, *Dekonstruktion als Beobachtung zweiter Ordnung*, S. 9.

Dafür ›weiß‹ der Text alles ganz genau (»This of course, would destroy«), welche Unterscheidung man wählt und was man rauskriegt. Der Text der Systemtheorie ist von Beginn an »zu«. Die Simulation fällt flach; der Teufel steckt im Apply. Gäbe es ein Preisausschreiben der Dekonstruktionen – was hätten wir zu verlieren? –, käme man damit nicht in die zweite Runde.

Aber meine Aufregung ist umsonst. (Vorurteile.) Der angepiekste kalte Beobachter weiß das alles auch. »Das allerdings läßt sich auch in der Terminologie der ›Vorurteile‹ und ganz ohne den Einsatz der ambitiösen und transkonzeptuellen Operationen des Dekonstruktionismus sagen. Und Derrida selber warnt ausdrücklich vor solchem strategischen und politischen Gebrauch der Dekonstruktion. Derridas Ziele sind ambitiöser – und weniger spezifisch.«[98] Das war's also offensichtlich nicht. Er weiß selbst, dass er noch nicht mal im Ansatz auf die dekonstruktive Analyseebene gekommen ist. Dekonstruktive Operationen gehen irgendwie anders, wie sehe ich nicht, o.k., hier steige ich aus. »Dagegen überhaupt kein Einwand. Aber was, wenn wir fragen: [...] dann rückt sogleich eine ganze Reihe von beobachtenden Systemen ins Blickfeld: das politische System, die Interaktion während einer Sitzung des amerikanischen Senats, die Armee, einzelne Soldaten und Offiziere, abgelehnte Homosexuelle, Frauen und Männer, schließlich wir vor unseren Fernsehapparaten.«[99]

Was für Fragen müssen wir stellen, um die »wenig spezifische« Beobachtung-der-Beobachtungen-Ebene dekonstruktiver Operationen ›spezifischer‹ werden zu lassen? Um im Bilde zu sein? Aus den Vorurteilen rauszukommen? (Ambitionierter und unspezifischer – geschenkt!) Mit welcher wissenschaftlich ungewohnten

98 Ebd., S. 10.
99 Ebd., S. 10.

(›transkonzeptuellen‹) Beobachtungstechnik variiert die Dekonstruktion spürbar ihre Beobachtungsebenen? Wenn sie auch über diese »ganze Reihe von beobachtenden Systemen« verfügt: vom politischen System hin zu uns vorm Fernsehen, dann: wie? Wie setzt sie sie ein? Der Schlüssel zur Dekonstruktion liegt in ihrer Performanz. Was in »Dekonstruktion als Beobachtung zweiter Ordnung« mitläuft, ist die Sehnsucht nach dem Performativen. »If the performative, in fact, is an event – a ritual of desire, should we be surprised to learn that performative desire always takes as its model, rhetorically, the symbolics of sexual desire?«[100] Da ist es dann auch wieder nicht verblüffend, wie sehr »Dekonstruktion als Beobachtung zweiter Ordnung« auf der Ebene der eigenen Performanz sexualisiert ist. Wie phantasmatisch der Text ist. So geht es los: Der erste zweite Beobachter kuckt Fernsehen. »Was ich da sah (*und es mag ja durchaus sein, daß ich Dinge sah, die nicht gezeigt wurden*), soll hier als Einführung [...] dienen.«[101] Klassisches zweites Beobachten. Vorrede 18. Jahrhundert. Was läuft da ab? Was wird nicht gezeigt und ist doch zu sehen? Wie lässt es sich mitteilen? »Die Fernsehinterviews bezeugen, daß die Soldaten, *diese starken und gesunden, wohlgenährten jungen Männer mit überdimensionierten Armen, Beinen und Körpern* bekennen, daß sie Angst vor Homosexuellen in ihrer unmittelbaren Umgebung haben. [...] Ist es aber so ganz undenkbar, daß die eigentliche Sorge der Soldaten die ist, daß ihr Körper als eigenständiger Beobachter reagiert und andere dies sehen könnten?«[102] Was fügt der Text einem Sachverhalt automatisch an Neuem hinzu? Woraus sind diese Phantasmen

100 Felman, *The Literary Speech Act*, S. 108.

101 Luhmann, *Dekonstruktion als Beobachtung zweiter Ordnung*, S. 9, Hervorhebung R. H.

102 Ebd., S. 11, Hervorhebung R. H.

zusammengesetzt?[103] Historische Semantik scheint hier nicht weiterzuhelfen.[104] In welche Richtung gehen »diese starken und gesunden, guternährten jungen Männer mit überdimensionalen Armen, Beinen und Körpern«? Was macht man mit Situationen, wenn sie Homosexuelle einschließen? Ihren eigenen Reiz haben? »Dabei offenbarte sich eine Vielzahl ganz unterschiedlicher Sehweisen. [...] Das Thema [...] schien hernach jedoch deren [Clintons Wahlkampagne] Kontrolle zu entgleiten.«[105] Und nicht nur Clintons.

Bei Austin tauchen Unterscheidungen so auf: »Nehmen Sie etwa an, ich sehe ein Schiff vor dem Stapellauf, gehe hin, schmettere die Flasche dagegen, die am Rumpf hängt, verkünde: ›Ich taufe dieses Schiff »Stalin«‹ und schlage, um das Maß vollzumachen, die Keile weg; das Dumme ist bloß: Ich war nicht für die Taufe bestimmt (ganz gleich, ob – um die Sache noch zu komplizieren – ›Stalin‹ der Name sein sollte; vielleicht ist es noch gemeiner, wenn er es war). Wir können uns einig sein,
(1) daß das Schiff damit nicht getauft worden ist
(2) und daß es eine unglaubliche Gemeinheit ist.«[106]

103 »Langsam, aber ohne methodisches Vorgehen, prüfte er Marios Besonderheiten. Seine Hände. Die Kurve, die sich von der Daumenspitze bis zum Gipfel des Zeigefingers schwingt. Er hatte sie lange betrachtet. Die Dichte der Falten. Seine breiten Schultern. Seine Gleichgültigkeit. Seine blonden Haare. Die blauen Augen. Norberts Schnurrbart. Sein runder, glänzender Kahlkopf. Dann wieder Mario«. Genet, Jean, *Querelle*, Reinbek 1974, S. 33. »Die Marine ist eine prächtig aufgezogene Organisation: Sie setzt sich aus jungen Leuten zusammen, die in gründlicher Ausbildung darüber belehrt werden, wie man begehrenswert erscheint«. Ebd., S. 183.

104 »Denn Stammes- und Hausgenossen, ja, beim Zeus! auch Eltern und Kinder werden verlassen; aber noch nie ist ein Feind zwischen Liebhaber und Geliebten hindurchmarschiert oder -geritten«. Plutarch: *Erotikos*, in: *Über Liebe und Ehe. Eine Auswahl aus den Moralia. Griechisch und deutsch*, Hg. v. Wilhelm Sieveking, München o.J., S. 121).

105 Luhmann, *Dekonstruktion als Beobachtung zweiter Ordnung*, S. 9, Hervorhebung R. H.

106 Austin, *Zur Theorie der Sprechakte*, S. 44f.

»Austin's ›example‹ is thus a ›story‹, a case history – and the case is ›idiosyncratic‹, trivially and derisorily incongruous. Now what is trivial is only what is peripheral to the center: to the center of (conscious) attention [...] With Austin as with psychoanalysis, the irreducible triviality of the idiosyncratic is that of a practice of the singular.«[107]

Auf diese ›Praxis des Singulars‹ kommt es an, wenn man auf textueller Ebene beobachten (lesen) will; wichtig ist nicht, ›ein Beispiel zu haben‹, sondern dass man sich im Singular aufhalten kann.[108] Sich bewegen kann. Dazu müsste es in der systemtheoretischen Theoriesprache möglich sein, zuallererst einen Wechsel in Bezug auf den Status des Beispiels zuzulassen. Ohne entsprechendes Beispiel ist die Beobachtung witzlos. Das würde allerdings riskieren, die Autorität dieser Theoriesprache, deren Vorschrift, in Frage zu stellen. (Ein ›Lebenswerk‹?) In der Literaturwissenschaft zielen Beobachtungen von Kommunikation auf ›Wortlaut‹ ab. Textuelle Beobachtungen sind Beobachtungen der Metapher. Und die lässt sich nicht auf eine Unterscheidung herunterbuchstabieren, die unmetaphorisch gehandhabt wird. Die an der Paraphrase klebt. »Weiter ermüdet der Paraphraseur, mit der Untugend eine Sache zu ver-

107 Felman, *The Literary Speech Act*, S. 116.

108 »In Amsterdam im Vondelpark mit Julie Burchill sommersonntäglich auf Wegen gehen und die Worte reden lassen – LUST for WORDS – Beobachter: der eine mehr als sieben, der als Achter achtet, ob die sieben (?: viele, alle, wir) – was? – was machen – folgt mit neun das Neue augenblicklich mehrfach täglich neu«. Goetz, Rainald: *Angst* [1990], in: *Kronos (Festung 3)*, Frankfurt am Main 1993, S. 229. Um Anregungen aufnehmen zu können, braucht die Systemtheorie allerdings Paraphrasen: »Ich danke Rainald Goetz für ein längeres *Gespräch, das gegenüber den allzu knappen Formulierungen der publizierten Diskussion mir verdeutlicht hat, daß* [...]«. Luhmann, Niklas, *Die Behandlung von Irritationen: Abweichung oder Neuheit?*, in: *Gesellschaftsstruktur und Semantik. Studien zur Wissenssoziologie der modernen Gesellschaft. Band 4*, Frankfurt am Main 1995, S. 55–100, hier: 98, Hervorhebung R. H. Schade für Goetz.

mindern oder zu steigern, indem er's ihr an Eigenschaften mangeln läßt, mit denen sie nie etwas zu schaffen haben kann: zum Beispiel Herr von Gwinner war insensibel für den geheimen Reiz verdämmernder Gemächer, als er die Chancen der türkischen Anleihe bedachte.«[109]

Am Ende der Investigation der Dekonstruktion steht die neue Weltkleiderordnung. »Das Problem der Zulassung von Homosexuellen zum Militär ist [...] das (für Soldaten ohnehin nicht untypische) Risiko des Tragens schlecht passender Kleidung.«[110] Hui, das sitzt! Homosexuelle und Soldaten laufen dasselbe Risiko. Dagegen könnte die Systemtheorie jetzt Schrittmacherdienste leisten und (unscharfe) Uniformen und Army-Badehosen für die Gemeinschaftsduschen anregen, in denen sich konkret nichts mehr abzeichnet. Keiner müsste sich mehr seiner Erektionen schämen. Nicht nur wäre damit dem Problem der Passung für die Theorie Rechnung getragen, der Ein-Satz würde zugleich auch der Dekonstruktion Beine machen, die bei reinen Stoffphänomenen nicht unbedingt stehengeblieben wäre (und an die der amerikanische Soldat sich sowieso nie wenden würde[111]). Man muß sich halt auf das Wesentliche konzentrieren: »Soziologen haben sich [...] um die strukturellen Bedingungen und Limitierungen zu kümmern, die den Rahmen abgeben für den Rahmen, innerhalb dessen Beobachtungen und Beschreibungen operieren können«[112] Eine solche Aufgabenstellung (›die Rahmung der Rahmen‹), der Schritt als Rahmen – die übrigens

109 Einstein, *Paraphrase*, S. 114.

110 Luhmann, *Dekonstruktion als Beobachtung zweiter Ordnung*, S. 12.

111 »Der amerikanische Soldat wird wohl kaum je auf den Gedanken kommen, Experten auf dem Gebiet der Dekonstruktion [...] zu Rate zu ziehen, und es würden solche Experten, wenn man sie dennoch befragen würde, kaum mit politischen Lösungen aufwarten« (Ebd., S. 12.).

112 Ebd., S. 31.

eine reine Kontextuierungsbewegung ist – wäre funktional äquivalent zum traditionellen Selbstverständnis von Hermeneutik, das auch noch das aktuelle ist: »Wenn die alten Instanzen, die das Ziel der Auslegung vorgeschrieben hatten, entmächtigt sind, fällt der wissenschaftlichen Hermeneutik die Rolle zu, wahrscheinliche von unwahrscheinlichen Interpretationen zu unterscheiden. Gegen die Aktualisierung von Allegorese und Rezeption sollen die philologischen Prinzipien den Rahmen möglicher Deutung verengen. Zwar garantiert die Bestimmung der grammatischen, historischen, individuellen und generischen Eigenart eines Textes nicht schon per se die Richtigkeit der Interpretation, aber sie verhindert immerhin deren Beliebigkeit.«[113]

Mit ihrer Vorliebe für ›garments‹ und ›frames‹ hängt die Systemtheorie dabei mitten in den Unsicherheiten der »Kritik der Urteilskraft«. »Also die *Gewänder an Statuen**, ein Beispiel unter anderen, haben die Funktion des Parergons oder des Schmucks (ornement). Das heißt*, wie betont wird, was nicht intrinsisch (*interieur*) oder *innerlich* (intrinsèque) in die ganze Vorstellung des Gegenstandes als Bestandteil**, sondern was ihr *nur äußerlich als Zutat**, als Überschuß, als Zusatz, als Supplement gehört [...] Diese Abgrenzung des Zentrums und der Gesamtheit der Vorstellung, ihres Innen und ihres Außen, mag schon ungewöhnlich scheinen. Man fragt sich überdies, wo man die Bekleidung anfangen lassen soll. Wo beginnt und wo endet ein Parergon? Wäre jede Bekleidung ein Parergon? Die Slips und anderes? Was macht man mit völlig durchsichtigen Schleiern. Und wie läßt sich die Aussage in die Malerei übertragen [...] Es ist die Frage nach dem vorstellungsmäßigen und vergegen-

113 Schlaffer, Heinz, *Ursprung, Ende und Fortgang der Interpretation*, in: Stötzel, Georg (Hg.), *Germanistik – Forschungsstand und Perspektiven. Vorträge des Deutschen Germanistentages 1984*, Berlin / New York 1985, S. 392, Hervorhebung R. H.

ständlichenden Wesen, nach seinem Innen und seinem Außen, nach den Kriterien, die für diese Abgrenzung in Anspruch genommen werden, nach dem Natürlichkeitswert, der hierbei vorausgesetzt wird, und, nebensächlich oder wesentlich, nach dem Platz des menschlichen Körpers oder seinem Privileg in dieser ganzen Problematik. Wenn jedes *Parergon* sich nur – wie in *Die Religion* bestätigt – dank eines dem System innerlichen Mangels hinzufügt, den es ergänzt, was macht dann den Mangel an der Vorstellung des Körpers aus, damit die Bekleidung ihn ergänzt?«[114]

Wie schreibt man ›an unattached frame‹? Für die Systemtheorie liegt hier ein zentraler Gegensatz zur Dekonstruktion. Sie vermag unzerstörbare Rahmen zu versprechen: »geht es [das dekonstruktionistische Geschäft] davon aus, daß es irgendwelche Raster gibt, die nicht dekonstruierbar sind«?[115] Nein, natürlich nicht.[116] Wie sollen die auch aussehen? Beobachter auf Beobachter zu häufen ist keine Lösung. (Wie sich die Paradoxie des Rahmens in diesem Sinne nicht ›lösen‹ lässt.)[117] Aus der grundlegenden Aporie kommt man

114 Derrida, Jacques, *Parergon*, in: Ders., *Die Wahrheit in der Malerei*, aus dem Französischen von Wetzel, Michael, Wien 1992, S. 77f.

115 Luhmann, *Dekonstruktion als Beobachtung zweiter Ordnung*, S. 13.

116 »But poststructuralism – and deconstruction in general – also dislocates the borders, the framing of texts, everything which should preserve their immanence and make possible an internal reading, or merely reading in the classical sense of the term. And, by the way, I think that the problematic of the border and of framing – that is, of context – is seriously missing in new historicism; and I think that this is the question new historicists should address with the utmost urgency in some of the texts called deconstructionist. This would avoid the reconstitution of a new archivism or of a new documentalism«. Derrida, Jacques, *Some statements and truisms about neologisms, newisms, postisms, parasitisms, and other small seismisms*, in: Carroll, David (Hg.), *The States of Theory*, New York 1989, S. 92f.

117 »Den ambivalenten Status dieser Markierung (sie gehört zum Spiel und sie gehört nicht zum Spiel, sie kann nicht gespielt werden) diskutiert Jacques Derrida, *La verité en peinture*, Paris 1978, S. 44ff. an Hand von Kants Kritik der Urteilskraft und des dort nicht gelösten Problems der parerga, der Rahmen, der Ornamente«. Luhmann,

nicht heraus. »Der Rahmen paßt schlecht [...] Die Gewalt der Einrahmung vervielfältigt sich. Sie schließt zunächst die Theorie der Ästhetik in eine Theorie des Schönen ein, diese in eine Theorie des Geschmacks und die Theorie des Geschmacks in eine Theorie des Urteils. Das sind Entscheidungen, die man äußerlich nennen könnte: Zwar hat die Eingrenzung hier gewaltige Konsequenzen, aber eine gewisse innere Kohärenz kann um diesen Preis gerettet werden.«[118] Verlassen kann man sich auf einen Rahmen nicht. (Egal wie weit man rumzieht.)

... Niklas, *Die Realität der Massenmedien*, Opladen 1995, S. 41, Fußnote 70, [Hervorhebung R. H.]. »Zwar versucht Kant, die hier ›unter Beschuß‹ stehende – auf einer binären Rahmenlogik basierende – ›politics of purity‹ so gewaltsam zu forcieren, daß das daraus resultierende Scheitern kaum noch überraschen kann, jedoch resultiert aus diesem Scheitern selbst eine Spannung – die Spannung der Grenze selbst –, die Kant selten weit gedehnt, ausgehalten und reflektiert hat«. Dünkelsbühler, Ulrike, *Kritik der Rahmen-Vernunft. Parergon-Versionen nach Kant und Derrida*, München 1991, S. 50.

118 Derrida, *Parergon*, S. 91.

Da weder »the authority of the broken promise« noch »the authority of the promise believed in« das bessere Argument auf ihrer Seite hat, wird es letztlich eine Frage der Entscheidung sein, mit welcher Beobachtungstechnik man operiert. (Und den Superanspruch der einen macht die andere nicht streitig.) Für den Fall allerdings, dass man auch weiter nicht ins Gespräch kommen wird, hat die Systemtheorie, vorausgesetzt, es gibt eine Systemtheorie – und lediglich eine einzige –[119] gesorgt. Ist ihre Suprematie einmal anerkannt, besiegelt, ergeben sich auch wieder Spielräume für Indianer. »Erst die Verfügung über eine Kommunikationsebene, auf der Kultur behandelt und erörtert werden kann, erzeugt neuartige Phänomenzusammenfassungen und damit wieder neuartige Vergleichsmöglichkeiten. Sie ermöglicht dann auch die Einbeziehung entlegener Formenwelten, historischer Kulturen und schließlich die erfrischende Faszination durch das Esoterische, Exotische, Entfernte, Primitive – vor allem als Kunst und als unorthodoxe Intellektualität.«[120] Damit kann man gut leben. Heute, jetzt, hier, wo alles vorbei ist, können die Dekonstruktionen zusammen mit anderen Indianern die ihnen zugedachte Rolle spielen: die der ›erfrischenden Primitiven‹.[121]

119 »Kultur ist der Einwand des tertium datur gegen die Zweiwertigkeit aller Unterscheidungen. Das Unbehagen der Kultur ist das Ungenügen an der Binarität [...] Die Kultur etabliert also ihrerseits einen binären Code, nämlich den der Unterscheidung von Binarität und (mindestens) Tertiarität, und sie tut es, da dafür kein eigenes System postuliert werden kann, auf der Ebene der Gesellschaft. Kultur ist demnach die Schließung der Gesellschaft über die Möglichkeit, dritte Werte als das einzuschließen, was alle Funktionssysteme zur Sicherung ihres binären Codes auszuschließen haben [...] ›Deconstruction is the case‹, darin ist Jacques Derrida Recht zu geben«. Baecker, Dirk, *Der Einwand der Kultur*, in: *springer* (1995), H. 2–3, S. 52 ff. Dekonstruktion als Diskussionskultur?

120 Luhmann, *Kultur als historischer Begriff*, S. 49.

121 »›Wenn man bedenkt, mit welch primitiven Werkzeugen die Papuas diese Gerätschaften bearbeiten, müssen sie als wahre Kunstwerke bezeichnet werden.‹ Man hat

Als *Die Wissenschaft von der Gesellschaft* bei stw als Taschenbuch erscheint, trägt es die Bandnummer 1001. Wie Sie wissen: Geschichten erzählen, um nicht zu sterben.

... sogleich den nachsichtig nickenden Spießbürger vor sich, der diesen Satz auf einer sauberen Tafel im Frankfurter Völkermuseum zu lesen bekommt. Und in Wien ist es noch immer so, daß selbst die wunderbarsten Gebilde der ostasiatischen Kunst mit Steinen und ausgestopften Tieren zusammen im naturhistorischen Museum untergebracht sind«. Bloch, Ernst, *Negerplastik*, in: Baacke, Rolf-Peter (Hg.), *Carl Einstein. Materialien, Bd. I: Zwischen Bebuquin und Negerplastik*, Berlin 1990, S. 88.

BRIEF ZUM FILM

Eigentlich kann man von Glück reden, dass Karsten Wittes Gespräch mit Robert Bresson nach dem November 1977 dann doch nicht zustande gekommen ist. Nur so hatte wirklich etwas passieren können. Nur so konnte der Text, den man heute lesen kann,[1] mehr werden als ein sicher gutes Interview mit Robert Bresson. Nur so – so unsicher auf einmal – konnte sich eine Energie aufbauen, die mehr interessiert als die Filme eines aufregenden Regisseurs. »Am besten stellt man sich die Situation so vor: Man trifft jemanden, der sehr einsilbig ist. Man spricht mit ihm und man spricht immer mehr, je stummer der andere wird. Die Ohren werden einem rot und heiß, aber die Schweigsamkeit des anderen lässt einen kein Ende finden. Ein Ansagemädchen im Fernsehen musste vorweg erklären, warum der dann folgende Film [...] zwar nicht gelungen, aber doch vertretbar sei. Darauf ein Vorspruch der Filmredaktion, der nochmal dasselbe sagt wie das Mädchen. Dann das kompromittierende Interview. Ein französisches Fernsehteam versuchte, den alten Mann zum Sprechen zu bringen. Er saß auf einem Bett, die mageren nackten Altmännerbeine bis ans Kinn gezogen, in einer Art hochglänzender Turnhose, die schwarze Klappe über dem linken Auge. ›Als Sie 1924

1 Bresson, Robert, *Brief über meine Filme*, in: Buchka, Peter et al. (Hg.), *Robert Bresson* (Reihe Film), Bd. 25, München/Wien 1978, S. 79–84; Witte, Karsten, *Brief an Robert Bresson*, in: Ebd., S. 85–94 (Ein Wiederabdruck des Textes in: Betz, Connie / Groß, Bernhard (Hg.), *Karsten Witte: Schriften zum Kino. Europa, Japan, Afrika nach 1945*, Berlin 2010, scheitert. »Schließlich wurde die Auswahl auch von der Rechtslage der Texte bestimmt. Insbesondere bei Interviews wurde uns von den Gesprächspartnern oder deren Erben die Abdruckgenehmigung nicht immer erteilt (Bresson, Bertolucci). Das ist v.a. bei Bresson sehr zu bedauern, konnte das Interview auch seinerzeit wegen Bressons fehlender Autorisierung (und der Ablehnung durch den Verlag) nicht gedruckt werden« (Groß, Bernhard, *Minenspiel. Karsten Wittes Schriften zum Kino*, in: ebd., S. 11–19, hier: 19).

The Iron Horse drehten …‹ ›I don't remember.‹ ›Dorothy Lamour, die in Ihren beiden Südseefilmen, *The Hurricane* und *Donovan's Reef* spielt …‹ ›Spielt sie wirklich in beiden?‹ Es war das beste Interview, das man […] machen konnte. Hätte er das Redespiel mitgemacht, dann hätte er seine Filme verraten, die denen, die nicht reden, ihre Stimme geben; die zeigen, was durch die verbale Kommunikation verdrängt wird, und gleichzeitig verweisen auf die Regeln unter ihr. Wie das Zusammengehen von Gesten, Blicken und Tonfall den bloß lexikalischen Wortsinn der Sprache sprengt.«[2] Das beste Interview, das mit dem Filmemacher gemacht werden konnte, ist, wie die Parallele aus Hollywood zeigt, nicht eines, das das Nichtzustandekommen einer Kommunikation als Beweis für Ja-was-eigentlich feiert, sondern eines, das auf der notwendigen Komplexität besteht, die erst miteinander ins Gespräch kommen lässt. Nicht der verlegene Künstlerkitsch wird bemüht: ja, wissen wir doch, die Filme sprechen für sich; nein, ganz im Gegenteil, nichts spricht für sich, selbst Filme nicht. Und das ist auch das, was der Filmemacher signalisiert. Der Filmemacher schweigt ja nicht im Interview, das »nicht gelungen« ist. Er ist durchaus bereit zu sagen, wie er die Sache sieht. Von ihm aus können zwei Sichtweisen sich ohne Weiteres gegenseitig auf die Sprünge helfen. Was der Filmemacher lediglich sagt, ist: Stellt mir intelligentere Fragen, dann können wir weitersehen. Gebt der Wahrnehmung erst mal Futter! Auf die Anmoderationen von Ansagerin und Filmredaktion, die uns auf ihre Art zum Sprechen zu bringen suchen, können wir gut verzichten. Wir haben es selbst in der Hand. Wie kommen wir ins Spiel? (Was für eine Frage?) »I got a gun, // I got it from Miss Soandso, // who got it from her brother, // who got it from her grandpa, // before he got religion. // Es gehört Nai-

2 Grafe, Frieda, *Es war einmal ein Ford.*, in: Grafe, Frieda / Patalas, Enno, *Im Off. Filmartikel*, München, Wien 1974, 214–219, hier: 216.

vität dazu anzunehmen, jemand, der solche Texte sprechen läßt, wüßte nicht, wogegen die sich richten. Und spürte nicht genau deren Charme und Effektivität. Manchmal antwortet Ford auch auf akademische Fragen. ›Sie scheinen dem Thema Familie Ihr besonderes Interesse zu widmen.‹ ›Haben Sie keine Mutter?‹«[3] Ein »besonderes Interesse für das Thema Familie« mit Hilfe von »Mutter?« herunterzukochen, mit einer Metapher in einer Frage also, heißt, den Gesprächsversuch aus der bloßen Sublimation herauszuholen und ihm eine Anschaulichkeit zu geben, die geradewegs ins Material verweist. Ein Gespräch, das sind eben nicht nur die Wörter der Fragen und der Antworten darauf. »[S]aß auf einem Bett, die mageren Altmännerbeine bis ans Kinn gezogen«.

Die Beobachterin des Interviews hatte das verstanden und in ihrem Text sogleich umgesetzt. Ohne zu psychologisieren. Zugleich hatte der Filmemacher im Fernsehen seinem Gegenüber mit seiner Mutter signalisiert, wo er herkommt, dass er die gegenseitige Beobachtung vor den Augen und Ohren des Aufzeichnungsgeräts selbst mitbeobachtet. Dass er sein Gegenüber also im Übrigen sehr wohl verstehe. Als kleiner Tipp erfolgt die Hilfestellung, wie man es auch anders machen könnte. Wie sich die Herangehensweise verbessern ließe. Die böse Karikierung der vermeintlichen Frage, ihre Infragestellung, ist zugleich ein freundlicher Vorschlag: Frag doch eher etwas in der Art hier. (Aber frag jetzt bitte nicht nach meiner Mutter.) Ein Auftakt, der zu allgemein ist, als dass er eine Richtung vorzugeben vermag, und der ein Wissen behauptet, das sich doch erst im Gespräch aufbauen soll, gerät damit in Bewegung. Eine Aneinanderreihung von Worten, die erst noch unter Beweis zu stellen haben, was sie behaupten – nämlich, dass hier überhaupt ein »Interesse« oder ein »Thema« artikuliert wird und dass das einen Unterschied

3 Grafe, *Es war einmal ein Ford*, S. 216.

machen könne –, wird allererst auf die Arbeit mit ihnen verwiesen. Der Wunsch, das Drauflossprechen und ein Aufzeichnungsgerät reichen da allein nicht aus. Fängst du nicht an zu arbeiten, werde ich es auch nicht tun.

Im Fall von Karsten Witte und Robert Bresson in Paris 1978 haben wir nun zur Abwechslung einmal den Glücksfall eines gescheiterten Gesprächs. Wie das? Wieso ist es überhaupt schiefgegangen? War Witte denn zuvor nicht gewarnt? War er sich denn nicht darüber im Klaren, was auf ihn zukommen würde? Dass Bresson ›schwierig‹ ist, war doch jedermann bekannt. »Freunde von mir aus München, die einen Fernseh-Essay über Ihr Werk planten und Sie nicht filmen durften – [Freunde, von denen eine höchstwahrscheinlich jene Frieda Grafe gewesen sein dürfte, die John Ford in einer Art hochglänzenden Turnhose im Fernsehen beobachtet hatte] – waren skeptisch, ob unser Gespräch zustande käme. Sie rieten mir, Sie anzurufen. ›Die Stimme sagt am meisten über die Menschen aus. Alle Menschen, die ich engagiere, möchte ich zunächst am Telefon hören, ehe sie durch meine Tür treten‹, sagten Sie im Interview zu Godard.«[4] Die Freunde, die Vorbilder, die Regisseure, die Interviews, Fernsehen, Telefon, Buch, Bild, Stimme, Schrift und der Übergang von einem zum anderen, das durch-die-Tür-Treten – Witte ruft sich all das zu Beginn seines Textes ins Gedächtnis. Wie »liebenswürdig [...] Sie bemüht [waren], noch als ich Ihnen gegenüber am Türblatt Platz nahm, das Ihnen als Arbeitstisch dient, mir mein Vorhaben auszureden« (85). Und, gegen Ende seines Textes, wie um sich selbst noch einmal zu vergewissern, als Nachklapp, letzte Bestätigung, bringt er dann noch ein Interview mit Bresson mehr zur Sprache, das bekannteste der letzten Zeit: »Robert Bresson,

4 Witte, *Brief an Robert Bresson*, S. 85 (Seitenzahlen im Folgenden hinter dem Zitat R. H.).

Possibly« von Paul Schrader, das ein Jahr zuvor im *Film Comment* erschienen war.[5]

Was von der eigenen Zusammenarbeit mit Bresson, die eigentlich doch schon so gut wie zustande gekommen war, den Weg ins Buch dann aber nicht mehr gefunden hatte, übrig bleibt, wird im Robert-Bresson-Band von Parallelen gerahmt. Am Ende von Wittes Antwort steht ein Dejà-vu. Schraders Gespräch mit dem unmöglichen Bresson scheint Wittes spätere Erfahrungen fast im Wortlaut vorweggenommen zu haben.

Nach Jahren ausgedehnter Korrespondenz kam Schrader voller Erwartung zu Ihnen. Als Sie sein redigiertes Interview dann lasen, schrieben Sie ihm, Sie sähen es lieber unveröffentlicht. Erst ein ganzes Jahr später gaben Sie, auf Drängen der Produzentin Ihres Films *Le Diable probablement,* Stéphane Tchalgadjeff, nach und stimmten einer Publikation des Interviews in Film Comment zu (92).	Weil Sie ursprünglich eingewilligt hatten, mit mir für diesen Band ein Interview zu führen. Wir trafen uns im November 1977 zwei Tage in Paris. Sie hatten mich schriftlich eingeladen. [...] Nach meiner Rückkehr [...], und obwohl Sie dies mit keiner Silbe von mir forderten, sandte ich Ihnen die redigierte übersetzte Fassung wie die französische Niederschrift des Interviews. (...) Stattdessen musste ich Anfang Februar 1978 betrübt erfahren, und zwar über die Agentin des Verlages in Paris, daß Sie gegen die Veröffentlichung formell Einspruch erheben. [...] Ende Februar rafften Sie sich doch noch zu einer Antwort auf (85 ff.).

5 Schrader, Paul / Bresson, Robert, *Possibly*, in: *Film Comment* (1977), H. 5, S. 26–80.

Schrader kommentierte seinen Besuch bei Ihnen mit den Worten: Bresson war ernst, aufrichtig und gastfreundlich. Ständig rang er damit, seine Gedanken klar zu fassen. Doch stellte sich eine Übereinstimmung, die ich mir erhoffte, nie ein. Seine Antworten paßten nicht zu meinen Fragen oder meine Fragen nicht zu seinen Antworten. Vermutlich aber kann oder will Bresson nicht verstehen, warum ich ihn respektiere oder will ich?[6] seine Interpretation der eigenen Filme nicht akzeptieren (92).

Sie hörten diesem Einstieg zu und ließen mit großer Bedachtsamkeit sich auf alle Fragen ein. Mir gefiel, daß Sie das Sprachspiel nicht immer akzeptierten, Ihrerseits mich ausfragten (zur Situation des deutschen Films) und meine Fragen deutlich nur als Stichwort Ihrer Selbstdarstellung auffaßten. [...] Die Angst, daß mir widerfahren würde, was andere Kritiker als »Distanz und Selbstbezogenheit eines Mannes, der einwilligt ein Gespräch zu führen, aber ›woanders weilt‹« beschrieben,[7] wich meiner sicher leichtfertigen Gewißheit, diese Distanz für Augenblicke durchbrochen zu haben. Nach Stunden eines ebenso intensiven wie spontanen Gesprächs gingen wir auseinander (86).

Witte hat Schrader als Beisitzer, Zeugen und Prätext in den Text bestellt. Sein erst unfreiwilliges, dann forciertes Reenactment von »Robert Bresson, Possibly« legt ein Muster frei. »Unterdessen weiß

6 »Kann nicht« ist in Wittes Übersetzung verlorengegangen – »oder ich kann nicht (oder will nicht) akzeptieren«. Im Original: »But more likely it was because Bresson cannot (or will not) understand why I respect him, and I cannot (or will not) accept his interpretation of his film.« Schrader, *Robert Bresson, Possibly*, S. 26, Übersetzung R. H.

7 Oueval, Jean, *Dialogue avec Robert Bresson*, in: *L'Ecran Français* II (1946), H. 72, S. 12.

ich, daß Ihre Methode auch System hat« (89). Hatte bei so viel absehbar zwanghaftem Agieren am Ende nicht auch Bressons ursprüngliche Empfehlung doppelt Sinn gemacht? »Warum ich denn nicht ›einfach‹ eines der unzähligen Interviews übersetzen wolle, dann könnten wir uns die Mühe sparen« (85).

Wittes Gespräch mit Bresson hatte lange vor Paris schon begonnen und war längst selbst Gesprächsstoff vieler anderer Gespräche. Witte fährt also nach Paris, um die vielen Stimmen der Interviews aus dem Kopf zu kriegen und ihnen endlich eine Gegenwart zu geben. Am Gespräch in Paris nehmen weitaus mehr Gesprächsteilnehmer teil, als es zunächst den Anschein hat. Das Geistergespräch in Paris, das aus der Wiederholung auszubrechen sucht, ist damit immer auch eine Wette auf die Möglichkeiten eigener Fragen.

Seit mehr als dreißig Jahren, von 1978 bis heute, haben wir nun ein Gespräch zwischen Karsten Witte und Robert Bresson, das missglückt ist, im Druck. Genauer gesagt, ein Gespräch, dessen Aufzeichnung missglückt war. Die zwei Tage in Paris mit dem gemeinsamen Besuch der Cinemathèque, um *Lancelot* zu sehen, und »Stunden eines ebenso intensiven wie spontanen Gesprächs« (86) zuvor waren im Nachhinein in eine Vielzahl von Speichermedien und Haltungen ihnen gegenüber auseinandergefallen. Vielleicht hatte die Sichtung in der Cinemathèque ja bereits angedeutet, was kommen würde: »Sie regelten selbst den Ton, was mich den Film zum ersten Mal ›hören‹ ließ. Das Gespräch verlief, wie man bei uns sagt, im herzlichen Einvernehmen« (86 f.).

Bresson, der selbst den Ton regelte, war alles andere als einsilbig gewesen. Das Tonband hatte laufen dürfen, nur die Ordnung, die die Schrift vorgab, hatte vom Tisch gemusst.[8] »Da saß ich nun, eine

8 »Ich [...] mußte allerdings meine Notizen, die ich zur Struktur des Interviews mir ausgedacht hatte, fortpacken« (85 f.).

Struktur im Kopf, die sich sanft gegen das Chaos der Verweigerung behaupten musste« (86). Zurück in Frankfurt ist das, was von der sanften Behauptung übrig geblieben ist, eine vorgebliche Struktur auf Band und die Differenz der Speichermedien. Witte hat die Aufzeichnung und sitzt nun selbst am Regler. Er macht sich daran, das Interview abzutippen, es ins Französische zu übertragen und nach Paris zu schicken. Bresson hatte erst gar nicht um die Übersendung gebeten. Im ersten Überschwang gibt Witte das Interview in den Satz.[9]

Was kommt, ist die bereits angesprochene Wiederholung. Das herzliche Einvernehmen entpuppt sich als Illusion. Bresson erhebt formell Einspruch gegen die Publikation, denkt jedoch weiterhin nicht daran, nichts zu sagen. »Sie hätten den Text ganz zurückziehen können. Das hätte ich respektiert. Das haben Sie aber nicht gewollt« (87). Statt seine Ablehnung zu begründen, nimmt Bresson die Arbeit wieder auf. Vom Film her ist er das so gewohnt.[10] Er steckt einen Umschnitt des Gesprächs in einen Briefumschlag und schickt ihn nach Frankfurt. Damit dürfte es sein Bewenden haben. Witte hat sein Interview und könnte sich glücklich schätzen. »Wir dürften froh sein,

9 »Glauben Sie mir, bitte, wenn ich Ihnen versichere, daß wir des festen Vorsatzes waren, Ihre Nachträge zu berücksichtigen« (87). Das ist, soviel ich weiß, nie bezweifelt worden.

10 »Und dann kommt der letzte Drehtag und alle sind todmüde. Bresson atmet auf, weil er sich all dieser Leute entledigt hat, und beginnt – auch das eine faszinierende Arbeit, weil sie die gleiche Präzision und Unkonventionalität hat – mit der Nachbearbeitung; er macht einen zweiten Film, das ist der Ton-Film. Das ist ein Film, der nebenher läuft, aber genauso wichtig ist wie der Bild-Film. Es sind zum Beispiel noch ungeheuer viele separate Tonaufnahmen zu machen. Im fertigen Film ist kein einziger Originalton drin, na ja, vielleicht vier Stückchen. Dazu: Der gesamte Text wird noch einmal aufgenommen werden. Das ist eine große, begeisternde Arbeit: man macht Töne, man nimmt mit ihm Töne auf, vier Wochen lang. [...] Diese ganze Nachbearbeitung, das ist sozusagen die Fertigstellung des Hauses, nachdem bei den Dreharbeiten die Betonpfeiler hochgezogen worden sind«. Röckel, Susanne / Walz, Melanie / Blank, Manfred / Farocki, Harun, *Fait divers. Aus Gesprächen mit Bressons Mitarbeitern*, in: *Filmkritik* 28 (1984), H. 1–2, S. 7–16, hier: 10 f.

auf diese Weise einen originalen Text von Ihnen zu erhalten, den Sie selbst verantworten, wo vorher drohte, daß Sie auf Verlautbarungen festgenagelt werden würden, die Sie unkontrolliert preisgaben« (89). Aber das Gegenüber vom Türblatt in Paris ist nicht bereit, seine Rolle los und das so Erreichte einfach stehen zu lassen. Er sieht sich in der Verantwortung. Witte macht aus seiner tiefen Enttäuschung keinen Hehl und macht einen radikalen Schnitt. Das Schauspiel eines Hand-in-Hand-bei-der-Arbeit wird von seiner Seite her aufgekündigt.

Zum neuen Ausgangspunkt wird das Vorgefundene. Mit was genau haben wir es zu tun? Die gemeinsame Basis des Gesprächs war im Postverkehr verloren gegangen. Das Eintreffen des Umschlags mit dem Remake hatte das Missverständnis ein für alle Mal belegt. Was einmal ein Gespräch war, ist nun ein Brief. Witte kaschiert das nicht. In einem ersten Schritt reißt er die gemeinsame Arbeit in Stücke. Das imaginär gewordene Gegenüber wird aus den Antworten herausgezogen, die übrig gebliebenen Fragen in der Postsendung gestrichen. Der Rest des Restes wird sodann in ironischer Anspielung auf das Gesetz,[11] dem zufolge von einer doppelten Autorschaft bei Interviews ohnehin nicht ausgegangen werden könne, als das, was er ist: ein Brief nämlich, in dem Band *Robert Bresson* veröffentlicht. Die Bestätigung des Eingangs der Sendung wird nicht nach Paris geschickt, sondern ebenfalls als Brief dem Buch beigegeben, die Sendung also vor aller Augen aufgemacht. Keiner kann mehr so tun, als ob es anders gewesen wäre. »Da Sie so großzügig waren, mir anheimzustellen, was in dieser angeblichen Zweitfassung des Interviews ich aus meinen Fragen mache, habe ich mir erlaubt,

11 »Nun hat ein Rechtsgutachten, das der Verlag zur Absicherung Ihres geistigen Eigentums einholte, ergeben, daß ich für meinen Teil des Interviews wie Konzeption, Durchführung und Übersetzung keinen Urheber-Rechtschutz genieße. Da Sie jetzt auch juristisch Ihr geistiges Eigentum, wie beliebt, bewahren dürfen, lehne ich die Verantwortung für die Miturheberschaft an der Ruine unseres Gespräches ab« (89).

sie ganz zu streichen. So wurde aus Ihrem Selbstgespräch, dessen Auskünfte ein anderer lohnend finden mag, ich aber mager, Ihr Brief an mich, der meinem hier vorangeht. Was Ihren Text angeht, seien Sie versichert, daß ich jedes Komma respektiert habe. Niemand außer mir wird die Fragen, die Sie beliebten aufzugreifen, vermissen. So enthüllt die Streichung auch den monologischen Kern Ihrer Äußerungen, die in dieser Form Bruchstücke Ihrer künstlerischen Konfession freilegen (88).« In der Zustellung war das, worüber geredet worden war, in ein anderes Fach gerutscht. Im Medienwechsel hatte sich die Form der Beobachtung grundlegend gewandelt. Die jeweils ersten beiden Worte der jetzt zwei Briefe des ursprünglich einen Interviews machen dies in aller Konsequenz deutlich: Auf »Meine Filme«[12] antwortet »Ihr Brief« (85). Die Bilder, die Stimmen und ihre jeweiligen Verschriftlichungen treten auseinander. Nicht die Filme bilden fortan das Hauptaugenmerk der Überlegungen, sondern die Interviews, Briefe und Texte, die sie zur Sprache bringen. Das »Werk« im Druck ist nicht einfach mehr gesetzt, sondern plötzlich zur Arbeit freigegeben. Der Bruch mit der Etikette in der Klassiker-Werkmonografie – die Abwehr der Deutungsmacht des Filmemachers, der dem Medienwechsel nicht Rechnung tragen zu müssen meint,[13] sich auf der sicheren Film-

12 Bresson, *Brief über meine Filme*, S. 79.

13 »Brief von Michael Snow. Lieber P. Adams (und Jonas) Wohlgemerkt: finde meine und/oder unsere Bemerkungen (Tonband) etwas doof. Bemühe mich diesmal, weniger doof zu sein. OK. Einige Ambivalenzen, zurückzuführen auf Dinge, die ungesagt blieben: habe das Gefühl, daß ein unterdrücktes Anliegen bezüglich meines Werkes in anderen Medien vorhanden ist, wünschte, wir hätten einige Tage Zeit, auf diese Zusammenhänge näher einzugehen. Wenn ich ein ›Mixed Media‹-Künstler wäre, dann wäre das möglicherweise leichter. [...] Nun glaube ich, daß der Brief ebenso doof ist. Alles ist in meinem Werk. Schreiben, Sprechen sind was anderes. Euer Michael Snow«. Schlemmer, Gottfried, *Avantgardistischer Film 1951–1971: Theorie*, München 1971, S. 79–82.

Seite glaubt – lehrt Umgangsformen. Und zwar insbesondere mit Film, das ist der Witz.

Auf dem Papier ist Witte Bresson um einiges voraus. Er nutzt dies, um die Chancen der ästhetischen Wahrnehmung in der Transkription deutlich zu machen. Die Trennung der Texte erteilt Witte nicht das letzte Wort, sondern reflektiert die Unterscheidungen, mit denen zuvor beobachtet worden war. Statt Mythen Vorschub zu leisten, werden Perspektiven unterschieden. Die Beobachtung zweiter Ordnung, die im Gespräch über Filme ohnehin statt hat, wird auf einer weiteren Ebene selbst beobachtet. Der Text wird damit symptomatisch. Er wird zum Lehrstück über Gespräche, zum kleinen Einmaleins der Operationsweise des Redens über Film. Statt sich der Autorität der Kanonfigur hinzugeben, statt die vermeintliche Selbstevidenz: die die Filme drehen, sehen sie auch am genauesten, einfach zu schlucken, merkt man plötzlich, wie hilfreich es sein kann, erst einmal zu fragen, in welchem Medium genau man etwas sehen will. Der Glaube an Interviews wird aufgegeben, um weiterarbeiten zu können. Wittes Interview-Sektion ist produktiv im besten Sinne.

Dass die bis heute nicht gründlich reflektierte Beziehung von Interviews und Filmwahrnehmung von Karsten Wittes Generation, die ein anderes Verhältnis zur Mündlichkeit hatte, allererst zum Thema gemacht worden ist, ist kein Zufall. »Zu bedenken: Gesprochene Sätze geschrieben, auch wenn sie aus Gewohnheit so genommen werden, sind nicht mehr so kanonisch und zuverlässig wie sie daherkommen. Auch durch die ausführlichen Tonbandinterviews in den gelben *Cahiers*, mit denen die zukünftigen Filmemacher dem Geheimnis des Kinos auf die Spur zu kommen suchten, hat Sprechen einen anderen Stellenwert bekommen. Godard war nur an dreien beteiligt; zwei mit Bresson, beim ersten führte hauptsächlich Jacques Doniol-Valcroze das Wort, der Chefredakteur der *Cahiers du Cinéma*; zur Zeit der späteren, von denen sein drittes, mit Antonioni, hauptsächlich über Farbe geht, war Godard selbst schon Filmemacher. Er integrierte Interviews, die Form, bevorzugt in seine Filme, in *Vivre sa vie*, in *Masculin féminin*, in *Une femme mariée*, in *La Chinoise*. Die leichter gesagten als geschriebenen Sätze gerannen zu Formeln, zu Klischees, zu unbedachten Wiederholungen. Deshalb tut es gut, sie jetzt zurechtzurücken und daran zu erinnern, weshalb in der zweiten Hälfte des zwanzigsten Jahrhunderts das Kino diese Entwicklung nahm und keine andere.«[14] Das Gespräch mit Bresson, das, wie jeder wusste, höchstwahrscheinlich scheitern würde, und das dann auch gescheitert ist,[15] glückt dank Wittes Hartnäckigkeit also zu guter Letzt auf höchst unwahrscheinliche Weise. Es wird wieder offen und wandelt sich zu einem Gespräch in Arbeit, wie die Gesprächsteilnehmer und I.eser es sich nicht hatten träumen lassen. Und wird damit zu einem Gespräch über Gespräche überhaupt. Und zwar deshalb, weil es das Nachdenken über sein Zustandekommen und das, was ihm im Wege steht, für seine Form nutzt. Aus gar nicht leicht gesagten und geschriebenen Sätzen werden bei Witte, und das ist das bemerkenswerte Ergebnis von Post-Paris, Sätze, die es noch immer tun. Handelnde Sätze.[16]

14 Grafe, Frieda, *Die tatsächliche Kinogeschichte. Godards Geschichtsbild*, in: Dies., *Film/Geschichte. Wie Film Geschichte anders schreibt*, Berlin 2004, S. 213–222, hier: 214.

15 »Alles in Ihrem Brief klingt jetzt so gut wie richtig. Was im Prozeß begriffen war, kriegt kurzen Prozeß gemacht. Kein Weg führt da mehr zur Recherche; nur Ergebnisse, die glatt wie Marmor in der Landschaft stehen. Was tastende Analyse war, ist leidenschaftsloser Lakonie gewichen. Wer Ihre Filme kennt, weiß, daß diese Diskrepanz schmerzen muß« (88).

16 »Wie Sie sich erinnern, wollten wir ein paar Fälle untersuchen (nur ein paar, hilf Himmel!), in denen etwas sagen etwas tun heißt«. Austin, John L., *Zur Theorie der Sprechakte (How To Do Things With Words)*, Stuttgart 1979, S. 15.

Im ersten Schritt seiner Komponentenanalyse hatte Witte, wenn man so will, auf einer metaphorischen Ebene Bild- und Tonspur getrennt. Das gesprochene Wort war nicht mehr auf die Illusion eines gemeinsamen Ortes (Paris) zu beziehen, der die unterschiedlichen Facetten und Perspektiven in einem Bild vermeintlicher Harmonie zusammenbringt. Stattdessen werden die Zutaten des Gesprächs auseinanderdividiert. Seine sukzessive Ordnung wird aufgelöst. Wer A sagt, muss noch lange nicht B sagen. Das Konzept bewegt sich heraus aus dem Bann der aufgezeichneten Stimme und stellt seine eigene Konstruktion im Medium der Schrift aus. Das sorgsame Auseinanderhalten der beteiligten Medien hatte sich als erster Schlüssel erwiesen. »Am Schreibtisch haben Sie sich später ein Interview ausgedacht, das mit unserem Gespräch nichts mehr zu tun hat. [...] Ich verspüre wenig Lust, unseren Text wie ein Stück Zelluloid Ihrem Schneidetisch zu unterwerfen, das werden Sie vielleicht verstehen« (88 f.).

Um Ordnung in das Durcheinander zu bringen, galt es, die Differenz der jeweiligen Medien der Kommunikation präzise festzuhalten und damit die ihnen eigene Zeitlichkeit. Wittes einziger Eingriff in Bressons Text markiert dies in aller Deutlichkeit. Seine Überschrift: »Brief über meine Filme« nimmt das Medium beim Wort. Witte transkribiert den Umschlag, so wie er ihn im Briefkasten gefunden hatte, in Schrift und stellt den Poststempel aus. Bresson, der wahrscheinlich gar nicht gedacht hatte, überhaupt einen Brief geschrieben zu haben, seinen Brief auf alle Fälle nicht als Brief verstanden wissen wollte, sondern als verspätete Antwort aus einem Guss auf Fragen des Interviews, wird per Sternchen vom Gesprächstermin im November abgesetzt: »An Karsten Witte, vom 20.2.1978« (83).

Für die eigene Arbeit in der Postproduktion wählt Karsten Witte den 1. Mai als Datum aus. An dem Tag, der international die Produktion innehalten lässt, um Zeit zu geben, allererst über sie nachzudenken, wird der Arbeit von Robert Bresson und des gemeinsamen Nachdenkens über sie gedacht. Die Arbeit beginnt sich zu organisieren. Auf die von Bresson an den Beginn seines erfundenen Gesprächs gestellte »doppelte Freude« – Filme zu drehen und sie dann Freunden zu zeigen – antwortet Witte mit der Einfügung einer doppelten Adresse. Mit seiner Reaktion auf Bressons Vorgabe: »*Ihr* Brief vom 20. Februar hat *mich* enttäuscht« (85, Hervorhebung R. H.). Auf die Allgemeinplätze des Filmemachers reagiert der Kritiker mit der Exponierung von sich selbst. Im Band verhält sich die Ausrichtung beider Beiträge chiastisch zueinander. Bresson geht von plus zu minus, das Lob der Arbeit und der Freunde mündet in der Kritik an den »Gildekinos mit ihren Kunstfilmen, denen in Wahrheit nichts entspricht«[17]. Wittes Text bewegt sich von minus zu plus, von der Enttäuschung durch das unnötig Formelhafte zum Hinweis auf die unterschätzte Komplizenschaft.

An die Stelle des Abschreibens von Autors Stimme war Wittes Arbeit mit den Situationen getreten, was ihn das Interview zum ersten Mal ›hören‹ lässt. Und zwar durchaus im Sinne von Frieda Grafes Verweis darauf, »[w]ie das Zusammengehen von Gesten, Blicken und Tonfall den bloß lexikalischen Wortsinn der Sprache sprengt«[18], der die Latte der Anforderungen an ein Interview sehr hoch gehängt hatte. Im Versuch, das Verlorengegangene des nicht autorisierten Interviews zu retten, ohne es ausführlich im Wortlaut zitieren zu können, reinszeniert Witte die Situationen der Tage in Paris. »Was immer Sie als Gesetz Ihrer Ästhetik definierten, machten Sie an Situationen fest. Das karge Arbeitszimmer, deren [sic] Gegenstände, wie ein Blick aus dem Fenster auf Notre Dame, waren ebenso einbezogen wie die wechselseitige Wahrnehmung der Spre-

17 Bresson, *Brief über meine Filme*, S. 83.
18 Grafe, *Es war einmal ein Ford*, S. 216.

chenden. ›Sehen Sie da die Kommode? Gerade weil ich dieses Zimmer bewohne, übersehe ich die Einzelheiten. Die Zerstückelung der Dinge geschieht nur mittels einer Neuanordnung, die die Dinge in eine neue Lage versetzt. Das Unerwartete verleiht einer Sache, die man sieht, Relief.‹ Wir stießen auf viele Details zu Ihrer Arbeitsmethode, zur Sehweise im Alltag, die allesamt unsere Einsicht in das Unerwartete, das Sie ansprachen, befördert haben« (86). Auf einer zweiten Ebene wird schließlich mit der zunächst nur metaphorischen Bildspur des Textes ernst gemacht. Gearbeitet wird am öffentlichen Bild. Ganz so, wie Schrader es zuvor auch schon gemacht hatte, präsentiert Witte am Ende der Kontaktaufnahme seinen Film von »Robert Bresson«. Die Pointe wird von langer Hand vorbereitet. »Sie ermahnten mich noch, halb amüsiert, für ein Photo zu sorgen, das Sie in diesem Band ansprechend präsentiert« (86) – mit diesen Worten waren Filmemacher und Kritiker seinerzeit in Paris auseinander gegangen. Bresson schreibt ihm noch schnell etwas in sein Buch. Witte wird sich die Ermahnung zu Herzen nehmen. Seine Widmung für Bresson, das Photo, das seine Erfahrungen mit Bresson anspricht, positioniert er geradewegs in die Wiederholung. Ins Dejà-vu des bekannten Vorläufers. »Als Schrader sein Gespräch beendet hatte, ging er daran, Sie zu photographieren. Worauf Sie einen Polsterstuhl im Stile Louis XV. hochhoben, um sich dahinter zu verstecken. Schrader durfte diese Momentaufnahmen Ihres allmählichen Verschwindens hinter einer Stuhllehne als Beigabe zum Interview veröffentlichen« (92).

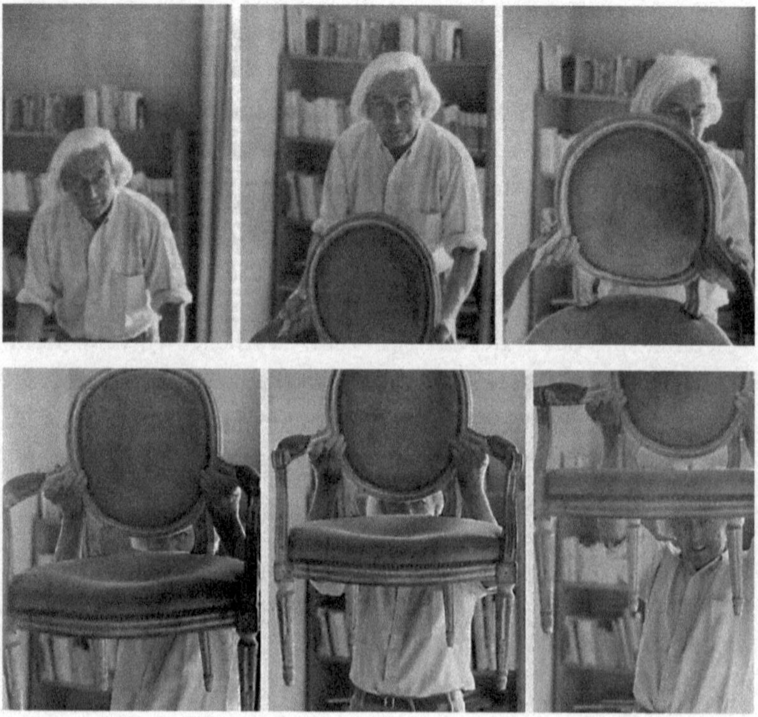

Schraders Witz hatte nicht allein darin bestanden, einen Schnappschuss des für gewöhnlich als ernst wahrgenommenen Filmemachers zu veröffentlichen, der ihn vor der Kamera herumalbernd zeigt, sondern zugleich auf die Entscheidung für ein Foto aus der Serie von Schnappschüssen zu verzichten. Es hat beinahe den Anschein, als ob speziell für Bresson, für den Kino Schrift aus Bewegung ist,[19] die Serie intakt belassen wird. Die Fotos in Reihe ergeben einen Film

19 Dass der Begriff Kinematograph »griech. ›Bewegungsschreiben‹« (83f.) bedeutet, erläutert Witte in seiner letzten Fußnote zu Bressons Brief, die im Band auf der Seite gegenüber der Kopfzeile seines eigenen Briefes ausläuft.

mit Bresson in der Hauptrolle. »Es freut mich, daß Sie diesen blutigen Witz über Ihr Selbstporträt zuließen« (92). Was den Witz in den Augen Wittes »blutig« macht, ist seine Anspielung auf einen der bekanntesten Filme Bressons. Die Serie der Fotos, das Hochhalten des Dings, hatte den Filmemacher geradewegs in *Au hasard Balthazar* projiziert. Bresson mit dem Stuhl in der Hand wird zu einer nomadischen Figur, zu Arnold, dem cholerischen Landstreicher, der den Esel mit dem Stuhl prügelt, selbst von der Gesellschaft geprügelt wird, eine plötzliche Erbschaft macht, der Versuchung des Alkohols erliegt, und schließlich im Freien stirbt.[20]

20 Bresson: »He represents first of all drunkenness, since when he is not drunk, he is gentle, and when he is drunk, he bears the donkey, that is to say, reveals thereby one of the things that must be the most incomprehensible for an animal, to know that the same person can be changed by swallowing a bottle of liquid. And that is a thing that must astound animals, the thing from which they must suffer the most. At the same time, in this character, I felt nobility immediately. And perhaps too a parallelism with the donkey: they have in common a certain sensitivity to things«. *The Question. Interview with Robert Bresson by Jean-Luc Godard and Michel Delahaye*, in: *Cahiers du cinéma in English* (1967), S. 5–27, hier: S. 11.

Das esoterische Zitat der Figur beinhaltet überdies eine Absage an ein simples Realismus-Postulat. Wittes Charakterisierung des Fotowitzes als »blutig« thematisiert nicht die Gewalt der Szene, sondern spielt an auf Bertolt Brechts Charakterisierung von Karl Valentin als »komplizierte[n] blutige[n] Witz«, »eine der eindringlichsten geistigen Figuren der Zeit«.[21] Der Geist, der als Synonym den Witz erklärt, demonstriert, worum es in dem Bild nicht geht: um Fleisch und Blut (das für Bresson »Schauspiel« ist und ihn nicht interessiert). Angestrebt wird vielmehr das »kompliziert Blutige«, das sich in der Konstruktion von Situationen entfaltet, die außerordentlich artifiziell sein können: »Schließlich möchte ich hier einen Nachtrag zur Realismus-Debatte, wie wir sie anschnitten, einschieben. Mich interessierte, inwieweit Sie sich als Realisten sehen, und Ihr Brief beschied sehr knapp: ›Gerade, weil ich Realist bin, verspüre ich eine Neugier auf das Geheimnis der Dinge und der Menschen.‹ Dieser Orakelspruch befriedigt meine Neugier nach den Realien in Ihren Filmen nicht. Er klingt ein wenig platt. Wo Ihr Brief nur auf ein Motiv zum Realismus weist, entfaltete unser Gespräch die Technik Ihrer Aneignung von Wirklichkeit mittels der Filme. Sie begannen mit der einfachen Formel, das Verfahren Ihrer Arbeit sei es, Bruchstücke des Wirklichen in eine neue Anordnung zu bringen. Nicht mehr und nicht weniger. Entscheidend sei die Rekonstruktion. Wir hingen noch an der Gewohnheit des Theaters, die Dinge in ihrer Ganzheit wahrzunehmen. Als wir darauf zu sprechen kamen, konkretisierten Sie diese Formel durch einen Eindruck. ›In diesem Augenblick sehe ich weder Ihre Beine, noch Ihre Füße; ich sehe Ihre Augen, ich sehe Ihren Blick, Ihr Gesicht.‹ […] Auf den Bezug eines

21 Brecht, Bertolt: *Karl Valentin*, in *Werke. Große kommentierte Berliner und Frankfurter Ausgabe*, *Bd. 21: Schriften 1. 1914–1933*, hg. v. Hecht, Werner / Knopf, Jan / Mittenzwei, Werner u. a., Berlin/Weimar/Frankfurt a. M. 1989 ff., Bd. 21, S. 101.

Bildes mit allen Bildern käme es an. ›So werfen mir Dummköpfe vor, die Lancelot sehen, sie sähen beim Turnier nur Pferdebeine, Pferdefüße und kein Pferd. Stelle ich aber Roß und Reiter in der Totale dar, hat man überhaupt keinen Eindruck von der Macht des Pferdes. Wenn ich zum Rennen gehe, schaue ich auf die Beine, die Hufe, die Hintern der Pferde, das interessiert mich, nicht der Reiter obenauf.‹ Verstehen Sie: hier kann ich eine Aneignungsform Ihrer Neugier auf das Geheimnis der Dinge erkennen, die Sie im Brief nur vage beschwören. Deshalb ist mir diese Darlegung zum Realismus, wie er als Stück Alltagspolitik in Ihren Filmen steckt, unverzichtbar« (91). So wie Frieda Grafe das, was sie von John Ford im Interview als Technik gelernt hatte, sogleich in ihrem Text umsetzt, lässt auch Witte es nicht einfach mit der Erklärung des Gehörten bewenden. Er zeigt, dass er verstanden hat, und wiederholt in seinem Text nicht zuletzt gerade auch Schraders blutigen Witz. (Nicht ohne ihm jedoch dabei eine charakteristische Wendung zu geben.) Die Hilfe Bressons, der bereit ist, Stühle zu verrücken, um die Anspielung erst möglich zu machen, nimmt er dabei nicht in Anspruch. Dessen Insistieren darauf, vor dem Auseinandergehen doch noch ein Foto zu machen, hatte den Interviewer spöttisch auf das Terrain des Filmemachers gezogen.

Das Foto, das der Kritiker macht, hat einzustehen für die Bildproduktion, von der die ganze Zeit über die Rede war. Seine Funktion ist in erster Linie, den Kritiker zu zeigen. Es ist der Lackmustest für die Komplexität seines Verständnisses von Text und Bild. Bei der Auswahl des Motivs für seinen Band bleibt Witte, dem dies bewusst ist, dem Bezugsfilm des Vorbildes und dem Verschwinden des Autors hinter der Lehne treu. Der Bezug des Bildes auf die Bilder aus Bressons Film ist derselbe, hat hier allerdings die Pointe, dass das Foto, das im Band auftaucht, nicht nur nicht vom Kritiker eigens für diesen Anlass aufgenommen worden ist, sondern obendrein auch nicht von ihrem Treffen stammt. Das Bild, für das Witte sich entscheidet, stammt aus dem Archiv. Es ist eines der vielen Fotos aus dem Pool fotografischer Aufnahmen von »Bresson bei der Arbeit«. Nichts erinnert hier an Paris 1977. Das gewählte Foto ist weder touristisch noch individuell, sondern vor allem seriell. Witte beherzigt damit einen weiteren Ratschlag Bressons: Nein, er hat sich keine Mühe gemacht, er hat nur ›einfach‹ eines der unzähligen Bilder, die es von Bresson schon gibt, für den Band übersetzt. Ein Bild von Bresson überdies, das, und das ist der nächste Witz, tatsächlich Ross und Reiter zeigt. Was bei Schrader noch wie die Karikatur einer Wirtshausschlägerei mit dem Kritiker aussehen mochte, kommt bei Witte eher gesittet daher. Er zeigt einen Moment des Stillhaltens bei den Dreharbeiten zu *Au hasard Balthazar*.

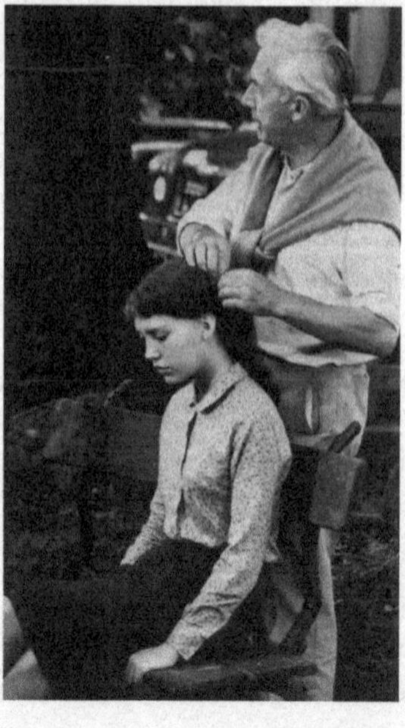

Robert Bressons Dreharbeiten in der Regie von Karsten Witte zeigen den Filmemacher beim Frisieren. Marie, die auf einer Bank Platz genommen hat, wird von ihm zurechtgemacht. Bresson konzentriert sich auf dem Bild nicht auf die Arbeit, die er gerade tut, sondern schaut abgelenkt in die Ferne. Sollte er sich gerade unterhalten, redet er über den Kopf hinweg. Wir sehen jemanden, der »woanders weilt«. (Wovor schon der Kritiker von 1946 in seinem Text gewarnt hatte.) Die junge Frau vor ihm auf der Bank, in deren Haare er greift, schaut duldsam zu Boden. Es gibt keinen Blickkontakt, die beiden Personen auf dem Bild begegnen sich nicht auf Augenhöhe. Die gleichermaßen intime wie distanzierte Situation erinnert an eine Analysesitzung. Nur dass der Analysand sich hier selbst die Sachen zurechtzulegen scheint. Er scheint sich nicht helfen lassen zu wollen. Das Bild des Regisseurs, der mit seiner Figur interagiert, sie berührt, verschränkt das Dokumentarische und die Fiktion. Ein typisches Bild, das man von Filmemachern bei der Arbeit kennt, trainiert plötzlich das Umschalten von einem filmischen Modus in den anderen. Und baut eine Skepsis ein: Seid auf der Hut! Hier wird frisiert, das heißt gefälscht oder nachträglich schön gemacht, wie man will.

Wenn dieses Bild aber tatsächlich eine allegorische Funktion besitzt, die Bressons Gegenüber mit der Figur der Marie in *Au hasard Balthazar* besetzt,[22] mit dem zweiten Esel des Films also,[23] dann

22 Die Identifikation mit Anne Wiazemsky, Enkelin von François Mauriac und Objekt des Begehrens von Bresson wie Godard gleichermaßen, bringt explizit Liebe und Masochismus ins Spiel. »It was enough to listen to him and to do what he asked of me without trying to understand, I had to give myself over to him, accept abandoning myself. For reasons that I will never comment on, which suit me perfectly. Even better, I experienced a lot of pleasure obeying him. I would understand often, afterwards, that this was demanding, indeed appalling, exercise and that many had suffered from it. That was never my case.« Anne Wiazemsky über Bresson, zitiert aus der englischen Übersetzung von Franck Nouchis *Anne Wiazemsky: le mystère Bresson*, einer Rezension von Wiazemskys Buch *Jeune Fille*, in *Le Monde* 11.1.2007, in: *my gleanings*,

wird es wichtig, die Szene zu rekonstruieren, für die Bresson Anne Wiazemsky auf diesem Bild gerade herrichtet. Im Film sitzt Marie an dieser Stelle auf der Bank und spricht sich mit ihrem engsten Freund seit Kindheitstagen aus. Es ist ein Moment der Desillusionierung und der Abrechnung. »Jacques, wie oft habe ich von jemandem wie Dir geträumt. [...] Was für ein Erwachen! Zum Verrücktwerden. [...] Du langweilst mich! Du siehst die Allee, die Bank, unsere Namen auf der Bank, unsere Spiele mit Balthazar. Ich aber sehe nichts. Ich habe keine Zärtlichkeit, kein Herz mehr.

... 12.1.2007, http://jdcopp.blogspot.com/2007/01/anne-wiazemsky-robert-bresson-mauriac.html, letzter Zugriff: 15.8.2020. Es bringt auch zum Ausdruck, dass Witte sich benutzt vorkommt.

23 »GODARD—And Marie, in that, is, I dare say, another donkey. BRESSON—Yes, precisely: she is the character parallel to the donkey, and who ends by suffering like him. [...] She undergoes the same jolts as he. She undergoes lust, too. She undergoes, not rape, perhaps, not exactly, but something that is almost a rape.« Godard/Delahaye, *The Question*, S. 11.

Unsere Liebesschwüre, unser kindliches Versprechen ... gehören in eine Fantasiewelt, nicht in die Wirklichkeit.«

Im Film lässt eine Überblendung sie Heu in den Stall zu Balthazar, dem Esel, bringen: »Ich werde ihn lieben. Ich werde ihn lieben.«

In der Emblematisierung der Gesprächssituation war der Kritiker selbst zu einer Figur des Regisseurs geworden, hatte den Spieß aber zugleich umgedreht. Die Bilder des Films erklären die Kritik, die sie erklärt. Eins geht nicht ohne das andere. »Robert Bresson: Brief über meine Filme«, »Karsten Witte: Brief an Robert Bresson«.

Haben wir etwas in der Art nicht 1948 schon einmal im Kino gesehen? Ein bekannter Mann, ein Künstler, der seine Wohnung verlassen will, um einem Duell aus dem Weg zu gehen, wird mit einem Brief eines (vergleichsweise) unbekannten Verehrers konfrontiert, der in Flashbacks seine jahrelange Leidenschaft für den Künstler zum Ausdruck bringt. Nach der Lektüre stellt er sich der Herausforderung. Die große Enttäuschung zu Beginn des verhinderten

Gesprächs hatte dreißig Jahre später Max Ophüls' *Letter from an Unknown Woman* erneut anklingen lassen. Auch hier, im Hin und Her und Nebeneinander von Briefen, die einen Dialog restituieren, ist es vor allem Leidenschaft, die ihr Recht fordert. Eine Leidenschaft, die sich von der Angst um die öffentliche Wahrnehmung bedroht weiß. Es ist das Medium des Briefes, das Witte an dieser Stelle zupass kommt, um dies artikulieren und mit dem vermeintlich Privaten und der Preisgabe des Vertraulichen spielen zu können. Warum, fragt er den Filmemacher durch die Blume, sei der Brief bei ihm eigentlich im Umschlag geblieben? Nicht aus sich herausgekommen? Warum habe er sich für das Totstellen und gegen das Leben entschieden?[24]

In der Architektur der Filmwahrnehmung hatte Karsten Witte das Interview mit dem Regisseur kurzerhand in das Boudoir platziert. »Man merkt, daß sich zwischen Ihr privates Selbstverständnis und dessen öffentliche Darstellung eine spanische Wand – das öffentliche Interesse – schob« (85). In der Analyse wird die Angst der öffentlichen Preisgabe als neurotische Angst vor der Stärke der Leidenschaften angesprochen. »Freilich bewegte sich die Richtung [des Gesprächs] auf das Terrain spontaner Subjektivität zu, die Ihnen im Nachhinein suspekt geworden sein mag« (87). »Steht hinter Ihrer unbedingten Strenge, nichts aus Ihrer Hand zu geben, nicht die Furcht, sich einmal schutzlos, empfindlich und unversteckt gezeigt zu haben? Diese Angst auf meine Kosten zu bekämpfen, war nicht sinnvoll« (89). Die homophile Energie des Interviews ist massiv. »Sie erinnerten sich einer starken Emotion, als Sie ratlos waren, wie Sie die Szene in der Kirche (in *Le Diable Probablement*) beginnen

24 »Sie weigern sich, die Erwartung eines Publikums zu bedienen, das sich hier Aufschluß zur Person erhofft und voll Verwunderung auf etwas stößt, das sich wie ein selbstverfaßter Nachruf zu Lebzeiten liest. Das sei Ihr gutes Recht. Dennoch bin ich enttäuscht« (85).

sollten. Sie wollten die Nachtszene mit den beiden Jungen im Schlafsack drehen, ohne zu wissen, wo sie zu placieren seien. Sie ließen die Darsteller oder ›Modelle‹, wie Sie als Regisseur und Maler Ihre Darsteller bezeichnen, die sublime Musik Monteverdis anhören und waren selber überwältigt. Noch als Sie die Musik für diese Stelle auswählten, taten Sie es völlig emotionslos und hielten dann während des Drehens der Kirchenszene doch am Gefühl dieser Überwältigung fest. Warum erinnere ich Sie daran? Weil mir an Ihrer Schilderung der Filmarbeit die Situation der offen eingeräumten Ratlosigkeit, der persönlichen Gefühle und des Ausprobierens aufging, wie Gefühle für das Kino oder vielmehr: den Kinematographen herzustellen seien. Ich entsann mich der großen Betroffenheit angesichts dieser Szene im Film, in die ich mit Hilfe Monteverdis hineinglitt. Und Sie erklärten, daß die Eigenart des Ohrs viel tiefer als die der Augen reiche. ›Die Augen sind leichter, ja: frivoler als die Ohren‹, sagten Sie. Deshalb versuchen Sie, Ihre Bilder nach den Ohren einzurichten. Ich greife diesen Abschnitt unseres Gespräches auf, weil er zeigt, daß die scheinbar verschlossene Ästhetik Ihrer Filme wie das Räsonnieren über sie die Theorie zur sinnlichen Erkenntnis bringt« (90 f.). Die Reflektion auf das nach dem »Ohr« (Wortlaut) des Gesprächs eingerichtete (beschworene) frivole Bild, die Einschreibung in das Bild von Bressons großer Liebe, die er so gern für sich behalten hätte,[25] geschieht voller Respekt.

Am Ende von Wittes furioser Offenlegung des »Palimpsest[s]« (89) steht ein versöhnlicher Mix aus Französisch und Deutsch: der

25 »On finishing filming Au Hasard Balthasar, Bresson will, however, ask her, in exchange for the role of Guinivere in Lancelot du Lac to never film with anyone other than him. ›I have been happy with you‹, Anne told him. ›Me, too. Living near you has given me a great deal ... your youth has made me young ... Often I was your age ... You will understand later on ... later.‹ Nouchi, Anne Wiazemsky«, ebd.

Hinweis auf die »Komplicen« (nicht so sehr als die heimlichen Freunde zu denken, sondern als Gehilfen der Tat) und ein Zitat von Jean Renoir: »Kein Profi dächte je daran, ganz allein die Bank von Frankreich auszuheben; noch dächte ein Forscher daran, sich allein in den Dschungel zu wagen. Es ist weniger eine Frage der physischen Gefahr, sondern: daß ein einzelner – angesichts eines fürchterlichen Vorhabens – Gefahr läuft, von der Panik erfaßt zu werden.«[26] Alleine ist man noch nie weit gekommen.

26 Renoir, Jean, *Écrits.* Paris 1974; zit: nach Witte, *Brief an Robert Bresson*, S. 93.

IBIZA, DDR

Eines Tages lag sie auf unserem Tisch. Eine Einemarksmarke. Die Grundeinheit einer Binnenwährung. Aluminium auf Papier. Herausgegeben in der Deutschen Demokratischen Republik am 11. September 1984 mit einer Auflage von 2.100.000 Exemplaren hat die Briefmarke die Größe eines einzelnen Filmbildes in einem Format, das sich nicht durchgesetzt hat, und handelt von der Zukunft einer Vergangenheit, die noch im Bau ist. Die Briefmarke kommt allein und ist zugleich Teil eines Blocks. Sie ist eingekapselt. Umbaut. Breit aufgestellt.

Was uns hier nach Hause geschickt wird, ist eine Feedback-Schleife. Ein gespenstischer Blick vom Inneren zurück ins Innere, der glücklich zu machen scheint und der selten ist, weil Ereignis und Struktur kollabieren. Normalerweise sind es exemplarische, historische Figuren, Objekte und Ereignisse, die diese kleinen zweidimensionalen

Papierkästchen,[1] Aufkleber des Transports, als gesellschaftliche Selbstbeschreibungen, die vermittels enzyklopädischer Erzählweisen operieren, zu sehen geben. Hier, in einer eigentümlichen Perspektive auf Handlungsmacht, werden zwei Erwachsene mit einem kleinen Mädchen mit dem Bau eines Innenraums zusammengebracht, der sich in unseren Raum, den Raum der Beobachtung erweitert. Das dann alles ein Zuhause werden könnte. Wir sehen ein Heute in Arbeit und die Sphäre der Arbeit als nicht getrennt vom häuslichen Bereich. Öffentlich und privat werden ineinander gezogen. Wie gemalt (von Detlev Glinski gezeichnet)[2]. Das Ministerium für Post und Fernmeldewesen kommentiert: »Der Blick umfaßt eine Familie und richtet sich gleichzeitig auf ein umgebendes Neubaugebiet, in dem diese junge Arbeiterfamilie selbst nunmehr ihr Zuhause hat. Wiederum vereint damit ein Motiv aus Anlaß des DDR-Jubiläums Errungenschaften des sozialistischen Aufbaus mit einer Darstellung des persönlichen Lebens der Gestalter dieser Entwicklung. Damit wird gewissermaßen das Fazit dieser Emission gezogen«.[3]

Ich bin mir nicht sicher, dass das Bild das zeigt. Warum soll der Mann mit Helm automatisch Vater sein? Nur weil das Inventar der Marke ihr Motiv bis heute so fasst? »Familie mit Kind und Neu-

1 Einladung zur Ausstellung Ikonologie der Briefmarke. Am 4. August 1994 von 19 bis 21 Uhr. Museum für Moderne Kunst. Abteilung Forschung und Innovation. Museumplatz 4, 81673 München. Ausstellungsdauer: 5. August bis 17. September 1994, in: Fehr, Michael (Hg.): *open box. Künstlerische und wissenschaftliche Reflexionen des Museumsbegriffs*, Köln 1998, S. 171–175. »Das Museum für Moderne Kunst München (MfMK München) ist ein imaginäres Museum« (*Museum für Moderne Kunst München*, Wikipedia. https://de.wikipedia.org/wiki/Museum_für_Moderne_Kunst_München [letzter Zugriff: 15.8.2020]).

2 *Briefmarke: 35 Jahre DDR, Wohnungsbau (DDR)*, in: Ocker, Rainer, *Briefmarken (Deutsche Briefmarken)*. https://www.suche-briefmarken.de/marken/ddr/ddr84056 [letzter Zugriff: 15.8.2020].

3 Ministerium für Post- und Fernmeldewesen der Deutschen Demokratischen Republik, *Die Postwertzeichen der Deutschen Post 1984*, Berlin 1984, o. S. [S. 46].

bauten«[4]? Strategien gegen Architektur? (Wie einer der Sampler dieses Jahres heißt.) Soviel ist gewiss: Wir haben es hier mit der zeitweiligen Bildung einer Gruppe und zwei parallelen Sphären zu tun. Und einer Vaterfigur, die nicht unbedingt mehr einleuchtet. Auch sind zwei Generationen von Frauen im Bild. Der Kern dieses Bildes, das so vertraut aussieht in Sachen Propaganda, ist ein Mädchen. Das noch getragen werden muss. Größer werden wird.

Was wir ebenfalls sehen, ist die Architektur der Marke selbst. Figur und Grund, eine Reihe von Einkapselungen. Aufgeklebt auf einen Brief, der wo auch immer hingeschickt wird, stehen drei Leute in einem Raum vor etwas, das sich wie ein weiterer Brief an der Wand ausnimmt, der von noch einer anderen Marke links frankiert wird. Diesmal mit den herrlichen Werkzeugen von Bau und Entwurf, Hammer und Zirkel inmitten von Landwirtschaft, die sich über den Himmel legt, das Staatswappen, das Geburtstag hat, Dreifeldergeburtstag, also noch Pläne hat, und an die Adressanten im Adressfeld rechts gesandt wird. Das kleine Mädchen auf der rechten Seite, die den Rahmen zur Linken, mit dem sie den Schulterschluss vollführt, im Hinterkopf hat, ist das Bindeglied der beiden Seiten der Operation. Sie ist sowohl die eigentliche Rezipientin der Botschaft als auch zugleich ihre Absenderin. Im roten Filter fallen Adressatin und Adressantin in eins. Als die einzige, die sich in diesem paternalistischen Modell von Entgegennahme und Sichern vorwärtsbewegen kann, erwidert das Mädchen lächelnd die Botschaft. Und richtet dabei ihre Aufmerksamkeit auf den Mann mit Schutzbrille am Helm, der von der Arbeit kommt. Und mit dem Kind als Wimpel, der Entgegennahme der Zukunft, den Raum mit links für alle aufschließt. (Oder genauer, wenn man es als Operationen im Koordinatensystem

4 Ocker, *Briefmarke: 35 Jahre DDR, Wohnungsbau (DDR)*.

beschreiben will, der also mit dem linken Winkel als der syntagmatischen x-Zeit-Achse des Armes die Reihe der Verknüpfungen rückwärts aufrollt.) Mitten im Bild der Besichtigung unserer kleinen Welt soll ein temporäres Geländer, eine Handreichung, ein noch nicht geschlossener Kreis, alle Geschichten aus dem Raum raus aus dem Fenster geradewegs durch den Aufbau der vielen vergleichbaren Einheiten da draußen perspektivisch ins Wappen verlängern. Ein kleiner Kran von einem Mann, Held des Auf- und Hochziehens, der eine Funktion hat, anscheinend gebraucht wird, um das Gesamtbild zu komplettieren, scheint mit dem Konstruktionsplan, der großen Erzählung und ihrer Umsetzung im häuslichen Bereich, wie keine andere in diesem Bild vertraut zu sein. Die Geste des kleinen Mädchens auf der Ebene des Paradigmas neben Frau, Baustelle, Stadt und Heraldik, die den Mann, der aus dem Dunkeln hervorgetreten ist, nicht erreicht, aber auf ihn hindeutet, schließt uns alle mit ein.

Die Umschlagflaschenpost mit Zacken von vor 35 Jahren [2019], ich war 23 und habe bei meinen Grenzübertritten mit Stempel im grünen Reisepass vom Tagegeld keine Briefmarken gekauft, erreicht mich 2019 über andere Kanäle. Ich hatte nach Möbeln Ausschau gehalten, nach Inneneinrichtungen aus der DDR und der BRD, und dabei auf Briefmarken gehofft. Aber in dem einen Zufallsalbum DDR im Frankfurter Unischrank fand sich erstmal nichts. Im Netz zunächst auch nichts, aber dann doch auf einmal (und für den Beginn viel besser als bloße Ausstaffierungen zu irgendeiner Zeit) der Ort, wo man die Möbel aufstellt, noch im Bau, mit all dem, was Staat macht, drumherum. Mein Einemarkspfand. Auch wenn es nicht zählt. Die Briefmarke hier, die mich am Wickel hat, von Tag zu Tag stärker packt, ist das Ticket, das mir bei seiner Einlösung den Kontakt zu Innenraumspezialist*innen verspricht. Zu den seltsamen Brutkästen falscher Entwicklungen. Seine Bauplanberichtszeichnung, die Karte zum Schatz, transportiert diese Kommunikation bereits. Was könnte es noch alles geben, das mir bei der Beantwortung meiner Frage weiterhilft, was eigentlich genau los war zwischen 1984 und 1995, in den Jahren großer Weichenstellungen? Als die Optionen zunächst noch offener zu sein schienen und nicht partout klar sein musste, was jetzt wohin gehört. An welche Stelle auf welcher Seite? Wie sah es drinnen aus? Wie gleich gegenüber? Mauer an Mauer? Warum wollen wir es partout nicht schaffen, von der deutsch-deutschen Dauer-Teilung der Affären wegzukommen? Und stattdessen einmal damit anzufangen, die Schizo-Geschichte von BRD und DDR in Angriff zu nehmen, die weit mehr zu erklären verspricht als die »Cold War logic of isolating and/or fetishising productions from the West and the East«[5]. Ich versuche hier im Folgenden also einmal einen Testlauf in der Konstruktion von Ost-West-Schizo-Paaren: Schizo-Marken, Schizo-Banner, Schizo-Fotos, Schizo-Filmen und -Installationen, dieses krampfhafte Aufeinanderachtgeben, das sein Programm unmöglich wechseln, nur immer dasselbe herausfinden kann. Mich interessieren Kommunikationsweisen, mit denen soziologische und historische Analysen Mühe haben: Spiel, Nicht-Spiel, Phantasie, Ritual (*sacrament*), Metapher, um die klassische Bateson & Co.-Reihe aufzumachen,[6] aber auch Formierung, Konversion, Trance, also die Fähigkeit, an zwei Orten zugleich sein zu können. Humor? Mit welchem Material könnte man so etwas bearbeitbar machen? Auch bin ich Teilgeschichten leid. BRD nach 1949. DDR von 1949–1990. Drittes Reich davor. Die Drei-Amigos-Nationalgehege unseres Zoos. Keine von ihnen erwischt die Gemengelagen, auf

5 Michell, Kalani, *Barluschke. Towards an East-West-Schizo-history*, in: Gott, Michael / Herzog, Todd (Hg.), *East, West and Centre: Reframing Post-1989 Cinema in Europe*, Edinburgh 2015, S. 253–266, hier: 254.

6 Bateson, Gregory / Jackson, Don D. / Haley, Jay / Weakland, John H., *Auf dem Wege zu einer Schizophrenie-Theorie*, in: Bateson/Jackson/Laing/Lidz/Wynne u. a. (Hg.), *Schizophrenie und Familie*, Frankfurt a. M. 1969, S. 11–43, hier: 12.

die es, im Augenblick sowieso, ankommt. Wir brauchen hier einen anderen Typ von Text. Raus aus dem Reportagemodus, rein in selbsttragende Konstruktionen. Mut zur Montage. Es wird also trübe werden. Und klumpig.

Das gesellschaftliche Ideal in der ersten großen Schizophrenie-Studie zum *Balinesischen Charakter* von Gregory Bateson und Margaret Mead, die, wie ihr Untertitel sagt, *eine fotografische Analyse* ist, wird gleich zu Beginn der Abfolge der Tafeln ebenfalls als die Konstruktion eines Innenraums an einem bestimmten Tag dargestellt. Von kleinen Mädchen fehlt hier noch jede Spur. Auf Fotografie 5 von Tafel I »Village and Temples«, die vom Dorf Bajoeng Gede, zu seinem Turm, zu seinen Straßen, zum Haus eine räumliche Annäherung an die Praktiken vollführt und mit zwei Speicherbildern von Schreinen und Vorratsräumen in freier Luft ausklingt, sind wir vielmehr erst einmal im zeremoniellen Raum der Männer angelangt, die den Jahrestag der Verteilung des Tempellands feiern.

Batesons Briefmarke zum Jubiläum zeigt die Männer in ihrer Gruppierung nach Seniorität, die Ältesten sitzen hinten am Kopf des langen, wie an der Schnur gezogenen Reishaufens in der Mitte. Der

Blick der Kamera bestätigt die Architektur, die Männer, ihre Hierarchie, die Träger, den Reis; die Teilnehmer der Feier schauen die Betrachter*innen an. Ja, das ist unser Zeremonienwohnzimmer. Was wollt ihr? Dieses Foto einer Feldforschung von 1928 bis 1938 verankert ein Selbstverständnis zweier Kulturen-in-Beobachtung und damit programmatisch zugleich die 752 Illustrationen auf 200 Tafeln, die im Buch noch folgen und auch wiederum nur eine Auswahl aus über 36.000 Fotos und 14.000 Meter Film darstellen, zu denen es noch 7200 Boxen von Notizen gibt. Das ist eine erste Setzung, Minimalabstraktion in der Ortsbestimmung, die das Projekt braucht. Aber ist das nicht lange her und wieso jetzt überhaupt Bali-BRD-DDR? Soll das hier eine Wir-sind-die-Eingeborenen-von-Trizonesien-und-fünf-Länder-mehr-Nummer werden? Hei-di-tschimmela-tschimmela-tschimmela-tschimmela-bumm?[7] »Die kürzeste Entfernung zwischen Frankfurt und Bali beträgt 11.902,34 km Luftlinie.«[8] Bali

7 »[E]s geht nicht darum, [...] dem Weltbild der Deutschen/Nationalsozialisten eine ›Regression‹ oder einen Archaismus zu unterstellen. Nativismen und Revitalisierungsbewegungen können in der Moderne an verschiedenen Ecken auftreten«. Schüttpelz, Erhard, *Vor der Re-Education (1943)*, in: *Die Moderne im Spiegel des Primitiven. Weltliteratur und Ethnologie (1870–1960)*, München 2005, S. 225–250, hier: 231. »Highland Bali was not a site chosen for its specificity. It was an accident. Mead and Bateson would have preferred to return to one of their earlier field sites but as a result of political turmoil or economic costs could not. [...] While many anthropologists, musicologists and artists were fetishistically enarmored with Balinese style, culture and aesthetics, Mead and Bateson evinced no such desires. What prominent avant-garde composers also working in Bali at the same time, such as Colin McPhee and his ethnographer wife Jane Belo, found as a source of inspiration for reconfiguring perception and aesthetics was for Bateson and Mead a substrate to substantiate the automation of recording culture«. Halpern, Orit, *Schizophrenic Techniques: Cybernetics, the Human Sciences, and the Double Bind*, in: *Scholar and Feminist Online* 10 (2012), H. 3. http://sfonline.barnard.edu/feminist-media-theory/schizophrenic-techniques-cybernetics-the-human-sciences-and-the-double-bind/ [Letzter Zugriff: 15.8.2020].

8 https://www.luftlinie.org/Frankfurt/Bali. [Letzter Zugriff: 15.8.2020].

ist mir also immer mindestens sieben Stunden voraus. Und was soll überhaupt mit Schizophrenie im Systemvergleich gemeint sein? Spannend an Batesons Schizophrenie-Modell als Kommunikationstheorie ist, dass es nicht mehr bei der Analyse von Einzelsubjekten ansetzt: »[t]he pathological form of schizophrenia is an inability to comprehend the structure of the communicating situation. Schizophrenics receive signals, but cannot respond in a purposeful way (i. e. with a deferred known goal) because they have no other, different communicative situations to compare, contrast, or use, outside of the immediate message. Paranoid symptoms therefore emerge from dysfunctions in storage and memory. The system cannot learn and it becomes stuck or jammed. [...] What Bateson is looking at, contrary to previous studies in psychoanalysis on schizophrenia, are not individual and isolated subjects anymore, but environmental interactions and the structure of the communication channel.«[9]

Tasten wir uns langsam weiter vor.

Im Jahr 1984, von dem aus wir uns hier losbewegen wollen, hatte Steve Jobs am 30. Januar auf der Hauptversammlung der Boston Computer Society, der weltweit größten seiner Zeit seine Innovationsphantasie einer akkumulierenden Mediengeschichte hin zum Biss des Buchstabens in den 128k Paradiesapfel der Versuchung – so richtig Sinn macht das Logo nicht –, mit der Geschichte einer kleinen Firma beginnen lassen, die von der großen Firma unterschätzt worden sei.[10] Am Anfang war die Schizo-Apple-IBM-Dauerbeobachtung. Und so ging das in dieser Rede dann in Zehnerschritten mit klein und groß und der Fortsetzung der Fehlwahrnehmungen und Fehleinschätzungen, der großen Eingefahrenheit, dreieinhalb Minuten lang weiter

9 Halpern, *Schizophrenic Techniques.*

10 *Steve Jobs introduces the Macintosh* [30. Januar 1984], in: *Computer History Museum.* https://www.youtube.com/watch?v=1tQ5XwvjPmA&t=313s. Letzter Zugriff: 15.8.2020.

bis zum Paukenschlag von vor gerade mal einer Woche, dem 24. Januar, an dem im Fernsehen auf CBS zur Halbzeit des 18. Superbowl – die Raiders führen gerade gegen die Redskins mit 21:3, Disney zeigt seinen bombastischen *Salute to Superstars of Silver Screen* – ein blondes, großgewordenes Mädchen in roter Hose und weißem T-Shirt mit dem neuen Produkt in Umrissstrichen drauf und einem großen Hammer in beiden Händen, verfolgt von der Polizei in Sondereinsatzkommandomontur, durch eine Halle voller glatzköpfiger Arbeitssklaven in grauen Metropolis-Overalls läuft, um ihn vor der großen Bühne mit allerbester Hammerwurftechnik in die Leinwand der großen Ansage zu schleudern. Die Leinwand zerbirst, das Vakuum implodiert und frischer Wind bläst allen zusammen im Raum ins Gesicht. Vereint frisch. »And you will see why 1984 won't be like ›1984‹«. Aha. Auf hochgezogenen Ridley-Scott-Leinwänden sehen wir Mädchen mit Fensterblick im internationalen Vergleich. In die Computerneubauten unseres Alltags ziehen die Fenster ein. Ab sofort können wir auf einem 9-Zoll-Briefmarken-Bildschirm virtuell mehrere Ost-West-Fenster öffnen und übereinander ziehen. Im Raum der Alltagsoperationen auf den graphischen Benutzeroberflächen lernen wir mit Optionen zu hantieren. In Briefmarken um die Ecke zu kucken. Und mit dem Kopf durch die Wand.

Was ist hinter dem Atlantik, vor dem Mond mit seinen Nazis auf der Rückseite, in Deutschland aus dem kleinen Briefmarken-Mädchen in der Allegorie auf Zukunft aus dem Jahr 1984, das nicht wie 1984 sein würde, geworden? Wo finden wir sie, die in einen Computer hineinwachsen wird, und ihre überschüssige Energie, die aus dieser Konstellation lange schon herausgewachsen sein muss? Hat sie die Botschaft je erhalten? Was für eine Botschaft? Zu welcher Zeit? Wie würde sie auf die ganze Bescherung reagieren, die wir im Augenblick haben: die jüngsten, immer rabiateren Schritte gegen Leute, die dabei sind einzuziehen, neu nebenan zu sein, die einem so völlig irre Reprint-the-Old-News!-mäßig bekannt vorkommen, wenn sie, in welcher Ausprägung und Formation auch immer, wieder aufs Neue nazifeist hochklappen? Was hat die Frau von damals, die das rote Papierstandbild mit der Rundum-Perforation in Bewegung versetzt hat, heute, wo es nichts mehr zu feiern gibt am 7. Oktober, wo Westen und Osten keine Rolle mehr spielen sollen auf dem Papier, vor? Nach was greift sie 35 Jahre nachdem sie daran erinnern sollte, was in den 35 Jahren zuvor erreicht worden war? Und angeblich darauf aufbauen, weitermachen wollte? Was für Bilder würde sie jetzt produzieren?

In *Schicht*, einem Film von Alex Gerbaulet von 2015, hat das Mädchen von früher plötzlich genug. »STOP!« Es spult vor. Schnelldurchlauf. 1984 ist, wo man gerade im Film auf der Stelle tritt und sich fragt, warum?, das Jahr, in dem die Trennung in der Familie, die lange schon stattgefunden hatte, sich endgültig manifestiert. Alles fliegt auseinander. Mutter wandert durch Kliniken, Vater baut weiter am Haus, die beiden Schwestern kommen ins Heim oder zur Großmutter, weit weg, irgendwohin, ins »Nirwana«. Die Älteste kehrt irgendwann in die ehemalige NS-Musterstadt (Salzgitter) zum Haus im Bau im Zonenrandgebiet zurück, das mittlerweile fertig ist und sitzt fest. Man wird schon zusehen. Springt vor und zurück. »Keine Zukunft ohne Vergangenheit.« Minute Dreizehn:Vierzehn bis Dreizehn:Zweiundfünfzig, irgendwas springt an. Und surrt. Keine Ahnung, was das jetzt wieder ist. Wir sehen an den Blumen vorbei aus dem Fenster und sperrangelweit offener Tür in nicht viel anderes bis Minute Dreizehn:Dreiunddreißig. 19 Sekunden Sekundenzeiger mit Surren im Ohr in der Inneneinrichtung können ganz schön lang sein. Eine Grundausbildung in In-und-auswendig und Will-hier-raus. Am Fenster bewegt sich etwas.

Draußen vor der Terrassentür wird klar, dass die elektrische Markise ausfährt. Weiß mit roten Streifen, schon ganz blass geworden über die Jahre. Geht es so weiter, haben wir hier draußen bald auch ein Stück Dach über dem Kopf. Dasselbe Dach, das vorher dringesteckt, mit uns gewohnt, sich versteckt gehalten hatte. Mit so viel Elektrik im Rücken, so viel Unterstützung, kann man getrost älter werden. 10 Meter weiter, an frischer Luft im Stückchen Grün vor dem Ausziehdach, kriegen wir noch 19 Sekunden drauf für den Blick zurück geschenkt. Richtig weit sind wir nicht gekommen. Fünf Minuten später, »die Nerven liegen irgendwann sprichwörtlich blank«, sind wir wieder drin. Minute Achtzehn: Vierundvierzig bis Neunzehn: Vierzehn, die große Klappe im Wohnzimmerschrank, das schlimme Holz der Zentrale, geht auf. Und senkt sich langsam ab. Von ganz allein. Die Geburt des Sekretärs unserer Geschichte. So als ginge hier alles mit rechten Dingen zu. Auf Dauer kann man bei so viel Auf und Abs und Raus und Reins im stets selben Abstand, im stets selben Tempo, mit stets demselben Geräusch nur kirre werden. Das muss doch mal ein Ende haben. Kraftwerke abschalten!

Es ist die Wiederholung der elektrischen Handreichung, mit der die Familie in der Bergwerkstadt auch Zuhause ein- und ausfährt, Slo-Mo-Elektrik und nochmal Slo-Mo-Elektrik, die uns übernommen hat, quälend langsam unter die Arme greift, so wie Sterben im Film: das ganze Leben nochmal im Raffer vor den Augen vorbei, der schon beinahe magisch sich öffnende Wohnzimmerschrank, der Schatz der Familie, die die Erkenntnis einsickern lässt, dass das bloße Sichwiedervorspielen der immergleichen Geschichten nicht helfen wird, der schleichend offenen Logik der Gewalt zu entkommen. Sich weiter einlullen lassen für den Rest der Tage ist einfach nicht drin. Ist einfach Lulle. Solange man noch nicht tot ist, ganz kalt, ganz starr, kann man das nicht ernsthaft zulassen wollen. Schon allein aus Eigeninteresse. Dafür ist schon zu viel schief gegangen. Zu viel kurz und klein. Musik!

»PLAY!« »Hello hello hello how low?« Das ist jetzt richtig Nirvana. Wort für Wort ins Bild gedruckt auf das Tick für Tick einer Uhr. Ein Tape läuft: Kill Joy »Contaminated Love«, kenne ich nicht, eine lokale Kellerband aus jenen Jahren? Wir haben die Fotokiste, die Spieldose unserer Jugend aufgeklappt, der Deckel ist hoch, elektrisch oder nicht, wir können nicht mehr zurück, die Musik dudelt, das Tempo zieht an und wir werden ein Stück weit sentimental. Die vielen Kreise, die der Film bislang gezogen hat, in seiner Inventur von persönlicher Geschichte, Familiengeschichte, Stadtgeschichte und Nachkriegsgeschichte am BRD-Ort der Endlagerung,[11] mit dem

11 Und der Kalten Krieg-Einrichtung »Salzgitter«: »Die Konferenz der Justizminister der Bundesrepublik beschließt am 27. Oktober 1961, eine Zentrale Erfassungsstelle der Landesjustizverwaltungen einzurichten. Die Aufgabe wird Niedersachsen als dem Bundesland mit der längsten Grenze zur DDR übertragen. Sitz der Zentralstelle ist Salzgitter. Am 24. November 1961 nimmt die Behörde ihre Arbeit auf. Grundstock sind die Ermittlungsakten über 50 Gewaltakte, darunter Todesschüsse auf Flüchtende, an der Berliner Mauer. ›Salzgitter‹, wie die Zentrale Erfassungsstelle kurz genannt wird.

Nationalsozialismus immer mit dabei, dem Schaden, den er bis heute nicht aufhört anzurichten, dem Raubbau an uns allen, werden wie auf der Spitze eines Kreisels in einer Flashback-Sequenz mit einem Griff in die Lebensfotokiste in einem Keine-Minute-Schnelldurchlauf der Phasen des Teenager-Widerstands, ästhetisch und politisch, zusammengezogen. Drehen sich auf einem Punkt. (Bevor alles umfällt.) Unverbundene Einzelfotos aus den Jahren der Blockade, schneller gemacht, aber noch nicht richtig ein Film, suchen den eigenen Körper, der dagegen zu halten sucht, noch einmal aufzurichten. Gar nicht mal unheroisch. Durchlauf-Aufnahmen von dir und mir von wem sonst. Pre-Selfie-Time in Flash- und Highlights. Zerbrechlich, sinnlich, euphorisch. Da ist sie doch, es war einmal, die ganze Energie. Punk, Kunst, Anti-AKW. Ein Traum. Mit den Aufnahmen aus der Kiste des Films, der ganz unterschiedliches Material drumherum montiert, sich Zeit lässt, haben diese Schnell-Augenaufunddurch-Bilder, war doch schön und verletzlich damals, nicht mehr viel zu tun. Sie kommen in ihrer Kapsel, ihrer Isolation, spürbar aus einer anderen Zeit. Viel stärker noch als die Bilder vom Bergwerk, die Postkarten mit blauem Kuli, die Fotos von Mutter und der Clip von Alexandra Doch-so-lang-ein-Mensch-noch-träumen-kann, mit dem die dann real erträumte Alexandra, die man im Film ansonsten nicht sieht, und ihr Vater einen Film lang im Kreis um die Wette laufen, bevor sie schließlich ausbricht, sind sie als geballter Selbstverweis, in der Reihung und Variation des personalisierten Kartenspiels, und noch eins und noch eins, ein bloßes Tüpfelchen vom Dokument. Kein i, keine Kirsche auf der Sahne, kein Trumpf. Ein Schächtelchen

*** [...] Salzgitter ist in der DDR eine der meist gehassten Einrichtungen der Bundesrepublik. [...] Sie [die Behörde] wird 1992 geschlossen«. Bundeszentrale für politische Bildung, *Auf den Spuren des DDR-Unrechts: Die Behörde »Salzgitter«*, in: bpb-Website, 22.11.2016. https://www.bpb.de/politik/hintergrund-aktuell/237863/die-behoerde-salzgitter [Letzter Zugriff: 15.8.2020].

im Schächtelchen des Schranks, Facetten von War-Einmal. Allerdings noch wie ein stehengebliebener Tank von überschüssiger Energie, die man gern anzapfen würde.

Noch mehr Selbsterfahrung der 1980er brauchen wir nicht unbedingt. Da dreht sich zu viel zu sehr noch um sich selbst. Heute reicht der eigene Körper als Wasserstandanzeige von gestern mit Hoffnung auf heute nicht mehr aus. Allein mit ihm kommt man nicht mehr sonderlich weit. Der Blick auf den verletzlichen Körper der Filmemacherin, ihre Individualität, die darauf aus ist, anzukommen, irgendwo mit und gegen die Realität der Gruppe, drauf haben wir den sicher noch, würde es schwierig haben, die übergreifende Blockade zu lösen und zu einem anderen Vorgehen überzuleiten. Die pathologische Situation von Familie und Gesellschaft lässt sich nicht bloß individuell adressieren. Genau das zeigt der Film. Er gibt uns, geologisch buchstäblich, Aufschluss. Einen Anriss. »Schicht«, wie gesagt: Also Schluss damit!, ober mittel unter, mehrere Ebenen über-

und untereinander. Ein Horizont im Stein. Ein Wechsel des Repertoires, das wir mitnehmen sollten. Setzen wir zur Abwechslung doch mal alle unsere West und Ost-Wohnzimmer nebeneinander. Und reißen die Türen ganz weit auf und versuchen immer mindestens zwei Geschichten auf einmal zu erzählen. Ostwest. Nordsüd. Und das weiter gemischt. Hallo hallo! Wer ist da wer? Nötig wäre ein grundlegender Strategiewechsel, den »Schicht« bereits in seiner Erzählweise vollzieht. Die Welt aus der Autobiografie erklären zu wollen, kommt nicht wirklich raus aus dem Mief der alten vier Wände. Ihrer Vorhersagbarkeit.

Wie kann man sich einrichten? Und womit? Geht das überhaupt mit dem Stadt, Land, Fluss der gewöhnlichen stockphotography-Aufnahmen? Die neue Montage setzt die gestaute Gewalt frei, indem sie nicht einfach weitermauert, sich einbaut, sondern ein Archiv organisiert, das Vielheit produziert, die nicht mehr nur auf sich als Kristallisationspunkt verweist. Sich selbst zum Exemplum macht. Es gibt eine Nähe von Körpern, Medien, Methoden und Technologien im Raum, aber zugleich immer auch einen Bruch oder einen zeitlichen Abstand vom Szenario selbst. Was sich durch *Schicht* durchzieht, den Film immer wieder unterbricht, ist der Dauerlauf des Vaters im roten Trainingsanzug mit Hund an der Leine. Beim Ablaufen des alltäglichen Trotts durch die Stadt und damit wie ein Cursor durch eine Mediengeschichte von Fotos, Musikclips, Clips von Fernsehsendungen, von Arbeit und Familie, bevor er schließlich zuhause ankommt. Klar war, wie gesagt, dass eine Rückkehr in die Situation der grundlegend enttäuschten Erwartungen, in denen man festhing und sich nicht bewegen konnte, und wo die heutige Gewalt womöglich ihren Ausgangspunkt genommen hat, nicht einfach mehr auf die übliche selbstanalytische Weise erzählt werden kann, wo die Arbeit der Familie noch in Begriffen der Individualität verpackt wird. Analytiker*innen können schließlich nicht mit mehr als einer Übertragung zu einer Zeit umgehen.[12] Und eine ist einfach zu wenig. Es macht daher nur Sinn, im Film mit dem Vater jenseits von Biografie als allgemeine Bezugsfigur anzufangen, der sich aufmacht, zur Arbeit in einem Bergwerk in Salzgitter zu gehen, das vor nicht allzu langer Zeit noch die Hermann-Göring-Werke hieß. Die Geister wären damit freigesetzt. Und halten sich in der Wohnzimmer-Flasche mit ihren schrägen Möbeln konserviert versteckt. Was sich bei unserer Rückkehr, beim Wiedersehen des Gewohnten zuletzt als Einziges bewegt hatte, war die Wohnzimmerschrankwand und der Ausgriff des Dachs auf den hinteren Teil. Was sich in engem Rahmen also allein verschiebt, ist das Volumen von Innen. Und seine Ordnung. Sich Aufblähen und Zurückziehen. Vater läuft da schon die ganze Zeit wie im Rad um unseren Block.

Es hilft, sich an dieser Cursor-Stelle noch einmal klarzumachen, dass es die Antwort auf eine Besonderheit der deutschen Architektur war, die uns alle überhaupt erst hierher gebracht hat, ob nun ins Endlager Salzgitter oder ins Endlager Sonstwohin. Eine Besonderheit, auf die uns Adolf Hitler in den Erinnerungen an seine Kindheit aufmerksam gemacht hatte: »Wenn der Vater nach Hause kommt, scheinen sich selbst die Wände ›zusammen zu nehmen‹.«[13] Unsere vier Wände verkrampfen mit. Dieses erbauliche Moment deutscher Kindheit vor den Weltkriegen in der Legende, das hochexplosive Moment in der Struktur der deutschen Familie, die Angst draußen und drinnen, die in die Mauern des Familien-Heims gewandert ist, das

12 Halpern, *Schizophrenic Techniques.*

13 Erikson, Erik H., *Die Legende von Hitlers Kindheit*, in: Ders., *Kindheit und Gesellschaft*, aus dem Englischen von Marianne von Eckardt-Jaffé, Stuttgart 1984, S. 320–352, hier: 323. »Erikson analysierte 1942 die von Hitler für sich selbst in *Mein Kampf* entworfene Familiengeschichte, weniger als biographisches Dokument als durch ihre Umschrift zum ›myth-making‹, das es Hitler erlaubte, auf den Code der deutschen Familie zuzugreifen«: Schüttpelz, *Vor der Re-Education (1943)*, S. 235.

Erik H. Erikson in seiner »Mein Kampf«-Analyse aufgespießt hatte, ist 1943 als Strukturhinweis eine erste Antwort im Hintergrund auf Gregory Batesons Frage, wie »ein fanatischer Nazi eigentlich tickt«[14], nimmt man wie er durch die Blume von Hitlers Wohnzimmerwand[15] Hitlerjunge Quex als Konversionsgeschichte Heranwachsender und frühe Selbstbeschreibung des Systems.[16] Ein Beitrag der »Filmanalyse und Täterforschung«, der nahezu parallel zur Bali-Schizophrenie-Studie entstand und keinen geringen Anteil daran hatte, im Kontext eines multidisziplinären Forschungskriegseinsatzes mit Namen ›Kulturstudien aus der Distanz‹ die Forschungsgebiete der Kulturwissenschaft und Visual Studies 1945 mit auf den Weg gebracht zu haben.[17] Was konstituiert das Nazi-Zuhause? Unser Zuhause? Wie lassen sich Häuser in Zukunft bauen, die sich nicht zusammenziehen, zittern und einfrieren, wenn Duckmäuschen Still von seiner Arbeit nach Hause kommt und groß aufspielt, vom Leder zieht vor Frau und Kind.[18] So dick, so Max, dass keine Wohnzimmer-

14 Bateson, Gregory, *The Birth of a Matrix, or Double Bind and Epistemology*, in: Donaldson, Rodney E. (Hg.), A *Sacred Unity: Further Steps to an Ecology of Mind*, San Francisco 1991, S. 191–213, hier: 200, [meine Übersetzung R. H.].

15 »Batesons Text [...], dessen diagrammatische Nacherzählung des eriksonschen Familienromans – die Ur-Szene der deutschen Familie: *Vater kommt nachhause* – voraussetzt und psychodynamisch auffächert« (Schüttpelz, *Vor der Re-Education (1943)*, S. 236).

16 Und da steht in der Zusammenarbeit von Kracauer und Bateson in der Filmbücherei des MoMA auch die tickende Bombe im Boden der Kommandozentrale in Fritz Langs *Das Testament des Dr. Mabuse* von 1933, dem versteckten zweiten Filmtitel im Titel von Kracauers *Von Caligari zu Hitler*, für die die dort eingeschlossene, im Entstehen begriffene, neue Kleinfamilie einen kreativen Ausweg finden muss, falls sie weiterleben will, im Raum. Vergleiche hier und im Folgenden: Ponten, Frederic, *Tremor, Tick, and Trance: Siegfried Kracauer and Gregory Bateson in the Film Library of the Museum of Modern Art*, in: *New German Critique* 47 (2020), H. 1, S. 141–172.

17 Beide Hinweise: Schüttpelz, *Vor der Re-Education (1943)*, S. 227 f.

18 »The relationship between father and mother is immediately and sharply defined. The mother is dominated by the father and yet he is as dependent on her as a child« (Bateson, Gregory, *An Analysis of the Nazi Film »Hitlerjunge Quex«*, in: *Studies in Visual Communication* 6 (1980), H. 1, S. 22–55, hier: 34).

wand beim besten Willen mehr entspannt sein kann, sondern plötzlich auf der Hut sein muss. In höchste Alarmbereitschaft versetzt ist. Elektrik für den heimlichen Rückzug braucht. In der Luft zwischen den Wänden, die enger geworden sind, ist die Feindseligkeit, ist stumme Wut mit Händen zu greifen. »One of the major appeals which Nazism had for German youth was the solution it offered of the complex and intense emotions implanted in the boy by his pre-Nazi German family background.«[19]

Blieb es dabei? Was schulden wir diesen vielen, ach so gleichen, auch zerbombt noch unverrückten vier Wänden, die den Krampf gespeichert haben? Was sind auch in der post-Nazi German family die Baumaterialien, auf dass »the Nazi clubhouse becomes a substitute ›home‹«[20]? Die Knacksfamilie Partei werden kann? Woran die Marke mit zwei Leuten in einem Raum mit ihrer Zukunft in der Hand auf DDR-Papier 1984 erinnert, ist ein Versuch, genau dagegen anzubauen, das Naziklubhaus durch etwas Besseres zu ersetzen als die Vornazizeit. Ein Heilmittel in Sachen Stein. »Marken sind die Visitenkarten, die die großen Staaten in der Kinderstube abgeben.«[21] Was dem Kleinen hier zu eigen ist, sind Kollektive, Serien und Wiederholungen. Wohngemeinschaften in großem Stil. Größeren Zusammenhängen.

Nun verschwinden Nazis nicht einfach von ganz allein vom Angesicht der Welt. Den Gefallen tun sie uns nicht. Wir müssen ihnen schon dabei behilflich sein. Wo könnten sie in diesem Markenkontaktbogen immer gleicher Aufnahmen stecken, wo können wir sie aufscheuchen, wo halten sie sich auf in der ersten Briefmarken-

19 Ebd., S. 51
20 Ebd.
21 Benjamin, Walter, *Briefmarken-Handlung*, in: Ders., *Gesammelte Schriften, Bd. IV.1: Einbahnstraße*, hg. v. Tillman Roxroth, Frankfurt am Main 1980, S. 134–137, hier: 137.

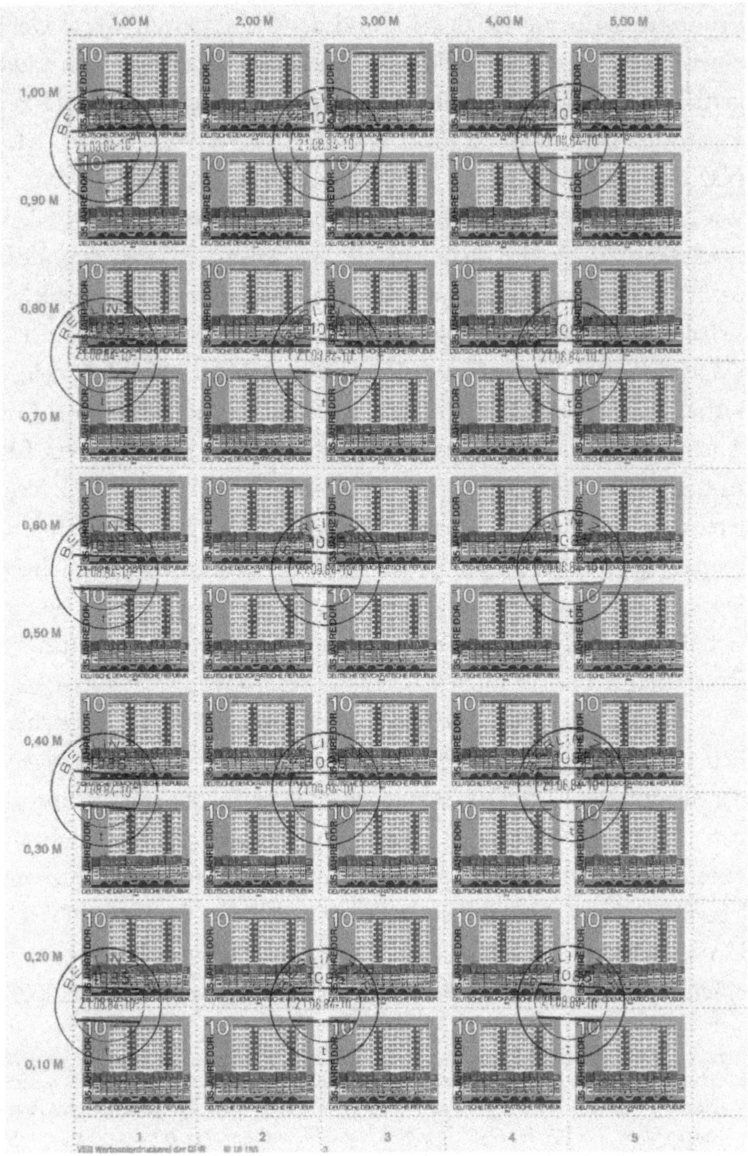

produktion für die 35-Jahrfeier und der Billigsten im Wert? Dem einen Facetten-Bild aus 50 Bildern. Wie können wir den Bogen schlagen? Wo finden wir sie? Eher oben oder eher unten in jeder Marke? Eigentlich kann man da nicht ernsthaft Präferenzen haben. Alte Nazis, neue Nazis, noch mehr Nazis. Man kommt ja kaum noch mit. Wie Nazis wohnen, kann ich mir beim besten Willen nicht vorstellen. Dazu fehlt mir einfach die Phantasie. Wie wohnen Leute, die andere nicht wohnen lassen wollen? Wie sind sie unterwegs? »›Können Sie sich einen Neonazi auf einem Fahrrad vorstellen?‹ ›Neeee, he. Nee.‹ ›Warum?‹ ›Weiß ich nicht.‹ ›Kann ich mir nicht vorstellen, nein.‹ ›Aber warum nicht?‹ ›Neonazis, mit was die unterwegs sind? Mit Autos.‹ ›Autos, ja. Autos. Wenn dann Autos.‹ ›Und was für Autos?‹ ›Ach hehe, o Gott. Das weiß ich nicht.‹ ›Ein Gefühl ... Nee, jetzt kann ich keine Marke sagen. Das geht nicht.‹ ›Und ein Fahrrad, ist das möglich? Können Sie sich das.‹ ›Nein.‹ ›Warum nicht?‹ ›Das passt nicht. Fahrradfahren, das hat irgendwas Friedliches an sich, finde ich. Das würde nicht passen.‹ ›Ja, das sehe ich auch so. Fahrradfahren ist für mich was Friedliches.‹ ›Womit die unterwegs sind? Schätz schon, daß die mit Autos unterwegs sind. Und sicherlich, also, ich sag mal, so von der Vorstellung her, würde ich sagen, dat die mit, nee nicht Geländewagen, aber ein bißchen hochmotoriger ... oder Motorräder.‹ [...] An mehreren NSU-Tatorten beobachten Zeugen zwei weiße Radfahrer. Die Ermittler schließen Nazis als Täter aus. Ein Kriminaloberrat erklärt 2013 beim Bayrischen NSU-Untersuchungsausschuss: ›Ich hab noch nie einen Neonazi auf einem Fahrrad gesehen‹«[22]. Weiter auf Zehenspitzen um den Block.

22 *Was würden Nazis niemals tun?*, D 2017, Ewa Einhorn [Spot 2 zum Tribunal »NSU-Komplex auflösen«, Köln 17.–21. Mai 2017]. *SPOTS. Audiovisuelle Mikro-Interventionen zum TIBUNAL NSU-Komplex auflösen und darüber hinaus*, initiiert von Bernien, Mareike / Bernstorff, Madeleine / Bodirsky, Sebastian / Gerbaulet, Alex / Hohorst, Betti, http://tribunal-spots.net/de/spots/02/#. [Letzter Zugriff: 15.8.2020].

Der jährliche Briefmarkenkatalog des Ministeriums für Post- und Fernmeldewesen der Deutschen Demokratischen Republik gibt uns zwei Hinweise für die Editionen des Jahres 1984: zum einen ist 1984 nicht zu vergessen auch das 100jährige Jubiläum von JENA Glas, das auch die erste Marke des Jahres bekommt. Die mediale Aufmerksamkeit steht also unter den Vorzeichen der Optik und ihren verschiedenen Operationen von Mikroskop zu Film. Zu anderen kommt das »Kernstück des sozialpolitischen Programms in der DDR«, der in diesem Block mit den hohen und nicht so hohen Häusern vom 21. August 1984 in Stein gezeichnet ist, mit einer Spezifizierung der Operationen einher: »10 Pfennig – Rekonstruktions- und Neubauprogramm« und stattet uns so mit einer ersten methodologischen Richtlinie aus: Wir werden aus der Aufgabe, die DDR, die es nicht mehr gibt und wahrscheinlich nie gegeben hat, weil sie immer noch auf dem Weg zur DDR war, wohl oder übel völlig neu bauen zu müssen, wohl nicht mehr herauskommen. Und damit zugleich uns heute auch mit, die wir mit ihr groß geworden sind. Selbst die kleinste Marke, die wir entwerfen, hat das drauf. Meine 5 Cent. Wichtiger als die Notwendigkeit der Rekonstruktion ist mittlerweile die Dringlichkeit eines Zeichnens von komplexeren Bauplänen, um besser nachvollziehen zu können, was aus uns allen geworden ist. Einfach nur zurechtlegen, geht nicht mehr. Höchste Zeit ist schon fast vorbei.

So wie das oft beschworene Orwell-Szenario des Kalten Krieges, das uns jahrelang über die Schulter schaute, nicht groß hilft, die Situationen und Lebensbedingungen zu beschreiben, die sich aus den vielen Lagen neukonstruierter Platten- und Altbauserien über- und untereinander von vor 35 Jahren ergeben, die jetzt auch nicht auf einmal wusch weg sind, kann sich ein Nachdenken über die Innenräume jener Gebäude und Jahre und ihre grafische und fotografische Erinnerung auch nicht allein auf die DDR beschränken, von der wir immer weniger zu wissen scheinen als die Tatsache, dass sie nicht mehr existiert, sofern es sie überhaupt gegeben hat. Stattdessen könnten wir damit beginnen, die schizophrene Logik der zwei Einheiten, der BRD und der DDR, die nie aufhören konnten, sich gegenseitig in ihren verschiedenen Konstruktionsanläufen zu belauern, ohne aus ihrer Dauerhaut herauszukommen, zusammenzuschieben[23] und unsere Aufmerksamkeit erstmal dem Dekor – Menschen oder Objekte – zuzuwenden, das sie sich für ihre Innenräume so gedacht haben. Was wollen die Planer eigentlich hier reinstecken, was soll wo sein und nicht woanders? Was räumen wir der DDR ein? Was der BRD? Achten wir also auf die Füllbilder jener Tage an ganz gleich welche Adresse im Westen oder Osten und stellen wir sie per Bote zu jeder Tag- und Nachtzeit zu.

Zur gleichen Zeit als Roland Schulz in Obersulm in der BRD Eilbotenpost aus der DDR erhält, erhalten Bewohner aus der DDR auch Post aus der Bundesrepublik. Dort war das Grundgesetz zum letzten Mal 1974 mit einer eigenen Marke gefeiert worden (25 Jahre GG). Offenbar fühlt man sich sicher dort im eigenen Saft. Das Grundgesetz ist nicht etwas, das groß Bilder zu evozieren oder Emotionen auszulösen vermag. Es liefert keinen »Verfassungspatriotismus als einer Art aufgeklärtem Nationalismusersatz«[24], sondern hält allein

23 Wenn dann selbst die FAZ die böse DDR auf Anhieb nicht mehr findet, sind wir auf dem richtigen Weg: »Weil die Kuratorin Ursula Müller in den renovierten Lagerhallen der Berlinischen Galerie Ost und West meist kommentarlos aufeinanderprallen lässt, verliert man oft die Orientierung und verwechselt etwa den damaligen Kreisverkehr vor dem ›Haus des Lehrers‹ am Alexanderplatz mit dem Reuter-Platz und dessen Bürotürmen in Charlottenburg« (Mönninger, Michael, *Brikett-Ästhetik der gebauten Stapelware. Berlin in den Sechzigern*, in: FAZ, 4.6.2015. https://www.faz.net/aktuell/feuilleton/kunst/ausstellung-radikal-modern-in-berlin-13624427.html, [letzter Zugriff: 15.8.2020].

24 Möllers, Christoph, *Das Grundgesetz. Geschichte und Inhalt.* München 2019, S. 122.

im »Versprechen [...] auf ein Verfahren [...] Entscheidungsprozesse offen«[25]. Deshalb passt das Grundgesetz vielleicht auch nur verhuscht auf eine Briefmarke. Als Verfassung mit Angst vor diesem Namen ist es eine Norm auf Zeit, die vor allem einmal verschwinden soll.[26] Auch hier wird auf die Zukunft gesetzt.

Im Hin und Her der nationalen Selbstbeschreibungen im literarischen Symboljahr einer totalitären Zukunft des Kalten Krieges

25 Ebd., S. 124 f.

26 »[S]o wird man sich im Nachhinein die Frage stellen, ob die Sorge der Deutschen, eine endgültige Entscheidung zu vermeiden, um Ostdeutschland nicht auszuschließen, nicht ihrerseits Ausdruck eines sehr spezifischen Verfassungsverständnisses war. Für die Franzosen, die mittlerweile in der IV. Republik lebten, wie für die Amerikaner, deren Verfassungsgebung wohl nie als etwas Endgültiges gedacht war, blieben die begrifflichen Probleme der Ministerpräsidenten auch deswegen so schwer verständlich, weil demokratische Verfassungen streng genommen immer einen provisorischen Charakter haben«. Ebd., S. 21.

rahmt die Deutsche Bundespost den Gründungsakt ihres Staates betont mit Mediengeschichte und Technologie. Hatte Philipp Reis und sein Telefon in der ersten Ausgabenreihe im Januar bereits auf die Jena-Optik des Ostens geantwortet, folgen im Juni Marken mit den Motiven der Briefsortierung im Hauptpostamt und dem Abtastobjektiv einer Briefverteilanlage – 30 Jahre Dein Päckchen nach drüben und die Verordnung über den Geschenkpaket- und -päckchenverkehr auf dem Postwege mit Westdeutschland, Westberlin und dem Ausland (GVO) –, eine Marke zur Geschichte der Positionsgeometrie und eine zum Deutschen Elektronen-Synchronton. Das Datum der Erinnerung an das Grundgesetz fällt zusammen mit dem Ausgabedatum einer Marke, die selbstreferentiell die Geschichte der Marke zeigt. 18. Oktober, »Tag der Briefmarke: Posthaus der Kaiserlich Taxis'schen Post in Augsburg.« »Oedipa knew them by heart. […] In the 1947 Postage Stamp Centenary Issue, commemorating the great postal reform that had meant the beginning of the end for private carriers, the head of a Pony express rider at the lower left was set at a disturbing angle unknown among the living. The deep violet 3c regular issue of 1954 had a faint, menacing smile on the face of the Statue of Liberty. The Brussels Exhibition Issue of 1958 included in its aerial view of the US pavilion at Brussels, and set slightly off from the other tiny fairgoers, the unmistakable silhouette of a horse and a rider.«[27]

27 Pynchon, Thomas: *The Crying of Lot 49*, London 1979, S. 120.

Die Marke, die 1984 retour zum Bauprogramm aus dem Osten auf die Reise in den Osten geschickt wird, ist diese hier:

Zwei Modelle von Datenverarbeitung, das mittelalterliche fett Besiegelte und ein Datensichtgerät aus dem Umfeld des IBM 4361. Herr Kaiser von der Versicherung. (Gezeichnet von Elisabeth von Janota-Bzowski.)[28] Beide Marken – Ost und West – liegen gar nicht so weit auseinander. Zwei Bild im Bild-Konstruktionen, Hoheitszeichen, Gründungsakte aus der deutschen Hauptstadt, zwei gespeicherte Augenblicke, zwei Ausblicke in Zukunft und eine Leiste mitten im Bild. Ein doppelter Strich zwischen Innen und Außen, auf dem sich balancieren lässt. Das BRD-Jahr wird später dann von Sankt Martin, der hoch zu Pferd aus einem Mantel zwei macht, teilt, damit es warm wird, abgerundet.

Dass es historisch auf das Häusliche reduzierte Frauen sind, für die es schon beinahe eine Sozialisationsroutine ist, sich an genau

28 Strathmann, Annika / Korfmacher, Wilfried / Deutsche Post AG (Hg.), *EvJ-B. Elisabeth von Janota-Bzowski. Grande Dame der Briefmarkengestaltung.* Düsseldorf 2013, S. 122 f. »Hier wird über optimale Informationssicherungsmethoden für zukünftige Generationen debattiert« (122).

dieser Stelle wehren zu müssen, die am komplexesten darüber nachzudenken vermögen, wie aus Innen Außen und aus Außen Innen entsteht und wo es dabei hakt, macht die Konzentration ihrer Beobachtungen vor allem auf den Raum, der in der Funktionenaufteilung der ist, in dem sie am wenigsten zu suchen haben, besonders spannend. In einer Wohnung gibt es also ein extra ausgezeichnetes Zimmer mit der Funktion Wohnen, das vor allem ein männlicher Repräsentationsraum ist. Hier sitzt Vater, wenn er von der Arbeit nach Hause kommt. Hier werden Besucher von draußen empfangen. Alle Elefanten im Raum fliegen hier hoch. Hier können sich Wände ganz schön ziehen. Nehmen wir sie doch einfach alle mal zusammen.

Ließe sich vielleicht etwas genauer auseinanderdividieren, was auf dieser symbolischen Bande zwischen Innen und Außen geschrieben steht? Im jetzt größeren wir-und-sie-Maßstab? Dem Fensterbrettvordemkopf zwischen Ost und West? Was wir auf diesem Band quer um den Leib, das früher mal kriegsführende Parteien markierte, als Selbstbeschreibung finden, ist, nicht weiter verwunderlich, vor allem ein Mädchenname. Das nächste kleine Mädchen von 1984 mit dem Namen ihres Vaters.

Dieses Bild hier war nie draußen. Außer dann im Computer. Außerhalb der vier Wände dieser Fotografie und ihrer Verbreitung hat es solch ein Banner nie gegeben. Es ist lupenreiner Photoshop. Ein (sagen dessen Macher dazu getürktes?) Bild, das auf der rechten »NSU Leaks. Fatalist und der Arbeitskreis NSU«-Webseite am 10. Februar 2016 hochgeladen wird.[29] Alle tragen die Nazi-Zschäpe. Die nächste Allegorie einer Frau, einer Scheißfrau, wie es geschrieben steht, soll uns sagen, wie es um Deutschland gerade bestellt ist. Ein Computer-Window mit Blick von draußen auf die Befindlichkeit innen soll wie die 84er Geste im Fenster auf dem Express-Umschlag zu den »unveräußerlichen Grundrechten« der DDR für 2,1 herausgegebene Millionen individueller Botschaften einer Gesamtbevölkerung von seinerzeit 16,671 Millionen, mit dem Osten ganz in

29 Die Anmerkung, *Anti-NSU Antifakids – Der linke Rand*, in: *NSU Leaks. Fatalist und der Arbeitskreis NSU*, 10. Februar 2016. http://arbeitskreis-n.su/blog/2016/02/10/anti-nsu-antifakids-der-linke-rand/ [letzter Zugriff: 15.8.2020].

unserer Hand für nunmehr 82,18 Millionen, festhalten, wie weit wir es gebracht haben. Das Originalbanner, das 21 AktivistInnen der Gruppe Theorie Organisation Praxis Berlin (TOP) auf einer Demonstration gegen die Austeritätspolitik der EU gegen Griechenland hochgehalten hatte und das vor Gericht am 8. Juli 2015 als »nicht verunglimpfend« eingeschätzt wurde,[30] sah so aus:

Auf einer Website, die die NSU-Morde zu relativieren sucht, überschreibt der Name der militanten Nazi-Aktivistin im Gefängnis den Körper des Vaterlandes, um Hass gegen diejenigen zu schüren, die es wagen, gegen sie strafrechtlich vorzugehen. Weil beide Namen funktional äquivalent gesetzt werden, klappt das dann auch wieder

30 Lier, Axel, *Griechen-Demo: Verfahren wegen Transparent eingestellt*, in: *B.Z.*, 8. Juli 2015. https://www.bz-berlin.de/berlin/friedrichshain-kreuzberg/griechen-demo-verfahren-wegen-transparent-eingestellt, [letzter Zugriff: 15.8.2020].

mit dem Nazinachbarn. Wie sollen wir das jetzt verstehen? Was löst der Name Zschäpe bei uns aus? Bleibt irgendetwas von dem Bild, das sie bei uns abgibt, bei uns hängen? Je länger ich mir ihre erste polizeiliche Gegenüberstellung anschaue, die im öffentlichen Fernsehen gezeigt wurde, je mehr ich sie vor und zurück spule und mir als GIF im Loop anschaue, desto weniger teilt sich mir mit. Hilfe!

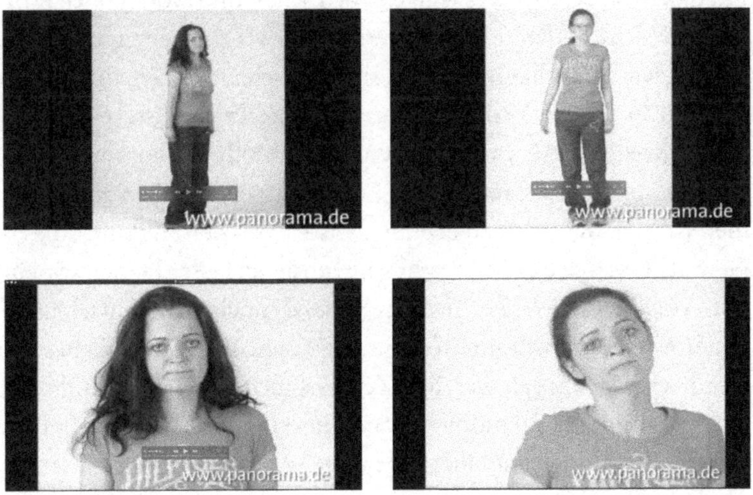

Die Polizeihonigsafari. »Grrr, grrr went the big brown bear one day. Grrr, grrr went the big brown bear. Grrr, grrr went the big brown bear one day. And they all went grrr, grrr, grrr. But ... We know bears go huggy, huggy, hug huggy, huggy, hug, huggy, huggy, hug. We know bears go huggy, huggy, hug. They don't go grrr, grrr, grrr.«[31]

31 Jbary, *Grr Grr Went the Big Brown Bear: Storytime Song*, in: Jbary-Kanal, *YouTube*, 20. Mai 2013. https://www.youtube.com/watch?v=CM7purfhk3s [letzter Aufruf: 15.8. 2020].

[O nee. Wie bringt man das Peinliche auf den Punkt? Das man vor sich hat und zugleich nicht sehen will? Daneben wie es ist.] Die große Vorführung, seht wie wir sie geschnappt haben, Braune Bärin nach rechts, Braune Bärin in die Mitte, Braune Bärin mit Brille, Braune Bärin ganz nah dran, die Marke Zschäpe für die Galerie, ruft nichts hervor, das Interesse weckt. Haben wir sie schon mal irgendwo gesehen? Ja klar, überall! Jeden Tag. Auf jedem Fahrrad, in jeder Einkaufsstraße. Aber was will ich auch sehen und woran mich erinnern? Welche anderen Materialien haben wir zur Verfügung? Wie kriegen wir den Willen, Leute, die in Deutschland leben, umzubringen, der in diesem Verlegenheitsaufzug steckt, zu fassen? Jenseits einer einzelnen Serienmörderin vor dem Urteil? Wo kommt er her? Wird er uns an der Hand nehmen und zu irgendwelchen Innenräumen führen, die etwas zu erzählen wissen von der Herkunft dieser Gewalt? Das sich ein Stück weit generalisieren ließe? Haben wir ein Foto von ihr aus ihrer Formationsphase, als noch nichts entschieden schien? Wie lässt sich ihre Konversion nachvollziehen? Wo hat sie, die 1984 neun Jahre alt war, ihre Zeit verbracht, als die Gebäude einmal fertig gebaut und möbliert waren und Leute wie sie und du und ich und diese junge Frau hier in Hatice Aytens Film *Ohneland* nach den Brandanschlägen in Mölln und Solingen aus dem Jahre 1995, die jetzt auch einer der SPOTS ist[32], in unsere neugebauten Apartments gezogen sind? Und auch zuvor schon in der Nachbarschaft gewohnt haben. Nebenan groß geworden, in dieselbe Schule gegangen sind. Einfache Drehungen vor einer Polizeikamera im Fernsehen in der BILD in unserem Daumenkino »Nazi im Knast« erwischen nichts.

32 *Because I live here*, tribunal-spots.net, http://tribunal-spots.net/en/spots/03/ [letzter Zugriff: 15.8.2020]

Es ist jetzt also Nachneunundachtzig. Die DDR hat sich und ist nicht weg, wir gehen in Urlaub, wir bleiben zuhause, hängen in leeren Fabrikhallen rum. Einige von uns rauchen und wenn wir rauchen, rauchen wir die rote Pall Mall. (Nicht die milde Blaue.) Die Zigarettenmarke, die die GIs 1942 nach Europa brachten und BAT dann nochmal gezielt 1989,[33] die nach dem Holzschläger eines Krocket-Vorläufers benannt worden ist und die mit 8 Mark die teuerste Zigarette war, die man in der Lobby der DDR Interhotels kaufen konnte.[34] Und da sitzen wir am Tisch und sind meilenweit weg.

33 British American Tobacco Germany, *Unsere Marken.* http://www.bat.de/group/sites/BAT_AXBF4K.nsf/vwPagesWebLive/DOAXBFYJ, [letzter Zugriff: 15.8.2020]

34 »In der Tat gab es vereinzelt auch ›West‹-Zigaretten für Mark der DDR zu kaufen. Dabei ist mir aber nur Pall Mall 100's rot bekannt. M.W. nach haben die damals 8,– gekostet, waren also am teuersten. Zum Vergleich, billiges Kraut wie Karo 1,60 M, (kurze) Juwel 2,50 M; die gängigsten Marken f6, Cabinett, Kenton kosteten 3,20 M, Club 4,– M; Norta 30, Norta Auslese, Juno, Duett je 6,– M. Am ehesten war Pall Mall an den Lobby's großer Hotels mit internationalen Gästen erhältlich. Diese Häuser gehörten meist der Kette ›InterHotel‹ an«: Wyatt, auf die Frage *Welche westdeutschen Zigarettenmarken gab es im früheren Ostdeutschland*, in: *Gute Frage*, 2009: https://www.gutefrage.net/frage/welche-westdeutsche-zigarettenmarken-gab-es-im-fruehreren-ost-deutschland [letzter Zugriff: 15/8/2020].

Dieses Foto von zwischen Anfang und Mitte 1990[35], das Mädchen, die ihre Sonnenbrille abgenommen hat, dürfte so um die 16 sein, lässt mich nicht los. Ich kann mir nicht helfen, darauf zu starren. Etwas an diesem Bild ist merkwürdig. Ich habe so etwas, glaube ich, noch nie zuvor gesehen. Nee, nicht das Mädchen. Das ist ganz normal. Ein Teenager halt. Nichts besonderes. Aber was ist das, was da an der Wand hängt? Solche Holzscheiben kenne ich als etwas, das auf dem Tisch liegt und als Brettchen dient, wenn man Wurst oder Käse schneidet. Hängt es an der Wand, stehen so Sachen drauf wie »Denn alles was entsteht ist wert, das es zugrundegeht«[36], ohne

35 https://www.spiegel.de/panorama/justiz/neues-ermittlungsverfahren-gegen-beate-zschaepe-a-896968.html#fotostrecke-fa6c52d5-0001-0002-0000-000000096103 Bild 8/8 [letzter Zugriff: 15.8.2020].

36 Wie etwa in guter Heimwerkermanier selbst eingeritzt oder -gebrannt in der *Ostalgie*-Ausstellung im KOW, Berlin 2019, wo sich auf der selben *Goethes-Faust*-Schlachter-Platte auch noch rechts und links die abgepausten Ausmalbilderchen von Hase, Schmetterling, Blume und Waschbär gute Nacht sagen. Eine ganze Menge Holz.

Komma, oder ein Big Mouth Billy Bass, der »I will survive« singt und zappelt, ist drangeschraubt. Holzrindenschilder mit Gravur sollen populäre Hochzeitsgeschenke sein. Man kann sie online bei www.schildershop24.de kaufen.[37]

Die leere Kartusche an der Wand, die fehlende Beschriftung, als sei hier der *New Yorker Cartoon Caption Contest* Holz geworden, für uns wie geschnitzt, macht dieses Foto von jemandem, die noch nicht ganz entschlossen sein mag, kurzerhand zehn ihrer Nachbarn umzubringen, noch um einiges emblematischer. Im Französischen hat das Wort Kartusche eine männliche und eine weibliche Bedeutung.

37 https://www.schildershop24.de/holzrindenschild-oval-mit-wunschtext-und-symbol-23-cm-gravur-det_6631.htm?_list=kat&_listpos=1, [letzter Zugriff: 15.8.2020].

Männliche Kartuschen sind im Bereich der Waffentechnik geläufig, wo sie die Voraussetzung für die Triebkraft eines Projektils bilden. Ohne eine Kartusche lässt sich die Kraft nicht bündeln. Weibliche Kartuschen sind in der Bildenden Kunst »verschnörkelte Zierleisten«, die beispielsweise die Ränder eines Kupferstichs neuverhandeln.[38] Ein Bild im Bild, das die Grenzen eines Bildes und seiner operationalen Felder verbreitert. Die Jahresringe des Baumes mit dem fehlenden Wunsch darauf inszenieren in unserer Konversionsfotografie eine Pseudo-Temporalisierung von dem, was innen vorzufinden ist. Sie präsentieren ein datierbares Nichts als Dekor. Eine analoge Wetterstation ohne Messinstrumente. Ohne tatsächliche Anhaltspunkte. Ein leeres Tagebuch. Hat es geregnet in jenem Jahr? Was wir bräuchten für die Objekte der Inneneinrichtung in jenen Räumen der Vergangenheit, die uns noch immer nachsetzen, nicht in Ruhe lassen, ist angewandte Dendrochronologie. Wir brauchen Möbeltagebücher aus den Konversionsjahren. Das könnte vielleicht helfen zu untersuchen, wie sich das ganze Drumherum, aus dem sie entstanden sind, zusammensetzt. Um es dann mit historischen Ereignissen korrelieren zu können. Alles, was wir bislang wissen, ist: Sind die Ringe breiter, hat es zwischen März und September eine Menge geregnet.

38 Leonhard, Karin, *Verbreiterung der Ränder. Zum Kartuschenbild im 16. und 17. Jahrhundert*, in: Huss, Bernhard / Wehr, Christian (Hg.), *Manierismus. Interdisziplinäre Studien zu einem ästhetischen Stiltyp zwischen formalem Experiment und historischer Signifikanz*, Heidelberg 2014, S. 285.

Zwei Fernseher sitzen in der Klemme. In die Enge des Raums getrieben, starren sie einander böse an. Aus ihren Eckchen gegenüber.

Zwei Filme von jeweils 15 Minuten laufen zeitgleich in einem Loop. In Minute 5 steht einer von zwei Jungs im Set »Amnesia« vor einem geschlossenen Fenster und schreit AMNESIA!!! gegen das Glas nach draußen. »›Ey, da vorne ist Amnesia, oder?‹ ›Was ist da hinten?‹ ›Amnesia.‹ ›Nein. AMNESIA!!! Doch es könnte sein‹« (5:16–5:25).

(Auch wenn das jetzt nur Neukölln und das Estrel-Hotel mit seiner Glas- und Dreiecksschnauze ist.) Auf der entgegengesetzten Seite, Minute 10, steht einer der beiden Jungs im Set »Terror« hinter dem Mädchen vor einem offenen Fenster und schreit JENA!!! Nach draußen. »›EEEeeeeeeeeeey!‹ ›Jena!‹ ›YEAH‹ ›JENAAAA!!! huhuhu Wow‹« (10:40–10:49).

Ruf und Anruf, zwei Anläufe zur Selbstverortung, immer wieder einer das Echo des anderen, vermessen einen geteilten imaginären Raum. Dort wollen wir sein: in Jena, Ibiza. Wir sind zum Greifen nah. Amnesia, Gedächtnisverlust, ist der Name eines der weltweit größten und bekanntesten Clubs auf Ibiza, der Anfang der Neunziger, als er auf elektronische Musik, vor allem Trance umstellte, so aussah:

Die Namenswahl ist affirmativ und ironisch: Das hier ist der Ort, um abzuschalten, nicht besorgt zu sein, loszulassen, nicht an morgen zu denken, sondern ganz man selbst zu sein, den eigenen Saft zu drehen. Tanzen um die 1980er Glaspyramide. Schau doch mal rein! Ein geistiger und körperlicher Zustand, der nicht einfach zustößt, passiert, sondern mit Unterstützung herbeigeführt wird. Übernimmt man den Namen als Titel für das Video, wird es weiter ironisch, kommentiert er doch die gewöhnlichen Handlungsmuster der Identität in Buch, Film und Fernsehen. »›[Amnesia is] a rare condition, and usually a brief one. In books and movies, though, versions of amnesia lurk everywhere.‹ […] Amnesia is so often used as a plot device in films, that a widely recognized stereotypical dialogue has even developed around it, with the victim melodramatically asking

›Where am I? Who am I? What am I?‹, or sometimes inquiring of his own name, ›Bill? Who's Bill?‹«.[39] Wo ist Billy?

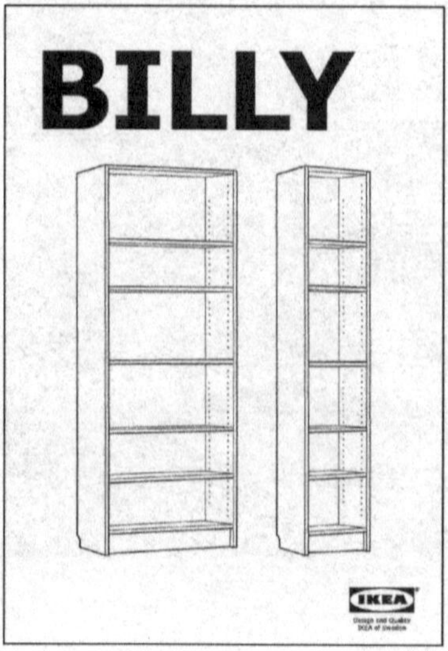

Das Regal in unserer Erinnerung. Was war drin für uns?

Jena andererseits ist, sagen wir mal, ein Name für den Osten und lokalen Stolz. Stolz vor Ort in der Stadt der Optik. Nach oben sind keine Grenzen gesetzt im Geburtsort des ersten Planetariums. Am Fenster im Standort Jena kann man Himmelfahrtskommando spielen, unendlich weit und blau, und träumen. (Gut, das kann man na-

39 Der Wikipedia-Eintrag zitiert und paraphrasiert Jonathan Lethems *Forget This Introduction*, die Einleitung von *The Vintage Book of Amnesia. Amnesia*, in: Wikipedia, the free Encyclopedia, https://en.wikipedia.org/wiki/Amnesia, [letzter Zugriff: 15.8. 2020].

türlich anderswo auch.) Jena, das ist jetzt Zufall, ist auch der Ort, von dem aus die NSU-Terroristen 1998 untertauchten. Ihr letzter bekannter Wohnsitz. Bevor es in irgendwelche Ecken und mit den Fahrrädern in den Wohnwagen ging. In die erste Paranoia-Nasszelle mit Stauraum zum Türkenabschießen. Das passt, wenn man in Rechnung stellt, dass jede einzelne Regung in diesem Film, jeder kleine Mucks, unter der Vorgabe seines Titels steht: »Terror«. »Terror« und »Amnesia« hängen in dieser Multimedia-Arbeit von Henrike Naumann mit dem Titel *Triangular Stories* von 2012, die Leute, Möbel, Objekte und zwei Kurzfilme auf Fernsehern in einem Ausstellungsraum miteinander verknüpft, zusammen. Und zwar schon allein durch die unsichtbare diagonale Achse zwischen den Monitoren quer durch den Raum, auf denen Terror und Amnesie in aller Öffentlichkeit ein stummes Zwei-Augen-Gespräch von Glotze zu Glotze führen, sich vom Ton her aber nicht erreichen. Was der eine Fernseher sieht, ist einen anderen Fernseher. Und Möbel, Zimmerteile und Klamotten. Schaut der zurück, sieht der einen Fernseher. Und Möbel, Zimmerteile und Klamotten. Geringfügig anders. Hier das Reichskriegsmuckiszeugs. Da das Nippestöpfchentreppchen. Hier und da haben das Pendant von sich selbst vor Augen. Dieselbe Kacke. Mit dem Dreiecks-Wandanstrich mit angeschnittener Jalousie oder der Gardinenfassade eines Raums im Raum im Rücken, der ein Stück vom Fenster zumacht, die Sicht beschränkt. Als Andeutung oder Klarstellung, ganz wie man will. Das Eigene als Fremdkörper. Das deutsche Familiendreieck. Bloße Behauptung auf alle Fälle. Wir befinden uns hier immer in zwei Räumen zugleich.

Zuschauer*innen gibt es an diesem Ort nicht. Unbeteiligte wie wir fehlten hier gerade noch. Wir kommen nicht von außen, sind immer schon Teil des Arrangements, bevölkern diese immer mörderische Sozialisationsgeschichte des wachsenden Ressentiments auf dem schmalen Grat in der Mitte zwischen Optionen, die keine sind, können von einer zur anderen mit der einen, die jetzt die andere ist, im Rücken gehen und befinden uns im Raum der Reste in den Ecken in der prototypischen Wendesituation, die wir einst auf dem Papier heraufbeschworen hatten. »Aber doch nicht so.« Unser Raum, zwei alte Dreiecksgeschichten, die wie beim klassischen Boxen den Raum einfassen und wo man sich Luft zuwedeln lassen könnte, wenn man wieder mal eins aufs Maul gekriegt hat, falls es ein Handtuch gäbe. Das irgendeiner auch in die Mitte werfen könnte. Aber es ist nicht da. Und weil es ganz sicher irgendwo schon wieder läutet, machen wir weiter im Karree der unsichtbaren Seile, in denen wir rumhängen. Und die uns im Trott halten. Ich und du und die zwei Staaten. Ein Pärchen sind wir nie geworden.

Dieser weiter geteilte Durchgangsraum, der kein Zufluchtsort sein kann, der Schutz gewährt, nur hier und da eine erste letzte Ecke, in der man gelandet ist, in die man reingestolpert ist, zusammengekehrt wurde, wo einen der Wind reingefegt hat, die nie die allerletzte sein kann, weil gleich gegenüber, in der Nachbarschaft, die nächste letzte Ecke in einem fort in Sichtweite ist, ist der Versuch der Quadratur unseres Kreises anhand von zwei Dreiecken. Ein echtes Dilemma. Wir Transitbewohner*innen sind der fehlende Teil der Eckgeschichten und das, was sie komplettiert. Entweder interagieren wir mit den Filmen oder wir werden als Schärpe der Mitte Teil des gesamten Dreiecks-Durchschnitts. In diesen Filmen – »vorgeblich 1992 gedreht«[40], Fundstücke also wie die Möbel – geht es um die

40 Ufer, Gesa, *Die Künstlerin Henrike Naumann. Neonazismus und Partyrausch*, in: *Deutschlandfunk Kultur*. 10.9.2019. https://www.deutschlandfunkkultur.de/die-kuenstlerin-henrike-naumann-neonazismus-und-partyrausch.2156.de.html?dram:article_id=458452 [letzter Zugriff: 15.8.2020]. »1992 war ich acht und kam in die 2. Klasse. Ich hatte die Micky Maus im Abo, Rosa war meine Lieblingsfarbe und meine kleinen Geschwister fand ich anstrengend. [...] Ich war fasziniert von Großen, von Teenagern, von 16jährigen, die rauchend an der Bushaltestelle standen [...] Die großen Geschwister

Vorstellung von uns, nicht um sie im Gegensatz zu uns. Zweimal drei halbiert. Die Teilung der Pyramide. Die beiden Spiegelseiten einer gigantischen, nationalen Grabanlage. Das lässt sich 1992 nicht einfach zusammenkleben. In diesem Geviert, dem Hof, in dem wir, in all unserer albernen Selbstgewissheit, jetzt nunmal angelangt sind, wie es sich 1984 niemand vorgestellt hat, stellen wir uns entweder auf die Seite einer Erzählung und drehen der anderen auf der Zeitgleichachse den Rücken zu oder wir treten aus der Direktverbindung heraus und bilden den oder die eingeschlossene*n Dritte*n der Erzählweise. Für die Gesamtgeschichte ist beides erforderlich. Beide Seiten von Formation und Konversation überlappen sich, sind in gewisser Weise austauschbar. Wir tauchen in das Spektakel ein und vergessen den Terror. Sind wir draußen, terrorisiert uns das Vergessen. Das Banner in der Mitte, das wir in der Ausstellung ablaufen, wird durch uns konstituiert. Immer wieder wie gewohnt beschriftet. Und tun wir bloß nicht so: Besser eingerichtet als das, was uns hier angeboten wird, waren wir in unseren Butzen auch nicht. Und gingen wir vor die Tür 1992, zwischen dem 22. und 26. August, sah das Haus so aus:

... meiner Freunde. Die Mädchen trugen stonewashed Jeans mit modischen Rissen, dazu pinke Croptops mit Punkten und riesige Ohrringe. Die Jungs trugen Schnauzbärte, Bürstenschnitt und – Bomberjacken. Ausnahmslos. Sie verkörperten alles, was ich auch wollte und noch nicht haben konnte – Mobilität (auf dem Dorf der Schlüssel zur Unabhängigkeit), Wildheit, Unangepasstheit, Sexualität. [...] In Ermangelung anderer Vorbilder sahen wir uns selbst in ein paar Jahren am Ziel unserer Träume – rauchend an der Bushaltestelle. [...] Die großen Geschwister von damals sind erwachsen geworden, haben geheiratet und Familien gegründet. Ihre Lebensumstände haben sich geändert, doch das, was sie an den Bushaltestellen gelernt haben ist immer noch da – mitten in der Gesellschaft«. Naumann, Henrike, *Triangular Stories. Szenenbild, Found Footage und die Ruinen der Postmoderne.* Diplomarbeit Szenografie, Potsdam 2012, S. 46 f.

Wo am Sonnenblumengiebel, auch für vietnamesische Mädchen in der Hausnummer 19, 1978 drei farbige Spaltklinker-Sonnenblumen als großflächiges Hochrelief an die Außenwand installiert wurden,[41] liegen jetzt die Platten vom Gehweg drin. Für die Großküchenköchin Mai-Phuang Kollath etwa, die zwei Tage nach dem Anschlag wieder nach Hause kam und sich einen Tag lang im Verbrannten einzureden versuchte, dass der Hass, schlimm genug, den Roma vor der Zentralen Annahmestelle für Asylbewerber (ZAst) im Sonnenblumenhaus gegolten hatte, und nicht ihnen,[42] den 150 vietnamesi-

41 *Rostocker Norden. Backsteinkunst in Großsiedlungen*, in: *Jeder M² Du. Das Plattenportal.* https://www.jeder-qm-du.de/ueber-die-platte/detail/rostocker-norden [letzter Zugriff: 15.8.2020]

42 Diestelmann, Esther, *Rostock-Lichtenhagen. Als aus Vietnamesen Fidschis wurden*, in: *Die Zeit*, 26.8.2015. https://www.zeit.de/politik/deutschland/2015-08/rostock-lichtenhagen-anschlag-fluechtlingsheim-rassismus-kaum-verbesserung-wolfgang-richter [letzter Zugriff: 15.8.2020].

schen Vertragsarbeiterinnen,[43] die hier in Lichtenhagen doch schon seit Jahren lebten. Seit sie 17 war, genau genommen, in Mai-Phuang Kollaths Fall, also seit 1981. »Froh und glücklich will doch spielen auf der Erde jedes Kind, ob nun seine Eltern Schwarze, Gelbe oder Weiße sind.«[44] (Etwas in der Art haben wir sicher auch im aktuellen Kindergarten-Repertoire.) »Ich wollte mehr sehen als das brennende Haus. Ich wollte verstehen, was damals passiert war, und warum Lichtenhagen seine bösen Geister nur schwer los wird. [...] Also wohnte ich drei Monate in Lichtenhagen. Anfang Februar 2017 zog ich in eine Zweiraumwohnung in der Wolgaster Straße. [...] Von der Wohnung im vierten Stock hatte ich gute Sicht auf den Brink. [...] Die Alten hängten ihre Wäsche draußen an die Wäscheleinen, ganz so wie früher, in der DDR.«[45]

43 »In Rostock lautet ein Kompliment über die Vietnamesen: ›Die siehst du gar nicht.‹«. Dorner, Christoph, *Rostock-Lichtenhagen. »Ich wollte mehr sehen als das brennende Haus«*, in: *Geo Magazin* (2017), H. 8. https://www.geo.de/magazine/geo-magazin/17037-rtkl-rostock-lichtenhagen-ich-wollte-mehr-sehen-als-das-brennende-haus, [letzter Zugriff: 15.8.2020]. Siehe auch: »Die Roma bleiben ein Blinder Fleck«, in: *Neues Deutschland*, 22.8.2017. https://www.neues-deutschland.de/artikel/1061278.rostock-lichtenhagen-die-roma-bleiben-ein-blinder-fleck.html, [letzter Zugriff: 15.8.2020].

44 Gröger, Ursula: *Über allen strahlt die Sonne, in: Lieder aus der DDR*, https://lieder-aus-der-ddr.de/ueber-allen-strahlt-die-sonne [letzter Zugriff: 15.8.2020].

45 Dorner, *Ich wollte mehr sehen als das brennende Haus.* »CHRISTOPH DORNER wäre am Ende gern noch länger in Lichtenhagen geblieben: Er hatte seine Joggingstrecke entlang der Ostsee lieb gewonnen. Für die Fotografinnen BIRTE KAUFMANN und INA SCHOENENBURG lag die Herausforderung darin, die Schönheit des Stadtteils hinter all seinen Plattenbauten zu suchen«. Ebd.

Nimmt man den Titel von Naumanns Wiederaufbau Deutschlands in einer Dreiecksdrecksmontage, *Triangular Stories*, zwei Geschichten nebeneinander und die Geschichte, die aus diesem Nebeneinander gemacht wird, lässt er sich formal auf drei Elemente beziehen:

a) räumlich auf zwei abgekürzte Einrichtungen, Innenarchitekturen an genau der Stelle, an der sich die Wände ihrer Anlage zusammenziehen. Wo man weder weiter- noch herauskommt. Man steht in einer Ecke zum Schämen mit dem Rücken zur Ausstellung und den anderen, die mit einem im Raum sind, einem Monitor gegenüber, auf dem eine Lebensbilderschau deutscher Jugend abläuft. In beiden Fällen wandern die Linien des gleichschenkligen Dreiecks über den Fensterrahmen und das Fensterglas, was den Tellerrand unserer Welt ganz deutlich macht, und trennen, als virtueller Cut-Out mit eigenem Boden, diesen vom restlichen Boden des Raumes. Gesaugter Teppichboden hier, cleaner Linoleumboden im Schachbrettmuster da. Hier ein Tigerchen auf dem Pullover auf dem Stuhl und ein Plastikstühlchen mit Milchkuhmustersitz, da ein Standventilator, der sich drehen könnte, und ein Lampenschirm in Buntcamouflage. (Um in den 1990ern unsichtbar zu sein.) Brutstätten von Zwangsneurosen, wo die Bezüge verloren gehen. Zweimal offenkundiges Unwohlsein, für das es ein Rezept noch nicht gibt.

b) zeitlich auf die Bewegungen der Zuschauer*innen im Ausstellungsraum und ihre jeweilige Nähe zu den Bildschirmen und der unsichtbaren Achse, die zwischen ihnen verläuft.

c) erzähltechnisch auf die Figurenkonstellation in beiden Filmen. Beide erzählen eine Geschichte von einer Dreiecksbeziehung: eine menschliche Pyramide des gegenseitig Anfeuerns. Drei halbstark Heranwachsende, zwei Männer und eine Frau, verbringen Zeit miteinander. Die »Amnesia«-Gruppe reist zu einem virtuellen Ibiza, die in »Terror« in einem virtuellen Jena herum. Zumindest wird das so gesagt. »Terror« wird im ehemaligen Stasigelände in Hohenschönhausen gedreht, »Amnesia« im ehemaligen Clubraum in der Ziegrastraße in Neukölln (der mittlerweile abgerissen ist). Die »Amnesia«-Clique trägt die Namen Bianca, Sven und Dave, die »Terror«-Clique die Namen der AktivistInnen des Nationalsozialistischen Untergrunds (NSU): Beate, Böhni, Uwe. Obwohl beide Gruppen von unterschiedlichen Schauspieler*innen gespielt werden, handelt es sich um nur eine Gruppe in unterschiedlichen Augenblicken.[46] Wollte man eine Formel haben für das, worum es in diesen Filmen geht, könnte man vielleicht sagen, um Konversion in der Formierungsphase und Narzissmus.[47] In der Beobachtung von

46 »Ich gehe der Frage nach, wo die Unschuld von drei jungen Neonazis aufhört – und die Verantwortung von unpolitischen Hedonistinnen und Hedonisten beginnt« Naumann, *Triangular Stories*, S. 53.

47 »Batesons Antwort ist aktuell geblieben. Es genügt, die Szene, die [in *Hitlerjunge Quex*] auf den Tod der Mutter folgt, ganz wörtlich zu lesen. Heini erwartet den Besuch seiner Mutter, aber stattdessen kommen die Kameraden an Heinis Krankenbett, eine Uniform wird ausgepackt und angelegt, Heini bewundert sich in einem Spiegel, und ihm wird noch ein Geschenk überreicht: ein Foto des HJ-Freundes mit seiner Schwester (das neue Liebesobjekt: die Schwester des Kameraden). [...] Die ödipale und schreckerregende Familie wird durch Jugendkultur ersetzt, die Welt der Adoleszenz wird auf Dauer gestellt, der Affekt dieser neuen Lebensform lautet ›Narzißmus‹ und der nationalsozialistische Narzißmus war ein Medien-Narzißmus«. Schüttpelz, *Vor der Re-Education (1943)*, S. 239.

dem, was in der Gruppe ausagiert wird, werden wir selbst in eine Position versetzt, die es uns ermöglicht, uns zwischen verschiedenen Subjektpositionen und -stadien hin und herzubewegen. Ohne irgendwo ankommen zu müssen. Sind wir doch selbst Teil dieses szenischen Projektarrangements. Womit wir uns konfrontiert sehen, ist ein »Selbstporträt im Feind«.[48] So werden die Schauspieler*innen in der Darsteller*innenliste auch nicht in alphabetischer Reihenfolge, sondern immer in gemischten Paaren aus beiden Filmen untereinander aufgeführt. Der Unterschied zwischen »Amnesia« und »Terror«, den beiden Filmen von *Triangular Stories,* ist der Einsatz der Kamera. Das Trio in »Amnesia« wird von außen gefilmt. An einer Stelle im Film wird der Kameramann Mike sogar explizit adressiert. In »Terror« hat sich das Trio die Kontrolle über die Kamera angeeignet. Der Film steigt ein mit einer Szene, in der die Drei in einem Geschäft die Kamera klauen, die ihnen der Verkäufer, den sie gerade zusammengeschlagen haben, zuvor erklärt hatte. Auf der Webseite der Künstlerin stehen die Infos über den Film vor dem Hintergrund eines Baseball-Tapetenmusters. Ein GIF eines VHS-Tapes dreht sich ohne Ende herum. Fast als ob sich so ein Band aufwickeln ließe.

48 »[H]eutigen (jugendlichen und erwachsenen) Zuschauern [fällt es] schwer, den Abscheu vor dem Sauhaufen der Quex-Kommunisten, ihrer oralen, sexuellen und verbalen Inkontinenz, in der Schärfe zu teilen, die damaligen Umgangsnormen entsprach. [...] Diese historische Freund-Feind-Interferenz der deutschen Umgangsformen läßt sich immerhin mit einiger Präzision benennen [...]. Die Quex-Kommunisten sind [...] prinzipiell konversionsfähige Feinde«. Ebd., S. 241.

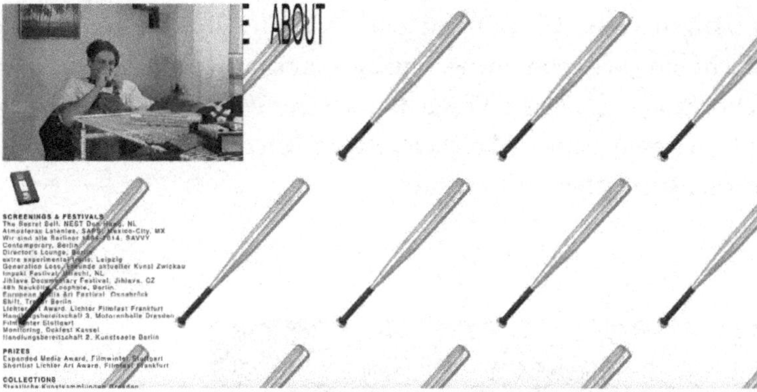

Für die Phase der Adoleszenz ist die schmierige Ästhetik des Videobildes mit seinen vielen Generationen und Layern seiner Entwürfe und Überschreibungen vorbehalten. Raymond Pettibons Videofilm *Citizen Tania: As Told to Raymond Pettibon* hatte hier 1989 eine Vorgabe gemacht.[49] Citizen Tania, die Tochter von Hearst, eine Anspielung an *Citizen Kane*, die scheinbar einbetonierte Dauernummereins der Besten-Filme-der-Welt-Listen über den großen Organisator der öffentlichen Meinung und seiner Standardkurve von

49 »Video and film projects such as Raymond Pettibon and David Markey's *Citizen Tania* (1989), [...] mobilize Black Power images in a formal as well as narrative challenge to conventions around race, gender, and sexuality. They also question the notion that the historical past is effectively dead because of its seemingly fixed status as a static object in structures of nostalgia and memory. [...] These films act as a mediation of the political in that they negotiate between the material physical reality of history, nostalgia, and the failed utopian aspirations of the liberation movements that they represent. But they also represent, as well as (re)present, an archive of negotiation around the materiality of the still image and the spectacular nature of the moving image«. Ongiri, Amy, *Death Proof. Trauma, Memory, and Black Power Era Images in Contemporary Visual Culture*, in: *Nka. Journal of Contemporary African Art* 29 (2011), S. 44–51, hier: 45.

Anfängen voller Utopie und Enthusiasmus über hemmunglose Macht hin zur Verbitterung, und die Betrachtung der Welt in einer Schneekugel. Der erste Versuch, das letzte Wort aufzulösen, hatte dort zu einem kleinen Mädchen geführt. Mit dem man auf alle Fälle schon mal weitermachen konnte.

»I am convinced that the Hearsts, my own Pig parents, were planning my own kidnapping.« 1989, transatlantisch, hat das das Zeug zum Wendesatz.

Pettibon zeigt die innere Funktionsweise des Untergrunds im Modus eines Found Footage Home Movies. Hippe Freunde aus der Szene, der man sich selbst zugehörig fühlt, hängen miteinander ab und reenacten zwischen den üblichen Routinen des Rumalberns, FIIIICKENS!!! und Alltagsgegenstände Durchdiskutierens ausgewählte, herumspukende Episoden aus dem Leben der militanten

Gruppe, die sie darstellen sollen. Und stellen dabei ihre adoleszente Subkultur als Trägerin von Akkulturation aus.[50] Anders als im Fall von Dokudramas werden historische Ereignisse, die im Bild festgehalten sind, nicht noch einmal im Reenactment bebildert. Dass dies automatisch einen »lack of attention to any specific historization«[51] bedeuten soll, leuchtet nicht unmittelbar ein. (Was ich natürlich auch sagen muss, wo ich hier die ganze Zeit an der Hand von Mädchen, die älter werden, durch spezifische Zeiten laufe.) Nur DDR erzählt über DDR ist – und das ist halt mein Ansatz – ebenso wie nur BRD erzählt über BRD nur was für den Clubabend. 2012 wird eine Panasonic NV MS4-VHS-Kamera an- und ausgestellt und macht Bilder mit Timecode aus der Zeit vor 2000 zum Überspielen.[52] »Der fertige Film *Terror* ist die dritte Generation[[53]] des Originals, *Amnesia* die vierte.«[54] Viel geschnitten wird nicht. Was wir sehen, sind Alltagsgesten von Leuten von nebenan, die so tun, als ob sie nicht

50 »›Acting out‹ is one of those still current pop-sociopsychological terms that's a mouthful. If it's been fitting in your mouth, not in your hands, then that's because there's been way too little thinking-writing on the concept or on its outer-concept activities or on the tension between the letter of the law, of the concept, and the recycling spread of its diagnostic fill-in-the-blank function. The blanks to be fired up are, of course, delinquency and deviance in the Teen Age – in other words, *in* groups. As derogation, acting out cuts us a wide birth – the birth of a context that's really a contest between political correctness and therapeutic correctness«. Rickels, Laurence A., »On the Genealogy of a Concept; or, Turning up the Volume«, in: Rickels, Laurence (Hg.), *Acting Out in Groups*, Minneapolis/London 1999, S. 11–29, hier: 11.

51 Ongiri, *Death Proof*, S. 50.

52 Naumann, *Triangular Stories*, S. 96. »Vielleicht macht uns das Großwerden mit diesem Medium und den damit verbundenen Einschränkungen und Faszinationen zu einer *Generation*«. Ebd., S. 104.

53 »West-Berlin, im Winter 1978/79: die RAF-Terroristen der dritten Generation sind eine lokale Gruppe gelangweilter junger Leute«. »Die dritte Generation«, in: Wikipedia. https://de.wikipedia.org/wiki/Die_dritte_Generation, [letzter Zugriff: 15.8. 2020].

54 Naumann, *Triangular Stories*, S. 106.

von nebenan wären. Leute im meist trivialen, aber nun überdeterminierten Versuchsaufbau probieren Posen, wechseln Rollen, wiederholen Sprechakte, grenzen sich ab, schlagen Zeit tot, erzählen Witze. Und langweilen sich. Das klappt, weil Gruppen, die es schon gibt, die internalisierten Routinen und Mikrogesten einer anderen Gruppe, auf die man im Traum nicht käme, in anderer Form selbst drauf haben. Drei Schauspieler*innen auf Stühle in die Küche setzen leistet das nicht. Im Fall der NSU und der beiden Gruppen, die sie in der Installation verkörpern, ohne dass der Name fällt, es geht auch um mehr, erhält die weibliche Überlebende der Terroristenzelle einen zusätzlichen Akzent. Auf dem Ibiza Set wird Bianca aka Beate von Eva Vuillemin, einer Installationskünstlerin in der Mache, gespielt, auf dem Jena Set wird sie von Janina Stopper, einer Schauspielerin in der Mache, gespielt. Zschäpe, der vermeintliche Anker unserer Breitband-Phantasie, ist nicht mehr Teil der Szene, hat jedoch das Potential, ein Star zu werden. Schauen wir mal, was die Zukunft bringt. Das Gefühl, von den eigenen Schweineeltern entführt worden zu sein, ist jedenfalls seit 1989, seit Kohl in Antwort auf Mitterand seine Wende-Clusterfuck-Pyramide gebaut hat, real. Wo einen die Väter der Einheit genau hingebracht haben, ist hingegen nicht ganz klar. Stockholm, BRDDR. Wir könnten uns auch in Haiti auf die Suche machen.[55] Klar wird durch »Amnesia« und »Terror«

55 »As our concept for the 4th Ghetto Biennale 2015 in Haiti we are setting up The Museum of Trance in Port-au-Prince, an unfinished part-fictional museum of the history of the electronic music genre Trance in Germany. The set-up of the exhibition is inspired by European ethnological exhibitions on Haitian vodou, like the 2010 exhibition ›Vodou – Kunst und Kult aus Haiti‹ in the Ethnological Museum of Berlin-Dahlem. The museum is unfinished, as if the investors lost their interest before finishing it. Due to that the museum will be open to be explored and taken-over by the local Port au Prince artists and musicians. The conceptual starting point for the concept is the interest in vodou music and drumming and the stages of trance that people get in while practicing vodou. This form of trance is something that is lacking in

und die zwingende Einbettung der beiden Filme in historische Möbellandschaften erst einmal, dass hier Leben in der Gruppe auf der Kippe sich aus konkreten Innenräumen gegen geschlossene und aus offenen Fenstern heraus testet. Brodelt Pipilotti Rist 1994 noch im gefühlt briefmarkengroßen, in den Boden eingelassenen Monitor im aufgerissenen Teppichboden selbstlos glamourös-ironisch im Lavabad – »Ich bin ein Wurm, Du bist eine Blume, Du hättest alles viel besser gemacht, hilf mir, verzeih mir!«[56] – und wir müssen aufpassen, nicht drauf zu treten, ist die Alteritätserfahrung der beiden Aquarienmonitore auf Stuhl und Kommode in *Triangular Stories* um einiges massiver und nüchterner. Da braucht man gar nicht mehr um ein Haar drauftreten. Das ist nicht mehr lustig.

Was wir haben, was überall rumliegt, ist zentnerweise Material. »The form of presentation used in this monograph is an experimental innovation. During the period of 1928 to 1938, we were separately engaged in efforts to translate aspects of culture never successfully recorded by the scientist, although often caught by the artist, into some form of communication sufficiently clear and sufficiently unequivocal to satisfy the requirements of scientific enquiry. [...] In this monograph we are attempting a new method of stating the intangible

... the religions practiced in Western Europe. But in the early 90s Trance Music was evolved out of Rave Music and Acid Techno. This hard, fast and spherical new genre tried to capture an ecstatic spirituality that otherwise is very rare in Western Europe, especially in Germany. We want to see what happens when the Haitian practice of spiritual trance clashes with German Trance music culture. We want to discuss the representation of Haitian culture in German museums by excoticizing German rave culture and by musealizing it as ›the other‹ in the middle of Haiti«. Hagedorn, Bastian / Naumann, Henrike, *The Museum of Trance*. https://kow-berlin.com/artists/henrike-naumann/the-museum-of-trance-2015, [letzter Zugriff: 15.8.2020].

56 Rist, Pipilotti, *Selbstlos im Lavabad*, 1994. https://artsandculture.google.com/asset/selfless-in-the-bath-of-lava-pipilotti-rist/ngGN2VwAME_IZQ?hl=de, [letzter Zugriff: 15.8.2020].

relationships among different types of culturally standardized behavior by placing side by side mutually relevant photographs. Pieces of behavior, spatially and contextually separated – a trance dance being carried in procession, a man looking up at an aeroplane, a servant greeting his master in a play, the painting of a dream«.[57]

Schizophrenie ist für Bateson, der an diesem Konzept im Übergang von Sozialanthropologie zu Filmanalyse zu Kybernetik und Kommunikationstheorie weiterarbeiten wird, ein Nonstop-Grundzustand in der Informationsgesellschaft;[58] den Bali bearbeitbar macht.[59]

Hier lässt sich auf einem anderen Abstraktionsgrad die Unfähigkeit, die Struktur einer Kommunikationssituation zu verstehen, weil man keine andere zur Verfügung hat, auf die man wechseln könnte, modellhaft entwickeln, ohne Parallelen zu behaupten. Lässt man das einen Moment lang so stehen – man muss sich mit »Bali« nicht alle Kontexte der Bali-Analyse der 1930er-Jahre einhandeln –, ist es gerade interessant, wie diese Form von Kommunikationsstörung im Berichtsband der Feldforschung allererst präsentiert wird. Auffällig

57 Bateson, Gregory / Mead, Margaret, *Introduction*, in: *Balinese Character: A Photographic Analysis*, Bd. II, bearb. v. Valentine, Wilbur G., New York 1942, S. xi–xvi, hier: xi–xii.

58 Halpern, *Schizophrenic Techniques*.

59 »Bateson selbst charakterisierte seine Aufgabe in einem Brief vom Januar 1943 so: er analysiere deutsche Filme ›for the light which they throw on what makes Nazis tick and what sort of progress one can make about how they will behave in certain circumstances – for example, defeat, etc. – It's really all the same sort of work that we used to do in New Guinea and Bali – rather more hectic – and rather less thorough – using the best hunches that we can think of instead of waiting for complete documentation – but still we hope a good deal better than lay intuition.‹ [...] Batesons Selbstverständnis – er mache im Prinzip dasselbe wie für Bali, aber unter den Bedingungen größter Zeitknappheit – [war] nicht unbegründet; seine Diagnose zielt ins Zentrum auch heutiger Bemühungen um eine NS-›Täterforschung‹«. Schüttpelz, *Vor der Re-Education (1943)*, S. 229.

ist hier, dass der schriftliche Kommentar im Bildbuch betont sparsam gehalten ist. Blättert man durch die Seiten dieses phantastisch-wissenschaftlichen Projekts, das zu einem Großteil aus Fotoserien besteht, fühlt man sich in dieser Rhetorik einer ersten Inventur eher an Briefmarkenalben oder Kontaktabzüge erinnert als an die gewöhnliche Rhetorik wissenschaftlicher Texte. Dass es sich beim »Balinese Character« um ein wissenschaftliches Buch handelt, »a founding document of visual anthropology«[60], steht außer Frage.

Der Kern[61] der Fotoanalyse des Balinesischen Charakters sind für Bateson im Rückblick dreißig Jahre später, 1975, die Aufnahmen von Initiations-Balance-Ritualen, die die Frage nach den Gravitations-

60 Ponten, *Tremor, Tick, and Trance*, S. 153.
61 Ebd., S. 153ff.

zentren der eigenen Kultur spielerisch ausagieren. Wie kann man die Balance halten, wie sie verlieren? Für die Feldforschung in Bali standen Ausbildungssituationen für Kinder, verschiedene Typen des Wisssenstransfers von einer Generation auf die andere, im Zentrum der Beobachtung. »Socialization is a process of creating self-evidence via transformation.«[62] Und da ist eine zentrale Herausforderung der Beobachtung die Gruppierung und Relationierung von immer mehreren, ich nenne sie jetzt mal Kontaktbögen, Tafeln und ihren jeweiligen Fotoreihen. Praktiken werden über unterschiedlich bestimmte Körper in Settings beobachtet. Im Initiationsritual »Trance und Beroek« auf Tafel 18, das Auflösungs- und Fragmentarisierungs-Erfahrungen spürbar macht,[63] wird ein Körper als Komposit-Puppe verstanden, die aus vielen einzelnen Elementen gebaut ist, die voneinander unabhängige Zerfallszeiten haben. Die Protagonistinnen auf Tafel 18 sind zwei Mädchen in zwei Reihen hintereinander, die von zwei Puppen auf jeweils einer Leine, die an ihren beiden Enden an einem vertikalen Bambusstock von einem Mann gehalten wird, in Bewegung gesetzt werden, nachdem diese von den unwillkürlichen Muskelzuckungen ihrer Haltemänner in angespannter Haltung[64] in Bewegung gesetzt worden waren. Heilige kleine Mädchen vor der Regel. Und ganz wichtig natürlich: 1+n Mädchen. Um die Geschichte von I Lasia und I Renoe, wie die beiden Kinder im Jahr der Feldforschung hießen, geht es hier nicht, son-

62 Ebd., S. 158.

63 »The Balinese cemetery is haunted not by whole ghosts but by the ghosts of separate limbs. Headless bodies, separate legs, and unattached arms that jump around and sometimes a scrotum that crawls slowly over the ground—these are the boggles of Balinese fantasy«. Bateson, Gregory, *Some Components of Socialization for Trance*, in: *Ethos* 3 (1975), H. 2, S. 143–155, hier: 153.

64 Zum Konzept des Clonus bei Bateson und in der Kybernetik, siehe Ponten, *Tremor, Tick, and Trance*, S. 151 f.

dern um die Form ihrer Initiation. Der kulturellen Verständigung über die Körper der Anwesenden.

Und da sollte man vor lauter Ritual und Körper nicht die stets wiederkehrende Struktur der Dinge vergessen, die die Bewegung übertragen, und das sind in diesem Ritual die Baumaterialien, die schon den Raum der Zeremonien zusammengehalten hatten. Die Träger der Konstruktion sind Bambus, Schnüre, also ineinander gedrehte linienförmige Textilien und der Lehm unter dem Fuß. Mit denen man Wände, Dächer, Innenräume baut. Die wir uns dann mit Videos, Banner, Fotos und Wohnzimmermöbeln weiter zustellen können. Im Bali-Ritual ist es die abgekürzte Wand, die das Zittern dieser Kultur speichert und weitergibt. Bei grundlegenden Fragen nach Integration und Desintegration erstmal bei der Wand nachzuschauen und was sich daran festzuhalten sucht, scheint Sinn zu machen.

»Oedipa sat alone, towards the back of the room, looking at the napes of necks, trying to guess which one was her target, her enemy, perhaps her proof. An assistant closed the heavy door on the lobby windows and the sun. She heard a lock snap shut; the sound echoed a moment. Passerine spread his arms in a gesture that seemed to belong to the priesthood of some remote culture; perhaps to a descending angel. The auctioneer cleared his throat. Oedipa settled back, to await the crying of lot«[65].

In Erinnerung an Sonja Boos, die mich angestiftet hat, über diese Filme nachzudenken.

65 Pynchon, *The Crying of Lot 49*, S. 127.

GESPRÄCH MIT REMBERT HÜSER,
7. JANUAR 2019

H: Was hast du außer Germanistik noch studiert?

R: Ich habe mit Germanistik und Geschichte angefangen, für das Staatsexamen brauchte man ein erziehungswissenschaftliches Begleitstudium. Der Vorteil: Es gab in Münster drei Semester lang eine Medienausbildung. Die fing mit einem schrecklichen Körpererfahrungsseminar von so Theaterfuzzis an. Ich war mit meinem Kumpel da, wir haben uns gesagt: wir müssen da jetzt durch, die haben die Geräte. (Was 1980 die offenen Videospulen meinte, die wie ein Tonbandgerät aussahen und die man sich umhängte.) Dann mussten wir uns hinlegen und unseren Körper erfahren und wurden gefragt, ob wir unseren Körper spüren. Ich hab nichts gespürt. Es war kein Körper da. Als nächstes haben wir Polaroidserien gemacht und konnten Videofilme drehen, und dann haben wir alle möglichen Bandsachen gedreht. In Warendorf in der VHS gab es einen Bluescreen, damit konnten wir ein bisschen experimentieren, geschnitten haben wir u. a. in der Zahnklinik in Münster, nachdem sie dort die Operationsfilme fertig hatten, einen unserer Filme haben wir in einem Nebenraum der Stadtsparkasse gezeigt. Meine Staatsexamensarbeit wollte ich später in eine Promotion umbauen, dann bin ich aber ein Jahr in die USA nach Cornell gegangen und damit war das vom Tisch. Ich hatte die Arbeit im Koffer dabei, habe sie aber nie ausgepackt. Ich hätte auch in Cornell bleiben können, es hat mich ziemlich lange geärgert, dass ich das nicht gemacht habe, bin dann nach Bielefeld zurück und hatte totales Heimweh, USA-Heimweh, habe in meinem Wohnheim gesessen und an die Decke geguckt.

Und ursprünglich wollte ich eher Geschichte studieren, dann hat sich das ein bisschen verschoben, und in Bielefeld hat man sowieso alles Mögliche querbeet studiert. Ich bin dann viel bei Koselleck gewesen, bei Luhmann und Fohrmann und Bohrer natürlich.

H: Wie hast du die kennengelernt?

R: Ich hab damals ganz normal in den Seminaren gesessen. Von Bohrer konnte man ganz andere Sachen lernen als von Fohrmann – und dann die ganze Theoriediskussion, die es in Bielefeld um die Wissenschaftsgeschichte gab, die war superwichtig. Fohrmanns Karl-Philipp-Moritz-Seminar war superwichtig für mich, Bohrer zu Musils Tagebüchern war auch supertoll, das waren für mich prägende Geschichten.

H: Was ist da passiert?

R: Das waren einfach sehr intensive, sehr spannende Lektüren. Das waren in Deutschland mit die besten Seminare, die ich hatte. Dann hatte ich ein sehr wichtiges Seminar bei Koselleck, der hat im Prinzip Theoriegeschichte gemacht, entlang an Löwith-Lektüren, vor allem »Weltgeschichte und Heilsgeschehen«, und ich hab sehr viel bei Wehler gemacht, das war auch fürs Schreiben sehr wichtig. Meine erste Hauptseminararbeit habe ich bei ihm geschrieben, zu Frauenarbeit im Dritten Reich. Da ich Wehler imponieren und zeigen wollte, dass ich auch toll forschen kann, hab ich da schweineviel Arbeit reingesteckt. In der Sprechstunde sagte er dann: »Naja, die Arbeit ist ganz ok, 2 –, aber Sie müssen anders schreiben, das geht so nicht. Sie schreiben völlig gequält, Sie versuchen so ein Adornoimitat, es ist so komisch datierbar und merkwürdig.« Und ich hatte da wirklich komische Adornosätze drin, also wirklich fürchterlich.

E: Und das war auch zurückführbar auf eine heftige Adornolektüre in der Zeit?

R: Ja. Also ich habe den klassischen Theoriedurchlauf gehabt, ich hab in Münster ganz viel Frankfurter Schule, total identifikatorische Adornolektüren gemacht, dann Benjamin und Foucault bei Renate Werner, das war der entscheidende Aufschlag, und in Bielefeld Dekonstruktion und Systemtheorie. Das ist ein Grundstock, aus dem ich immer noch sample.

E: Wer hat in Bielefeld Dekonstruktion gelesen?

R: Dekonstruktion kam durch diesen Austausch mit Cornell dazu, es war nichts übersetzt, Suhrkamp hatte mit der Veröffentlichung von Derrida bei »Grammatologie« und »Schrift und Differenz« aufgehört. Ich wollte wissen, was Dekonstruktion eigentlich ist, deswegen bin ich nach Cornell gegangen und hatte dort einen ziemlich idealen Einstieg, weil ich bei Leuten war, die nicht so bekannt sind, also die auch noch andere Sachen gemacht haben, Richard Klein, Timothy Murray, Mourning and Melancholia in 17th century texts, oder Mark Seltzer. Da habe ich zum ersten Mal was von Büchern mitgekriegt, die für mich kanonisch sind, bei denen ich mir selbst auch überlegt habe, dass ich sowas auch mal machen wollte. Dazu gehörte zum Beispiel Shoshana Felmans »The Literary Speech Act. Don Juan with Austin, or Seduction in Two Languages«, bis heute eines meiner Lieblingsbücher, oder Neil Hertz, »The End of the Line«, »Dictations: On Haunted Writing« von Avital Ronell. Eine Sache, die ich an der Dekonstruktion toll fand, war, dass sie alle Texte über die Situationen im Seminarraum geschrieben haben. Die Kombination von theoretisch-avancierter Reflektion mit genauem Ortstermin fand ich extrem toll.

E: Und das hast du in deine Bücher einschleppen können?

R: Es gab erst mal diese völlig alberne Geste, offensichtlich so eine Jungmännergeste, man kommt irgendwo hin, man liest unglaubliche Bücher und dann möchte man der ganzen Welt das irgendwie mitteilen, deshalb kam ich aus den USA wieder und sagte zu Bohrer: diese Bücher müssten eigentlich alle mal übersetzt werden und hab ihn gefragt ob, er nicht Lust hätte, eine Reihe mit diesen Texten zu machen. Bohrer sagte damals, er hätte keine Lust, die Texte von irgendwelchen Doktoranden rauszugeben oder irgendwie sowas, und dann hab ich gesagt: Ja, aber es gibt da echt tolle Dinger. Das war im Kern die Aesthetica Reihe.[1] Dann hatte Jürgen Fohrmann eine Stelle in Bonn gekriegt und mich gefragt, ob ich mitkommen wollte. Ich habe gesagt, ich hätte aber an meiner Diss nie gearbeitet, dann sagte er: aber du hast doch eine ganze Menge Sachen geschrieben, leg die Texte doch einfach mal alle nebeneinander und überleg, ob es nicht doch einen roten Faden gibt. Und dann kam mein absoluter Lieblings-Fohrmann-Satz, der beste Ratschlag, den ich je gekriegt habe von jemandem: Zusammenhang wird immer behauptet. Und dann habe ich eben diese Sachen zusammengeschoben und das Ergebnis musste veröffentlicht werden, damit ich die Stelle kriegen konnte. Das war dann so eine Geschichte. Das Buch ist nie im Druck erschienen, hat aber eine Rezension gekriegt.[2]

H: Was ist zwischen der adornitischen Hausarbeit bei Wehler und diesen Teilen der Dissertation passiert? Wie hast du es geschafft, von

1 Bohrer, Karl Heinz, *Jetzt. Geschichte meines Abenteuers mit der Phantasie*, Berlin 2017, S. 396.

2 Schüttpelz, Erhard, *Kollege kommt schon*, in: *Ästhetik & Kommunikation (36), Heft 131: Our own medial Jesus. Religion und Visual Culture*, Winter 2005, S. 122–124.

dem Zwei-minus-Adornotext zu deinem eigenen Ton zu kommen? Es ist ja meistens nicht damit getan, dass man einmal gesagt bekommt »Das hier ist übrigens Müll« – was hat dir dabei geholfen, es anders zu machen?

R: Wehler hat nicht nur gesagt, ich solle anders schreiben, sondern er hat auch gesagt, ich solle kürzere Sätze machen, ich solle schneller denken lernen und schneller schreiben. Man kann sagen, dass das arrogant ist, das war es aber nicht, das war genau der Ratschlag, den ich brauchte. Wehler hatte die Hausarbeit nur stilistisch korrigiert, und das war großartig. Ich wollte ihm ja eigentlich sagen, ich bin ein toller Forscher, kannst du mir nicht eigentlich deine Professur geben und dann war das eine der besten Korrekturen, die ich je gekriegt hab.

E: Und das hat dir auch sofort eingeleuchtet?

R: Ich war natürlich erst einmal unglaublich enttäuscht, aber es war toll, wie viel Zeit er sich genommen hat, und dass er das eben ganz genau durchgegangen ist und einfach gesagt hat: Warum machst du hier nicht vier Sätze draus? Und er sagte auch, bestimmte Formulierungen sind datierbar. Das glaube ich inzwischen selber auch. Ich glaube schon, dass man, wenn man sich meine Texte anguckt, sieht, dass sie aus einer bestimmten Logik kommen, die in den 80ern und 90ern verwurzelt ist, die versucht, sich immer weiter zu updaten.

H: Auch die, die du jetzt machst?

R: Es gibt stilistische Brüche darin. Ich hab früher versucht, super kurze Sätze zu schreiben, was damals das große Stilideal war: Schreib so, dass du nicht zitiert werden kannst. In letzter Zeit schreibe ich sehr viel relativ lange Sätze, fast um zwischendurch noch mal was aus einer anderen Perspektive reinzubringen. Das war für mich früher verpönt, auch wegen der ganzen Wehlererfahrung.

E: Gab es unter deinen Zeitgenossen Vorbilder für dein Schreiben?

R: Ich habe natürlich viele mit Begeisterung gelesen, Nettelbeck etwa, später dann Leute wie Diederichsen, Grafe, Farocki, aber dieses Andersschreiben war ein Theorieprogramm zu der Zeit, es war ein Drübernachdenken, was man eigentlich mit dem Gebrauch von bestimmten Begriffen macht, wie man damit seine Texte vorstrukturiert, diese ganze Meta- und Objektsprachendiskussion. Das ist bis auf die Clubebene gegangen. In Bielefeld gab es das AJZ, das Arbeiterjugendzentrum, ein besetztes Haus, mit eigenem Kino, eigenem Konzertsaal: die haben auch versucht, Ankündigungstexte anders zu schreiben, das Forum Enger[3] hat ganz andere Ankündigungstexte geschrieben, das war alles total wichtig. Es ging also oft auf ein Mikrolevel, das hieß nicht: Wir studieren hier die Meister. Deswegen meine ich auch, dass das, was ich mache, gar nicht so ungewöhnlich ist, in den 80er- und 90er-Jahren haben das ganz viele gemacht. Aber für mich war tatsächlich Derrida total entscheidend, weil da klar war, dass es kein bestimmtes Genre für akademisches Schreiben oder mündliche Beiträge gibt. Was ich ja so großartig an Derrida finde, ist, dass er wirklich Schreibweisen wechseln kann, das heißt, er schreibt nicht immer in einem Stil, es gibt da ganz unterschiedliche Sachen, die er ausprobiert hat. Wahrscheinlich habe ich da auch noch Barbara

3 Legendärer Club in Enger (Westf.), der von 1974 bis 1998 existierte und in dem Bands wie Yo La Tengo, TV Personalities, Mekons, Serious Drinking und The Jesus and Mary Chain spielten. Unter anderem war Eckhard Schumacher hier als Booker tätig.

Johnson und Neil Hertz gelesen und so. Das war für das Schreiben vielleicht noch wichtiger an dem Punkt als Frieda Grafe, die etwas später kam, und bei der ich dachte »boah, ist die grandios«.

E: Dann »Spex« und Diedrichsen und sowas ... hast du auch gelesen?

R: Ja, immer so mitgelesen, wie man das so im Freundeskreis immer macht. Nettelbeck war wirklich extrem wichtig für mich. Also wir, Baecker, Stanitzek und ich, haben damals dieses Buch über '89 gemacht, »Gelegenheit, Diebe«,[4] das haben wir an Leute geschickt, die wir toll fanden. Mir war das immer peinlich, aber wir haben es an acht Menschen inklusive Nettelbeck geschickt.

E: Der war damals schon in Frankreich?[5]

R: Ja. Er schrieb zurück, fragte, was ich so machen würde und dann hatten wir einen extrem intensiven Brief- und E-Mailaustausch, der sich über Jahre gestreckt hat. Ich wüsste gar nicht, mit wem ich so viele E-Mails ausgetauscht hab wie mit Uwe Nettelbeck. Ich habe ihn dann auch besucht. Da hab ich dann wirklich jeden Satz mitgekriegt wie er geschrieben wurde, weil er meine Sachen diskutiert hat, Projekte weggeschmissen hat, wir haben auch Texte zusammen geschrieben. Das war so wie bei Nettelbeck in die Lehre gehen.

4 Baecker, Dirk / Hüser, Rembert / Stanitzek, Georg, *Gelegenheit. Diebe. 3 × deutsche Motive*, Bielefeld 1991.

5 Uwe Nettelbeck (1940–2007) hatte sich als Herausgeber der Zeitschrift *Republik* erst aus dem deutschen Kulturbetrieb, dann 1992 aus dem wiedervereinigten Deutschland ins südfranzösische Maransin zurückgezogen.

H: Kannst du das genauer beschreiben? Wie hast du gelernt, einen Text zu machen, zu dem du stehen kannst, lag das an solchen Diskussionen wie denen, die du mit Nettelbeck über einzelne Sätze geführt hast?

R: Ich kann das bei den ersten beiden Texten, die ich veröffentlicht habe oder veröffentlicht gekriegt hab, erklären. Das eine ist ein Text über Frank Schirrmacher.[6] Eine ganze Menge von den Texten, die ich schreibe, sind Fleißarbeiten. Das heißt: ich sammele irgendwas. Bei Schirrmacher hatte das einen längeren Vorlauf. Ich hatte gehört, dass es bei der FAZ einen neuen Literaturchef geben würde. Gustav Seibt war nach Bielefeld gekommen und über ihn hörte man von den sogenannten jungen Redakteuren und dass bald unglaubliche Sachen in der FAZ passieren würden. Dann war ich in den USA und musste ein Pflichtseminar im German Department machen, über deutsche Kulturpolitik, das nicht über die 50er-, 60er-Jahre hinauskam, was mich genervt hatte. Dann ging es darum, eine Hausarbeit zu schreiben. Und ich dachte, ich hätte viel mehr Lust, über irgendjemanden von jetzt zu schreiben, zum Beispiel einen, der als nächster Literaturchef zur FAZ kommt. Ich habe gefragt, ob das ok wär, hab mich in die Bibliothek gesetzt und wollte einfach mal kennenlernen, was der macht. Ich habe mir alle 158 oder so Texte auf Mikrofilm angeguckt, die er geschrieben hat, und habe die alle nebeneinandergelegt. Da sieht man schon, dass es bei ihm bestimmte Interessensschwerpunkte gibt. Bei meinen Sachen ist eine Art Textideal, dass auch dann, wenn Leute mit bestimmten Lesarten nichts anfangen können, ich zumindest das Ethos habe, dass sie materialstark sind, also sie sollten zumindest gut recherchiert sein.

6 Hüser, Rembert, *Der Schulmeister, der Gymnasiast*, in: *KultuRRevolution* 19 (1988), S. 52–64.

Eine andere entscheidende Sache waren drei Wochen im Schnittseminar mit Straub/Huillet, als sie die Hamburger Fassung von »Empedokles« hergestellt haben, ein Film, der sehr stark angefeindet wurde. Ich hab dann einen Artikel geschrieben, zu der Zeit habe ich schon die »Filmkritik« gelesen. Es gibt ja immer Sachen, die man liebt und die man gerne macht und dann gibt es Dinge, die einem in den Weg kommen – und dann muss man gucken, wie man das eine und das andere, das ganze Material, in einem Text zusammenbringt. Die Frage ist, wie man an diesen Wust rangeht. Mir ging es zuerst darum, aus dem Material Serien zu bauen.

E: Wie ist »Wale malen«[7] entstanden? Wie kollektiv war diese Dreiergruppe von »Gelegenheit. Diebe«?

R: Das Buch ist eine Buchbindersynthese, drei Freunde zur Lage, es sind drei Texte, die nichts miteinander zu tun hatten, nur für die Einleitung haben wir uns zwei, drei Mal getroffen. Georg Stanitzek und ich haben die Texte eng diskutiert, er hat einen Text zu Jelinek geschrieben, den ich supertoll finde. Wir haben ziemlich viel zusammen gemacht. Bei der Maueröffnung hatte ich Robert Bramkamp geholfen, für sein Fernsehmagazin »Einer, Keiner, Hunderttausend« ein schon recht großes Brandenburger Tor aus Marzipan an einer der Übergangsstellen in Scheibchen zu verkaufen. Aktive Symbolentsorgung. Wir wollten mit den DDR-Leuten diskutieren. Unsere Haltung war »lasst den Leuten doch mal bisschen Zeit, die DDR kann ja auch ein anderes Österreich werden«.

7 [Diederichsen, Diedrich,] *Bielefeld Bielefeld Bielefeld. 3 »Wüstensöhne« aus der Stadt mit der größten SPEX-Leserdichte haben das lustigste Buch des Frühjahrs geschrieben. »Gelegenheit. Diebe«. Literaturwissenschaftler setzen einen Walfisch aus und spüren einen Kuckuck auf,* in: *Nachschub*, zusammengestellt von Diederich Diederichsen und Jutta Koether, *Spex*, 4, 1991, S. 73–74.

H: Und der Text über Schirrmacher entstand aus der Hausarbeit, die du in Cornell über Kulturpolitik geschrieben hast?

R: Genau, ich hab diese Hausarbeit zum Anlass genommen, mich zu informieren, wer ist dieser »legendäre« Typ, der demnächst kommt, was schreibt der denn eigentlich? Ich hab den damals der Zeitschrift kultuRRevolution angeboten, und die wollten das auch veröffentlichen, gleichzeitig gab es noch eine Kurzversion in der taz, und dann eskalierte das alles ein bisschen. Jürgen Link von der kultuRRevolution rief mich an und war hocherfreut, die FAZ wolle gegen mich klagen. Er berichtete, dass die FAZ ihre Juristen auf meinen Text angesetzt habe, um zu überprüfen, ob ich richtig zitiere. Die haben dann rausgefunden, die Zitierweise wäre korrekt; polemisch, aber korrekt. Bohrer hat mir dabei auch den Rücken freigehalten. Ich habe einige Sachen, die da gelaufen sind, erst nachher gehört.[8]

E: Übertrieben polemisch zu sein, den Vorwurf hörst du öfter. Diese Form von Gegnerschaften zu in der Regel sehr einflussreichen Leuten, Gegnerschaften, die immer als persönliche fehlgelesen werden, ist das nicht immer auch ein wenig beängstigend?

R: Nein, und das ist ja auch alles überhaupt nicht heroisch. Erst einmal ist es so, dass diese Überlegung, dass man sich von sowas verängstigen lassen kann, davon ausgeht, dass man einer extrem monolithischen anderen Seite gegenübersteht, beispielsweise: Die Uni ist total monolithisch, und wenn man das und das macht, kriegt man dann nie wieder eine Stelle. Das ist natürlich völliger Quatsch. Ich hab von diesen ganzen Sachen, bei denen es scheinbar klar war, dass

8 Angele, Michael, *Schirrmacher. Ein Porträt*, Berlin 2018, S. 87.

ich es mir bestimmt verscherzen würde, auch extrem profitiert, das war immer der Fall. Außerdem muss ich sagen, ich bin die ganze Zeit extrem privilegiert gewesen, ich bin extrem protegiert worden, in Bielefeld von Bohrer und auch von Fohrmann. Ich bin zu allen möglichen Sachen eingeladen worden, bei denen die Leute verblüfft waren, dass ich in so einem Kontext schreiben durfte. Ich kriegte immer sowas wie die Spieleecke in einem Buch oder auf einer Tagung, aber durchaus in sehr seriösen Kontexten. Ich habe es im Grunde genommen immer recht leicht gehabt. Auch als es an einem Punkt so aussah, als ob es für mich an der Uni gelaufen wäre, und klar war, dass ich in Deutschland keine Stelle kriegen würde, ich dachte schon, dass ich jetzt auch nicht mehr weitermache, ich versuch irgendwas anderes, aber dann habe ich noch mal Glück gehabt. In den USA. Deshalb finde ich es schwierig zu sagen, »um irgendwo eine Stelle zu kriegen, dürfen wir niemandem auf die Füße treten und erst danach werden wir kritisch«. Das ist völliger Quatsch.

Mit diesen Gegnerschaften komme ich allerdings bis heute nicht hundertprozentig klar, ich muss mir die irgendwie anziehen, nehme dann aber teilweise bis zum heutigen Tag immer wieder überrascht zur Kenntnis, wie persönlich die Texte genommen und verstanden werden. Bohrer kam damals an und sagte, Habermas hätte meinen Text zu Schirrmacher gelesen und fände den toll, aber wolle mir nicht dazu schreiben, weil er nicht wisse, ob dem Text irgendeine private Sache zugrunde läge. Ich kenne diese Leute aber alle gar nicht. Ich habe Schirrmacher nie gesehen und auch bei »Etiketten aufkleben« ging es um was anderes, es ging nicht darum, Gumbrecht eins auszuwischen. Auch »Luft nach oben« ist keine Abrechnung mit Lorenz Engell. Wen sollte das interessieren? Aber ich kann das auch nicht einfach so abbürsten, weil das eine Dauerrezeption von allen meinen Texten ist. Dirk Baecker hat das mal direkt adressiert und gesagt: »Du machst es dir an einigen Punkten zu leicht, es gibt einige Leute, die du in deinen Texten nicht kritisierst, das ist ein Problem.« Das fand ich eine sehr gute Kritik. Wenn man sich die Texte retrospektiv anguckt, gibt es schon bestimmte kanonische Autoren, die einfach da stehen, ohne dass ich zu ihnen ein Arbeitsverhältnis hinkriege. Wohl gibt es bei mir im Schreiben Grundprinzipien, zum Beispiel: keine Anmoderation von Zitaten. Ich hasse es, wenn irgendwo steht »xy sagt«. Denn damit gibt man im Prinzip schon vor, wie das Zitat dann gelesen werden will. »Walter Benjamin sagt, das ist so und so« – dann denkt man, jetzt kommt was ganz Tolles. Die Frage ist eher, wie können sich diese Zitate im Ganzen gegeneinander behaupten, das hat mich immer viel mehr interessiert.

H: Neben den affirmativen Zitaten gibt es aber auch solche, die sich selbst bloßstellen. Auch wenn Zitate nicht anmoderiert werden, haben sie ja einen Kontext, in dem eben die einen strahlen können und die anderen abschmieren. Von daher ist es wahrscheinlich nicht wirklich zu vermeiden, dass sich Leute attackiert oder zumindest bloßgestellt fühlen. Auch wenn sie das alles wirklich so geschrieben oder gesagt haben.

R: Ich glaube, das Problem ist das Obsessive daran, dass ich mich da so reinwühle. Natürlich findet man so ein Zeugs in Wahrheit relativ leicht. Ich zitiere ja alle die Sachen, die Pathos generieren oder die in den Fußnoten stecken, ziemlich lange. Ich glaube, der Raum, den ich diesen Sachen einräume, ist das, was mich für die meisten Leute zu so einem obsessiven Stalker macht: Da ist jemand, der sich wie so ein Frettchen in etwas reinbeißt. Das ist bei Nettelbeck die Grundperspektive, die ich immer ganz toll fand, und die man auch beispielsweise in den »Trivialmythen«, dem »Generalthema«, sehen kann[9] – er fragt, wann ein Text eigentlich anfängt, und sagt, dass die E-Mail, mit der man eingeladen wird, in der gesagt wird, wir möchten einen Text von dir haben, es sollte eine Polemik sein, sie sollte acht Seiten lang sein, schon ein Teil des Textes ist.

H: Du sagtest gerade, dass du keine Polemiken schreiben willst, aber das ist doch im Prinzip ein polemisches Verfahren. Wie kannst du Polemik vermeiden, wenn du so vorgehst?

R: Polemik lässt sich an dem Punkt nicht vermeiden. Ich versuche gerade wirklich ernsthaft drüber nachzudenken, ob ich irgendeinen Text mal als Polemik angegangen bin, und glaube es wirklich nicht. Es hat damit zu tun, dass mir bestimmte Sachen wichtig sind und dann gibt es bestimmte andere Sachen, mit denen man dann automatisch in Konflikt kommt, oder man arbeitet an einem bestimmten Ort und sieht, dass bestimmte Sachen nicht richtig funktionieren. Dann ist die Frage, wie man das bearbeitbar machen kann, das hängt aber mit einem Interesse oder einer Zuneigung diesem Ort gegenüber zusammen. Und wenn man wirklich eine Polemik macht, darf man sich sowieso nur mit Leuten anlegen, die sich wehren können. Bei »Etiketten aufkleben« hab ich mich nicht hingesetzt und gedacht, heute hau ich Gumbrecht eine rein, überhaupt nicht, wirklich nicht. Mich hat interessiert, wie Theorie oder bestimmte Buzzwords entstehen. Die avanciertesten Kolloquien zu der Zeit waren die Dubrovnik-Kolloquien, ich habe das ja nicht nachträglich geschrieben, sondern während die Bände dazu rauskamen. Ich wollte wissen, was die dort bearbeiten. Wie kommen die Leute auf ihre

9 Der programmatische Text von Nettelbeck dazu ist *Generalthema »Trivialmythen« (um es einmal so zu nennen)*, erschienen in: Matthaei, Renate (Hrg.), *Trivialmythen*, Darmstadt 1970.

Themen? Wie kommt man in den Geisteswissenschaften auf Keywords?

H: Wie gehst du dann beim Schreiben eines Textes genau vor?

R: Ich glaube ein Vorteil, den ich immer hatte, war, dass ich an ganz verschiedenen Orten geschrieben habe, die für mich gleichermaßen wichtig waren, ich habe auch für Fanzines geschrieben, Ankündigungssachen, das heißt, es ging nie darum, nur irgendwie Texte zu schreiben. Am Anfang habe ich auch viel für Zeitungen geschrieben. Die Zusammenarbeit mit Nettelbeck hat davon profitiert, dass ich über ihn und Klaus Behnken in der »Jungle World« eine carte blanche hatte, ich sollte beispielsweise zum neuen Wettbewerb von Oberhausen schreiben und habe einen Text mit den ersten Bildern aus Oberhausen gemacht, von jedem Film aus dem Wettbewerb die erste Einstellung, das hieß auch »Erste Bilder aus Oberhausen«[10]. Nur Fotos. Eine Rainald-Goetz-Kritik: vier Seiten, nur Stifter-Zitate. Aber ich habe auch für die »taz« oder das »StadtBlatt« geschrieben. Es ging nie darum, dass ich unbedingt in der und der Zeitschrift schreiben wollte, ich wollte eigentlich in möglichst vielen Zeitschriften gleichzeitig schreiben, da konnte ich ja verschiedene Sachen ausprobieren. Durch die Rückendeckung, die mir Fohrmann bei den UTB Bänden und Texten wie »Frauenforschung« oder »Na und?« gab, war ich ganz frei zu schreiben und zu probieren, wie es mir richtig schien:[11] Da war die Frage dann erst einmal: Wie organisiere ich das Material? Für »Na und?« habe ich die Vorgabe gekriegt: be-

10 *Erste Bilder aus Oberhausen*, in: Jungle World, Nr. 19, 3. Mai 2000, S. 26.

11 *Frauenforschung*, in: Fohrmann, Jürgen / Müller, Harro (Hg.), *Die Systemtheorie der Literatur*. München 1996. *Na und*, in: Fohrmann, Jürgen / Müller, Harro (Hg.), *Literaturwissenschaft*, München 1995.

arbeite das Thema Kontextbildung. Ok. Wie bearbeite ich jetzt Kontextbildung?

E: Was mich an deinen Texten erstaunt, das Tolle und unglaublich Ermutigende ist, dass man vor diesen Texten von dir steht und denkt, das geht! Der ist damit durchgekommen, man kann das machen. Wenn man eine relativ konventionelle akademische Ausbildung hat und dann auf einen Text wie »Frauenforschung« stößt, was der erste Text von dir war, den ich gelesen habe, ist das ein Erweckungserlebnis. Hast du auch Widerstände erlebt, Situationen, in denen man dir sagte, so geht's nicht?

R: Ja, ohne Ende. Ich bin dreimal mit einem Text bei »montage AV« gescheitert, weil die sagten, sowas würden sie nicht abdrucken, aber haben dann wieder gefragt, ob ich nicht vielleicht einen anderen Text schreiben könnte, wieder mit demselben Ergebnis, und irgendwann dachte ich, ok, hat doch keinen Sinn. Ein anderes Beispiel ist »We are family«, diese DFG-Geschichte. Bevor mein Text in dem Panel des DFG-Symposiums diskutiert werden sollte, steht irgendein Professor aus Hamburg auf und sagt, bevor hier diskutiert würde, möchte er eine Verfahrensfrage stellen, der Text sei unverschämt, er wolle ihn nicht diskutieren, wie viele Leute hätten sich beworben, warum sei ich ausgewählt worden. Es gab eine ganze Serie von clashs. Diese Vielfalt der Entstehungskontexte bedeutet aber auch: Ich bin immer noch nicht ganz überzeugt, dass es wirklich Sinn macht, die Sachen hier in diesem Buch zu bündeln. Die Texte sind ja eigentlich immer für einen ganz kleinen Rahmen geschrieben. Ob das außerhalb von diesen sehr spezifischen Kontexten irgendwie interessant ist, weiß ich wirklich nicht, deswegen ist auch das Experiment in diesen kleinen Rahmen sehr ungefährlich. Wer liest das schon?

H: Das heißt, deine Texte sind in der Regel sozusagen Antworten auf Anfragen – hast du schon einmal einen Text geschrieben, einfach weil du ihn schreiben wolltest?

R: Ja, ich schreibe ganz viele Texte oder hab sie anrecherchiert und angedacht, die herumliegen und die ich dann irgendwo unterbringe. Ich versuche, mir dann eine Deadline zu organisieren und den Text dann auszuprobieren, also ich hab ganz viele Texte einfach so schon geschrieben, deren Publikation sich dann einfach so ergeben hat. Ich bin kein Tagungsfreund, aber eine Tagung zwingt mich immer, eine Sache zu einem bestimmten Zeitpunkt abzuschließen, und ich kann sie dann hinterher immer noch einmal fertig ausarbeiten. Ich habe früher schon in meinem Zimmer immer irgendwelche Häufchen angelegt, und ich weiß, wie ich bestimmtes Material in bestimmten Ecken finde. Wenn irgendjemand fragt, hast du Lust, was auf dieser Tagung zu machen? Dann überlege ich, wie könnte man das Thema in dem Zusammenhang bearbeiten.

E: Was ist eine Textidee? Ist eine Textidee »Buchumschläge« oder ist die Textidee »Theweleits Buchumschläge« und du denkst von da aus weiter?

R: In dem Fall – also bei »Heiße Umschläge« – ging das von den »Männerfantasien« aus. Viele Sachen ergeben sich auch aus den Seminaren, in denen ich Material ausprobiere. Das ist ja im Prinzip hemmungslos narzisstisch, meine Seminare sind im Prinzip auch für mich Lektüreseminare. Ich hab noch nie ein Seminar wiederholt, ich lese zum großen Teil Texte, die ich noch nicht kenne. Manchmal vertue ich mich dabei auch, wobei das auch produktiv sein kann, wenn ich etwas nicht kapiere. Die Theweleit-Buchumschläge habe ich auch im Seminar ausprobiert, zusammen mit ein oder zwei anderen Umschlägen, die ich auch toll fand und mich dann gefragt habe, wie Umschläge von wissenschaftlichen Büchern aussehen. Dann hangel ich mich so weiter. Ich weiß, dass ein Text funktioniert, wenn er eine Überschrift hat. Wenn ich keine Überschrift hab, weiß ich es nicht. Das heißt nicht, dass ich dann schon weiß, in welche Richtungen es im Einzelnen gehen wird, aber die Überschrift ist immer das erste, wenn die Leute fragen, ob ich etwas zu einem Thema machen möchte, dann denke ich über die Materialberge nach, die ich irgendwo habe und gebe denen einen Titel.

E: Bevor du einen Text schreibst: Hast du haufenweise Zitate, von denen du weißt, dass du die unterbringen willst, schreibst du fortlaufend, oder ist das ein ständiges Schnitt-Montageverfahren, in dem du Material umbaust, schneidest, weglässt?

R: Ich schreibe nicht an verschiedenen Enden vom Text, ich schreibe im Prinzip durch und dabei komme ich dann teilweise in völlig andere Sachen rein. Was stehen muss, ist die Überschrift, mit der ich meistens eine bestimmte Konstellation im Kopf habe, die mich interessiert. Wenn ich dann bestimmte theoretische Überlegungen habe, geht's darum, wie ich diese Theorie im Material schreiben kann, das ist so die Grundfrage. Ich arbeite übrigens nicht mit einem konventionellen Zettelkasten. Ich habe immer meine Kumpels total bewundert, weil die immer so tolle Zettelkästen hatten. Ich hab das auch versucht, ich hab versucht, mir Sachen rauszuschreiben, meinen ersten Zettelkasten habe ich aus lauter Rührung noch in irgendeiner Kiste liegen, so ein kleiner Plastikkasten mit Beulen. Ich glaube, da hab ich 20 Kärtchen geschrieben, es begann und endete auch fast schon wieder mit Todorovs Unterscheidung vom Fantastischen und Wunderbaren. Dirk Baecker und Georg Stanitzek haben ja diese avancierten Luhmann-Zettelkästen, die hatten so viele Texte gelesen und konnten so toll darüber verfügen, das hab ich nie geschafft, ich hab gar keine Exzerpte, also von nichts, ich schreib los. Dann nehm ich das, was ich gerade an der Stelle brauche. Ich hab die meisten Texte bei mir im Zimmer geschrieben. In einer Bibliothek oder einem Café könnte ich einfach nicht schreiben.

E: Und wie weißt du, dass etwas funktioniert, gibt es da Testleser?

R: Nein, keine Testleser. Also erstmal ist Rhythmus wichtig, ich lese mir die Sachen selber vor, dadurch kann ich auch sehen, was es für Anschlüsse gibt. Zwei, drei Mal habe ich Sachen, die für mich ganz wichtig waren, also etwa Bewerbungsvorträge, vor Freunden in einem Seminarraum vorgetragen, einfach so, um das mal auszuprobieren. Wie verhält sich der Körper, wenn man das vorliest – womöglich steht man an dem Pult und merkt zu spät, das haut alles nicht hin, das ist alles völlig scheiße. Vorlesen ist ein probates Mittel, sonst eigentlich ... einfach probieren: Material auf den Tisch und dann merkt man, dass das an der Stelle passt oder auch nicht, und dann überlegt man, wie schneidet man das zu, wie geht man mit diesem Film um oder wie geht man mit dem Bild um oder wie schneidet man den Film zu, dass er in den Text passt. Es gibt einen weiteren Fohrmann-Satz, der für mich wichtig, geradezu kanonisch ist – neben »Zusammenhang wird immer behauptet« –, der lautet ungefähr, ich müsste erst nachsehen, wie schlau er wörtlich formuliert ist: »Der wissenschaftliche Kommentar steht *vor* den literarischen Texten.« Man erschließt sich das Feld und das Buch nie ex post, es gibt nicht den fertigen Text, den man kommentiert und deutet, sondern man erschließt sich das Buch, den Text erst in diesem eigenen Schreibprozess, der Kommentar schneidet den Gegenstand überhaupt erst zu.

H: Ist für dich Theorie eine eigene Literatur, ist sie das gleiche wie Literatur oder eine andere Art von Quelle? Wie bringst du Theorie und deine Quellen zusammen?

R: Ich kann mit der Unterscheidung von Theorie und Literatur in der Form wenig anfangen. Es ist viel einfacher, es gibt aus meiner Sicht nur eine wichtige Grundunterscheidung: Es gibt gute Texte und schlechte Texte. Mir fehlen sowohl Theorie- wie Literaturemphase. Einige Leute sagen, ich wollte Literatur machen, andere sagen, die Texte seien Essays, andere sehen, dass das, was Theorie genannt wird, wichtig ist. Das sind für mich wenig brauchbare Schubladen. Theorie lese ich, wenn man schon unterscheiden will, sicher teilweise literarisch und künstlerische Texte als Theorie. Das ist z. B. bei »Luft nach oben« oder bei »Mit der Tür ins Haus«[12] so, die Teile eines Projektes waren, eine Geschichte der Medienwissenschaften anhand ihrer Standorte zu schreiben. Eine Ausgangsüberlegung, inspiriert von Peter Galison aus der Wissenschaftsgeschichte, war die Frage: Aus welchen Gebäuden kommen was für Typen von Texten, welche Unigebäude produzieren welche Texte? Das fand ich immer völlig grandios als Fragestellung. Damit verbinde ich Mike Kelley – ein »Künstler«, kein »Theoretiker« –, der aus der Erinnerung die ganzen Orte nachbaut, die ihn geprägt haben, also dieser educational complex. Dabei fungiert für mich Mike Kelley als Theorie, die ich auf Material, zum Beispiel aus Weimar oder aus Frankfurt, anzuwenden und im Einzelnen durchzuspielen versuche. Theorie kann einem dabei helfen, bessere Fragen zu stellen, aber man muss Theorie auch wieder aufgeben.

12 *Mit der Tür ins Haus*, in: Groß, Martina / Lehmann, Hans-Thies (Hg.): *Populärkultur im Gegenwartstheater*. Berlin 2012, S. 202–225.

E: Dein Text »Hand und Fuß« nimmt sich ja ausdrücklich Theorie zum Gegenstand in der Konstellation Adorno-de Man-Derrida.[13] Du stellst da de Man und Derrida auf ziemlich unorthodoxe Weise gegeneinander: Der Vorwurf an de Man lautet, leicht überspitzt, dass er gar kein richtiger Leser sei, sondern aus der Ambition, alles immer schon erfasst haben zu wollen, in bloßen Begriffsschemata hängen bleibt, so dass diese Begriffe, die bei Derrida in Bewegung bleiben, im Traditionsbestand quasi erstarren. Was es bei dir schon gibt, würde ich sagen, ist eine Emphase des Lesens.

R: Ja. Aber es gibt keine Bildungsemphase. Das meinte ich eben mit der blöden Unterscheidung von guten und schlechten Texten – die sind einfach überall, in jedem Genre, und ich versuche, beide Arten von Texten in meine mit einzuspielen, auch, damit der Sound nicht einheitlich wird. Es geht immer darum, Pathos zu brechen.

H: Ich hatte mich gefragt, ob du glaubst, dass du ein Autor bist. Jetzt frage ich mich eher, ob du meinst, ein Leser zu sein. Aber wahrscheinlich sind beide Fragen auch eher überflüssig?

R: Autorschaft ist sicher auch kein wichtiges Kriterium für mich, klar, ich habe eine ganze Menge veröffentlicht, da werde ich wohl ein Autor sein. Aber ohne alle Emphase. Ich bin mit den kleinen Formaten, man liest zusammen und erarbeitet zusammen etwas zu einer bestimmten Fragestellung, ja auch relativ glücklich. Das macht aber dieses Buch hier für mich auch problematisch, denn das gibt sich ja als Autorenbuch: Ursprünglich waren da die kleinen, an Kontexte gebundenen Fragestellungen, zu denen ich Material zusam-

13 Erschienen in Bohrer, Karl Heinz (Hg.), *Ästhetik und Rhetorik. Lektüren zu Paul de Man*, Frankfurt a. M. 1993.

mengebaut habe. Nun aber wird das unter dem Autorennamen »Rembert Hüser« gebündelt. Ob es in dem Sinn einen Autor »Rembert Hüser« gibt, ob die Texte das hergeben, das weiß ich eben nicht.

E: Es gibt gute und es gibt schlechte Texte, vielleicht sollten wir das hier einfach gute Texte nennen. Ich würde auch sagen, dass es uns nicht darum geht, dich als Autor zu etablieren, sondern es wahrscheinlicher zu machen, dass man auf diese Texte stößt.

R: Das war nicht als Vorwurf gemeint. Die Frage war ja, wie wichtig die Autorenkategorie für mich ist. »Zusammenhang wird immer behauptet« – der Zusammenhang von dem Buch hier ist ja erst mal, dass ich das alles geschrieben habe. Wenn ich an Unis einen Vortrag halte und vorgestellt werde, ist es immer ganz interessant, dass die Leute nicht klarkommen, weil sie gucken, von welchen Büchern ich der Autor bin, aber es gibt eben keine Bücher von mir. Es gibt irgendwelche Sammelbände, die ich mitherausgegeben habe, und dann wird gesagt, »er ist Autor von vielen Texten zu vielen Themen«, und das find ich eigentlich ganz ok.

H: Die Bildungsemphase, die du auf jeden Fall vermeiden willst, ist aber in dem Zusammenhang schwer wegzudenken: Die Zusammenhänge, in denen deine Texte vorkommen, sind ja akademischer Hardcore. Jemand, der damit nichts zu tun hat, steht vor deinen Texten wie der Ochs vorm Berge. Damit will ich nicht sagen, dass du dich nicht wegducken kannst vor der Bildungsemphase usw., aber es gibt in deinen Texten dazu doch auch kein Außen.

R: Das einzige Miniaußen, das es gibt, ist, dass ich an einem bestimmten Punkt von sehr unterschiedlichen Seiten aus unterschiedlichen

Disziplinen und Kontexten Einladungen bekam, aus der Musikwissenschaft, Kunstwissenschaft und auch aus dem Popumfeld, das war das einzige außerhalb von den Unigeschichten. Es war klar, dass ich irgendwie kein Fachgebiet habe. Ich bin kein Spezialist für irgendwas, aber offensichtlich gibt es Leute, die die Art, wie ich an Sachen herangehe, für diskutabel halten, die damit was anfangen können. Da hat mich immer stolz gemacht, dass das aus verschiedenen Ecken kam.

H: Ist für dich das Fach, in dem du bist, wichtig?

R: Nö. Also letztlich mag ich die Medienwissenschaft, die insofern schon wichtig ist, dass sie sehr viel abdeckt, was ich interessant finde. Die Sachen, die Erhard Schüttpelz macht, sind schon der wichtigste Bezugsrahmen für mich. Medienwissenschaft ist für mich sicher besser als Germanistik und auch besser als Filmwissenschaft, aber dass ich eine große disziplinäre Identität habe, würde ich nicht sagen.

H: In deinen Texten nimmst du Unverständlichkeit immer wieder in Kauf. Wie ist dein Verhältnis zu Verständlichkeit als Kriterium für einen Text?

R: Unverständlichkeit ist für mich okay, weil ich ja auch selber damit die ganze Zeit konfrontiert bin. Ich plane keine Unverständlichkeit, weil für mich die vielen Elemente von einem Text eine bestimmte Logik haben. Aber es gibt auch bestimmte Idiosynkrasien, die sich nicht unbedingt jedem mitteilen. Ich will das nicht so pathetisch sagen, aber ich habe einen bestimmten Respekt gegenüber diesen ganzen Feldern, aus denen ich irgendwelche Sachen ziehe, und in denen ich andauernd Sachen nicht verstehe. Das heißt, Unverständlichkeit ist ein ganz normaler Teil auch meines Leseprozesses. Man fragmentiert jeden Text oder jeden Film in der Lektüre oder beim Sehen. Es gibt fast keinen einzigen Film, der mich insgesamt interessiert, und mit Büchern und Texten ist es eigentlich auch ähnlich. Gleichzeitig gilt auch die Frage, wie lang man bereit ist, einen bestimmten Weg mitzugehen, auch wenn der vielleicht nicht unbedingt sofort Sinn ergibt. In Sachen Verständlichkeit und Unverständlichkeit ist für mich seit ungefähr fünfzehn Jahren das Einrücken von Zitaten in wissenschaftlichen Texten ein ganz großes Problem geworden. Das hasse ich über alles, weil das dem Leser ermöglichen soll, das Hauptargument zu verfolgen und das Zitat zu überschlagen. Also man liest dann so weiter und kann selbst entscheiden, ob man das Zitat lesen will oder nicht. Einige Texte von mir sind völlig zerhackt worden, weil ich so viel zitiere, es gab dann unglaublich viele Sprünge darin, das heißt, es sah unmöglich aus. Das Einrücken macht alles kaputt, das macht den ganzen Stil kaputt, dass sich die Zitate untereinander kommentieren, macht es kaputt. Ein Zitat, das man nicht einordnen kann, muss man auch aushalten können, das tue ich auch. Aber ich zitiere nicht irgendwas, damit ein Text unverständlich wird.

E: Wissenschaft ist erst einmal darauf angelegt, Sachen so zu formulieren, dass sie aus dem Kontext, in dem sie stehen, dem Text enthoben werden können und als gefundene Wahrheit auch über andere Dinge weiterverwendet werden können, durch Zitieren zum Beispiel. Gegen diese Idee von Wissenschaft, die behauptet, dass genau das möglich sei, würdest du dich ja auch wenden.

R: Ich bin vor allem dagegen, dass alles auf einen Satz zulaufen muss und auf eine Definition. Nicht zitiert werden zu können, heißt nicht, dass man nicht argumentiert, sondern nur, dass man mit einem einzelnen, herausgenommenen Satz nicht viel weiterkommt.

Ich habe auch Texte geschrieben, die nur aus Zitaten bestehen, was zitiert man denn dann, obwohl der Text ein ganz eindeutiges Argument verfolgt?

H: Mit der Zuordnung »Essay« wirst du vermutlich ebenso wenig glücklich?

R: Essayismus ist meist positiv gemeint als Emphasebegriff: »wenn Wissenschaft etwas riskiert«. Die Essaykategorie ist seit Jahren der klassische Unschärfejoker. Mich überzeugt das nicht, wie gründet man eine Gattung von Texten, deren Eigenschaft angeblich in dauernder Überschreitung der Gattung besteht? Wobei der Großteil von Texten, die sich selber als Essay bezeichnen, ja unglaublich bieder ist. Ich glaube, man braucht den Begriff gar nicht, daraus spricht nur die Sehnsucht der Wissenschaft, was anderes als Wissenschaft zu machen. Wissenschaftler möchten gerne literarischer sein.

H: Aber der Begriff Essay ist vielleicht erstmal der Versuch, eine literarische Form irgendwie zu benennen. Das Problem, das wir in diesem Gespräch die ganze Zeit haben, ist, dass es für dich irgendwie keinen Begriff gibt, der nicht irgendwie eine Emphase mitbringt –

R: Text ist doch prima.

H: Ja, gut. Okay, außer Text. Ich würde mich gern noch nach dem Scheitern erkundigen, weil es darum sowohl in »Brief zum Film« geht, einem Text, der vom Scheitern eines Gesprächs mit Bresson handelt, als auch in unserem Gespräch hier, in dem die ganze Zeit Begriffe zum Scheitern gebracht werden. Ist Scheitern vielleicht das Wichtigste für dich?

R: Das würde ja wieder eine Emphase aufbauen, die ich nicht so spannend finde. Das Scheitern, das ununterbrochen passiert, das hängt ja mit meiner ganzen Arbeitsweise zusammen, zum Beispiel kommen aus meinen ganzen Papierhäufchen mit den tollsten Sammlungen die entscheidenden Sachen gar nicht in den Text rein. Das würde ich nicht als Programm hoch hängen. Scheitern ist einfach Teil des Jobs.

E: Du sagst, dass in deinem Denkmilieu in den 80ern-90ern vieles, was heute in deinen Texten exotisch anmutet, viel selbstverständlicher war. Wie erlebst du das denn institutionell, aber auch persönlich? Wie brauchbar, wie tradierbar, wie auf den Hund gekommen ist dieses Theoriemilieu und was daraus wurde?

R: Das ist wie mit all diesen Theorieströmungen: Dass sie verschwinden, hat ja auch immer eine Berechtigung. Trotzdem kenne ich einfach keine Theorieströmungen, die sich so radikal mit Institutionen auseinandersetzen wie Dekonstruktion oder Diskursanalyse. Institutionenkritik hat es früher aus der Tradition der Frankfurter Schule natürlich gegeben, teilweise eher aus soziologischer Perspektive. Aber was mir total fehlt, ist eine Diskussion über wissenschaftliche Schreibverfahren. Die findet einfach nicht mehr statt und das ist ein Verlust. Damals gab es immer diese affigen Dekonstruktionsgesten, die ich auch häufig genug gemacht habe – den Text anfangen mit »wie anfangen?«, trotzdem hat man da an einem Problem gearbeitet, für das es heute teilweise gar kein Bewusstsein mehr gibt. Auch wenn es gut ist, dass vieles davon vorbei ist, gibt es natürlich viele Sachen, die ich ganz gerne neu diskutiert sähe.

E: Aber wie kommt es, dass das keine Rolle mehr spielt? Es gibt ja immer noch eine Generation von Professoren, die eigentlich mit dieser Theorie noch aufgewachsen sind, warum haben die, warum habt ihr da nichts dagegen machen können? Warum denkst du, dass du bei den Studierenden dafür keine Begeisterung mehr wachrufen kannst oder dass die das gar nicht verstehen?

R: Die eigenen Jobdeformationen kann man ja nur schwer beobachten, und ich bin eigentlich auch immer skeptisch bei Generationsprojekten, aber trotzdem finde ich sie interessant. Es gab schon Leute, die ähnliche Sachen gelesen haben, die sich auf Konferenzen getroffen haben, sich ausgetauscht haben zu bestimmten Zeiten. Die Frage ist, was aus den Theorie-Projekten geworden ist, und ich kann meine eigene Deformationen am ehesten dadurch beobachten, dass ich sowas wie ein imaginäres Generationenprojekt konstruiere, bei dem es um die Frage geht: Wofür sind wir – mit mehrfachen Anführungszeichen – damals eigentlich angetreten, und warum hat das nicht funktioniert? Was ist jetzt passiert in dem Zeitraum, seit wir die dicken Professuren haben? Da ist ja einiges schiefgegangen. Und die Frage ist für mich ganz schwierig zu beantworten, das würde eigentlich nur funktionieren, wenn ich mich selbst mitbeobachten könnte. Und das kann ich eigentlich nicht.

H: Haben diese Theoriebewegungen nicht vor allem auch etwas damit zu tun, welche Typen man an der Uni trifft? Man trifft auf irgendwelche Typen und will nicht werden wie die, sogar nicht wie die, die man gut findet. Leute in deinem Alter oder etwas jüngere wollten keine 68er werden, weil sie die persönlich getroffen haben. Ich glaube nicht unbedingt, dass Opposition gegen bestimmte Theorien vor allem davon geleitet ist, ob man die jeweilige Theorie richtig findet, ich glaube, man ist erst einmal für oder gegen die Vertreterinnen und Vertreter.

R: In jedem Feld, in dem du arbeitest, siehst du Leute, die du nicht werden möchtest, aber du triffst immer auch Leute, die du toll findest. Ich hab an der Uni lauter tolle Leute kennengelernt und jede Menge Vollidioten. Das Tolle an einer Uni ist, dass sie so eine Umwälzpumpe ist. Das Tolle ist, dass man dauernd Leute trifft, die schlauer sind als man selbst. Das hat was Gutes. Die Uni zerfällt in so viele Bereiche – ich glaube, ich war an dreizehn oder fünfzehn Unis angestellt, an allen Unitypen, von den Privatunis, von den Kunstakademien bis zu alten Ordinarienuniversitäten wie Bonn oder Reformunis wie Bielefeld. Jede war völlig anders. Aber ich habe mir immer so kleine Dörfer gebastelt und die Leute gefunden, mit denen man da Heimatkunde machen kann.

BILDNACHWEIS

Heiße Umschläge

Seite 9: Claude Lévi-Strauss, *La Pensée Sauvage*, Paris: Plon 1962, Schutzumschlag Vorderseite.

Seite 9: Claude Lévi-Strauss, *Das Wilde Denken*, Frankfurt am Main: Suhrkamp 1968, Schutzumschlag Vorderseite.

Seite 15: Lévi-Strauss, *La Pensée Sauvage*, Plon, Schutzumschlag Vorder- und Rückseite

Seite 17: Chlorodont-Sammelbilder. Ausgabe I: *Europäische Säugetiere. Serie 9: Wildlebende Säugetiere. Bild Nr. 6: Vielfraß* (Gulo gulo L.), Dresden: Zahnpasta-Werk Leo 1932.

Seite 25: Robert Venturi, Denise Scott Brown und Steven Izenour, *Learning From Las Vegas*, Cambridge, Mass.: MIT Press 1972, hochkant, in: *The book that induces a splendid rage,* Graphic Arts Collection. Special Collections, Firestone Library, Princeton University, https://graphicarts.princeton.edu/2019/01/29/the-book-that-induces-a-splendid-rage/, letzter Zugriff: 15.8.2020.

Seite 31: *Learning From Las Vegas*, losgelöster Schutzumschlag, ebd.

Seite 32: Erich Rothacker, *Heitere Erinnerungen*, Frankfurt am Main, Bonn: Athenäum 1963, Schutzumschlag.

Seite 34: S. A. D. Tissot, *Von der Gesundheit der Gelehrten*, Zürich: 1768, Reprint Artemis 1976, Sonderausgabe für die Hormon-Chemie, München, Schutzumschlag.

Seite 39: Yolanda Feindura-Lampe, [Foto auf der letzten Umschlagseite], Klaus Theweleit, *Männerphantasien. Bd. 1: Frauen, Fluten, Körper, Geschichte*, Frankfurt am Main: Roter Stern 1977.

Seite 40: *Nosferatu. Eine Symphonie des Grauens*, D 1922, F. W. Murnau, Murnau Stiftung, Transit Classics, Leonine 2014, Screenshot 1 und Screenshot 2.

Seite 41: Klaus Theweleit, *Männerphantasien. Bd. 1: Frauen, Fluten, Körper, Geschichte*, Frankfurt am Main: Roter Stern 1977, letzte Umschlagseite.

Seite 41: Yolanda Feindura-Lampe, [Foto auf der letzten Umschlagseite], Klaus Theweleit, *Männerphantasien. Bd. 2: Männerkörper. Zur Psychoanalyse des weißen Terrors*, Frankfurt am Main: Roter Stern 1978.

Seiten 44–45: Klaus Theweleit, *Männerphantasien. Bd. 2: Männerkörper. Zur Psychoanalyse des weißen Terrors*, Frankfurt am Main: Roter Stern 1978, letzte Umschlagseite.

Seite 47: Michael Leiner, [Übermalte Lok auf der ersten Umschlagseite], Klaus Theweleit, *Männerphantasien. Bd. 1: Frauen, Fluten, Körper, Geschichte*, Frankfurt am Main: Roter Stern 1977.
Seite 48: Klaus Theweleit, *Männerphantasien. Bd. 1: Frauen, Fluten, Körper, Geschichte*, Frankfurt am Main: Roter Stern 1977, erste Umschlagseite.
Seite 49: Postkarte Hindenburgdamm, schwarz-weiß, Flensburg: Th. Thomsen o. J.
Seite 51: W.J.T. Mitchell, *Landscape and Power. Second Edition*, Chicago, London: University of Chicago Press 2002, Cover Vorderseite.
Seite 54: Jane Gallop, *Thinking Through the Body*, New York: Columbia University Press 1988, Schutzumschlag Vorderseite.
Seite 56: Judith Halberstam, *The Queer Art of Failure*, Duke University Press 2011, Cover Vorderseite.
Seite 57: Judie Bamber, *I'll Give You Something to Cry About (Dead Baby Finch)*, 1990.
Seite 58: Nicholas Royle, *After Derrida*, Manchester and New York 1995. Cover Vorderseite.
Seite 60: Hans Ulrich Gumbrecht, *Production of Presence: What Meaning Cannot Convey*, Stanford, California: Stanford University Press 2004, Cover Vorderseite.
Seite 63: Werner Hamacher, *Sprachgerechtigkeit*, Frankfurt am Main: Fischer 2018, Schutzumschlag ganz.
Seite 64: Paul Klee, *Entlegene Landschaft*, 1931, https://www.akg-images.de/CS.aspx?VP3=SearchResult&VBID=2UMESQ53FBSM9K&SMLS=1&RW=1379&RH=966, letzter Zugriff: 15.8.2020.
Seite 69: Armen Avanessian, *Überschrift: Ethik des Wissens – Poetik der Existenz*, Berlin: Merve 2015, Cover Vorderseite.

We are Family (Remix 98)

Seite 87: Mrs. Loise Andeso und Mr. Nelson Omwakwe, Westkenia, um 1950. Courtesy of Helen Murala, granddaughter of Loise Andeso (collection of Heike Behrend).
Seite 121: Karl Valentin, in: *Karl Valentin. Volks-Sänger? DADAist?* Ausstellung zum 100. Geburtstag Karl Valentins, hrsg. v. Wolfgang Till, Münchener Stadtmuseum, München: Knaur 1982, S. 416].

Etiketten aufkleben

Seite 159: A: *Bewegliche Figuren: Sepp*, Bastelanleitung, Frankfurt am Main: Ferrero 1992.
B: Kinderüberraschung *Bewegliche Figuren*, Frankfurt am Main: Ferrero 1992.

Luft nach oben

Seite 181: Abb. 1: Mike Kelley (2005/6): »EAPR #5: Sick Vampire«, in: *Day is Done*: A film by Mike Kelley. Extracurricular Activity Projective Reconstructions #2 – #32, DVD, Disc One, 13, Still. — Abb. 2: Mike Kelley (2005/6): »EAPR #6: Motivational Speech«, in: *Day is Done*: A film by Mike Kelley. Extracurricular Activity Projective Reconstructions #2 – #32, DVD, Disc One, 15, Still. — Abb. 3: Mike Kelley (2005/6): »EAPR #6: Motivational Speech«, in: *Day is Done*: A film by Mike Kelley. Extracurricular Activity Projective Reconstructions #2 – #32, DVD, Disc One, Still.
Seite 191: Jörg Kachelmann. In: *Das Wetter* (2002). Ein Film von Steffi Unrein, Viola Ahrens, Yvonne Andra. Imagevideo der Fakultät Medien. Uni-TV Net. Marketing & Öffentlichkeitsarbeit der Bauhaus-Universität Weimar, Still. — Lorenz Engell. In: *Das Wetter* (2002). Ein Film von Steffi Unrein, Viola Ahrens, Yvonne Andra. Imagevideo der Fakultät Medien. Uni-TV Net. Marketing & Öffentlichkeitsarbeit der Bauhaus-Universität Weimar, Still.
Seite 195: Charles Wüthrich. In: *Das Wetter* (2002). Ein Film von Steffi Unrein, Viola Ahrens, Yvonne Andra. Imagevideo der Fakultät Medien. Uni-TV Net. Marketing & Öffentlichkeitsarbeit der Bauhaus-Universität Weimar, Still.
Seite 197: Anne Werthmann. In: *Das Wetter* (2002). Ein Film von Steffi Unrein, Viola Ahrens, Yvonne Andra. Imagevideo der Fakultät Medien. Uni-TV Net. Marketing & Öffentlichkeitsarbeit der Bauhaus-Universität Weimar, Still.
Seite 205: Mike Kelley (2002): *Repressed Spatial Relationships Rendered as Fluid. No. 4: Stevenson Junior High and Satellites.* Mixed media on paper. 4 × 48" drawing framed, Collection Walker Art Center, Minneapolis, MN. T.B. Walker Acquisition Fund, 2003.
Seite 207: Mike Kelley (2002): *Repressed Spatial Relationships Rendered as Fluid. No. 4: Stevenson Junior High and Satellites.* Aluminium, steel, wire, plexiglass. 35 × 69 × 69" sculpture, 62-3, Collection Walker Art Center, Minneapolis, MN. T. B. Walker Acquisition Fund, 2003.

Frauenforschung

Seite 256: Donald Duck, in: Prisma, Fernsehprogrammzeitschrift, 33, 1990, S. 37.

Brief zum Film

Seite 276: Paul Schrader, *Robert Bresson, Possibly*, in: Film Comment, September/Oktober 1977, S. 28, Fotografie Paul Schrader. — Abb. 1b: Schrader, *Robert Bresson, Possibly*, S. 29, Fotografie Paul Schrader.

Seite 277: *Au Hasard Balthazar*, F 1966, Robert Bresson, Criterion Collection, #297, Screenshot.

Seite 280: *Dreharbeiten Au Hasard Balthazar*, in: Peter Buchka et al.: *Robert Bresson. Reihe Film 15*, München, Wien: Hanser 1978, S. 93.

Seite 282/283: *Au Hasard Balthazar*, F 1966, Robert Bresson, Criterion Collection, #297, Screenshots.

Ibiza, DDR

Seite 289: *35 Jahre DDR-1949–1984*, 1,– Mark, Postwertzeichen der Deutschen Post, 1984, Sammlung Rembert Hüser

Seite 294: Gregory Bateson, *The interior of men's ceremonial meeting house*. Introductory, Plate 1: Bajoeng Gede: Village and Temples, Abbildung 5, Bajoeng Gede. April 27, 1937, 7 L 15, in: Bateson, Gregory und Mead, Margaret, *Balinese Character. A Photographic Analysis*, S. 57.

Seite 299: *Schicht*, D 2015, Alex Gerbaulet, Still 1.

Seite 302: *Schicht*, D 2015, Alex Gerbaulet, Still 2

Seite 307: 35 Jahre DDR. 1. Ausgabe, *Rekonstruktions- und Neubauprogramm*, 10 Pfennig, Briefmarkenbogen, Postwertzeichen der Deutschen Post, 1984, Sammlung Rembert Hüser.

Seite 311: Eilsendung mit Briefmarkenblock 35 Jahre Deutsche Demokratische Republik, K. Schwerdtfeger, 4370 Köthen, an Robert Schulz, 7104 Obersulm, 11. September 1984, Sammlung Rembert Hüser.

Seite 313: *Internationaler Archivkongress*. Bonn 1984, 70 Pfennig, Deutsche Bundespost, Sammlung Rembert Hüser.

Seite 315: Die Anmerkung: *NSU: Grasels Vorlesung im Lokus der Medien*, in: *NSU Leaks. fatalist und der Arbeitskreis NSU*, 10. Dezember 2015, http://arbeitskreis-n.su/blog/2015/12/10/nsu-grasels-vorlesung-im-lokus-der-medien/

Seite 316: Axel Lier, *Griechen-Demo: Verfahren wegen Transparent eingestellt*, BZ, 8. Juli 2015, Foto: spreepicture.

Seite 317: Neue Videoaufnahmen von Beate Zschäpe, NDR, Panorama, https://daserste.ndr.de/panorama/aktuell/Neue-Videoaufnahmen-von-Beate-Zschaepe,nsu197.html, Stills.

Seite 319: *Because I live here*, D 2017, Hatice Ayten, [Ausschnitt aus *Ohneland*, 1995], spots, http://tribunal-spots.net/en/spots/03/, Stills.

Seite 320: *Ein Bild aus frühen Tagen,* Foto dapd, in: *Neues Ermittlungsverfahren gegen Beate Zschäpe,* Der Spiegel, 28.4.2013, Fotostrecke, Beate Zschäpe: »Wir empfanden sie als integriertes Mitglied«, 8/8, https://www.spiegel.de/panorama/justiz/neues-ermittlungsverfahren-gegen-beate-zschaepe-a-896968.html#fotostrecke-fa6c52d5-0001-0002-0000-000000096103

Seite 321: Holzrindenschild Oval mit Wunschtext und Symbol, Schildershop24.de, https://www.schildershop24.de/holzrindenschild-oval-mit-wunschtext-und-symbol-23-cm-gravur-det_6631.htm?_list=kat&_listpos=1

Seite 323: Henrike Naumann, *Triangular Stories* (Jena), 2012, Fotos der Künstlerin.

Seite 323: Henrike Naumann, *Amnesia.* VHS video, in: *Triangular Stories*, 2012: https://vimeo.com/240140321, Still.

Seite 324: Henrike Naumann, *Terror*, VHS video, in: *Triangular Stories*, 2012, VHS video, https://vimeo.com/240141956, Still.

Seite 325: *How Amnesia Ibiza Changed the World of Clubbing in the Late 80s*, https://www.6amgroup.com/tbt-series-amnesia-ibiza-80s/, [letzter Zugriff: 15.8.2020].

Seite 326: *Billy bookcase. Assembly Instructions,* IKEA, https://www.ikea.com/assembly_instructions/billy-bookcase—202-cm__JXQ13_PUB.PDF, Titelblatt.

Seite 330: *Das Fanal von Lichtenhagen*, Potsdamer Neueste Nachrichten, Foto 3, dpa, Laif, https://www.pnn.de/mediacenter/fotostrecke/das-fanal-von-lichtenhagen/21802792-3.html?p21802792=3.

Seite 332: Reinhard Dietrich, *3 Sonnenblumen, 1978, Lichtenhagen. Rostocker Norden. Backsteinkunst in Großsiedlungen,* in: *Jeder M2 Du. Das Plattenportal,* https://www.jeder-qm-du.de/ueber-die-platte/plattenbau-galerien/rostocker-norden/, [letzter Zugriff: 15.8.2020].

Setie 335: Henrike Naumann, *Triangular Stories,* Website, http://www.henrikenaumann.com/triangularstories.html, [letzter Zugriff: 15.8.2020].

Seite 336: *Citizen Tania As Told to Raymond Pettibon,* USA 1989, Raymond Pettibon, Regen Projects 2009, Still.

Seite 341: Bahnhofslichtspiele, in: *Cinema Perverso – Die wunderbare und kaputte Welt des Bahnhofskinos,* Bild: rbb/NDR/Lunabeach TV und Media GmbH/Schill, https://www.lunabeach.tv/cinema-perverso?lightbox=i1t7.

Seite 343: Gregory Bateson, *Plate 18: Trance and Beroek I. Bajoeng Gede,* May 26, 1937, in: Bateson, Gregory und Mead, Margaret, *Balinese Character. A Photographic Analysis,* S. 90.

NACHWEIS ERSTVERÖFFENTLICHUNGEN

Heiße Umschläge: Vortrag auf der Tagung *Leseverhältnisse. Theorien, Praktiken und Medien der Lektüre nach 1945*, Humboldt-Universität zu Berlin, 24.10.2015, überarbeitet, unveröffentlicht.

We Are Family – Remix 98. Herausgegeben und eingeleitet von Rembert Hüser: In: *Literaturwissenschaft und Wissenschaftsforschung: DFG-Symposion XXI 1998*. Hrsg. v. Jörg Schönert, Stuttgart: Metzler, 2000. S. 573-599.

Etiketten aufkleben: In: *Das Populäre der Gesellschaft: Systemtheorie und Populärkultur*. Hrsg. v. Christian Huck und Carsten Zorn. Wiesbaden: VS Verlag für Sozialwissenschaften 2007, S. 239-260.

Luft nach oben: In: *Reenactments. Medienpraktiken zwischen Wiederholung und kreativer Aneignung*. Hrsg. v. Anja Dreschke, Ilham Huynh, Raphaela Knipp und David Sittler. Bielefeld: transcript, 2016, 345-374.

Frauenforschung: In: *Systemtheorie der Literatur*. Hrsg. v. Jürgen Fohrmann und Harro Müller. München: Fink, 1996. S. 238-275. [UTB für Wissenschaft: Uni-Taschenbücher 1929].

Brief zum Film: In: *Schreiben über Film: Hommage an Karsten Witte*. Hrsg. v. Stefanie Diekmann. Berlin: Kadmos 2010, S. 169-185.

Ibiza, DDR: Vortrag auf der Tagung *Feminism, Theory, Film. Critical Intersections in the Practice and Theorization of Experimental Filmmaking Since the 1970s*, Department of German & Scandinavian, University of Oregon, 1. März 2019, überarbeitet, unveröffentlicht.

Gespräch mit Rembert Hüser, 7. Januar 2019: Hanna Engelmeier, Rembert Hüser und Ekkehard Knörer, Berlin, unveröffentlicht.